中国民间宗教简史

马西沙 著

中国社会科学出版社

图书在版编目（CIP）数据

中国民间宗教简史／马西沙著．—北京：中国社会科学出版社，2021.6
ISBN 978-7-5203-8150-5

Ⅰ.①中… Ⅱ.①马… Ⅲ.①民间宗教—宗教史—中国 Ⅳ.①B933

中国版本图书馆 CIP 数据核字（2021）第 056455 号

出 版 人	赵剑英
责任编辑	黄燕生 孙 萍
责任校对	杨 林
责任印制	戴 宽

出　　版	中国社会科学出版社
社　　址	北京鼓楼西大街甲 158 号
邮　　编	100720
网　　址	http://www.csspw.cn
发 行 部	010-84083685
门 市 部	010-84029450
经　　销	新华书店及其他书店

印　　刷	北京明恒达印务有限公司
装　　订	廊坊市广阳区广增装订厂
版　　次	2021 年 6 月第 1 版
印　　次	2021 年 6 月第 1 次印刷

开　　本	710×1000　1/16
印　　张	25.5
插　　页	2
字　　数	406 千字
定　　价	148.00 元

凡购买中国社会科学出版社图书，如有质量问题请与本社营销中心联系调换
电话：010-84083683
版权所有　侵权必究

目　录

绪　言 ……………………………………………………………（1）

第一章　弥勒大乘教 ……………………………………………（6）
　　第一节　历史沿革 …………………………………………（6）
　　第二节　经典与教义 ………………………………………（13）
　　　一　经典 …………………………………………………（13）
　　　二　教义——弥勒救世思想 ……………………………（15）

第二章　摩尼教 …………………………………………………（19）
　　第一节　历史沿革 …………………………………………（19）
　　　一　创立 …………………………………………………（19）
　　　二　摩尼教传入中国 ……………………………………（20）
　　　三　摩尼教演变成民间宗教 ……………………………（22）
　　第二节　经典与教义 ………………………………………（27）
　　　一　经典 …………………………………………………（27）
　　　二　教义——二宗三际说 ………………………………（28）

第三章　白莲教 …………………………………………………（31）
　　第一节　历史沿革 …………………………………………（31）
　　　一　白莲教的创立 ………………………………………（31）
　　　二　元代白莲教 …………………………………………（34）
　　　三　元末农民运动与香会、白莲教的关系 ……………（43）
　　　四　明、清时代民间宗教不应统称为白莲教 …………（54）

第二节　组织与制度 …………………………………（59）
　　　一　历史上的净业团社 ………………………………（59）
　　　二　组织制度的演变与特点 …………………………（61）
　　第三节　经典与教义 …………………………………（62）
　　　一　经典 ………………………………………………（63）
　　　二　教义——天台宗四土信仰与《圆融四土图》……（64）
　　第四节　戒律与忏仪 …………………………………（67）
　　　一　戒律 ………………………………………………（67）
　　　二　天台宗忏仪与《晨朝礼忏文》……………………（68）

第四章　无为教 ……………………………………………（73）
　　第一节　历史沿革 ……………………………………（73）
　　　一　创立 ………………………………………………（73）
　　　二　无为教与罗氏家族 ………………………………（76）
　　　三　罗梦鸿异姓弟子传承 ……………………………（82）
　　第二节　组织与制度 …………………………………（85）
　　　一　以庵堂为中心的传教活动 ………………………（86）
　　　二　庞杂的信众阶层 …………………………………（87）
　　　三　广阔的传教领域 …………………………………（89）
　　　四　流派纷呈，形态多端 ……………………………（91）
　　第三节　经典与教义 …………………………………（93）
　　　一　最早的宝卷 ………………………………………（93）
　　　二　宝卷与变文、讲经文 ……………………………（98）
　　　三　明清时代的宝卷 …………………………………（105）
　　　四　无为教的五部六册宝卷 …………………………（108）

第五章　闻香教与清茶门教 ………………………………（118）
　　第一节　历史沿革 ……………………………………（118）
　　　一　创立 ………………………………………………（118）
　　　二　明代闻香教的活动 ………………………………（122）
　　　三　入关前后清政权与王氏家族 ……………………（124）

  四　清初闻香教的活动 ………………………………（126）
  五　清乾隆、嘉庆年间清茶门教 ……………………（128）
  六　圆顿教 ……………………………………………（131）
  七　一贯道源流 ………………………………………（135）
 第二节　组织与制度 ……………………………………（149）
  一　闻香教、清茶门教的组织与制度 ………………（149）
  二　圆顿教的组织与制度 ……………………………（152）
  三　一贯道前史及一贯道的组织与制度 ……………（153）
 第三节　经典与教义 ……………………………………（156）
  一　闻香教、清茶门教的经典与教义 ………………（156）
  二　圆顿教的经典与教义 ……………………………（164）

第六章　江南斋教与青帮 …………………………………（169）
 第一节　江南斋教的历史沿革 …………………………（169）
  一　三祖传承 …………………………………………（170）
  二　清前期的姚氏家族 ………………………………（174）
  三　斋教的反清活动 …………………………………（177）
 第二节　斋教的组织与制度 ……………………………（180）
 第三节　斋教的经典与教义 ……………………………（182）
  一　经典 ………………………………………………（183）
  二　内丹道思想 ………………………………………（183）
  三　斋教与摩尼教、弥勒教教义的融合 ……………（185）
 第四节　青帮的历史沿革 ………………………………（189）
  一　漕运历史概况 ……………………………………（190）
  二　罗教在运河流域的传播与演变 …………………（192）
  三　从漕运水手的行帮会社到青帮 …………………（201）
  四　青帮的活动、人员构成、活动范围 ……………（207）
 第五节　关于青帮秘籍 …………………………………（212）
  一　青帮秘籍中的历史渊源与祖师崇拜 ……………（213）
  二　香堂的设立与帮规、家法 ………………………（214）
  三　关于青帮秘籍中的"家礼问答" …………………（219）

第七章　黄天教与弘阳教 ……………………………………（222）

第一节　黄天教的历史沿革 ……………………………（222）
　　一　黄天教的创立 …………………………………（223）
　　二　五位"佛祖" …………………………………（228）
　　三　清代李氏家族与黄天教 ………………………（230）
　　四　普静与普净 ……………………………………（235）
　　五　江南长生教 ……………………………………（237）

第二节　黄天教的经典与教义 …………………………（241）
　　一　经典 ……………………………………………（241）
　　二　丹道思想 ………………………………………（242）
　　三　戒律与道场 ……………………………………（247）

第三节　弘阳教的历史沿革 ……………………………（250）

第四节　弘阳教的经典与忏仪 …………………………（259）
　　一　经典与忏文目录 ………………………………（259）
　　二　教义思想 ………………………………………（262）

第八章　八卦教 ……………………………………………（268）

第一节　历史沿革 ………………………………………（268）
　　一　创立 ……………………………………………（268）
　　二　传承 ……………………………………………（273）
　　三　清水教与王伦起事 ……………………………（284）
　　四　八卦教与"癸酉之变" ………………………（289）

第二节　组织与制度 ……………………………………（301）
　　一　内安九宫，外立八卦 …………………………（301）
　　二　教阶制度 ………………………………………（304）

第三节　经典与教义 ……………………………………（306）
　　一　经典与歌诀 ……………………………………（306）
　　二　《五女传道》的丹道思想 ……………………（307）
　　三　无生老母信仰 …………………………………（312）
　　四　反清换代思想 …………………………………（315）

第九章　三一教与刘门教 …………………………………… （320）
　　第一节　三一教的历史沿革 ………………………………… （320）
　　　　一　创立 …………………………………………………… （320）
　　　　二　演变 …………………………………………………… （327）
　　第二节　三一教的经典与教义 ……………………………… （332）
　　　　一　经典 …………………………………………………… （332）
　　　　二　教义 …………………………………………………… （333）
　　第三节　刘门教的历史沿革 ………………………………… （341）
　　第四节　刘门教的经典与教义 ……………………………… （348）
　　　　一　经典 …………………………………………………… （348）
　　　　二　教义 …………………………………………………… （349）

附一　历史上的弥勒教与摩尼教的融合 …………………… （357）

附二　中国民间宗教研究的四十年 ………………………… （378）

参考文献 ……………………………………………………… （394）

后　记 ………………………………………………………… （397）

编后记 ………………………………………………………… （399）

绪　言

在漫长的封建社会中，民间宗教大都遭到当局的取缔和镇压，被目为"异端""邪教""匪类"。无论官方文书、正史，抑或文人笔记、杂录，充满了对民间宗教的污蔑、诋毁之辞。在专制统治的时代，是谈不上信仰自由的。

所谓民间宗教，是指流行于社会中下层、未经当局认可的多种宗教的统称。由于这类宗教大都秘密流传，因此有的研究者称之为秘密宗教、民间秘密宗教或民间秘密宗教结社。笔者认为，并非任何此类宗教在任何时代都遭受取缔，某些教派传教曾有相当的公开性，如元代初、中叶的白莲教，明中叶的无为教、三一教等，故不能以秘密宗教加以概括。民间宗教这一概念，更具有包容性和普遍性。

构成中华民族主体的是底层社会，是下层民众，他们虽然数千年被压在金字塔的下层，终生贫困，而且得不到文化的布施。但他们也有所思所欲，所喜所惧，所依所持，也有自己的幻想和理想，此岸与彼岸，有自己喜闻乐见的文化与信仰。由此可知，中华文化不只是三坟五典、八索九丘，还有充满生机、活力的炽烈的一面。民间宗教基本属于这一面。民间宗教在中华文化中占有特定的位置，是信仰主义世界的重要领域，构成了千千万万底层群众的笃诚信仰，影响着各个地区的民风、民俗，影响着下层民众的思维方式、生活方式。它对中华民族性格的形成起过不可忽视的作用，对中世纪的宗教生活、政治生活发挥过重大影响，表现出惊心动魄的力量。

不仅如此，民间宗教像一些民众文化一样，是一切高雅文化、正统神学的孕育之母。正如《诗经》中的风、雅、颂，是以风为主体的一样。如果没有下层民众的"风"，何来知识分子的"雅"，统治阶层的

"颂"?! 连《诗经》的四言诗的形式也是下层民众的创造。没有这种创造，《诗经》不但走不上儒家神圣的殿堂，恐怕根本没有问世的可能。

宗教也是如此。今人都知道中国有佛教、道教、基督教、天主教、伊斯兰教，但对两千年专制体制下艰难生存的民间宗教却了解不多。中国有形态各异、盘根错节、源远流长的多种民间宗教，历尽劫难而不衰。正是下层民众及其文化、信仰、风习，首先孕育了最初形态的民间宗教，而正统宗教又在民间宗教的基础上锻造而成。世界著名的大宗教无不是循此路而产生的，道教的发生发展最具有典型性。道教是我国土生土长的宗教。早在战国时代，原始道教便萌发了雏形。当时楚风崇巫术、重淫祀，而中原一带的民间则盛行神仙方术，两者都是汉末民间道教发端的源头。汉末，有组织体系的道教肇始。无论是蜀之三张的五斗米道，还是北方张角兄弟的太平道教，皆不见容于统治者，因其起于民间，在民间流传，成为底层民众云集响应的信仰中心，不能不遭受取缔镇压。民间道教的出现有着深厚的历史传统，挟带着巨大的力量，一经问世，就给当时的社会造成了巨大的震动。它的出现，说明独尊儒术的社会发生了巨大裂痕，需要宗教的意识形态补其罅漏。以后二三百年间，道教经过知识精英的改造与重建，大批门阀士族及各种上层人氏的崇信，而逐渐走向上层社会，表现了它融汇百川的包容量和博大胸怀。唐、宋六百年间，道教真正发挥了正统宗教的功能，甚至一度成为官方神学。而道教，即使在那时，其流播主体仍在民间社会。至于道教的异端则又形成了一系列新兴的民间宗教教派。显而易见，正统宗教与民间宗教两者并没有隔着不可逾越的鸿沟，就宗教意义而言，两者没有本质区别。它们在历史的长河中，不停地演进、转化，不仅在教义、组织、仪式、教规、戒律、修持等方面有着千丝万缕的联系，而且存在着对抗、改革与创新。这不仅反映了信仰领域新旧关系的变动，也反映了世俗世界对宗教本身的影响，反映了社会不同阶层在信仰上的不同意向与追求。就中国正统宗教与民间宗教的关系而言，道教是有其独特地位的，是不可替代的。中国最早形态的民间宗教即民间道教。本书第一章本应为民间道教作史，但《中国道教史》《中国民间宗教史》第一章皆有专述，故不再重复。特此说明。

佛教与中国民间宗教亦相涉甚深。佛教不同于道教的是：在传入中土前，在印度次大陆及中亚一带已经传播了几个世纪，成为一种成熟了的、为统治阶层信奉的宗教。佛教也经历了从民间佛教走向正统宗教的漫长历程。当悉达多创立佛教的时代，人们并未将其视为独一真教。是时有所谓九十六外道之说。佛教仅是此起彼伏、波澜壮阔的宗教思潮的一种。直到此后百余年，它的历史地位才发生根本性转折。佛教对中国民间宗教影响最大的是它的救世思想，特别是弥勒救世思想。弥勒救世思想是大乘佛教普度尘世众生思想的一种，但它更具有强烈的现实性，而且它传入的时代恰是汉末魏晋。苦难动荡的现实世界为它的传播、发展提供了广阔的背景，不能不引起芸芸众生的强烈信仰，甚至启迪了部分不甘现实苦难的民众，为追求"无有差别"的佛国净土起而抗争。这种信仰后来与道教教义发生融合，形成了宋、元以后三佛应劫救世思想体系。从晋代下迄近代，这种观念在下层社会流行、蔓衍，它激起了无数人的宗教感情，呼唤起一次次底层世界的民众运动，冲击着封建时代的传统秩序，改变着专制制度下的世道人心，形成了一种喷发涌动的思想巨流。显而易见，正是下层世界无数众生的实际需要，才产生了佛教大乘教的救世观念，在这种观念成为一种宗教理论以后，又不能不走向下层社会，被无数民间宗教预言家加以改造、创新，使之适合于广大民众的口味。由此可知，世界几大宗教的产生与发展，依赖的是下层社会酝酿已久、规模宏大的宗教运动。这个运动的首要特点即其民众性与民间性。当然作为世界性的大宗教，它的教义必须适应整体人类，即各阶层人群的普遍要求，不能仅仅停留在下层社会和民众中间。只有这样，它才能逐渐以自己的实力走向正统地位。

儒学不是宗教。但儒学在社会上的广泛传播除了统治阶级的倡导外，还需要两个条件：一是与宗教融为一体，二是走向民间社会。儒学大规模传播并深入社会，有两个时代。汉代儒学占了统治地位，但那时已非孔子原道。儒学转向经学依靠了宗教的力量。谶纬经学的产生，孔子神化的出现便是明证。但这时儒学与神学的结合尚是浅层次的。两宋新儒学的产生是强大的宗教思潮影响的结果，道教、佛教对儒学内涵深层次的改造，使儒学产生了革命性的变化。其次，儒学成为统治思想，是民间社会接纳的结果，其中包括民间宗教广泛的倡导。正是这种倡导使儒、道结合，或儒、道、释结合成为一种占统治地位并覆盖整个社会的思潮。在这一过程中，儒家道德伦理成为整个民族的道德伦理，也成为众多民间宗教教派的道德伦理和教义的核心内容。我们从今天仍然流传于世的一千余种宝卷和劝善书中不难得出这一结论。

民间宗教的存在是一个巨大的现实，又具有重要的意义，就不能不引起中、外学术界的重视。

从现代研究意义的角度讲，最早从事这一工作的是荷兰人 DeGroot, J. J. M 的《宗教受难史》，著于1903年。其后则有中国陈垣先生在20世纪20年代初对拜火教、摩尼教的研究。30年代，则有日本学者重松俊章的多篇文章。30年代中国的郑振铎开始系统研究宝卷。40年代初吴晗对明教作了开创性的研究。20世纪40年代末，李世瑜到河北万全县做社会调查，著有《现代华北秘密宗教》。此后由于多种原因，中国学界对民间宗教的研究戛然而止。日本学界并未中断此项研究，最有成就者是铃木中正、泽田瑞穗、酒井忠夫、吉冈义丰、浅井纪、野口铁郎等。相关著作中《校注破邪详辩》《增补宝卷的研究》《千年王国民众运动的研究》《中国善书的研究》《明代白莲教史的研究》《明清时代民间宗教结社的研究》等是较著名者。

中国改革开放以后，学术界重新获得生机，本着学术无禁区的态度，开始真正对民间宗教进行科学研究。

1987年喻松青著《明清白莲教研究》。1989年拙著《清代八卦教》出版。三年以后，由笔者和韩秉方承担的"七五"时期国家重点研究项目《中国民间宗教史》问世。它标志着我国对此学科的研究水平不再落后于其他国家的学者。在这一过程中，尚有林悟殊的《摩尼教及其东渐》、连立昌的《福建秘密社会》、程歗的《晚清乡土意识》、蒲文起的《中国民间秘密宗教》、林国平的《林兆恩与三一教》等相继出版。至于单篇文章的研究，亦不下百篇，作者不下十人，在此就不一一列举了。

中国民间宗教研究在台湾亦获得瞩目成绩。其中戴玄之的《中国秘密宗教与秘密社会》、林万传的《先天道研究》、郑志明的《无生老母信仰溯源》、宋光宇的《天道钩沈》、王见川的《从摩尼教到明教》等都有相当的水准。而以研究帮会闻名的庄吉发亦有数篇民间宗教研究文章问世。

近三十年来，欧美研究界也掀起了研究中国民间宗教小热潮。加拿大的 Daniel Overmyer、Judith A. Berling，美国的华裔学者 K. C. Liu（刘广京）、Richard Shek（石汉椿）、Susan Naquin、Dean、Kenneth（丁荷生），德国的 Wolfgang Frank（傅吾康）、Hubert Seiwert（苏为德），荷兰的 B. J. Ter Haar（田海），俄国的娥·斯·司徒洛娃等学者，分别对中国的白莲教、罗祖教、三一教、八卦教、真空教、斋教、收元教、黄天教等作出了精彩的研究。这说明，中国民间宗教的研究已经走向世界。

在今天，一种宗教现象引起了世界学术界的重视，即所谓新兴宗教问题。新兴宗教不仅在亚洲各国大量涌现，其热潮亦席卷欧美。新兴宗教成千上万的教团的涌现，至少说明了这样一个问题：研究民间宗教不仅是研究宗教现象的焦点，而且是研究社会现象的焦点。笔者不赞同简单地把新兴宗教归入民间宗教的概念范畴，但两者的相同之处是显而易见的。民间宗教教派是五花八门的，新兴宗教更是类型不一。因此对它们的评价既不能用固有理论模式的简单框架，更不能因政策上的偏差而导致不良后果。

笔者尚有一个不小的遗憾，因简史篇幅所限，对流行于中国两千年的数以百计的民间教派，不能逐一介绍。对此种缺憾，望读者识之、谅之。

第一章

弥勒大乘教

迥异于中国历史传统的佛教，在两汉之际传入中土时，已经是一种成熟的宗教。它扎根中土后，两千年间从整体上影响了中华民族，其深度、广度，任何外来文化罕有其匹。

中国的民间宗教在其形成、发展过程中，除受到本土原始宗教、道教及儒家思想的影响外，佛教的影响亦举足轻重。南北朝、隋唐及其后的弥勒大乘教，发端南宋初年的白云宗、白莲教，肇始于明中叶的罗教等，无不受佛教启迪，或成为佛教世俗化教派，或成为其流衍和异端。

从思想上对民间宗教影响最大的是佛教的救世思想，特别是弥勒救世思想。上自西晋，下迄近现代，这种观念在下层社会流行、蔓延，激起了芸芸众生的宗教感情，呼唤起一次次底层社会的民众运动。而弥勒大乘教也在南北朝时期随之而出。

第一节 历史沿革

佛教分小乘佛教与大乘佛教。两者都传入中土，但终因大乘佛教更具有适应力和吸引力，与修身、齐家、治国、平天下的儒家伦理，即儒家整合社会的观点有某些相通之处，而逐渐成为中土佛教的主流。大乘佛教的净土观念分两种，一种是弥勒净土观念，一种是弥陀净土观念。弥勒净土观念在魏晋南北朝时期，影响远大于弥陀净土观念。从那一时代有关弥勒佛造像远盛于弥陀佛造像即可得出这个结论。日本学者佐滕永智在其《北朝造像铭考》中，列举了云冈、龙门、巩县诸石窟和所知传世金、铜佛像，从而得出结论，北魏等朝代弥勒佛造像有150具，弥陀佛造像仅33具。①

弥勒净土思想在魏晋南北朝之所以有强大的吸引力，首先在于它所倡导的救世思想及其宣传的彼岸净土——兜率天的美好密切关联。它与苦难和大乱不止的社会现实恰成鲜明对照，进而启迪了某些不甘现实苦难的民众，为在地上建立"人心均平""皆同一意""人身无有百八之患""谷食丰贱"的"佛国净土"起而抗争。由《弥勒上生经》《弥勒成佛经》《弥勒下生经》等又引发出大量"伪经"，成为这些反抗者的思想武器。具体状况将在本章第二节《经典与教义》中详加分析。

由于弥勒信仰的世俗化，弥勒信仰的异端思想终于引导出一系列沙门举旗造反的事件。

早在东晋建武元年（317年），北平（今河北满城一带）就发生了沙门造反事件：

《晋书》曰：建兴五年，北平人吴祚聚千人，立沙门为天子。②

其事不过二十载，后赵建武三年（337年）又发生佛太子称帝建元事件：定安人侯子光，自称佛太子。他"转相煽惑"，聚众数千，又自称"大黄帝，建元龙兴。分封左右丞相，左右大司马，大将军"等号。不久，为当局镇压。③

北魏、北齐时代，弥勒信仰骤然兴盛，其他佛教势力也膨胀发展。中国北方寺院林立，"僧尼二百许万"，更加严重地破坏了已经凋敝的北方经济，也冲击了儒家固有的纲常伦理，同时引起了佛道之争和第一次"法难"。信仰道教的朝廷重臣崔浩与寇谦之等力劝魏主"悉诛天下沙门，毁诸经像，帝从之"④。第一次"法难"，并未改变佛教在中土发展过滥的状况，而此后沙门举旗造反称王者，多不胜计，与佛教发展过滥有直接关系：

---

① 参见马西沙、韩秉方《中国民间宗教史》第二章，上海人民出版社1992年版，第45页。
② 《太平御览》卷八七五。
③ 《晋书》卷一〇六《石季龙载记》。
④ 《资治通鉴》卷一二四。

[天兴五年（402年）]二月，……沙门张翘自号无上王，与丁零鲜于次保聚党常山之行唐。复四月，太守楼伏连讨，斩之。①

[元嘉二十八年（451年）]青州民司马顺则自称晋室近属，聚众号齐王。梁邹戍主崔勋之诣州，五月，乙酉，顺则乘虚袭梁邹城。又有沙门自称司马百年，亦聚众号安定王以应之。②

公元458年，北魏文成帝下诏，指出："佛法讹替，沙门混杂"，应"精加沙汰，严加坐诛"③。此后，沙门造反非但势未稍减，而且愈演愈烈：

北魏孝文帝太和五年（481年），沙门法秀造反。

北魏孝文帝太和十四年（490年），沙门司马惠，自称"圣王"，谋破平原郡，被擒杀。

北魏宣武帝永平二年（509年），沙门刘惠汪反。

北魏宣武帝永平三年（510年），沙门刘光秀反。

北魏宣武帝延昌三年（514年），沙门刘增绍反。

北魏一朝，沙门造反事件接踵而至，终于引发了延昌四年（515年）佛教异端弥勒大乘教的暴动。

当时，有冀州和尚叫法庆的，善为"妖幻"之术，于是劝说了渤海人李归伯一家人归顺他。李归伯又招率同乡人，推法庆为主。法庆封李归伯为十住菩萨、平魔军司、定汉王。自号"大乘"。"杀一人者为一住菩萨，杀十人为十住菩萨。又合狂药，令人服之，父子兄弟不相知识，唯以杀害为事。于是聚众杀阜城令，破渡海郡，杀害吏人。""所在屠灭寺舍，斩戮僧尼，焚烧经像，云新佛出世，除去旧魔。"当局派元遥率马步兵10万攻讨之。击败法庆军，擒斩法庆。④

冀州、渤海在今河北冀县、南皮一带，秦汉以来即为宗教兴旺发达之地。汉末张角即古冀州巨鹿人，结众数十万，"以善道教化天下"。北魏法庆以佛教异端在此创弥勒大乘教，所在民众风行景从，地方大

---

① 《魏书》卷二《太祖纪》。
② 《资治通鉴》卷一二六。
③ 《宋书》卷九七《夷蛮传》。
④ 《魏书·元遥传》。

户，举族响应，不能说与此地信仰风习无关。故唐长孺说，大乘暴动的口号是"新佛出世，除去旧魔"。毫无疑问，所谓"新佛"，就是从兜率天宫下生的弥勒。在传世有关弥勒降生的佛经中未见扫魔之说，但《隋众经目录疑伪经》有《弥勒成佛伏魔经》，正与此相应。唐长孺此说，确有见地。大乘教是见诸史料的最早一支以佛教名义创成的民间教派。而且打的是弥勒下生救世的旗号。似应有"伪经"作为该教门之经典。

法庆不仅以弥勒下生相号召，而且篡改大乘般若学之原义，以"杀一人者为一住菩萨，杀十人为十住菩萨"为蛊惑。大乘般若以入理般若则为住，十住即佛典所云获得智慧的十个层次，十住又称十地，故十住菩萨又称十地菩萨，为得大智慧者。十住菩萨进而修行则成佛果，因此十住菩萨地位仅次于佛。显而易见，法庆是以弥勒佛自居的，而封李归伯为十住菩萨，地位仅次于法庆。

从官方史料看，法庆的暴动是极为残酷的。认为杀人越多佛果越多，军功越大。但仔细分析，就会发现，法庆暴动"所在屠灭寺舍，斩戮僧尼，焚烧经像"，是以佛教为攻击对象的，而且认为这种行动是在除魔。北魏时代，佛教发展过滥，已到非加以限制不足以革除弊端的地步。由于上层统治者沉溺其中，难以自拔，社会本身就会造出另外一种力量革除这种弊端。法庆暴动以一种异常激烈、越出常规的行动进行了另外一次"灭法"运动。

法庆弥勒大乘教起事失败后，不过十载，北魏孝明帝正光五年（524年），汾州（今山西临汾一带）等地，少数民族冯宜都、贺悦回成等人"以妖妄惑众，假称帝号，服素服，持白伞白幡，率诸逆众，于云台郊抗拒王师。……大破之，于成斩回成，复诱导诸胡，会斩送宜都首"①。这次暴动似为弥勒教与摩尼教最初之融合。澳大利亚华裔学者柳存仁先生即认为摩尼教应在南北朝时期即传入中土，且与弥勒信仰相融合。唐代有《禁断妖讹等敕》可证：

比有白衣长发，假托弥勒下生，因为妖讹，广集徒侣，称解禅

---

① 《魏书·裴良传》。

观，妄说灾祥。①

此处"白衣长发"之人既非沙门，又不合汉俗，应是西来的少数民族，或受"胡人"影响的汉人。

弥勒大乘教在隋代又有发展。隋大业六年（610年），"有盗数十人，皆素冠练衣，焚香持花，自称弥勒佛。入建国门，监门者皆稽首。既而夺卫士仗，将为乱，齐王暕遇而斩之"②。

隋大业九年，陕西扶风人，沙门向海明"自称弥勒佛出世，潜谋逆乱。人有归心者，辄获吉梦。由是人皆惑之，三辅之士，翕然称为大圣。因举兵反，众至数万。官军击破之"③。

同年，有唐县人宋子贤，善为幻术。每天夜里，楼上有光明，变成佛像。他"自称弥勒出世。……远近惑信，日数百千人。遂潜谋作乱，将为无遮佛会，因举兵……事泄，鹰扬郎将以兵捕之。……遂擒斩，并坐其党与千余家"④。

隋大业间，炀帝造孽无穷，天下大乱，民心摇恐，由是以称弥勒下生救世的反抗事件不绝于史书。弥勒教或弥勒大乘教大兴于世，正是动乱时代民心的一种反映。

唐代数百年间，亦有数次弥勒大乘教的活动。武德元年"沙门高昙晟……自称大乘皇帝"，"改元法轮"，后高氏被杀。⑤

唐代较著名的一次以弥勒下生相号召的事件，发生在唐玄宗开元元年（713年）。当时贝州人王怀古对人说："释迦牟尼末，更有新佛出，李家欲灭，刘家欲兴。今冬当有黑雪下贝州，合出银城。"⑥ 这种说法带有宿命论观点，但实质上已经演化成一种政权更迭的政治内容，不能不引起唐玄宗的注意，于是年十一月下诏书：

---

① 《册府元龟》卷一五九《帝王部·革弊》。
② 《隋书》卷三《炀帝纪》。
③ 《隋书》卷二三《五行》下。
④ 《隋书》卷二三《五行》下。
⑤ 《资治通鉴》卷一八六。
⑥ 《册府元龟》卷九二二。

第一章　弥勒大乘教

　　释氏汲引，本归正法，仁王获持，先去邪道。失其宗旨，乃般若之罪人；成其诡怪，岂涅槃之信士。不存惩革，遂废津梁，养彼愚蒙，将入坑井。比者白衣长发，假托弥勒下生，因为妖讹，广集徒侣，称解禅观，妄说灾祥，别作小经，诈云佛说，或诈云弟子，号为和尚，多不婚娶，眩惑闾阎，触类实繁，蠹政为甚。刺史县令，职在亲人，拙于抚驭，是容奸宄。自今以后，宜严加捉搦。①

这个诏令，指出了唐代弥勒大乘教的几个特点，有经书，有修持，有戒律，而服饰打扮亦异于常人。对当政者来说，弥勒大乘教已成为"蠹政为甚"的心腹之患。

但这类诏令再严厉也无济于事，因为它无法改变一些下层民众的基本信仰。故直至唐王朝行将就木之时，弥勒信仰仍广泛地在民间流传，并成立弥勒会等组织，以对抗当局。唐广明元年（880年），"青城山妖人作弥勒会"，冒充达官贵人"陈仆射行李，云山东盗起，车驾必幸蜀"。后为当局侦破，全数被抓获。②

有唐一朝，弥勒大乘教活动与之相始终。唐灭后，弥勒大乘教依然在民间潜行默运，且愈演愈烈。时至北宋，同样在贝州，发生了与唐代王怀古相类似的王则造反事件。宋代庆历七年（1047年），在贝州当兵的王则率众占领了贝州。史料记载："则，涿州人，初以岁饥，流至贝州，自卖为人牧羊，后隶宣毅军小校。贝、冀俗尚妖幻，相与习为《五龙》《滴泪》等经及诸图谶书，言'释迦佛衰谢，弥勒佛当持世'。则与母诀也，尝刺福字于背以为记。妖人因妄传则字隐起，争信事之。州吏张峦卜吉主其谋，党与连德、齐诸州，约以明年正旦，断澶州浮梁，作乱。……则僭称东平王，国曰安阳，年号曰德胜。旗帜号令皆以佛为号。"③王则暴动后，宋王朝命文彦博为河北宣抚使，击败王则军，擒拿王则，斩于京师。

三百年前，王怀古在贝州倡言"释迦牟尼末，更有新佛出"，提

---

① 《册府元龟》卷一五九。
② 《太平广记》卷二八九《妖妄》。
③ 《宋史纪事本末》卷三二《贝州卒乱》。

出合出"银城"。三百年后，还是在贝州，王则倡言"释迦佛衰谢，弥勒佛当持世"。提出建立"安阳"国。所谓银城，又叫云城，是唐代以后部分民间宗教追求的天堂。王则建国安阳，是"安养"的讹音，安养即安养极乐国，即佛教的安养净土。无论王怀古还是王则，都希望在人间建立佛国净土世界，即平等世界。故王则又自称"东平王"。

在宋代尚有弥勒教与摩尼教混合的教派，名叫"香会"或"集经社"。关于集经社和香会最早的记载是《宋会要辑稿》。时为大观二年（1108年）：

> 契勘夜聚晓散，传习妖教及集经社、香会之人，若与男女杂处，自合依条断遣外，若偶有妇女杂处者，即未有专法，乞委监司，每季一行州县，觉察禁止，仍下有司立法施行。①

香会之名再现于史料，已是元代初年：

> 夫杨朱、墨翟、田骈、许行之术，孔氏之邪也；西域九十六种、此方毗卢、糠瓢、白莲、香会之徒，释氏之邪也；全真、大道、混元、太一、三张左道之术，老氏之邪也。②

"香会"在元代末年演化成香军，即红巾军。元末元顺帝至正十一年"颍上、颍川红军起，号为香军，盖以烧香礼弥勒得名也。其始出赵州滦城县韩学究家，已而河、淮、襄、陕之民翕然从之，故荆、汉、许、汝、山东、丰、沛及两淮红军皆起应之"。③据笔者在《白莲教辩证》一文考证，香会为弥勒教与摩尼教相混合之教派，故其教提出"明王出世，弥勒下生"④的口号。（详见本书摩尼教一章）

弥勒下生救世观念，在明清两朝的底层社会和民间教派中日渐形成

---

① 《宋会要辑稿·刑法二》。
② （元）耶律楚材：《湛然居士集》卷八。
③ （明）权衡：《庚申外史》卷上。
④ 马西沙：《白莲教辩证》，载《世界宗教研究》1993年第4期，第1—13页。

体系，成为涌动在民众中的思想巨流。在黄天教、闻香教、八卦教、一贯道等大教派中，成为一种天道观和救世观。

第二节 经典与教义

弥勒观念于汉末传入中土，西域僧人安世高译《大乘方等要慧经》，介绍了有关弥勒信仰之内容。其后西晋西域僧人竺法护译《弥勒下生经》，弥勒净土思想得到较完整的介绍。从此，有关弥勒净土经典相继译出。而"伪经"亦大量产生。在隋唐以后形成了燃灯、释迦、弥勒三佛应劫救世观念，并在民间广泛流行。明清时代，无生老母观念日趋成熟，形成无生老母派遣"三佛"应劫救世观念。

一 经典

据汤用彤《汉魏两晋南北朝佛教史》述，从汉末至南北朝末，有关弥勒信仰有如下译经：

《大乘方等要慧经》 后汉安世高译（现存）
《弥勒菩萨所问本愿经》 西晋竺法护译（现存）
《弥勒成佛经》 法护译
《佛说弥勒下生经》 法护译（现存）
《弥勒当来生经》 西晋失译
《弥勒来时经》 东晋失译
《弥勒所问本愿经》 东晋祇多蜜译（现存）
《弥勒大成佛经》 后秦鸠摩罗什译（现存）
《弥勒下生成佛经》 后秦鸠摩罗什译（现存）
《观弥勒上生兜率天经》 凉沮渠京声译（现存）
《弥勒成佛经》 后秦道标译
《弥勒下生经》 陈真谛译

《弥勒菩萨所问经》　留支译（现存《弥勒所问经释论》）①

以上所录诸经尚未全括西晋下迄隋唐社会流行有关弥勒净土经典。同仁杨曾文在其作中指陈：《出三藏记集》（佑录）等书中记载失译经录，其中包括部分"伪经"：

《弥勒经》一卷（道安云出《长阿含》）
《弥勒当来生经》（《开元录》附西晋录）
《弥勒下生经》一卷（《开元录》卷一四谓陈真谛译）
《弥勒菩萨本愿待时经》（抄本）
《弥勒为女身经》一卷
《弥勒受诀经》（《祐录》云未见经文）
《弥勒作佛时经》一卷（同上）
《弥勒难经》一卷（同上）
《弥勒须河经》一卷（同上）

卷五所载伪经目录中有：

《弥勒下教经》一卷

隋法经《众经目录》卷二所载伪经中还有：

《弥勒成佛本起经》十七卷
《弥勒下生观世音施珠宝经》一卷
《弥勒成佛伏魔经》一卷

唐智昇《开元释教录》卷十八所载伪经：

《随身本官弥勒成佛经》一卷

---

① 汤用彤：《汉魏两晋南北朝佛教史》第十九章，中华书局1983年版，第575—576页。

《金阴密要议经》一卷（注：兼说弥勒下生事）
《弥勒下生遣观世音大势至劝化众生舍恶作善寿乐经》一卷
《随身本官弥勒成佛经》一卷
《弥勒摩尼佛说开悟佛性经》一卷①

此外从唐宋至清代，民间尚流行大量关于弥勒净土信仰的经书、宝卷，特择录于下：

《龙华誓愿文》（唐宋时代）
《弥勒三会记》（唐宋时代）
《龙华会记》（唐宋时代）
《五龙经》（北宋）
《滴泪经》（北宋）
《弥勒颂》（明成化）
《弥勒佛说地藏十王宝卷》（明）
《三教应劫总观统书》（清初）
《大圣弥勒化度宝卷》（清）
《弥勒佛出西宝卷》（清）
《布袋经》（清）
《弥勒古佛救劫篇》（清）
《弥勒尊经》（清）②

二 教义——弥勒救世思想

关于弥勒（Maitreya）的由来，《弥勒上生经》《弥勒下生经》都有说明。弥勒是波罗捺国劫婆利村人，出身于上层大婆罗门家族。弥勒以

---

① 杨曾文：《弥勒信仰的传入及其在民间的流传》，载1985年《中原文物》特刊。
② 参见马西沙、韩秉方《中国民间宗教史》第二章，上海人民出版社1992年版，第68—69页。

慈氏为名，阿逸多为姓，或称弥帝隶、梅低丽、迷缔隶，最流行的称谓是弥勒。

弥勒净土信仰分两个层次的内容：一是弥勒由凡人而修行成菩萨果，上至兜率陀天。二是弥勒菩萨从兜率陀天下生阎浮提世，于龙华树下得成佛果，三行法会，救度世人。其中最主要部分是弥勒下生尘世间人之居所，于龙华树下成佛，救度世人。弥勒菩萨下生之处名"翅头末，长十二由旬，广七旬……""福德之人交满其中……丰乐安稳……时世安乐，无有怨贼劫窃之患，城邑聚落无闭门者，亦无衰恼，水火刀兵及诸饥馑毒害，人常慈心，恭敬和顺……"①　"土地丰熟，人民炽盛……四时顺节，人身之中，无有百八之患……人心均平，皆同一意，相见欢悦，善言相向，言辞一类，无有差别"②。这块土地虽然物产丰美，人心均平，但不是佛国净土，人们享受着"五乐欲"。弥勒观此五乐欲"致患甚多，众生沉没，在大生死"，仍不免"三恶道苦"。弥勒观此，决心修道成佛，救度世人出离生死苦海。弥勒修度成佛后，向尘世人指出五欲之害，在龙华树下向众生宣讲释迦四谛十二因缘，以解脱"众苦之本"。共行三次法会：

> 初会说法，九十六亿人得阿罗汉；第二次大会说法，九十四亿人得阿罗汉；第三次说法，九十二亿人得阿罗汉。
>
> 尔时弥勒佛诸弟子普皆端正，威仪具足，厌生老病死，多闻广学，守护法藏，行于禅定，得离诸欲，如鸟出壳。……弥勒住世六万岁，怜悯众生，令得法眼，灭度之后，法住世亦六万岁。③

这就是后世广为流传的"龙华三会"的基本内容。弥勒救世思想始流行于动乱的两晋南北朝时期，迎合了中土各阶层人氏惧怕"生老病死苦"的心理和生命永驻的理想。于是大行于中土。在南北朝时期，弥勒

---

① 参见《佛说弥勒下生成佛经义疏》，鸠摩罗什译，唐佚名撰疏。又见《佛说观弥勒菩萨下生经》，北京图书馆藏。
② 参见《佛说弥勒下生成佛经义疏》，鸠摩罗什译，唐佚名撰疏。又见《佛说观弥勒菩萨下生经》，北京图书馆藏。
③ 《佛说弥勒下生经义疏》。

信仰加快了世俗化与民间化，并与底层民众社会运动发生联系。在这一过程中，关于弥勒信仰的大量"伪经"出现。这些伪经本依印度传经的某一思想，敷衍成篇；或另有意图，"诈云佛说"。如《弥勒成佛伏魔经》这类伪经即依《弥勒下生经》中一段伏魔故事衍成全经。这类伪经的出现与乱世人心大有关系。世乱则噩运丛生，群魔乱舞，人民希望有弥勒这样的救世主伏魔以安定世事。此后，沙门中有许多人自称弥勒，蛊惑人民，造反起义，如前章所举之北魏法庆及隋唐时代多类造反事件，都是如此。

由印度传经到"伪经"，再由最初"伪经"发展成后世民间宗教"三佛应劫"救世思想，经历了漫长的历史过程。所谓"三佛应劫"救世思想，即把人类历史分成三个阶段：青阳劫时代，由燃灯佛掌教；红阳劫（或称红羊劫）由释迦佛掌教。前两劫各救度两亿人。白阳劫，乃世界最大灾难来临之时，由弥勒佛下世掌教，救度"残灵"九十二亿，回归天宫。

"三佛应劫"救世思想，在北魏时代弥勒大乘教出现时已见端倪。法庆提出"新佛出世，除去旧魔"。有新佛即有旧佛，旧佛大概即指释迦佛。到了唐玄宗开元初年，弥勒教王怀古已明确提出"释迦牟尼末，更有新佛出"。而北宋王则则更明确地提出"释迦佛衰谢，弥勒佛当持世"的思想。三佛应劫说似已成形。但尚缺一燃灯佛。

燃灯佛亦称定光佛。佛经《大智度论》卷九载："如燃灯佛生时，一切身边如灯，故名燃灯太子，作佛亦名燃灯，旧名锭光佛。"据《太子瑞应本起经》解释：燃灯佛曾点化释迦菩萨得成佛果，故燃灯佛又称过去佛，释迦则称为现在佛。而弥勒为释迦佛弟子，故又称未来佛。此三世佛皆载于印度佛典。关于燃灯佛即定光佛至少在唐末五代时已成为民间一救世主。据朱辨《曲洧旧闻》卷一记载：

> 五代割据，干戈相侵，不胜其苦。有一僧，虽狂伴而言多奇中。尝谓人曰，汝等切望太平甚切，若要太平，须得定光佛出世始得。

同书卷八记载："……吾尝梦梵僧告予曰：世且乱，定光佛再出世。

子有难，能日诵千声，可以免矣。吾是以受持……定光佛初出世，今再出世，流虹之瑞，皆在丁亥年，此又一异也。君其识之。"燃灯佛即定光佛在民间的日益神化，为封建社会晚期三佛应劫救世思想的成体系化奠定了最后的基础。

但是民间将人类历史分成青阳、红阳、白阳三期，又是佛、道相交并对民间宗教影响的结果。

《云笈七籖》记载："三天者，清微天、禹余天、大赤天是也。……清微天也，其气始青；……禹余天也，其气始黄；……大赤天其气玄白。"①"过去元始天尊……见在太上玉皇天尊……未来金阙玉晨天尊……"故朱熹讲道教三清"盖仿释氏三身而为之尔"是有道理的。《云笈七籖》又记载有"日中青帝""日中赤帝""日中白帝"之说。这显然是青阳期、红阳期、白阳期来源较早的记录。

到了明清时代问世的《三教应劫总观通书》以及《普静如来钥匙宝卷》等经书，对三教应劫或三佛应劫救世思想有了明确、成体系的概括："世界上是过去、现在、未来三佛轮管天盘。过去是燃灯佛，管上元子丑寅卯四个时辰，度道人道姑，是三叶金莲为苍天。现在者是释迦佛，管中元辰巳午未四个时辰，度僧人尼僧，是五叶金莲为青天。未来者是弥勒佛，管下元申酉戌亥四个时辰，度在家贫男贫女，是九叶金莲为黄天。"② 尚有如下说法："燃灯佛，掌教是，青阳宝会。释迦佛，掌红阳，发现乾坤。弥勒佛，掌白阳，安天立地。三极佛，化三世，佛法而僧。三世佛，掌乾坤，轮流转换。"③ 在有的"宝卷"中，三世佛上还有一个最高神"无生老母"或"无生父母"，她在三个时期分别派遣燃灯、释迦、弥勒下到尘世间救度受苦受难的人群，再回归到天宫。

显而易见，这类思想发其端者是南北朝时期的弥勒大乘教，而后代此类思想不过是其衍生或更加体系化而已。

---

① 《云笈七籖》卷三《道教本始部》。
② 《清代档案史料丛编》第三辑，中华书局1979年版，第65页。
③ 《普静如来钥匙宝卷》，藏于首都图书馆。

第二章

摩 尼 教

摩尼教产生于古波斯萨珊王朝，由公元3世纪人摩尼创立。在此后的一千余年间，曾流行于中亚、北非、欧洲与中国。可以说在当时是一种世界性宗教。但在现代，已经很难发现它还有什么信徒了。摩尼教通过丝绸之路和东南沿海两线传入中国，曾为统治阶级禁断，又曾经默许而公开传教，最终在唐代末年遭到全面毁禁而仍在民间社会流传，成为民间宗教，特别是在宋、元时代曾对中国的宗教生活和政治生活产生过较大影响。

第一节　历史沿革

一　创立

摩尼教创始人于公元216年4月14日出生在底格里斯河畔的克泰锡封附近的玛第奴，位于今伊拉克境内。摩尼的父亲叫帕提格，加入当地一个实行浸礼和节欲的教派。摩尼从4岁起就参加了这个神秘宗教的活动。摩尼自称从12岁时便得到所谓"推茵神"的神启。据说他传给摩尼一种新的教义。此后摩尼与其父参加的这个教派发生激烈冲突，后被该教开除。摩尼自云在24岁时，又得到推茵神的启示，要他在人间创立新的宗教，传播新的教义。他首先向其父母及其他家庭成员传教。然后到了印度河流域传教。大约公元242年沙卜尔一世登基时，又回到波斯。第二年4月9日沙卜尔加冕盛典上，摩尼公开向臣民们宣讲他的二宗三际教义。这象征着一个新的宗教的诞生。①

摩尼要建立的是一种超越地区和国界的宗教，这种世界宗教的思想恰与沙卜尔一世建立波斯大帝国的野心不谋而合，因而摩尼教得到国王的支持，摩尼亦出入宫廷并陪同国王与罗马人作战。此时的摩尼教已在波斯全境传播。公元273年沙卜尔一世去世。瓦赫兰一世继位，立刻采取与沙卜尔一世完全相反的态度，摩尼被迫回归故里。大约公元277年初，摩尼被当局逮捕。是年2月26日，瓦赫兰下令把摩尼钉死在十字架上，大批摩尼教徒遭到杀害。瓦赫兰二世继位后，变本加厉地迫害摩尼教徒，下令将摩尼死后的最高宗教领袖磔裂。广大摩尼教徒纷纷逃亡，流落世界各地传教。仅在摩尼死后的百余年间，阿塞拜疆、埃及与北非其他地区都先后建立了摩尼教团，然后向中国的西域地带、印度及欧洲传播。

二　摩尼教传入中国

关于摩尼教何时传入中土，众说纷纭。

据何乔远《闽书》卷七记载："慕阇当唐高宗时行教中国。"

清末学者蒋斧则认为，隋代开皇四年建立的怀远坊东南隅大云经寺，亦名光明寺是摩尼寺。是时摩尼教已经传入中土。同时代学者罗振玉亦断言摩尼教在"隋文时已入中土，绝非唐代乃入也"②。持唐以前摩尼教入中国的学者尚有张星烺、日本学者重松俊章。

20世纪70年代，澳大利亚华裔学者柳存仁宣讲其论文《唐前火祆教和摩尼教在中国之遗痕》。此文由林悟殊翻译发表在1981年的《世界宗教研究》之上。柳存仁以史籍与《道藏》资料证明："在5世纪下半叶摩尼教经也已传入中国。"③ 可谓别开生面，有相当的说服力。其后中国学者林悟殊，著有关摩尼教论文多篇，分析旧有史料，提出新观点，指出"中国内地可能在4世纪初便已感受到摩尼教的信息"。④

---

① 参见林悟殊《摩尼教及其东渐》，中华书局1987年版，第21—22页。
② 罗振玉：《雪堂校刊群书叙录》卷下，第43—45页。
③ 柳存仁：《唐前火祆教和摩尼教在中国之遗痕》，载《世界宗教研究》1981年第3期。
④ 林悟殊：《摩尼教及其东渐》，第60页。

柳存仁的贡献不仅在于把摩尼教传入中土时间提早，还在于提出摩尼教与佛教弥勒信仰有早期之融合。这对我们研究弥勒教、摩尼教及宋元之香会与元末白莲教之关系都有启迪之功。

传统的摩尼教传入中土的看法是由法国汉学家沙畹、伯希和及我国著名史学家陈垣提出的。陈垣所持资料为《佛祖统纪》所载之唐武则天延载元年（694年）：

《佛祖统纪》卷三九：延载元年，波斯国人拂多诞（原注：西海大秦国人）持二宗经伪教来朝。①

陈垣指出："拂多诞者非人名，乃教中师僧之一种职名，位在慕阇之次者也。"②

持此说者，今人尚多，皆以陈垣考据指实了具体年代之故。但反对此说者亦代有新出，台湾年轻学者王见川近著《从摩尼教到明教》，即倾向于柳存仁、林悟殊的观点。

关于摩尼教何时传入中土，学界尚在争论之中，不易定论。

传统的看法摩尼教传入中土的路线是从中亚传至西域，再由丝绸之路传入中国内地。近年厦门大学学者庄为玑提出摩尼教还有另外一传入路线，即海上传入说。据庄文载："唐代以降，海路交通大兴。中国、西亚之间的航路既开，泉州遂成为中国四大对外贸易港之一。……摩尼教遗址之所以出现在安海港附近，而非来自陆路，……摩尼教也以泉州为中心，向邻近地区发展，'由南而北'，长达千年。泉州摩尼教随泉州港之兴而兴，随其衰而衰。"③ 除最后一个结论外，应该说是十分有见地的。

---

① 陈垣：《摩尼教入中国考》，发表于1922年6月《国学季刊》，后小有改定。见《陈垣史学论著选》，上海人民出版社1981年版，第135页。
② 陈垣：《摩尼教入中国考》，发表于1922年6月《国学季刊》，后小有改定。见《陈垣史学论著选》，上海人民出版社1981年版，第135页。
③ 庄为玑：《泉州摩尼教初探》，载《世界宗教研究》1983年第3期。

三 摩尼教演变成民间宗教

摩尼教传入中土时，非但不是为当局所禁止的民间宗教，而且受到最高统治者的青睐，则天时代："慕阇高弟密乌没斯拂多诞复入见，群僧妒譖，互相击难。则天悦其说，留使课经。"①

开元七年（719年），"吐火罗国支汗那王帝赊，上表献解天文人大慕阇。其人智慧幽深，问无不知。伏乞天恩唤取慕阇，亲问臣等事意及诸教法，知其人有如此之艺能，望请令其供奉，并置一法堂，依本教供养"②。至少在开元二十年（732年）以前，摩尼教还在公开活动。但到了开元二十年，由于佛教对摩尼教的攻击，同时摩尼教与弥勒信仰相混合，造成了对社会固有秩序的干预，玄宗下敕令禁断了摩尼教：

末摩尼本是邪见，妄称佛教，诳惑黎元，宜严加禁断。以其西胡等既是乡法，当身自行，不须科罪者。③

因为混同佛教，煽惑了老百姓（此特指汉人），所以不容于当朝。但尚允许少数民族居住汉地者信仰。

天宝十四载（755年）安史之乱爆发。唐玄宗避祸四川，唐肃宗登大统，唐王朝数次请少数民族回鹘出兵相助平叛。回鹘登里可汗率兵援唐，助攻洛阳，得遇数名摩尼师相助，相见甚欢。班师后，遂命摩尼师同行，对该教教义颇为仰慕，而归依该教。回鹘族上行下效，亦多弃原始之萨满教，归依摩尼教。该教一度成为回鹘"国教"。唐王朝依仗回鹘之力得以平叛复国。回鹘势力渗透于唐王朝，摩尼教亦仗回鹘国势之奥援，在中原地区重新复苏、发展，并得到当局认可，公开传教。唐大历三年（768年），唐代宗颁布敕令，允许摩尼师在长安设置寺院，并赐额"大云光明之寺"。大历六年又从回鹘之请，在荆州、扬州、洪

---

① （明）何乔远：《闽书》卷七。
② 《册府元龟》卷九七一。
③ 《通典》卷四〇注。

州、越州"置大光明寺，其徒白衣白冠"①。元和三年（809年）又允许回鹘之请，在河南府、太原府设置三座摩尼寺院。该教势力几遍半个中国。摩尼教在民间也得到发展。百姓称该教徒为"阴阳人"，以其懂天文、历法，会祈雨之故。

唐末，回鹘国力大衰。唐武宗会昌元年（841年）《赐回鹘可汗书》已发出缩小摩尼教势力的信息："其江淮诸寺权停，待回鹘本土安宁，即却令如旧。"②

会昌三年（843年），唐与国势已衰的回鹘作战，大败之。同时对摩尼教进行打击："会昌三年，诏回鹘营功德使者在二京者，悉冠带之。有司收摩尼书若象烧于道，产资入之官。"③《僧史略》亦载："会昌三年，敕天下摩尼寺并废入官。京城女摩尼七十二人死。及在此国回纥诸摩尼等，配流诸道，死者大半。"④ 会昌五年武宗灭佛法，主要打击佛教，再次连带摩尼教。从此摩尼教教势大衰，无法公开传教，而转入民间潜行默运。

公元907年大唐帝国败亡，摩尼教依然倡兴于世，并在中原地区和东南沿海地区以不同的方式活动着。

后梁贞明六年（920年）陈州（今河南太康、项城、淮阳一带）发生了一次摩尼教暴动。据史料载："梁贞明六年，陈州末尼党类，立母乙为天子，累讨未平，及贞明中，诛斩方尽。"⑤ 这个"末尼党类"在陈州大概有相当长的活动历史，故史料又称，"陈州里俗之人，喜习左道，依浮屠氏之教，自立一宗，号曰上乘"。这个自立的一宗，当然已非佛教。摩尼教在唐代即有"妄称佛教"的历史。而陈州的摩尼教徒"不食荤茹""揉杂淫秽""宵聚昼散"，形成了气候，乃至母乙暴动时，"陈、颍、蔡三州，大被其毒"⑥。不仅在陈州，而且在信阳，摩尼教以香会、集经社之名活动着，也是"男女杂处""夜聚晓散"。对这种以

---

① （宋）志磐：《佛祖统纪》卷四一。
② 《唐会要》卷四九。
③ 《新唐书》卷二一七《回鹘传》。
④ 《僧史略》卷下"大秦末尼"条。
⑤ 《僧史略》卷下。
⑥ 《旧五代史》卷一〇。

"香会"之名行摩尼教之实的民间宗教,本书第一章、第三章都有较详细介绍,指出它是摩尼教与弥勒信仰结合的产物,在元末由香会转化成香军即红巾军,成为推翻元蒙统治的主要力量。①

如果说北方中原地区的摩尼教由丝绸之路传入,东南沿海地区,特别是福建、浙江等地的摩尼教,则由海路传入。在闽、浙地区摩尼教时称明教。浙江地区的摩尼教,又似"从南而北",即从福建传入。宋代福建摩尼教教势炽盛。据洪迈《夷坚志》记载:"吃菜事魔,三山尤炽。为首者紫帽宽衫,妇人黑冠白服,称为明教会。"② 所谓"三山"即指今之福州一带。福建的明教会又称末摩尼。"其经名'二宗三际'。二宗者,明与暗也。三际者,过去、未来、现在也。"不仅如此,由于宋代统治者崇道,福建有钱的摩尼教信徒,甚至在大中祥符时代编撰道藏时,贿赂主编者,希图将摩尼经入道藏。③ 另一则史料则讲,闽之明教不同于"魔教",男女之间授受不亲,甚至妇人所做食物皆不食。这类明教徒中往往有名族士大夫或其他读书人。也有明教经,多为刻板摹印的版本。④

宋代浙江摩尼教之盛似又超过福建。据史料记载:"伏见两浙州县,有吃菜事魔之俗。方腊以前,法禁尚宽,而事魔之俗,犹未至于甚炽。方腊之后,法禁愈严,而事魔之俗,愈不可胜禁。"在信仰末尼教的乡村,住有一两个狡黠的人做头领,谓之"魔头",同教之间互助精神很强,一家有事,同教都出力相帮。教徒不食肉,故省费易足,亲友同教相助,甘于淡薄,行于勤俭,"有古淳朴之风"⑤。其实在北宋时代浙江摩尼教即已大盛。如温州,凡行明教者都号为"行者"。他们在各地乡村,建立屋宇,号曰"斋堂",温州就有40余所斋堂。凡教徒聚集之时,侍者、听者、姑婆、斋姐等人,建立道场,夜聚晓散,而所刻之经名目甚多。⑥

---

① 马西沙:《白莲教辩证》,载《世界宗教研究》1993年第4期,第1—13页。
② (宋)洪迈:《夷坚志》,转引自《佛祖统纪》卷四八。
③ (宋)志磐:《佛祖统纪》卷四八。
④ (宋)陆游:《老学庵笔记》卷一〇。
⑤ (宋)李心传:《建炎以来系年要录》,转引自《陈垣史学论著选》,第163页。
⑥ 《宋会要辑稿·刑法二》。

第二章 摩尼教

宋朝当局对摩尼教实行严禁、镇压的政策。特别在方腊起事以后。方腊起事与摩尼教的关系学术界尚有不同意见。一种看法是，方腊起事之前受到摩尼教影响。故史书载："宣和二年，睦州青溪县妖贼方腊，据帮源洞僭号改元，妄称妖幻，招聚凶党，分道剽劫""多引尔时明尊之事，与道、释经文不同。……上僭天王太子之号""腊自号圣公，改元永乐……惟以鬼神诡秘事相煽诱"①。起事席卷了六州五十二县。方腊起事之服饰分六等，以红为上，而唐及以前的摩尼教色尚白。故可知，已非纯粹受摩尼教之影响，已有传统"妖教"的影响内容。而称明尊，则无疑与摩尼教最高神大明尊或摩尼光佛信仰一致。

受摩尼教影响的起事尚有余五婆等多起，都曾程度不同地引起当局的震动。方腊起事后，对摩尼教的法禁越严，从中亦可知摩尼教确实与方腊起事颇有关联。

摩尼教在元代仍有很大影响，特别是对元末农民运动。宋代在中原地区的"香会"，是摩尼教与弥勒信仰融合的产物。关于"香会"的史料，再现于元初耶律楚材的《湛然居士集》：

> 夫杨朱、墨翟、田骈、许行之术，孔氏之邪也；西域九十六种，此方毗卢、糠、瓢、白莲、香会之徒，释氏之邪也……②

此处点出白莲、香会，是明显地把白莲教与香会分成不同的佛教异端，即不同的民间教派。如本章前述，在摩尼教传入之初，教义即含有崇礼弥勒佛的内容。这是柳存仁的发现。唐代"比有白衣长发，假托弥勒下生"，亦似摩尼教与弥勒教相混之教派。这种传统形成香会，其教相延至元代末年，在元末表现了巨大的力量：元至正十一年（1355年）五月，由香会而改名的香军即红巾军起于颍州（今安徽阜阳、颍上、阜南、太和一带），得到大江南北人民的响应。这支香军，初起于河北赵城韩山童，韩山童传徒刘福通。此教"烧香礼弥勒佛"，而喊出的口号

---

① 参见马西沙、韩秉方《中国民间宗教史》第三章，上海人民出版社1992年版，第93页。
② （元）耶律楚材：《湛然居士集》卷八。

是"明王出世，弥勒下生"。正说明，韩山童、刘福通所传教派是摩尼教与弥勒教混合的产物。韩山童死后，刘福通奉其子韩林儿为小明王。摩尼教有《大小明王出世经》。韩林儿不称"大明王"，亦不称"明王"，而称"小明王"。显然在教中，以韩山童为"大明王"。大明王已死，故"小明王"继其事业。摩尼教对香军即红巾军的深刻影响是一目了然的。

  从唐至宋摩尼教与弥勒教相融合，既有漫长的历史过程，又有融合之路线。从唐中叶至元末，弥勒教重要活动地域在贝州（今清河、临清、武城、夏津一带）、冀州（栾城、赵县、石家庄一带），五百年间是弥勒教传播中心。而北方摩尼教及其异名同教香会则以陈州（今淮阳）、信阳（今信阳）为活动中心。在元代末年，曾经祖居于赵州栾城的韩山童的祖父谪徙广平永年县。韩氏祖孙数代在今之河北南部、河南、安徽传教。弥勒信仰南移，传徒颍州人刘福通。颍州与摩尼教活动中心陈州、蔡州相距仅二百余里，两大民间教派不可避免地发生融合。当然这种融合的历史要早得多。关于有人说韩山童传播的是白莲教，拙作《白莲教辩证》（载《世界宗教研究》1993年第4期）已作了详细的驳证。

  显而易见，没有摩尼教与弥勒教的历史性融汇合流，就不可能那样迅速地引发元末农民反抗元蒙暴政的大起义。当然，摩尼教与弥勒教融汇合流亦是历史的必然，因为这两种宗教都包含着浓厚的救世思想。

  风起云涌的元末农民战争，并没有给底层民众带来实质性的改变，它只造就了一个新王朝和一个从底层崛起的新帝王。朱元璋一登帝位便颁发明令，禁止民间宗教的活动，继而又用法律的形式将禁令固定下来："凡师巫假降邪神，书符咒水，扶鸾祷圣，自号端公大保师婆及妄称弥勒佛、白莲社、明尊教、白云宗等会，一应左道乱正之术，或隐藏图像，烧香集众，夜聚晓散，佯修善事，扇惑人民，为首者绞，为从者各杖一百，流三千里。"①

  但从明初史料来看，明尊教即明教也就是摩尼教并未完全停止活动。据宋濂《芝园续集》卷四记载，洪武年间，温州仍有大明教即摩

---

① 《大明律·礼一》。

尼教在流行。教徒"造饰殿堂甚侈，民之无业者咸归之"。浙江省按察司佥事熊鼎认为这个"邪教"蛊惑人心，败坏风俗，"且名犯国号，奏毁之，官没其产，而驱其众为农"①。经过明初对诸类民间宗教的毁禁，摩尼教声息戛然而止。一个曾经影响中国东南地区数百年的宗教，似乎从历史中消失了。然而从明中叶诸种史料分析，它并没有失去生命力。明代中叶以后，新兴的另一民间宗教——罗教几乎在相同的地点，以燎原之势迅速传播，成为闽、浙、赣等省的主要民间教派。罗教取代了摩尼教，同时也汲取了摩尼教的历史传统。对这种融合，本书第六章《斋教与青帮》将详细进行对照分析。

第二节 经典与教义

一 经典

摩尼教创教人摩尼曾亲创七部经典：

《密迹经》《大力士经》《净命宝藏经》《证明过去经》《福音》《撒布拉干》《指引与规约》。②

据史料记载，最早传入中土内地的摩尼教经典是《二宗经》：

延载元年，波斯人拂多诞持《二宗经》伪教来朝。③

唐代尚有所谓"化胡经"（非晋代王浮所著本），载有"老子"乘自然光明道气，入于苏邻国中，降诞王室，出为太子，舍家入道，号末摩尼，传播"三际及二宗门，教化天人"等内容。

---

① 吴晗：《明教与大明帝国》，载《读史札记》，生活·读书·新知三联书店1979年版，第268页。
② 参见孙培良《摩尼和摩尼教》，载《西南师范学院学报》1982年第2期。
③ （宋）志磐：《佛祖统纪》卷三九。

宋代史料关于摩尼教经的内容杂芜,名目繁多:

一明教之人,所念经文及绘画佛像,号曰《讫恩经》《证明经》《太子下生经》《父母经》《图经》《文缘经》《七时经》《月光经》《平文策》《赞策》《证明赞》《广大忏》《妙水佛帧》《先意佛帧》《夷数佛帧》《太子帧》《四天王帧》……①

志磐《佛祖统纪》卷三九尚引宗鉴《释门正统》记载的摩尼教"不根经文":《佛佛吐恋师》《佛说涕泪》《大小明王出世经》《开天括地变文》《齐天论》《五来子曲》。以上引征经文未必皆为摩尼教经,但其中如《太子下生经》《大小明王出世经》等,应是中国摩尼教徒所撰的摩尼教经。

二 教义——二宗三际说

摩尼教的基本教义的核心是二宗三际说。现在北京图书馆尚存有一部摩尼教残经。另一部是《摩尼光佛教法仪略》,分藏于伦敦图书馆和巴黎图书馆。

所谓二宗三际说之"二宗"指明与暗,代表善与恶。"三际"是时间概念:初际、中际、后际。

据《佛祖统纪》卷四八载:

其经名二宗三际。二宗者,明与暗也。三际者,过去、未来、现在也。②

摩尼教原典之"三际"是初际、中际、后际,但传入中土后,混同于佛教之三世,成为过去、现在、未来三际。

据摩尼教经,光明与黑暗是两个彼此相邻的国度。"未有天地"之

---

① 《宋会要辑稿·刑法二》。
② 参见马西沙、韩秉方《中国民间宗教史》,上海人民出版社1992年版,第89页。

时，光明王国占据着东、西、北三个方位，最高神是明父，或称大明尊。此国充满光明，至善至美。黑暗王国占据南方，最高统治者是黑暗魔王，国内居有五类魔。在初际——未有天地之时，光明、黑暗各守其界，虽互相对峙，但相安无事。但此种局面未能持续下去，由于黑暗王国的无穷贪欲，爆发了黑暗王国对光明王国的入侵。光明王国大明尊召唤出善母，善母又召唤出初人，初人再召唤出五明子——气、风、明、水、火，迎战黑暗王国入侵。初人首战失败，五明子为暗魔吞噬。善母向大明尊求救。大明尊派出明友等，救出初人。但五明子仍为恶魔吞噬。大明尊为了收回五明子，不得不创造出今天的世界：日、月、星辰、十天、八地、山岳等。构成这个世界的物质是众暗魔的身体，而管理这个世界的则是光明王国的净风五子：持世明使、十天大王、降魔胜使、催光明使、地藏明使。

在创造天地之后，大明尊又进行了第三次召唤，召出第三使者和惠明使。这两位明使把净风俘获的众魔锁住，加以甄别，把恶的部分扔入海内，变成妖物，由降魔胜使将其杀死；那些分不开的，扔在陆地上，变成树木、植物。而雌魔皆纷纷流产，流产物化为五类动物。[①]

黑暗王国之魔王则按明使形象，造出人类元祖——亚当、夏娃，肉体由黑暗物质组成，但里面仍藏有许多光明分子，组成人类的灵魂。摩尼认为人类的身体是小世界，是宇宙、光明、黑暗的缩影。《摩尼教残经》云："如是毒恶贪欲肉身，虽复微小，一一皆放天地世界。"[②]

由于人类是暗魔的子孙，摩尼教吸收了基督教教义，继承人类生而有罪的原罪观。因此拯救人类灵魂成为摩尼教的一种使命。摩尼教教义再杂芜，但最终落脚点还在于拯救人类上。人类之所以可以拯救，因为在人类灵魂中毕竟有光明分子——有善的内含。

摩尼本人宣称他是大明尊者派到人间的最后使者，其使命是救度上至明界，下至地狱的一切众生，即要人类劳身救性，修行自己，拯救灵魂。为此，该教制定出严格戒律：

四不：不吃荤、不喝酒、不结婚、不积聚财物。

---

① 参见林悟殊：《摩尼的二宗三际论及其起源初探》，载《摩尼教及其东渐》，第17页。
② 参见林悟殊《摩尼的二宗三际论及其起源初探》，载《摩尼教及其东渐》，第17页。

忏悔十条：虚伪、妄誓、为恶人作证、迫害善人、搬弄是非、行邪术、杀生、欺诈、不能信托及做使日月不喜欢之事。

遵守十诫：不崇拜偶像、不谎语、不贪、不杀、不淫、不盗、不行邪道巫术、不二见（怀疑）、不惰、每日四时（或七时）祈祷。①

以上这些规矩传到中土后，部分地得到实行。南宋有些史料记载，摩尼教持戒甚严。而两浙摩尼教"不食肉""甘淡薄""务节俭""有古淳朴之风"②。陆游《老学庵笔记》记载："男女无别者为魔，男女授受不亲者为明教。明教遇妇人所作食则不食。"③ 流行闽、浙的摩尼教徒则反对厚葬，主张裸葬。

摩尼教原典认为，教徒只要严守戒律，灵魂就能得救，即经月宫，再浮生到日宫，最后回归到一个全新乐园。不知改悔者则在世界末日与黑暗物质同时被埋葬于地狱之中。那时，支撑世界之神将卸任而去，天地随之崩坍，大火爆发，直燃烧至 1468 年。

按照摩尼教的说法，中际是一个漫长的过程。从"暗既侵明"开始，到形成天地，创造人类，一直到世界彻底毁灭为止。然后进入"明既归于大明，暗亦归于积暗"的后际。后际的本质是向初际原始状态的复归。只不过到那时黑暗将受到永久的禁锢，光明世界将永恒存在。

摩尼教对中国底层社会的影响还在于其崇拜光明、崇拜日月及明王出世等救世思想。据《闽书》记载："摩尼佛名末摩尼光佛，……其教曰明，衣尚白，朝拜日，夕拜月。"④ 据《鸡肋编》载，"故不事神佛，但拜日月以为真佛"⑤，崇尚"是法平等，无有高下"，因此"凡初入教而甚贫者"，"众率出财以助，积微以至于小康"⑥。在元末则形成了"明王出世，弥勒下生"这个改天换地、影响了一个时代的思想观念，把摩尼教在中土的宗教影响力和政治影响力发展到了极致。

---

① 参见林悟殊《摩尼教及其东渐》，第 19 页。
② 《陈垣史学论著集》，第 135 页。
③ 《陈垣史学论著集》，第 163 页。
④ 《闽书》卷七《方域志》。
⑤ （宋）庄季裕：《鸡肋编》卷上，转引自《陈垣史学论著集》，第 170 页。
⑥ （宋）庄季裕：《鸡肋编》卷上，转引自《陈垣史学论著集》，第 170 页。

第三章

白莲教

　　白莲教是宋、元时代最有影响的民间教派之一。初期的白莲教，是佛教弥陀净土宗与天台宗融合的产物，也是从魏晋至南宋佛教逐步世俗化的产物。南宋的白莲教，仅是一个净业团社性质的组织，号为白莲菜，还不具备独立宗教的全部特征。到了元代，白莲教得到空前的发展，在组织体系上完全从正统佛教中独立出来，形成了自身的特点；在宗教教义上，它不仅继承了佛教弥陀净土宗、天台宗的主要思想，又有多方面的变化；而白莲教内部则发生了两种不同的趋向，一部分"白莲道人"向社会上层靠拢，以求得统治阶层的承认，而部分下层信仰者则走向"异端"，与传统的弥勒教、摩尼教发生汇合。终于在元代末年，成为农民运动的主要力量之一。明、清时代，白莲教融入了多种民间宗教之中。在那一时代，已经很难找到宋、元时代台、净交融的世俗化的白莲教了。

第一节　历史沿革

一　白莲教的创立

　　南宋绍兴初年，江苏吴郡延祥院的和尚茅子元创立了白莲教。初期的白莲教被称为白莲菜。据南宋僧人宗鉴《释门正统》记载：

　　　　所谓白莲者，绍兴初吴郡延祥院沙门茅子元曾学于北禅梵法主会下，依仿天台出《圆融四土图》《晨朝礼忏文》，偈歌四句，佛念五声，劝诸男女同修净业，称白莲导师。其徒号白莲菜人，亦曰茹茅阇黎菜。有论于有司者，加以事魔之罪，蒙流江州。后有小茅阇黎复收余党，但其见解不及子元，又白衣展转传授，不无讹谬，唯谨护生一戒耳。①

在《释门正统》中，宗鉴仅以白莲菜为"伪"，尚未归于"邪教"。其后，南宋末僧人志磐依《释门正统》，增加内容，污蔑之辞从此出："吴郡延祥院僧茅子元者，……劝诸男女同修净业，自称白莲导师，坐受众拜。谨葱乳，不杀，不饮酒，号白莲菜。受其邪教者谓之传道，与之通淫者谓之佛法，相见傲僧慢人，无所不至。愚夫愚妇转相诳诱，聚落田里皆乐其妄。"②

志磐在基本引用宗鉴《释门正统》后，又加了一段评论：

所谓《四土图》者，则窃取台宗格言，附以杂偈，率皆鄙薄言辞。《晨朝忏》者，则撮略慈云七忏，别为一本，不知依何行法。偈吟四句则有类于樵歌，佛念五声则何关于十念。号白莲，妄托于祖；称导师，僭同于佛；假名净业而专为奸秽之行，猥亵不良，何能具道。③

这段史料夹杂了大量的詈骂之辞，但也提示了部分白莲教的思想传承，不可一笔抹杀。

除去指茅子元白莲为伪、为邪教者外，护持茅子元的亦实繁有徒。元代僧人普度编《庐山莲宗宝鉴》，一反志磐立场，赞茅子元为"慈照宗主"，以子元为佛教莲宗法统继承人。《庐山莲宗宝鉴》对初期白莲教和茅子元的活动提供了新的史料：茅子元，号万事休，江苏昆山人。母亲姓柴。据说他诞生前夕，其母梦见一尊佛入其家门，次日早遂生子元，所以"因名佛来"。子元父母早亡，他于是"投本州延祥寺志通出

---

① （宋）宗鉴：《释门正统》卷四《斥伪志》，转引自杨讷编《元代白莲教资料汇编》，中华书局1989年版。
② （宋）志磐：《佛祖统纪》卷四八，《续藏经》第四套第一辑。
③ （宋）志磐：《佛祖统纪》卷四八，《续藏经》第四套第一辑。

家，习诵《法华经》。十九岁落发，习止观禅法。"一天，正在禅定中，忽然悟道，并作诗颂曰："二十余年纸上寻，寻来寻去转沉吟。忽然听得慈鸦叫，始信从前错用心。"于是发利他之心，乃慕东晋名僧慧远莲社遗风，劝人皈依三宝，受持五戒：一不杀生，二不偷盗，三不淫邪，四不妄语，五不饮酒。念阿弥陀佛五声，以证五戒，希望世人普结善缘，净五根，得五力，出五浊。

为了代替众生礼佛忏悔，祈生安养极乐国即西方极乐世界，茅子元编成《白莲晨朝忏仪》。这以后，他在淀山湖一带，创立了白莲忏堂，劝令众生"同修净业"；同时述《圆融四土三观选佛图》。茅子元在46岁的时候，为当局发配到江州，在逆境中并未动摇信仰，"随方劝化，即成颂文"，结成《西行集》。南宋乾道二年（1166年），为皇帝诏至德寿殿，"演说净土法门"，皇帝特赐"劝修净业白莲尊师慈照宗主"称号。又于钱塘西湖昭庆寺祝圣谢恩。佛事毕，回平江，对自己的净业团社进行改革。以普、觉、妙、道四字为本宗门徒的定名法号，"示导教人专念弥陀，同生净土，从此宗风大振"。茅子元还有《弥陀节要》《法华百心证道歌》《风月集》等著作行世。乾道二年三月二十三日，他对门徒讲："吾化缘已毕，时当行矣。"说完即"合掌辞众，奄然示寂"。死后葬于松江力及市五港吴觉昌宅，造塔。皇帝敕谥，名"最胜之塔"。①

抛开对茅子元的毁誉之辞，综合白莲教初创期有两个特点：一、白莲教在初创时期，尚不具备独立宗教的内涵。它吸收了莲宗即弥陀净土和天台宗的佛教教义及修持内容。念阿弥陀佛，祈佛忏悔，希求往生西方极乐世界。无疑继承了弥陀净土宗的基本信仰。而茅子元"曾学于北禅梵法主会下"，"依仿天台出《圆融四土图》《晨朝礼忏文》"，说明从师徒授受到教义，又都明显地受到天台宗的影响。二、初期白莲教虽然是台、净结合的产物，但在教团内部，茅子元自称白莲导师，其徒则称白莲菜人，并以普、觉、妙、道为教徒道号，明系别立一宗。而且男女同习修炼的行动，打破了佛教历来的传统。特别到了元代，建立了多所白莲忏堂，这些忏堂及周围的土地，成为以家族血统关系相传的世产

---

① （元）普度：《庐山莲宗宝鉴》卷四《慈照宗主》，载《大正藏》卷四七《诸宗部》四。

世业，则更是迥异正统佛教之处。

二 元代白莲教

元代，是白莲教大发展的时代，也是成为独立宗教的时代。

据元人刘埙记载：白莲教历经元南北混一之后，"盛益加焉"，"历都过邑无不有所谓白莲堂者，聚徒多至千百，少不下百人，更少犹数十。栋宇宏丽，像设严整，乃至与梵宫道殿匹敌，盖诚盛矣"①。吴澄则指出："佛法之外，号曰白莲，历千年而其教弥盛，礼佛之屋遍天下。"② 以上都说明，元代白莲教不仅实力雄厚，而且成为佛、道之外最大的宗教教派之一。但也由于传播过滥，教内发生分化，呈现两种不同的发展趋势。一些白莲教徒以忏堂为依托，以茅子元正宗流裔自况，继承了子元的学说和实践，采取与元当局合作态度。一部分人则背离子元宗旨，与不甘元朝统治的民众运动结合，走上反抗元政权的道路。

（一）以忏堂为依托的白莲教团活动

元代的白莲教徒分布广而散，大都依托某个白莲忏堂进行宗教活动。所谓"佛法之外，号曰莲教，历千年而其教弥盛，礼佛之屋遍天下"③。白莲教忏堂有几个来源：或先为大家故宅，由白莲教徒买而重新构建成忏堂者。如徽州东门"万山堂之下，旧蒋氏居，其屋地深深，今为道人任普诚所有"，创为白莲忏堂。④ 又如，"慈慧庵在郡城西北陬，故为王氏第，学佛人周觉聪始买居之。觉聪早持内典，有所证入，誓息诸缘，归诚圆觉，即以安处施作伽蓝，构殿像佛，敞门通道，幡彩香华。……抡材征工，复作大华严阁……"⑤ 后其子觉照"拓开后隙

---

① （元）刘埙：《水云村泯稿》卷三，载《元代白莲教资料汇编》，第256—257页。
② （元）吴澄：《会善堂记》，载《元代白莲教资料汇编》，第266页。
③ （元）吴澄：《会善堂记》，转引自杨讷编《元代白莲教资料汇编》，第266页。
④ （元）方回：《徽州东门观音堂记》，转引自杨讷编《元代白莲教资料汇编》，第254页。
⑤ （元）柳贯：《慈慧庵记》，转引自杨讷编《元代白莲教资料汇编》，第259—260页。

地，益建弥陀殿，翼以斋寝，总若干间……"① 还有一种忏堂及周围田亩皆为有钱人施舍。邵武县有张仁叔，母死归葬，于坟周围田产40亩及菜园、竹林"悉施以养莲社报德堂佛者。命周觉先主之，择其徒一人守冢"，报德堂"所恃者有田园以养其生"。② 多数忏堂则为白莲教徒集资建造，如京师的无量寿庵，为觉缘集善信百余人建白莲社后，他出资七百贯，买地10亩，创而建之。而崇仁县会乐堂则是堂主刘觉度叔父以家居改为忏堂，集善信者之资购地买材而成。这些忏堂成为白莲教徒及一般信仰者忏悔礼佛的场所。忏堂则是独立教团的活动中心。

这些忏堂不少成为家族产业。如丰郡万缘堂主持觉全"莲社道人也，断荤血持经法五世矣"。建万缘堂，以为信仰及生聚之所。③ 而前引的慈慧庵分明是周觉聪、周觉照父子的家产。对这种状况，元当局也是了解的。据《通制条格》记载："建宁路等处有妻室孩儿每的一枝白莲教道人名字的人，盖着寺，多聚着男子妇人，夜聚明散，佯修善事，扇惑人众作闹行有……"④ 白莲道人娶妻生子，一些人以忏堂为家，兼信仰、生聚为一体，也是情理中事。这些忏堂都有固定生活收入，多数并不是"扇惑人众作闹行有"的，而是安分守己、靠拢当局的，特别是在元代初中叶。如徽州东门观音堂"每月朔，集善士，奉金刚经，上为九重祝寿，下为百姓祈福"。甚至"本路总管通议刘公为主其事。前任僧录通议广智沈公、僧判佛心俊辩何公实纲维之……"⑤ 如东山白莲堂活动之一即"祝圣人寿"⑥。而建宁路后山的报恩堂主要宗教活动之一即为"与上位祈福祝寿做好事"，故又称报恩万寿堂。⑦

元代一些白莲教忏堂除与皇室及有地位的人祈福做寿外，也做了大量有益公务的善事。如李存《送张平可序》记载，"近经上饶，道中所见通川桥梁凡五六"，这些桥梁建造费用"动数百万，而皆白莲社中人

---

① （元）柳贯：《慈慧庵记》，转引自杨讷编《元代白莲教资料汇编》，第259—260页。
② （宋）谢枋得：《宁庵记》，引杨讷编《元代白莲教资料汇编》，第250—251页。
③ （元）刘埙：《莲社万缘堂记》，引杨讷编《元代白莲教资料汇编》，第257页。
④ 《通制条格》卷二九"俗人做道场"条。
⑤ 《徽州东门观音堂记》《东山白莲堂修造疏》，载《元代白莲教资料汇编》，第255页。
⑥ 《徽州东门观音堂记》《东山白莲堂修造疏》，载《元代白莲教资料汇编》，第252页。
⑦ 《元典章》卷三三《白莲教》，载《元代白莲教资料汇编》，第275页。

成之。彼白莲社中人非有公卿贵人之资，率多行乞四方，亦或伺夫过车马也，而丐聚焉"。所以作者对白莲教徒之急公好义发出感慨："虽所见本出于求福者，而亦博济之余义。吾则于彼重有感也。"① 并赞其："平可为老子法"。白莲教徒做善事亦是依于教法："日课千声佛名，积月至年，则有三十六万声佛……日行小善一事，积月至年，则有三百六十善事……"② 这些善事当然首先在遵守佛门的五戒和修十善业，同时也包括孝养父母、奉事师长及热心公务，凡此皆为积德。

元代初中叶，多数的白莲忏堂及依于忏堂的信仰者，在基本的信仰及活动中皆与佛教弥陀净土宗相差不远，亦依于茅子元教义宗旨，至近代尚有人认为茅子元乃至元代之白莲为佛教诸宗之一，日本《大正藏》就将元普度《庐山莲宗宝鉴》十卷载入《诸宗部》，归净土一类。事实当是如此。普度在《庐山莲宗宝鉴序》中云：

> 东晋远公祖师，因听弥天法师讲般若经，豁然大悟，入于无量甚深三昧，游止庐山，与高僧朝士结缘修行。……因与莲宗名其社焉。……天台智者判教，谓《观无量寿经》为大乘终实之教，以三观澄心者，盖显念佛之旨也。法照尊者，礼文殊而求指，盖指此法也。省常禅师，结净行缘，宰相名卿皈响同修者，盖此道也。长芦颐禅师，结莲花胜会，感普贤、普慧二菩萨入会，盖证明此道也。慈照宗主以本愿力示现世间，发广度心，引权就实，随机化导，盖欲令利根、钝根俱悟此道也。集白莲忏，开四土图，以信行愿为资粮，以戒、定、慧为枢要，盖立此念佛正宗也。③

元代倡教首推普度，他引渊叙流，皆合宗旨，但突出隋至宋台宗习净诸师，意在正本清源，合乎白莲教渊源流脉。可见，到了元代白莲教大发展的时代，仍有坚持正宗的宗教理论家问世。普度实际代表多数稳定的白莲教教团的信仰准则。

---

① （元）李存：《送张平可序》，载《元代白莲教资料汇编》，第258页。
② （元）普度：《庐山莲宗宝鉴》卷一。
③ （元）普度：《庐山莲宗宝鉴序》。

在元代多数白莲教徒仍以弥陀信仰的《无量寿经》等三经一论为要典，以得念佛三昧为要务，以终归西方净土为宗旨。或依于忏堂"日课佛名"，或所谓"在家菩萨"，"早起焚香，参承三宝，随意念佛。每日黄昏亦如是礼会，以为常课。如或有干失时，次日当自对佛忏说。此之法门，要且不妨本业：为士者不妨修读，为农者不妨耕种，为工者不妨作务，为商者不妨买卖。晨参夕礼之外，更能二六时中偷那工夫持念佛号百千声，志诚为功，期生净土。"① 总之，无论在白莲忏堂还是在家中佛像前每日念佛、忏悔，亦不失弥陀净土宗宗旨。

各地白莲忏堂在设制上大体不脱净土宗庙宇规矩，崇拜并设有弥陀佛、观世音、大势至像。如徽州东门观音堂，"创外门三，施茶。东西庑二。中为大殿，左钟右鼓，奉观世音。后为楼，奉无量寿佛"②。又如慈慧庵，先为白莲道人周觉聪所创，其子因此庵无弥陀佛像，后"拓开后隙地，盖建弥陀殿"③。又如会善堂，原本为家居之所，白莲道人觉度"不惮勤劳，以图恢拓，数年之间，殿亭楼阁焕然一新，斋舍道寮佛像供器种种完具。过者睹其宏规，莫（不）惊慕其能。佛堂非佛寺比也"④。元大都的无量寿庵"树佛殿四楹，屋宇像设，无不具足"⑤。足见《水云村泯稿》云白莲忏堂"栋宇宏丽，像设严整"，迨非虚词。

（二）白莲教的被禁与复教活动

元初，著名大臣耶律楚材阐"邪正之辨"，即指白莲为邪教：

> 夫杨朱、墨翟、田骈、许行之术，孔氏之邪也；西域九十六种，此方毗卢、糠、瓢、白莲、香会之徒，释氏之邪也；全真、大道、混元、太一、三张左道之术，老氏之邪也。⑥

---

① （元）普度：《庐山莲宗宝鉴》卷二。
② 《徽州东门观音堂记》，《元代白莲教资料汇编》，第255页。
③ 《慈慧庵记》，见《元代白莲教资料汇编》，第260页。
④ 《会善堂记》，见《元代白莲教资料汇编》，第266—267页。
⑤ 《无量寿庵记》，见《元代白莲教资料汇编》，第270页。
⑥ （元）耶律楚材：《湛然居士集》卷八。

白莲教第一次被当局指为"左道乱正之术",在至元十八年(1281年)。据《通制条格》卷二十八《禁书》载:

> 至元十八年三月,中书省御史台呈:江南行台咨,都昌县贼首杜万一等指白莲会为名作乱。照得江南见有白莲会等名目,五公符、推背图、血盆及应合禁断天文图书,一切左道乱正之术,拟合禁断。送刑部,与秘书监一同议得:拟合照依圣旨禁断拘收。都省准拟。

此段官方文字的确有含混不清处,以致现代研究者发生歧义。无论此段文字是否为禁断白莲教的官方命令,都对白莲教不利。

元政权明令禁止白莲教活动在至大元年(1308年)。据元史载:是年五月"禁白莲社,毁其祠宇,以其人还隶民籍"[①]。

白莲教从元混一宇内,公开活动了近30年,终于遭禁。白莲教遭禁有其历史背景。元初,当局即对僧、道实行管理制度。至元二年(1265年),蒙古族尚未统一全中国,即实行了选试僧人的考试办法:"僧人每三年一次试五大部经",并"于每路置院选试僧人,就设监坛,大德登坛,受具足戒,给付祠部,然后许令为僧"[②]。同时实行了僧官制、还俗制,规定僧、道寺庙的数目。对宗教的管理是严格的。蒙古族统一南方后,发现迥异于佛教组织的白莲教,白莲道人有家室、产业,非僧、非道,亦与俗人有别。管理上自然遇到了麻烦。不久又发现都昌县"贼首"打着白莲会的旗号作乱,不能不引起元当局对白莲教的警惕。

到了至大元年,中书省向皇帝奏称:发现建宁路等处的一支白莲教养着妻室、盖着寺庙,内中多聚男子、妇人,夜聚晓散,甚至"佯修善事,扇惑人众作闹行有"。生怕他们"别生事端"。同时指出白莲道人"都是有妻子的人""他每的身已不清净,与上位祝寿呵怎生中"。圣谕着革除白莲教、拆毁教堂,佛像归于当地佛寺,白莲道人发付原籍,于

[①]《元史》卷二二《武宗纪》一。
[②]《通制条格》卷二九,第323—324页。

地方当局收系当差，如不改悔者从重处置。①

禁断白莲教大概有两条原因：一是白莲道人皆有家室。元政权不仅禁白莲道人娶妻生子，对正统僧、道有家室者亦严加管束。举元祚90年，当局十余次发布明令"罢僧官有妻者""敕江南僧有妻者为民""敕西京僧道也里可温答失蛮等有室家者，与民一体输赋""敕天下僧道有妻者皆令为民……"②可见，对宗教信徒有家室者皆采取严厉禁止措施，非独施于白莲教。白莲教遭禁的第二条原因是所谓晚间的宗教活动方式。白莲教徒多为普通劳动者，白天辛苦劳作，所以宗教聚会多在晚间，又无类似佛教的僧官制度的约束，不能不引起当局的疑虑。

此次被禁时间不长，仅3年。到仁宗至大四年（1311年），白莲教又重新公开活动。

白莲教恢复合法地位，主要得之于普度的努力。普度，号优昙和尚，"丹阳蒋氏子，家世事佛。弱冠出家，初参龙华宝山慧禅师，师深器之。后历叩诸方，述念佛警要，目曰《莲宗宝鉴》，凡十卷。天童东岩圆应日禅师深加叹赏。继开法于京都法王寺"③。普度还在家乡丹阳竹林山妙果寺住持，"率徒喻俗""大广其居"④。但普度在为白莲教复教时，是庐山东林寺善法堂"白莲宗为头和尚"⑤。

普度对白莲教最大的贡献是在该教遭禁后，奔走于国师、太子及公卿间，上书言事，力图复教。

普度于至大元年五月禁教后半年抵大都，通过国师毗奈耶室利，向皇太子爱育黎拔力八达献上《庐山莲宗宝鉴》，得到称许，"敬奉令旨，教刊板印行者"。但白莲教仍未恩准复教。至大三年（1310年）正月，普度向武宗上万言书，证明白莲教三皈五戒合于儒家之三畏：畏天命、畏大人、畏圣人言；合于五常：仁、义、礼、智、信。指示莲宗渊流，乃及宋、元两代帝王钦旨护教。宋高宗御书"莲社"，光显其教。"迨于圣明盛世，庐山本宗东林寺钦奉先皇帝圣旨，赐善法堂护持念佛宗

---

① 《通制条格》卷二九，第336页。
② 引陶希圣《元代弥勒白莲教会的暴动》，1935年《食货月刊》合订本。
③ （元）普度：《庐山莲宗宝鉴·优昙和尚辑莲宗宝鉴事实》。
④ 《妙果寺记》，载《元代白莲教资料汇编》，第261页。
⑤ 《宣政院榜》，载普度《庐山复教集》，见《元代白莲教资料汇编》，第187页。

教"。同时向武宗指陈：宣政院奏赐"前住持祖阇长老白莲宗主、通慧大师，护持圣旨，宠锡非常"的事实。凡此种种都是向皇帝表明白莲教之教化"为让为慈、为忠为孝、为廉为仁"，可去恶行善，省其刑狱，使统治者"坐致太平"①。普度的《上白莲宗书》在武宗时代没起到作用，皆因朝臣特别是监察御史张养浩力主禁教。其持论主要是：僧尼发展过滥，蠹政害民，而白莲教道人皆有妻室，且大逆不道。②

至大四年（1311年），武宗宾天，仁宗继位。六月二十九日"颁降圣旨"："休交断绝"了白莲教，让白莲忏堂"与俺每根底祈福祝寿者"③。白莲教又恢复了合法传教的权利。

白莲复教后，仁宗皇帝于皇庆二年（1313年）应舍利坚等人之请，下旨护持建宁路白莲忏堂：

> 自今以后，叫白莲佛堂为报恩万寿堂，置住持，并命地方官对于所属各佛堂加以保护。寺领税粮照先例与了，不许差发、占据、掠夺他们的财产。制旨交与白莲堂都掌教性空、普慧及肖觉贵。合纳税粮，不交官府，藏于寺里。如有违制，不依体例而征税，便问违敕之罪。④

据日本学者重松俊章研究结果，建宁路白莲堂之所以受此恩宠，与肖觉贵夤缘高丽国王太子、入侍元廷之渖王及朝廷显贵有关。但白莲教复教在此前两年已成为事实，主要是普度奔走呼号的结果。从信仰和人品层次上讲，普度远高于肖觉贵。但两人目的都是一样的，即靠拢当局，得其青睐，以利本宗教的公开发展。但白莲教在英宗时代再次遭禁。《元史》卷二十八《英宗纪》二载：至治二年闰五月"禁白莲教佛事"。

以上介绍为元代白莲教被禁及复教活动状况。

---

① （元）果满：《庐山复教集·上白莲宗书》，载《元代白莲教资料汇编》，第177—186页。
② 杨讷：《元代的白莲教》，《元史论丛》第二辑，中华书局1983年版，第207—208页。
③ 《宣政院榜》《抄白全文》，载《庐山复教集》，见《元代白莲教资料汇编》，第186—187页。
④ ［日］重松俊章：《初期的白莲教》，原载《市村博士古稀纪念东洋史论集》。陶希圣抄译，见1935年《食货月刊》合订本。

(三) 元代初中叶白莲教与底层社会运动

元代，蒙古族入主中原。统治者虽然部分地接受了传统的典章制度，但对华夏文化多所毁弃，种族压迫日益加深，民众反抗运动从未间断，宗教异端或"邪教"活动遍及宇内：

> 太宗九年（1237年），"金经李佛儿以妖术惑众谋乱"。
> 世祖至元五年（1268年），"济南王保和以妖言惑众，谋作乱"。
> 世祖至元五年（1268年），"淄州妖人胡王惑众，事觉，逮捕百余人"。
> 世祖至元十一年（1274年），"比闻益都、彰德妖人继发……"
> 世祖至元十六年（1279年），"以梧州妖民吴法受扇惑藤州、德庆府泷水猺蛮为乱，获其父诛之"。①

在接连不断的"妖人"惑众造反事件中，有一案格外引起元政权的重视，即江西行省都昌县"贼首杜万一等指白莲会为名作乱"一事。

杜万一又名杜可用，至元十七年（1280年）春率众起事，拥众数万，号杜圣人，"伪改万乘元年，自称天王，民间皆事天差变现火轮天王国王皇帝。以谭天麟为副天王，都昌西山寺僧为国师。朝廷命史弼讨败之，江西招讨方文擒可用"②。

杜万一等如何指白莲会为名"作乱"，已不可知，但杜万一绝非白莲道人。史料既没有记载其道号，又没有关于起事前依于白莲忏堂的记录，甚至关于他是否信仰弥陀净土宗也没有丝毫说明。他称天王，号圣人，应为其他"异端邪派"。杜万一领导的造反行动，虽然与白莲教无关，但他冒名顶替的做法，却给白莲教带来了不良影响，白莲教因此被当局指为"左道乱正之术"。

---

① 参见马西沙、韩秉方《中国民间宗教史》第四章，上海人民出版社1992年版，第143—144页。
② 参见马西沙、韩秉方《中国民间宗教史》第四章，上海人民出版社1992年版，第144页。

杜万一事件后 20 年间，又发生了三次涉及白莲教或白莲道人的造反事件，即以彰德的朱帧宝、柳州的高仙道、河南安远无量寺僧人袁普昭为首的案件。

成宗大德四年（1300 年）或稍后数年，广西柳州"妖贼高仙道以左道惑众，平民诖误者以数千计。既败，湖广行省命察罕与宪司杂治之，鞫得其情，议诛首恶数人，余悉纵遣，且焚其籍。众难之，察罕曰：'吾独当其责，诸君无累也。'"① 另一史料则记载："柳州白莲道人谋叛，论死者二百，系之，释不知情者百三十有七人。"② 朱帧宝事件似应发生在高仙道事件之前，发生地在彰德，似亦被当局认为是白莲教，故普度在《上白莲宗书》中讲："若前时彰德之朱帧宝、广西之高仙道，斯徒即非本教念佛之人，而妄称白莲道，误触陛下刑禁者。"③ 可见，无论是朱帧宝还是高仙道，都很难指实为白莲道人。但元贞元年（1295 年）审出的河南远安县（今湖北）的袁普昭则为白莲道人无疑。据《元典章》载：

> 峡州路远安县太平山无量寺僧人袁普昭，自号无碍祖师，伪造论世秘密经文，虚谬凶险，刊板印散，扇惑人心。取讫招状，于元贞元年十二月十七日奏过：京南府一个山里普昭小名的和尚，伪造佛经，那经里写着犯上的大言语有，交抄与诸人读有，么道。今夏南京省官人每与将文书来呵，俺上位奏了，……和他一处做伴当徒弟每总廿四个人。那的内廿一个和尚、三个俗人。普昭小名的和尚根脚里造伪经来，着木雕着自己的形，伪用金妆着，正面儿坐着，左右立着神道，那经里更有犯上的难说的大言语……④

袁普昭是袁氏道号，故上文中云其为"小名"，为白莲道号无疑。住无量寺，自号无碍祖师，都与白莲教相契合。无碍祖师亦为净土宗语，弥

---

① 《元史》卷一三七《察罕传》。
② 《程雪楼文集》卷一六、《元史》卷八《世祖纪》五、《上白莲宗书》，转引杨讷《元代白莲教》，《元史论丛》第二辑，第 204 页。
③ 参见马西沙、韩秉方《中国民间宗教史》，上海人民出版社 1992 年版，第 145—146 页。
④ 参见马西沙、韩秉方《中国民间宗教史》，上海人民出版社 1992 年版，第 145—146 页。

陀佛又称无碍光佛。无碍即心无碍，可往生净土义。《往生要集》云："我所有三要，与弥陀佛万德，本来空寂，一体无碍。"此处即心与弥陀佛通，合其万德。普昭自称无碍祖师，又刻自己木像，饰以金妆，分明是自比弥陀佛，以耸动俗人视听。而伪造经纶，大言无忌，也是出于同一目的。从现有史料来看，说他是元代白莲道人中第一个"谋逆"者也不为过。但是元政权并未发现袁普昭为白莲道人。

从以上介绍可知，元代初、中叶，真正的白莲教团或白莲道人的造反事件是罕见的。

三 元末农民运动与香会、白莲教的关系

元代末年，农民运动蜂起，大元帝国败亡，朱元璋建立大明王朝。后代史家或称这次农民起义为白莲教起义；或认为起义主要受明教即摩尼教影响；或认为受到白莲教、明教混合教派的影响。笔者的看法是，农民起义的主要力量是香会即弥勒教与明教的混合教派，由香会转化成香军即红巾军，是宗教组织向军事组织的演变。只是到了起义如火如荼的阶段，白莲教才有大批成员参与其中。所以，将元末农民起义称为香会或香军起义，更符合历史的真实。

（一）"明王出世，弥勒下生"

"明王出世，弥勒下生"，反映了元末农民起义军的主要信仰。它极大地鼓舞了起义者的斗志，成为元末农民起义的信仰旗帜。

元顺帝至正十一年（1351年），元政权因"灾异叠见，黄河变迁"，"遣工部尚书贾鲁，役民夫一十五万、军二万，决河故道，民不聊生"[①]。是年五月，"颍州妖人刘福通为乱，以红巾为号，陷颍州"[②]。元末农民起义爆发了。

刘福通是韩山童的弟子。关于韩山童，元末或明代史料记载颇多：

[①] 《南村辍耕录》卷二九，转引自杨讷等《元代农民战争史料汇编》中编第一分册，第5页。
[②] 《元史》卷四二《顺帝纪》五。

> 初，韩山童祖父，以白莲会烧香惑众，谪徙广平永年县。至山童，倡言"天下大乱，弥勒佛下生"，河南及江、淮愚民翕然信之。福通与杜遵道、罗文素、盛文郁、王显忠、韩咬儿复鼓妖言，谓山童实宋徽宗八世孙，当为中国主。福通等杀白马、黑牛，誓告天地，欲同起兵为乱，事觉，县官捕之急，福通遂反。山童就擒，其妻杨氏，其子林儿，逃之武安。①

另外一些史料并未提及韩山童组织"白莲会"，而是提及"烧香结会"：

> 河南韩山童首事作乱，以弥勒佛出世为名，诱集无赖恶少，烧香结会，渐致滋蔓，陷淮西诸郡。继而湖广、江西、荆襄等处，皆沦贼境。②

> 五月，颖川、颖上红军起，号为香军，盖以烧香礼弥勒佛得此名也。其始出赵州滦城韩学究家，已而河、淮、襄、陕之民翕然从之，故荆、汉、许、汝、山东、丰、沛以及两淮红军皆起应之。颖上者推杜遵道为首，陷朱皋，据仓粟，从者数十万，陷汝宁、光、息、信阳。③

由于烧香礼弥勒佛，故号"香军"，其初则为香会无疑，由香会改名香军，是揭竿起事后所为。事实是韩山童家族从来不是白莲教徒。本章前面探讨了白莲教的几个特点：（1）白莲教继承了弥陀净土宗信仰，崇拜阿弥陀佛、观世音等。（2）茅子元以及后继者以《无量寿经》为宗旨，口称念佛，并继承了天台宗四土信仰，及智𫖮、慈云遵式的忏法。（3）白莲教徒都有道号，依普、觉、妙、道四字为号。元末有一批白莲教徒参加起义，且皆冠以"普"字。这一点中、日学者都有专文论述。用这三个特点，反观韩山童、韩林儿、刘福通等领袖人物：（1）他们都不信仰弥陀净土宗，而是"烧香崇弥勒佛"。（2）不知所念何种

---

① 《元史》卷四二《顺帝纪》五。
② 《南村辍耕录》卷二九，转引自《元代农民战争史料汇编》中编第一分册。
③ （明）权衡：《庚申外史》卷上，引自《元代农民战争史料汇编》中编第一分册，第7页。

经典。(3) 没有白莲教徒必有的道号。由此可知，所谓"白莲教"在韩山童那里是根本不存在的。

在南宋、元代，中国的华北地区白莲教的传播远不如江南地区，相反隋唐以来弥勒信仰在此地一直兴旺发达，乃至以"弥勒下生"为号召的造反事件从未止息。

最早以"新佛出世，除去旧魔"相号召的是北魏沙门法庆，事出在冀州。所谓新佛，当然指的弥勒佛。①

唐开元间，贝州（今河北清河一带）人王怀古宣称"释迦牟尼末，更有新佛出"。其出事地点及口号几乎与二百年前之法庆同。②

北宋庆历七年（1047年），又是在贝州，王则起事，口号仍是"释迦佛衰谢，弥勒佛当持世"③。

五个多世纪中，几乎发生在同一地点，信仰同样的宗教思想，三次事件几乎雷同。足见弥勒佛的兜率天信仰在这一地区始终不断，且极具吸引力和影响力。

王则事件后又三百年，赵州栾城韩氏家族仍踵行其传统，传播的是弥勒信仰，而口号与八百年前的法庆、六百年前的王怀古、三百年前的王则没有任何变化。而韩山童祖籍的栾城离冀州、贝州不过二百里之遥，韩山童传教之广平离冀州、贝州更近，不足二百里。依元代史料，这一带没建造过任何白莲忏堂，那么白莲教从何而来呢？韩山童所倡之教当然不是白莲教，而是香会，起事后改名香军，以其"烧香礼弥勒佛得此名也"（《庚申外史》卷上）。

崇信弥勒下生观念的香会，最大特点是"烧香惑众""烧香结会"。早于韩山童、刘福通起事的史料亦可证明这一点。至元三年（1337年）发生于河南信阳的棒胡造反，即是又一例：

---

① 参见马西沙、韩秉方《中国民间宗教史》第二章，上海人民出版社1992年版，第50—58页。
② 参见马西沙、韩秉方《中国民间宗教史》第二章，上海人民出版社1992年版，第50—58页。
③ 参见马西沙、韩秉方《中国民间宗教史》第二章，上海人民出版社1992年版，第50—58页。

> 棒胡反于汝宁信阳。棒胡本陈州人，名闰儿，以烧香惑众，妄造妖言作乱，破归德府鹿邑，焚陈州，屯营于杏冈。命河南行省左丞庆童领兵讨之。
> 二月……乙丑，汝宁献所获棒胡弥勒佛、小旗、伪宣敕并紫金印、量天尺。①

棒胡崇信的是弥勒佛，"妄造妖言"大概也是"弥勒下生"一类。特点仍是"烧香惑众"，仍是香会。

与棒胡几乎同时举事的江西行省袁州（今江西宜春）是著名的"妖僧"彭莹玉：

> 袁州妖僧彭莹玉，徒弟周子旺，以寅年寅月寅时反。反者背心皆书"佛"字，以为有佛字者刀兵不能伤，人皆惑之，从者五千人。郡兵讨平之，杀其子天生地生、妻佛母，莹玉遂逃匿于淮西民家。……民闻其风，以故争庇之，虽有司严捕，卒不能获。②

彭莹玉当然不是"白莲道人"，仍然崇信弥勒佛。故《草木子》载：

> 先是浏阳有彭和尚，能为偈颂，劝人念弥勒佛号，遇夜燃火炬名香，念偈礼拜，愚民信之，其徒遂众。③

这位元末农民起义发其端者，倡导的还是"香会"，其教"夜燃火炬名香"，以礼弥勒佛故。

凡此皆可证明，元末农民起义在酝酿和开始阶段与白莲教会关联不大，而是倡导弥勒下生的南北两方"香会"发动的。只是到了起义如火如荼的发展阶段，在江南，白莲教会大批成员才蜂拥而入，特别是加入了徐寿辉的天完红巾军。而天完红巾军并未因白莲教徒加入而改变信

---

① 《元史》卷三九《顺帝纪》二。
② （明）权衡：《庚申外史》卷上。
③ （明）叶子奇：《草木子》卷三。

仰弥勒佛的初衷：

> 先是浏阳有彭和尚，劝人念弥勒佛号，遇夜燃香灯，偈颂拜礼，其徒从者日众，未有所附。一日，寿辉浴盐塘水中，身上毫光起，观者惊诧。而邹普胜复倡妖言，谓弥勒佛下生，当为世主，以寿辉宜应之，乃与众共拥寿辉为主，举兵，以红巾为号。[1]

邹普胜应是白莲教信徒，从其道号可知。但他并未倡导弥陀信仰，而是倡导弥勒下生观念。可见即使后来大批白莲教徒加入红巾军，他们也只能喊"弥勒下生"的口号。其原因很简单，近两千年来，底层社会造反运动几乎很少有倡导弥陀信仰者，既没听说"弥陀出世"，也没听说"弥陀下生"这类口号，因为弥陀佛住持西方，如何下生尘世？与其教义根本不符。而带有摩尼教信仰色彩的"明王出世"则与"弥勒下生"同属救世思想，具有同样强大的吸引力。

目睹当时情状的朱元璋对此十分清楚。在讨伐张士诚的檄文中，他一针见血地指出：造反的百姓是误中妖术，"酷信弥勒之真有，冀其治世，以苏困苦，聚为烧香之党"[2]。足见在元末，真正吸引民众的宗教力量是弥勒佛信仰，它具有极大的凝聚力和历史传统的力量。而"烧香之党"即"香会"则始终是联络散漫人群的组织机构，南北两方皆如此。

（二）香会——摩尼教与弥勒信仰的混合教派

元末的烧香之党即香会，有着漫长的发展历程和演变过程。香会，一言以蔽之，是摩尼教与弥勒信仰的混合教派。

摩尼教与佛教当然是不同教派，摩尼教与佛教的弥勒净土信仰也有很多不同，但据澳大利亚华裔学者柳存仁教授的考证，在南北朝时期摩尼教与弥勒信仰就有融合或相混合的记录，甚至在摩尼教原始教义中也

---

[1] 明万历《湖广总志》卷九八，见《元代农民战争史料汇编》中编第一分册，第111页。
[2] 参见李守孔《明代白莲教考略》，载《明代宗教》，台湾学生书局1968年版，第27页。

卷入了弥勒佛的信仰。据林悟殊《摩尼教及其东渐》一书记载：

> 第三，这些起义（指南北朝时期的起义）所打的弥勒旗号与摩尼教有关。柳存仁教授以摩尼教文献残片 M42 的内容来证明弥勒佛被卷入到原始摩尼教义中，这块残片记载了一位明使对另一尊神的讲话："由于你从佛陀得到本领和智慧，女神曾妒忌你，当佛陀涅槃时，他曾命令你：'在这里等待弥勒佛。'"而残片 M801 亦是这样，把弥勒佛和摩尼等同，说他"打开了乐园的大门"。在早期译成的汉文的弥勒经中，我们亦发现了不少和摩尼教经典类似的内容。①

以上这些材料说明了弥勒的教义和摩尼的教义是有一定的联系的。这种联系很可能是两教在中亚糅合掺杂的结果。摩尼教与弥勒信仰融合之史料在隋唐时代多处可见。摩尼教色尚白是学界公认的事实，如大历六年（771年），信仰摩尼教的回纥人"请于荆、扬、洪、越等州，置大云光明寺，其徒白衣白冠"②。而隋唐的弥勒教起事者亦崇仰白色：

> （隋大业六年，610年）正月癸亥朔，旦，有盗数十人，皆素冠练衣，焚香持华，自称弥勒佛，入自建国门。监门者皆稽首。既而夺卫士仗，将为乱。齐王暕遇而斩之。③

而大业九年（613年），扶风人向海明"带兵作乱"，"自称弥勒佛出世"，建元"白乌"，亦可证当时的弥勒信仰者崇尚白色。④

从以上弥勒教的一系列活动中，不难发现摩尼教的影响和两教融合的迹象。由于这种信仰造成的一次次社会震荡，在有唐一朝就两次遭禁，特别是在唐玄宗开元三年（715年），玄宗亲下诏书，严禁：

---

① 林悟殊：《摩尼教及其东渐》，中华书局1987年版，第56页。
② 马西沙、韩秉方：《中国民间宗教史》，上海人民出版社1992年版，第83页。
③ 《隋书》卷三《炀帝纪》。
④ 马西沙、韩秉方：《中国民间宗教史》，上海人民出版社1992年版，第53页。

> 比者白衣长发，假托弥勒下生，因为妖讹，广集徒侣，称解禅观，妄说灾祥，别作小经，诈云佛说，或诈云弟子，号为和尚，多不婚娶，眩惑闾阎，触类实繁，蠹政为甚。①

开元二十年（732年）又禁断摩尼教：

> 末摩尼本是邪见，妄称佛教，诳惑黎元，宜严加禁断。以其西胡等既是乡法，当身自行，不须科罪者。②

这两条史料，可再次证明摩尼教混于佛教的弥勒信仰。第一条史料中的白衣长发，分明指陈了不同汉俗的少数民族形象，"诈云弟子，号为和尚"，"别作小经，诈云佛说"，正是摩尼教"妄称佛教"的具体内容。而"诳惑黎元""宜加禁断"，说明汉地百姓亦受了摩尼教的影响，和前段史料中"眩惑闾阎"内容一致。因摩尼教是"西胡"即回纥等西部少数民族的信仰，故在此等民族中不加禁断，"当身自行"，并非完全禁绝了摩尼教。与唐末不同。

弥勒信仰与摩尼教相混合特别表现在北方，又经历了宋元两代。

北宋贝州、冀州一带"俗尚妖幻，相与习为《五龙》《滴泪》等经及诸图谶书，言'释迦佛衰谢，弥勒佛当持世'"③。据王质《雪溪集》卷三记载："臣往在江西，见其所谓食菜事魔者，弥乡亘里，诵经焚香……而其书则又有《佛吐心师》《佛说涕泪》《大小明王出世开元经》《括地变文》《齐天论》《五来曲》。"此段记载与《宋会要辑稿》关于"不根经文"的记载有些不同。但《佛说涕泪》或《佛说滴泪》无疑即是王则事件中发现的《滴泪》，在江西摩尼教中所诵之经。由此可见，王则起事部队是弥勒信仰与摩尼教相混合教派的变种。整个部队都"以佛为号"，可谓"妄称佛教"。

宋代，北方信阳地区已经出现了"集经社"和"香会"的名目。

---

① 《册府元龟》卷一五九《帝王部·革弊》。
② 《通典》卷四〇注，转引自《陈垣史学论著选》，上海人民出版社1981年版，第137页。
③ 《宋史纪事本末》卷三二《贝州卒乱》，中华书局1977年版，第279—280页。

以笔者所见，无论集经社和香会都是摩尼教与弥勒信仰混合的宗教集会团体。据《宋会要辑稿·刑法二》记载，大观二年（1108年）信阳军（有的史料作信阳君）言：

> 契勘夜聚晓散，传习妖教及集经社、香会之人，若与男女杂处，自合依条断遣外，若偶有妇女杂处者，即未有专法。乞委监司，每季一行州县，觉察禁止，仍下有司立法施行。

此处集经社或香会即宋时广为流传的摩尼教之异名同教。其理由如下：

第一，陈州（今河南淮阳），为五代、宋代摩尼教活动中心，五代贞明六年（920年），陈州母乙率摩尼教徒造反，陈州、颍州、蔡州"大被其毒"，足见声势宏大，影响深巨。

信阳毗邻陈州，相去不过二百里。"陈州里俗之人，喜习左道，依浮屠之教，自立一宗"，与唐代"妄称佛教"的摩尼教仍是一脉相承。而"糅杂淫秽"即《宋会要辑稿》所云"男女杂处"。陈州喜习左道之俗，在信阳亦如是。

第二，五代、宋代之摩尼教徒皆有习诵经文习俗。

> 一明教之人，所念经文及绘画佛像，号曰《讫恩经》《证明经》《太子下生经》《父母经》《图经》《七时偈》《日光偈》《月光偈》《平文策》《证明赞》《广大忏妙水佛帧》《先意佛帧》《夷数佛帧》《善恶帧》《太子帧》《四天王帧》。已上等经佛号，即于道、释经藏，并无明文记载，皆是妄诞妖怪之言……①
>
> 比年以来，有所谓白衣道者，聋瞽愚俗，看经念佛，杂混男女，夜聚晓散……②

关于摩尼教诵经习俗，史料尚有多处，不一一列载。

第三，烧香结会为摩尼教另一特点，而结社之名又多变。

---

① 《宋会要辑稿·刑法二》，中华书局1987年版。
② 《宋会要辑稿·刑法二》，中华书局1987年版。

第三章 白莲教

> 宣和间温台村民多学妖法,号吃菜事魔。……日近又有奸滑,改易名称,结集社会,或名白衣礼佛会及假天兵号迎神会,千百成群,夜聚晓散,传习妖教。①

> (淳熙)八年正月二十一日臣僚言:"愚民吃菜事魔,夜聚晓散,非僧道而辄置庵寮,非亲戚而男女杂处。所在庙宇之盛,辄以社会为名,百十成群……"②

此处"结集社会""辄以社会为名",依然继承了北宋时代的"集经社""香会"。另一史料把这种组织特点作了集中的说明:

> 浙右所谓道民,实吃菜事魔之流,而窃自托于佛老,以掩物议。……平居暇日,公为结集,曰烧香,曰燃灯,曰设斋,曰诵经,千百成群,倏聚忽散……自称道民,结集党徒。③

"结社""诵经""烧香""设斋",是宋代摩尼教的几个特点。而弥勒教与摩尼教的融合趋势,继隋唐时代,无本质之变。吴晗认为,隋唐之弥勒教"白衣长发"或"白冠练衣","与明教徒之白衣冠同,亦焚香、亦说灾祥、亦有小经、亦集徒侣,与后起之明教盖无不相类"④。诚哉斯言。

元代,弥勒教与摩尼教相融汇之"香会"继续发展。元初耶律楚材再次指斥"香会",以为佛教之"邪":

> 夫杨朱、墨翟、田骈、许行之术,孔氏之邪也;西域九十六种,此方毗卢、糠、瓢、白莲、香会之徒,释氏之邪也;全真、大道、混元、太一、三张左道之术,老氏之邪也。⑤

---

① 《宋会要辑稿·刑法二》,中华书局1987年版。
② 《宋会要辑稿·刑法二》,中华书局1987年版。
③ 《宋会要辑稿·刑法二》,中华书局1987年版。
④ 吴晗:《明教与大明帝国》,见《读史札记》,生活·读书·新知三联书店1979年版,第256页。
⑤ (元)耶律楚材:《湛然居士集》卷八。

耶律楚材将白莲教与香会并列为释教之邪。但是在元代初中叶，多数白莲教团依忏堂而存在，念经垒忏，安分守法，与元末情况不同。与香会亦不同。

元末，农民军兴，香会成为组织纽带，香会之称亦变为香军，宗教组织转化为军事组织，烧香结会，礼弥勒佛，继而韩山童父子被奉为出世之明王、下生之弥勒佛。不甘现世苦难的民众聚拢在这面旗帜之下，揭竿造反；而南方的"妖僧"彭莹玉则倡弥勒下生之说，其徒众终附于徐寿辉，共拥寿辉为"世主"，倡议举事。轰轰烈烈的反元的农民大起义由是而成。

（三）元末农民运动与白莲教

元末农民起义，由香会倡导而成。此后，刘福通等拥立韩山童之子韩林儿为小明王，成为元末农民军的主力，建国号曰宋。其后多支农民军奉小明王正朔，其中包括著名的郭子兴及朱元璋。白莲教对这支农民军的主力几乎不存在任何影响。

白莲教的影响主要表现在徐寿辉的那支起义军上。

据《明史·陈友谅传》载：

> 寿辉，罗田人，又名真一，业贩布。元末盗起，袁州僧彭莹玉以妖术与麻城邹普胜为乱，用红巾为号，奇寿辉状貌，遂推为主。……遂即蕲水为都，称皇帝，国号天完，建元治平，以普胜为太师。

邹普胜为白莲教徒，从其道号可知。但邹普胜在起事时亦倡"妖言"，"谓弥勒佛下生，当为世主"，并未倡导白莲教的弥陀净土思想。白莲教对天完红巾军的影响主要在组织方面。大概由于邹普胜为起事的主要组织者之一，他的道友遂大批加入了天完红巾军：

如号为骁将的"双刀赵"赵普胜，屡建功勋，后为陈友谅谋杀。

天完红巾军的后继者陈友谅，其父陈普才，从名号可知其为白莲教徒。友谅亦可能受到白莲教影响。

据史料载，尚有大批白莲教教徒成为天完红巾军的骨干，元顺帝至正十二年（1352年）：

第三章 白莲教

徐寿辉遣伪将丁普郎、除明远陷汉阳。

至正壬辰，徐氏兵陷湖广，杨普雄据兴国，武昌尉龙卜花收兵复之。

二月八日，永兴寇张普宪合武宁寇卢昌瑞从武宁入境，宣差帖木儿战败。

至正壬辰，土寇张普宪率贼众侵县境……

至正壬辰，伪将欧普祥攻袁州……

十二年，徐寿辉部将陶九陷瑞州，钟普高据上高，总管禹苏福败之。红巾贼况普天又陷瑞州，纵火三日，上新亦陷。天完将李普成、王普敬据华林山为寇。

又有史普清者，称元帅，率蕲、黄之众数百，自奉新到新建，驱胁乡民，据新塘，复立寨。①

据我国学者杨讷统计，天完红巾军将领共计18人为白莲教教徒。可见白莲教教徒在天完红巾军中的影响。②

应当如何评价元末白莲教在抗元农民运动中的作用？

元末有多支农民起义部队，仅以红巾军为号者即分四大支：刘福通部，郭子兴、朱元璋部，徐寿辉、陈友谅部，王权、孟海马部。这四支中仅徐寿辉、陈友谅部有多人曾是白莲教徒，后成为起义的骨干。这支红巾军受白莲教影响最大。其他三支，基本没有白莲教教徒成为起义骨干分子。非红巾军系的农民起义部队有高邮张士诚、浙东方国珍等部，也没有受到白莲教多少影响。所以从总体上讲，白莲教在组织上没有占主要地位。此其一。

第二，即使在白莲教影响很大的徐寿辉部，在起义发动之初，也没有白莲教信仰的弥陀净土的宗教影响。白莲教徒邹普胜"倡妖言，谓弥勒佛下生，当为世主"。推徐寿辉为下生弥勒佛，鼓动民众，揭竿造反。在整个起义的过程中，或许尚存在白莲教信仰影响。史料云：

---

① 以上史料参见《元代农民战争史料汇编》中编第一分册，第105—127页。
② 杨讷：《元代的白莲教》，载《元史论丛》第二辑，中华书局1983年版，第215页。

至正壬辰，蕲、黄寇贼生发，念佛烧香，俵散六字，以红巾为号。①

杨讷认为"俵散六字"即"南无阿弥陀佛"六字，有些道理。但吴晗认为此六字可能是指"南无弥勒尊佛"。亦难完全否定。上引史料为孤证，尚难说明在天完红巾军中弥陀信仰有什么巨大、明显的影响。即使在天完红巾军中，明玉珍一支甚至"去释、老教而专奉弥勒法"②。足见信仰弥勒下生、当为世主的思想，是贯穿如一的。《草木子》曾载元末诗一首，说明弥勒信仰"为害之烈"：

弥勒何神孕祸胎，嚣嚣动地起风埃；
烟销郡国民生苦，血染江淮鬼物哀。
人世百年遭此厄，天戈万里几时来；
石田也有蓝田玉，可惜同成一炬灰。③

在元末农民运动中，弥陀信仰是无法与弥勒信仰的影响相比拟的。

第三，即使如上所云，也不能完全抹杀白莲教的影响。徐寿辉、陈友谅所率天完红巾军毕竟是元末农民起义军的主要部队之一，曾拥众数十万，纵横驰骋于湖广、江西、福建一带，屡抗元军。白莲教教徒在这支部队中影响深巨。

综上所述，可以作出如下结论：史学界部分学者认为元末农民起义为白莲教起义的说法，是缺乏历史依据的，而应称为香会起义或香军起义。

四　明、清时代民间宗教不应统称为白莲教

中外学术界关于中国民间宗教的另一流行观点，是将明、清时代民

---

① 杨讷：《元代的白莲教》，载《元史论丛》第二辑，中华书局1983年版，第215页。
② 杨讷：《元代的白莲教》，载《元史论丛》第二辑，中华书局1983年版，第215页。
③ （明）叶子奇：《草木子》卷四上。

间宗教统称为白莲教。这种观点离历史真实更远。有些学者喜欢引证这样一条史料：

> 近日妖僧流道聚众谈经，醵钱轮会，一名涅槃，一名红封教，一名老子教，又有罗祖教、南无教、悟明教、大成无为教，皆讳白莲之名，实演白莲之教。①

所谓"皆讳白莲之名，实演白莲之教"，完全是不了解社会现实的笼统认识。终有明一朝，没有任何一个当政者或学者对当时的民间宗教有一个具体、细微的了解，更谈不上追根溯源、条分缕析。造成这种状况，主要是由于历史条件的限制，但如果当代研究者仍然循着同一思路，也必然导致同样错误的结论。

（一）明、清时代民间宗教有着多种形态

元代末年以香会为主要领导的农民起义失败，弥勒信仰、明教、白莲教遭禁。但是农民起义在朱元璋、朱棣两朝仍此起彼伏，波及半个中国。其间香军即红巾军余党，以崇弥勒下生者居多。如洪武三十年（1397年）陕西田九成、金刚奴、高兴福起义。田九成称汉明皇帝，金刚奴称天王，高兴福称弥勒佛。此事坚持十几年之久。另一次规模较大的起义是唐赛儿起义。唐赛儿自称佛母，据山东东部数郡县，所行多神异之事。这两次事件皆与白莲教不相干涉。明初亦有白莲教徒率众起事者，如成都眉县人彭普贵"以妖言惑众，相煽而起"。从道号看彭普贵虽为白莲教徒，但以"妖言惑众"，仍似为元末明教、弥勒信仰之绪余，很难目为白莲教起义。值得注意的是，明中叶仍有"白莲教"的活动，但这些"白莲教"并不信仰弥陀净土思想，而是崇拜弥勒佛。这种"白莲教"仅有白莲教之名而无白莲教之实。其本质是弥勒教会的信仰。如明正德、嘉靖间发生的著名的李福达"白莲教案"：

> 李福达山西崞县人，其先世以幻术从刘千斤、石和尚作乱成化

---

① 《明神宗实录》卷五三三"万历四十三年六月"条。

间，及刘、石败亡去，福达其孙也。正德中，复以其术走延绥，秘一室从卧，令其徒皷吻惊俗，谓弥勒佛空降，当主世界。①

其他有关史料皆若此。这种"白莲教"不但与南宋茅子元所倡白莲教迥然不同，与元代普度的白莲教也没有任何内在联系。明代诸多所谓白莲教大抵应作如是观。

明成化、正德间，以无为教（又称罗教）为代表新型宗教的问世为转机，民间宗教世界又发生了一次深刻变革。无为教创始人罗梦鸿在直隶密云卫雾灵山苦悟13载，集经五部：《苦功悟道卷》《叹世无为卷》等，计六册，号为五部六册。这支教派对禅宗思想大胆发挥，提出了对宇宙、万物、人生的看法，提出并力图解决一系列宗教命题。它的教义既不同于向往西方极乐世界的白莲教，也不同于单纯倡导弥勒下生的弥勒教。它否定以往的一切修持方法，追求所谓的"无为法"。"无为法"义谛无他，即向自家心头参道。主张"要得心空苦便无""但有思量，便有生死"②。这种宗教思想对生活在苦难中的芸芸众生真是一大棒喝。因此它对明、清时代民间宗教的影响十分巨大。罗教支派及再生教派遍布中国底层社会。罗教主要支派有无为教、大乘教、江南斋教、运河水系罗教支派（后来演化成青帮）、青莲教等。它对产生于近代的先天教、一贯道亦有影响。这些教派有的是无为教正宗流脉，有些是罗教与道教内丹派，或弥勒信仰、白莲教信仰、摩尼教信仰融汇合流的产物。这种发展造成了一种蔚为壮观、流脉纷呈、复杂多变的民间宗教信仰世界，这种信仰世界绝不是"白莲教"所能包容得了的。

不仅如此，明、清时代多种民间宗教还受到道教内丹道的启迪与滋养，众多的教派都以修炼内丹为宗旨，这种特点更与白莲教迥异。

明嘉靖间问世的黄天教，万历间问世的弘阳教、龙天教、长生教、圆顿教，清初问世的一炷香教、八卦教，清中末叶问世的青莲教、金丹教、真空教、一贯道、先天道等，无不以修炼内丹为宗旨。其中，不少教派把修炼内丹与三世应劫及无生老母信仰融为一体，形成迥异正统宗

---

① （清）查继佐：《罪惟录》卷三一《叛逆传》。
② （明）罗梦鸿：《正信除疑无修证自在宝卷》第二十一品。

教的教义体系，这套教义体系与弥勒救世思想的历史传统一脉相承，与白莲教的弥陀净土教义却不相干涉。有些学者把无生老母观念、三世应劫观念算到白莲教的体系，无疑是一种误解。

明、清时代还有一类民间宗教，其创教人都是有名的学者，如明嘉靖间在福建中部问世的三一教，创教人林兆恩兼通儒、释、道三家思想，一生著述百万余言，皆集于《林子全集》或《林子三教正宗统论》中，后来成为教徒的经书。

清代中叶，在四川成都，著名学者刘沅创立了刘门教，又称槐轩道。此教清末信徒遍巴蜀，人称刘沅为"川西夫子"。与刘门教几乎同时问世的还有山东肥城的黄崖教，由著名学者张积中所倡立。

以上三教既不同于弥勒教、白莲教、摩尼教，也不同于明中叶以后一系列新型教派。它们都是由知识分子的学术团社转化而成的民间教派，由于受到宋、明理学特别是王阳明心学的影响，这类学术团社把设帐讲学、宗教修炼、慈善事业、斋醮作会融为一体，而参加团社的成员也由知识分子逐渐扩展到其他社会阶层，最终发展演变成宗教实体。对这样的民间实体，研究者更无法把它们目为所谓的白莲教了。

（二）关于明、清时代的几次"白莲教"起义

由于缺乏对明、清民间宗教具体的了解和全盘的把握，有些学者把一些由民间宗教发动的农民起义也一言以蔽之为白莲教起义。如把明末徐鸿儒起义、清中叶川陕楚等五省农民起义和嘉庆十八年的八卦教起义都称作所谓的白莲教起义。这种论断都过于笼统而缺乏历史依据，或是对封建时代旧说的一种因袭。

明末天启二年（1622年），山东省西南部爆发了徐鸿儒领导的闻香教起义（大成教起义）。闻香教并非白莲教，虽然岳和声《餐微子集》和黄尊素《说略》都记录了王森创白莲教的说法，但从闻香教的历史传承到宗教教义都很少受到白莲教的影响。闻香教主要是罗教（无为教）和弥勒信仰两者融合的产物。据清代档案记载："罗祖分传五支，一支在石佛口王姓。"[①] 这里的石佛口王姓即指王森。据《中国民间宗

---

① 《那毅文公奏议》卷四〇。

教史》考证，罗教创始人罗梦鸿之女罗佛广入盘山修行。佛广与罗祖四传弟子孙真人所生之女嫁与"王善人"，这位王善人即当时在盘山修行之王森。故史料云：佛广与其婿王善人另派流传大乘教。① 考之《滦县志》，王森之妻确为孙氏，而王森开派教名即大乘教。② 由此可证明，所谓闻香教的确是罗教的一个支派。现存的《皇极金丹九莲正信皈家还乡宝卷》亦可证明这一点。③ 但闻香教在其发展过程中还受到弥勒救世思想的影响。史料记载：王森之子王好贤"僭称弥勒佛主之尊号，造乾坤黑暗之妖言"④。而闻香教在清代的异名同教清茶门教，更以弥勒信仰相鼓动，编造《三教应劫总观统书》，鼓吹弥勒治世。有人根据这个教派信奉弥勒观念，因而将其视为白莲教一脉，无疑是搞错了渊源关系。事实是明、清时代一些冠以白莲教名色的教派多信仰弥勒救世思想，这些"白莲教"，已完全不具备宋、元时代白莲教的基本特征。由此证明，王森弟子徐鸿儒领导的闻香教（大成教）起义不能被称为白莲教起义。

　　曾经导致清政权由盛至衰转折的川、陕等五省农民大起义，长期以来被部分学者称为白莲教起义，这也是一种误解。这次起义的骨干成员是混元教和收元教徒。而这支混元教和收元教的远渊是明末王森所创之闻香教。清代康熙中叶一支闻香教传入山西，山西则有张进斗父子为其支脉。王森后裔所造《立天卷》四卷亦成为张氏父子传教的主要依据。张进斗所行教派名称是无为教，被当局称为"白莲教"。张进斗传徒冯进京、周隆庭、李彦稳、田金台，又分化为混元教、收元教。这两支教派辗转向直隶南部、河南北部发展。在乾隆中叶向河南南部及安徽西部发展。最终在乾隆末叶沿着不同的传承路线分别进入湖北，成为嘉庆元年（1796年）农民起义的主要宗教组织。对此种传承，《中国民间宗教史》有专章评论，在此不赘述。因此，这次起义应称为混元教和收元教

---

① 参见马西沙、韩秉方《中国民间宗教史》第十章第一节、第六节，上海人民出版社1992年版。
② 《史料旬刊》第十五期，彰宝奏折。
③ 参见马西沙、韩秉方《中国民间宗教史》第十章第一节、第六节，上海人民出版社1992年版。
④ （明）岳和声：《餐微子集》卷四。

起义。

以上分析可以证明，部分中外学者把明清时代诸种民间宗教统称为白莲教，是违背历史真实的，是不妥的。

当然，作为一个曾经深刻影响时代的民间宗教，白莲教在明、清时代仍然留下了某些历史痕迹。在黄天教中，创教祖师李宾，道号普明，继教业者则是普光、普净、普照、普慧等人。这种以普为号，明显地带着白莲教的印记。同样，在圆顿教中，也有"男普女妙"的记载。在江南斋教中，有一个异名同教——一字教，教徒皆以普字为教名。这些标志，无疑保留着白莲教的某些特点。但是，人们再也找不到一支以西方弥陀净土为信仰，以家庭、寺院为组织，以普觉妙道为道号的白莲教了。宋元时代的白莲教，在漫长的历史演变中，已融进了波澜壮阔的民间宗教运动的大潮之中，已不具备主宰地位了。

第二节　组织与制度

初期的白莲教仅是一个净业性质的组织，后来发展成独立的宗教。它的产生既是群众信仰的要求，也是一种历史传统的延续和发展。没有宋代净土宗、天台宗、禅宗诸宗的融合，没有大量净业团社的涌现，历史上就不会出现一个白莲教。

一　历史上的净业团社

净业团社是佛教的一种结社组织，它的出现历年久远。据赞宁《结社法集文》记载：晋、宋之慧远于庐山与高士逸人，辐辏东林寺，结莲社，"社之名始于此"。其后，齐竟陵文宣王"募僧俗行净住法，亦净住社也。梁僧佑曾撰法社建功德邑会文。历代以来，咸就僧寺为法会社也。……近闻周郑之地，邑社多结，守庚申会，初集鸣铙钹，唱佛歌赞，众人念佛行道，一夕不睡，以避三彭奏上帝，免注罪夺算也。然此实道家之法，往往有无知释子，入会谋图小利。曾不寻其根本，误行邪法，深可痛哉。"①

赞宁为五代末北宋初人。《结社法集文》反映了一个事实，远在茅子元创立白莲教前，不仅佛教而且道教，不仅上层，而且在下层社会，以宗教信仰为依托，结社之风已颇普遍。

除慧远及齐梁时净住社、法社外，文人结社较早者当推唐白居易之"上生社"：

> 白居易……初劝一百四十八人结上生社，念慈氏名，坐想慈氏容，愿当来世，必生兜率。②

后来白居易改变信仰弥勒净土初衷，信仰了弥陀净土。

宋代，结社之风愈演愈烈，始多集于江浙。莲宗七祖省常在宋淳化间于杭州建社。始名莲社，后改名净行社。与会者多达官高士"公卿伯牧，三十余年予此社者至一百二十三人……"③ 北宋天台宗名僧知礼"曾每岁二月望日建念佛施戒会，动逾万人"。史料载，知礼建念佛施戒会二十余所。④ 其弟子神照本如，建无量寿阁，"结白莲社"，四季开会念佛凡三十年。宋仁宗"钦其道，赐名白莲寺"⑤。

宋代，结社念佛之风由名僧倡导，达官显宦推波助澜，帝王钦许，几成狂潮。而此风渐自下移，遍及大江南北，乃至边陲山僻。少则十八人，多则逾万。⑥ 正是在这种社会风习的影响下，南宋初年在杭州出现了孔清觉的白云宗"立四果十地以分大小两乘，造论数篇，传于流俗，从者尊之曰白云和尚，名其徒曰白云菜，亦曰十地菜。……其徒甚广，几与白莲相混"⑦。与白云宗同时，白莲教亦以结社念佛的形式问世。北宋初年省常建莲社，其后本如被帝王钦赐寺名为白莲寺，社名为白莲

---

① （宋）赞宁：《结社法集文》，载《乐邦文类》卷二，《大正藏》卷四七《诸宗部》四。
② （宋）志磐：《佛祖统纪》卷二九，《续藏经》第四套第一辑。
③ （宋）志磐：《佛祖统纪》卷二九。
④ （宋）志磐：《佛祖统纪》卷二八，又：《新续高僧传》卷四一《奉如传》。
⑤ （宋）志磐：《佛祖统纪》卷二八，又：《新续高僧传》卷四一《奉如传》。
⑥ 参见马西沙、韩秉方《中国民间宗教史》第四章第三节，上海人民出版社1992年版。
⑦ （宋）志磐：《佛祖统纪》卷四八。

社，此皆南宋茅子元白莲教的先导，而非子元首称白莲之名。由此可知，初期白莲教这个净业结社组织是净土结社组织的一种自然而然的发展，并非一种突然产生的"邪教"。

二 组织制度的演变与特点

南宋时代的白莲教是个净业结社式的宗教团体，茅子元建立了本教团的寺庙，号白莲忏堂，皈依三宝，受持五戒，拜佛礼忏。以上数点与其他净业团社并无不同。其特点是茅子元自称导师，其徒号白莲菜人，徒众可家居火宅，娶妻生子，男女同习修持于同一寺庙。以后又独自规定了本教团的道号：普、觉、妙、道。这就与其他佛教净业团社颇多不同之处。而且在南宋，白莲教的以寺庙为依托的家庭教团似已出现。例如，茅子元死后葬在松江吴觉昌的宅内，即是明证。吴觉昌，从其道号可知其是白莲教徒，在其家内建佛塔，其宅无疑是个白莲忏堂兼家居之所。

元代，白莲教更加成熟，该宗教组织表现出三个特点：第一，白莲教势力膨胀，成为佛、道以外最大的宗教教派。据《水云村泯稿》记载："历都过邑无不有所谓白莲堂者，聚徒多至千百，少不下百人，更少犹数十，栋宇辉煌，像设严整，乃至与梵宫道殿匹敌，盖诚盛矣。"[1] 如元大都有白莲教徒觉庵集资，"买地十亩于太庙之西，作无量寿庵。树佛殿四楹，屋宇设像，无不具足"[2]。关于元白莲教寺庙的记载，类此多有。第二，由于白莲教势力的大增，社会对白莲教徒的称谓已有了专门名称："白莲道人"。为什么叫白莲道人，而不称和尚、尼姑、道士或居士？白莲教徒娶妻生子，无异平民。据《通制条格》卷二十九记载："建宁路等处有妻室孩儿每的一支白莲教道人名字的人，盖着寺，多聚着男子妇人，夜聚明散，佯修善事，扇惑人众作闹行有……"[3] 可见，白莲道人，据寺为家，娶妻生子，是普遍现象。所谓白莲道人当然

---

[1] （元）刘埙：《水云村泯稿》，转引自杨讷编《元代白莲教资料汇编》，第256—257页。
[2] 《危太仆文集》卷四，转引自杨讷编《元代白莲教资料汇编》，第270页。
[3] 《通制条格》卷二九"俗人做道场"条，浙江古籍出版社1986年版。

不是道士。道教诸派在修持上从未整齐划一。全真道不允许娶妻生子，但正一道即天师道却可娶妻生子。白莲教徒不遵佛门规矩，在娶妻生子上与正一道相同，故世称其为白莲道人。但白莲道人又不诵道经，与诵净土宗诸经典并遵循茅子元忏条，当然与道教之道士不能混为一谈。可谓非僧非道。这是其成为独立宗教的内在原因。第三个特点，也是最主要的特点：白莲教寺庙与家族生聚、家庭世俗生活完全融为一体。寺庙既是信仰的所在，又是生活的场所和生活的来源，成为部分教首家族的世产世业。正是这个特点，导致白莲教的发展、巩固，也导致白莲教不可能有一个大一统的领导核心，使其形成大而散的宗教组织。南宋初，茅子元虽为教徒设立了普、觉、妙、道四字为道号，在元代，人们仅能从其道号得知其为白莲教徒。教徒居于不同寺庙者，无互相统属关系；寺庙与寺庙之间亦无祖庙、分庙的记载。更无统管白莲教的统一领导机构。白莲道人为何要据寺为家？刘埙在《水云村泯稿》卷三中讲，白莲道人总不能靠乞讨为生，"固须广置良田"，"或拨三顷五顷，特地周旋；或捐十定八定，随时增置"。在忏堂周围广置土地，名曰千年田，"虽历劫而不卖"。显然，这些人通过传教敛取布施之资，建寺买田，成为家产祖业，代代相传。这种经营方式的规模越大，寺庙田产就越需要以血缘关系世袭递传。不离世业，这是白莲教徒娶妻生子的根本原因，也是白莲教组织的根本特点。正是上述的种种特点，又导致白莲教与正统佛教相距更远，渐由"异端"走向"邪教"。

第三节　经典与教义

初期白莲教在典籍、教义、忏仪、戒律上直接继承了弥陀净土宗和天台宗的部分内容。至元代，又有总结和发展。无论在南宋还是元代，白莲教宗教家为了普通信仰者对教义和忏仪的掌握，都做了简化、通俗化、具体化的工作，使一般文化水准较低者易懂、易听、易接受，达到"不舍家缘，不修禅定，但念佛名"，就可达到往生西方极乐世界的目的。

一　经典

茅子元在创教时代，曾遍读佛经。据《庐山莲宗宝鉴》慈照宗主条记载，他"撮集《大藏要言》，编成《白莲晨朝忏仪》……述《圆融四土三观选佛图》，开示莲宗眼目"。在发配江州后，随方劝化，即成颂文，编成《西行集》。乾道二年（1166年）后，又集《弥陀节要》《法华百心证道歌》《风月集》，行于世。多数佚失。但《圆融四土三观选佛图》为《庐山莲宗宝鉴》选入书中，而《弥陀节要》《白莲晨朝忏仪》部分内容亦载于是书。《庐山莲宗宝鉴》有清代版本行于世，后为日本《大正藏》收入。今见之清代版本之《庐山莲宗宝鉴》应为元版之再刻本，日本学者小川贯弌在1943年《支那佛教史学》曾发表《元代白莲教刻藏事迹》一文。中国学者杨讷编《元代白莲教资料汇编》，内《庐山莲宗宝鉴》非单行本，采之于佛藏。

元代白莲教经典主要集中于《庐山莲宗宝鉴》《庐山复教集》《庐山白莲正宗昙华集》中。《复教集》与《昙华集》作者为元代僧人果满。据《元代白莲教刻藏资料汇编·编者前言》介绍："《复教集》过去有周叔弢氏翻印的元刊本，今已不易见到。"而《昙华集》元刊残本尚存北京图书馆善本部内。以上三著作中又以《庐山莲宗宝鉴》最为重要。除叙、跋之外，共分十卷。大体内容有五部分，第一部分，阐明白莲教教理，以念佛得归西方净土为根本信仰，介绍了口称、观想、实相等念佛的实质内涵。广泛提示了佛教经典关于念佛三昧之论述，说明茅子元圆融四土理论之精华所在。第二部分，阐明若得佛果之首要条件在修善业，深信因果，孝养父母，奉事师长，慈心不杀，皈依三宝，受持五戒，修十善业。非如此，难得念佛正因。第三部分，阐明白莲教乃东晋慧远大师所创立，述昙鸾、智𫖮、善导、法照、少康、省常、慈觉、延寿、慈云诸佛教台、净大师行迹，最后叙及于"慈照宗主"茅子元，以明白莲教千载以来的源流正派。第四部分，阐述白莲教"修进功夫"即日常之修行及晨、昏之忏仪，指出"行住坐卧，不离道场，举动施为，无非佛事"。人之所在，即修行之所在；心之所在，即修行之所在。这才是真实功德，净业道场。第五部分，指斥诸类异行、异教、异端，辩明真如本性说，辩明见闻知觉，辩明双修，辩明三车，辩明三关等，不仅指斥不类白莲教的所谓佛教异端，更多地指斥道家的诸内丹修持之方法。认为世多传习此道，尽入邪路，唯白莲念佛得三昧，才能免堕迷津，得正法。总之，《庐山莲宗宝鉴》是一部内容丰富，但又庞杂的白莲教教义的总结，是研究宋、元白莲教最重要的典籍。

二 教义——天台宗四土信仰与《圆融四土图》

茅子元创白莲教，作《圆融四土三观选佛图》（简称《圆融四土图》）。四土理论是茅子元宗教教理的核心。僧人宗鉴说他"依仿天台出《圆融四土图》"。志磐则云"所谓四土图者，则窃取台宗格言"。总之与天台宗有关。

四土即四种果报土。初为天台宗祖师智𫖮创于其著《维摩经玄疏》（或曰《维摩经玄义》之误），是天台宗止观学说与净土思想融汇的产物。智𫖮以《法华经》为据，以五时八教的判教方法，定释迦一代说法的次第及说法时仪式、教法的深浅层次。天台宗之所以判教，是基于人根性不同，根性利者可直接受大乘教，行顿法；而根性钝者，难悟大乘，只能渐次引导，故曰渐教。同时由于人的善恶不同，受尘世五浊的影响不同，不但在判教的层次上差别显著，而且在往生净土时也迥然有别。这样四种净土国的理论便应运而生了。智𫖮在其著《维摩经疏示四种佛国》中讲：

> 佛国差别之相，无量无边，今略为四：一、染净国，凡圣共居；二、有余国，方便人住；三、果报国，纯法自居；四、常寂光，妙觉所居。①

他又解释：染净国又叫凡圣同居国。凡人有善恶两种，圣人则分实圣权圣。四种人同居，故云秽土。这四种人或因根性或因忏悔，同登净土，

---

① （唐）智𫖮：《维摩经疏示四种佛国》，载《乐邦文类》卷四，《大正藏》卷四七《诸宗部》四。

凡圣皆依正果。此国又叫凡圣同居土。①

有余国又叫有余土,是二乘三种菩萨"证方便之所居也"。居此土者,根性钝者通三藏教,根性利者可通别教、圆教。智颉认为它是"有变易所居之土",故名有余土,又叫方便。②

果报国又叫果报土。理解此土需要与判教中的别教联系。别教是指那些对教理明智而果断者的判教层次。此中人往生净土得其实果报,"受法性报身,以观实相,发真无漏",以便达到更高层次。"亦名实报无障碍土"。③

常寂光国亦云常寂光土。《观经疏明四土宗致》中解释得比较明确:

> 常寂光者,常即法身,寂即解脱,光即般若。④

佛教讲佛有三身:"一法身,二报身,三应身"。法身为"自性清净,皎然无点"⑤。法身即佛之真身。可知居寂光土者即佛。因此智颉说:此土"妙觉极智所照,如如法界之理,名之为国,亦名法性土"⑥。

以上即四种果报土的来由。

茅子元以智颉的四土理论为基础,制数种图,以示说明,并未违背台宗四土理论的本质。他制图的目的很明确,他认为宋代一些僧侣在传法上已失伦次,致使:

> 四土混乱无伦,智转行融,致使利钝不分,因果俱失。只言净土,不知净土高低;只说唯心,不知心之深浅。故见诸家相毁,各执一边,谁知自破宗风,非魔能坏。今则略开一线,述出四图,削

---

① (唐)智颉:《维摩经疏示四种佛国》,载《乐邦文类》卷四,《大正藏》卷四七《诸宗部》四。
② (唐)智颉:《维摩经疏示四种佛国》,载《乐邦文类》卷四,《大正藏》卷四七《诸宗部》四。
③ (唐)智颉:《维摩经疏示四种佛国》,载《乐邦文类》卷四,《大正藏》卷四七《诸宗部》四。
④ 《观经疏明四土宗致》,载《乐邦文类》卷四。
⑤ (唐)智颉:《维摩经玄疏》卷二。
⑥ (唐)智颉:《维摩经疏示四种佛国》,载《乐邦文类》卷四。

去迷情，顿明心地，然后沙河法界收一纸之中，无量法门出乎方寸之内耳。①

茅子元制图的目的之一在于廓清有关净土业的糊涂认识，以图示的方法，简单明了地表达四种土的不同果、位、德、智等层次。依据修行者的利钝、善恶分四土的高下。

在论及五重玄义的体、用、宗时，通过不同的排列，表明了居不同净土者对三者的认识的高下利钝之分。而体、用、宗又与涅槃经之三德结合。故图示出：同居土者，"三德迷"；方便土者，"解脱德"；实报土者，"般若德"；寂光土者，"法身德"。又与应身、报身、法身三身之说相应合。在破迷解惑、情与智的关系上同样表明了居土层次的不同，因而利钝能力之不同。迷不破则惑不解，而惑不解，皆在于为情所碍，则智不通。由此可见，从佛教的立场上讲，四土图有其内在的逻辑力量，并非不伦不类。

茅子元制四土图的第二个原因，是以图解的方式扩大四土思想的影响，使文化水准不高的人或所谓根性钝者，能直观地领悟，从而扩大教势，广揽门徒。例如，他画了凡圣同居土图，并加以解释：

此土但有信愿念佛，不断烦恼，不舍家缘，不修禅定，临命终时，弥陀接引，皆得往生净土，便获神通，得不退转，直至菩提……②

其实将枯燥的经文化为图示，在宋代并非茅子元独创。《四教集注》的作者天竺寺僧玉岗，就曾绘制了《天台五时八教图》。他认为：末世机钝，不易领悟天台判教之玄妙，故立图，俾使见者一目了然。其画图的目的与茅子元同。

从教义的角度看初期的白莲教和创教人茅子元，并未见其与正统佛

---

① （元）普度：《庐山莲宗宝鉴》卷二《慈照宗主圆融四土选佛图序》，载《大正藏》卷四七。
② （元）普度：《庐山莲宗宝鉴》卷二《慈照宗主圆融四土选佛图序》。

教有多大的迥异处。其"异端"表现在男女同习修持及独立成体系的宗教组织上。

第四节 戒律与忏仪

白莲教在戒律与忏仪上直接继承了弥陀净土宗与天台宗的传统，但在戒律上较正统佛教松弛，忏仪则多有简化，以适应"在家菩萨"的实际状况。

一 戒律

白莲教的基本戒律与正统佛教同。据《庐山莲宗宝鉴·慈照宗主》条记载：茅子元创教之初"乃慕庐山远公莲社遗风，劝人皈依三宝，受持五戒，一不杀，二不盗，三不淫，四不妄，五不酒，念阿弥陀佛五声，以证五戒，普结净缘，欲令世人净五根，得五力，出五浊也"。并把戒律放在十分重要的位置。所谓"知诸善之本，五戒为先，王者履之以治国，君子奉之以立身，不可造次而离，不可须臾而废。佛称五德，儒谓五常，在天为五星，在地为五岳，在人为五藏，在处为五方。广而言之，无所不统，仰观俯察，莫能加焉"[①]。但正统佛徒对白莲教的持戒颇有议论，特别对戒淫一条。宗鉴讲茅子元"劝诸男女同修净业"。而志磐则加以引申，认为该教"谨葱乳，不杀，不饮酒，号白莲菜。受其邪教者谓之传道，与之通淫者谓之佛法"，"愚夫愚妇转相诳诱，聚落田里皆乐其妄"。这种指责显然不能加诸整个白莲教上。白莲教在不淫的戒条上，与佛教不同。佛教徒不能破色戒，白莲教徒的"不淫"，是不淫邪外色。白莲教徒多有家室，娶妻生子，不异平民。当然与佛教对淫的戒律理解不同。此外，教徒往往男女同修净业，下层社会劳动的男妇，在两性关系上，也会有些松动，不能据此就认为白莲"通淫"

---

① （元）普度：《庐山莲宗宝鉴》卷一《受持戒法》，中国社会科学院世界宗教研究所图书馆藏清刊本。

为佛法。相反,元代普度对此还有批评,他说:"今有一等愚人,常行异教,诈称莲宗弟子,妄指双修,潜通淫秽,造地狱业,迷误善人,沉迷欲乐,甘堕险坑,岂不谬乎。是真狐魅妖精,何异畜生类也。"指出白莲教主张"清心寡欲,双修福慧",并劝"在家菩萨"依此戒修行。①

白莲教在五种戒持中,特重于斋戒和不杀。在《庐山莲宗宝鉴·受持戒法》条中说:"如或五戒难行,且除酒肉二味。十重易犯,且持不杀一门。"又讲"居士病缘,终不饮酒食肉"。佛教徒对白莲教戒律的评价,大体如此。据《释门正统》记载:白莲教徒号白莲菜人。白莲菜即白莲斋,菜、斋相通。白莲斋又称茹茅阇黎菜。阇黎即僧师之意,茹茅阇黎菜,即茅子元所规定之斋。由于吃斋严谨,故教内决不杀生。所以连宗鉴也讲,子元死后,教内"唯谨护生一戒耳"。

二 天台宗忏仪与《晨朝礼忏文》

白莲教很重视忏仪。所谓忏仪,本质是一种宗教的实践活动,并对这种实践活动作出仪范的规定。茅子元创白莲教之初,"乃撮大藏要言,编成《白莲晨朝忏仪》,代为法界众生礼佛忏悔,祈生安养。后往淀山湖,创立白莲忏堂,同修净业"②。白莲教的忏仪不仅实行于各类白莲忏堂之中,诸多的"在家菩萨"还要每天在家中设立的佛像前进行忏悔。白莲教的忏悔仪式基本来自正统佛教,但又作了形式简化。

佛教弥陀净土宗的最终目的,是使信徒往生西方极乐世界。天台宗、禅宗、律宗等佛教宗派很大程度上在这点与净土宗发生认同。白莲教的最根本追求也是往生西方极乐世界,而且在追求的手段上未脱出净土宗、天台宗的窠臼。

白莲教在追求往生西方净土的最主要修持,是口念阿弥陀佛,并将这种念佛与忏仪密切结合起来。

宗鉴在《释门正统》中讲茅子元以"偈歌四句,佛念五声,劝诸

---

① (元)普度:《庐山莲宗宝鉴》卷十《辩明双修》,中国社会科学院世界宗教研究所图书馆藏清刊本。
② (元)普度:《庐山莲宗宝鉴》"慈照宗主"条。

男女同修净业"。志磐也讲他以"偈歌四句,佛念五声,劝诸男女同修净业"。但又讽刺他"佛念五声则何关十念"。茅子元的后世弟子普度在《庐山莲宗宝鉴》中也说祖师教导门徒"念阿弥陀佛五声,以证五戒,普结净缘"。茅子元的确重视口称念佛。他在《弥陀节要》中讲:

> 大凡念佛,先要发心。欲超生死,往生净土,须以大愿自为主意。常须念佛,早晚专心礼拜弥陀,如朝帝王,两不失时,日近日亲,心口与佛相应,去佛不远,口念心想,心愿见佛,发深重愿,决信无疑。日久岁深,工夫纯熟,自然三昧成就,临命终时弥陀接引,净土现前。[①]

茅子元的口称念佛,有两点需要理解:第一,所谓口称念佛,相对于观想念佛与实相念佛而言。口称念佛,即口中发声,念阿弥陀佛佛号。但这种做法要与心相应,口念心想,长久下来,才能得念佛三昧。第二,所谓念佛五声,并不是只念五声阿弥陀佛,而是五念。所谓念,是一口气念阿弥陀佛佛号,如此下去五口气。否则只念佛五声,如何口念心想,日久岁深,得念佛三昧?以往的佛教宗派主张十念,即念佛要十口气不停地念。茅子元知道信徒要白日劳作,时少闲暇,故简化念佛时间,而且规定早晚两遍念佛,每次五念。

念佛还要与忏仪相结合。宗鉴讲茅子元依仿天台宗出《晨朝礼忏文》。志磐则讲《晨朝礼忏文》"撮略慈云七忏,别为一本,不识依何行法"。这些说法都是有依据的,不能视为污辞。

忏仪最早出现在南北朝,它适应了佛教在中土兴隆后的实际需要,本质属于宗教的实践活动。最早的忏经是《慈悲道场忏法》,相传为梁武帝编,故又称《慈悲梁皇宝忏》。或曰此忏为南朝齐国萧子良撰,梁时名僧删削。陈隋天台宗大师智𫖮制《方等三昧行法》《法华三昧忏仪》,开天台宗忏法先河。宋代,天台僧多台、净兼习,不仅诵念《无量寿经》等弥陀净土三经,而且多创台、净相兼的忏经。台宗名僧知礼

[①] (宋)茅子元:《弥陀节要》,《慈照宗主示念佛人发愿偈并序》,载杨讷编:《元代白莲教资料汇编》,第117页。

撰《观无量寿经疏妙宗钞》，建光明忏。而慈云遵式依智顗《金光明玄义》完成了《金光明忏法》，又撰《往生净土决疑行愿二门》一卷、《往生净土忏愿仪》一卷等七忏。北宋乾兴元年（1022年）在天竺寺为皇室行忏，并造金光明忏堂，世称慈云忏主，成为宋代忏法总其成的一代大师。据日本学者重松俊章考证，茅子元曾就学于北禅梵法主。北禅梵法主又是慈云遵式徒弟胜果永忏主的弟子。由此可知，茅子元与慈云之间的授受关系。①

茅子元的《晨朝礼忏文》已经失传，但我们可以通过慈云《往生净土决疑行愿二门》分析一下茅子元忏文的基本内容。《往生》一忏分为两部分，一是决疑门，二是行愿门。行愿门又分四门：礼忏门、十念门、系缘门、众福门。

第一，礼忏门，其内容是：

> 应日日早晨于常供养道场中，冠带服饰端庄谨严，以佛像前手自烧香，合掌作是。唱日一切恭谨，一心顶礼，常住三宝。愿此香遍满十方世界。无边佛土中无量香庄严具足菩萨道，成就如来香。②

此仪式完毕，则赞诗一首。接着礼佛，唱七遍"一心顶礼……诸佛"。然后下跪唱忏悔词："至心忏悔，我弟子某甲及法界众生，从无始以来……广造十恶及五元间一切重罪，无边无量说不可尽。"求佛光照一切，解脱罪恶。③忏悔毕，口念阿弥陀佛、观世音菩萨等名号，回座诵经。

第二，十念门：

> 每日清晨服饰已后，面西正立合掌，连声称阿弥陀佛，尽一气为一念。如是十气为十念，但随气长短不限佛数，惟长惟短，气极

---

① [日] 重松俊章：《初期的白莲教会》，原文载于《史渊3》，中译本载1935年1月《食货》半月刊。
② (宋) 慈云遵式：《往生净土决疑行愿二门》，载《大正藏》卷四七《诸宗部》，引文为自行句读。
③ (宋) 慈云遵式：《往生净土决疑行愿二门》，载《大正藏》卷四七《诸宗部》，引文为自行句读。

为度。……如此十气，连属不断，意在令心不散，专精为功故。①

可知所谓十念并非念十遍弥陀佛号，而是一口气念，如此十口气，遍数因人气之长短而异。十念毕，为发愿词，其词云：

> 我弟子某甲一心归命极乐世界阿弥陀佛。愿以净光照我，慈誓摄我。……愿此十念得入如来大誓海中，承佛慈力，众罪消灭，净因增长。若临欲命终，自知时至，身不病苦，心无贪恋，心不倒散，如入禅定，佛及圣众，手持金台来迎接我。②

十念功夫，天天要做，"要尽此一生，不得一日暂废"。

第三，系缘门。云行走坐卧，种种作务，亦要时时心系于佛，必能弃恶从善。

第四，众福门。云常修行五事：敬爱三宝，孝养父母，正法治国，不妄杀生，深信因果。③

此处烦琐引证，皆在于证明茅子元《晨朝礼忏文》抄袭此忏中行愿门的"礼忏门"和"十念门"。其原因如次。

第一，慈云之礼忏门、十念门皆作于清晨，依次行之。其他两门仅为系念、行善，并非忏仪。足见《行愿门》的本质就是早晨的礼佛、念佛仪式。故茅子元将其简化成《晨朝礼忏文》，得慈云忏法核心内容。

第二，茅子元认为十念过于费时，于农夫工商之信仰者不合时宜，故改为五念。

第三，子元不仅在师承上与慈云有授受关系，到了元代，白莲教后继者依然崇拜慈云，将其列入祖师传记，同时在《庐山莲宗宝鉴》中记录了其三种忏仪的目录，赞颂他"继天台之道，赞净土之化，世未有

---

① （宋）慈云遵式：《往生净土决疑行愿二门》，载《大正藏》卷四七《诸宗部》，引文为自行句读。
② （宋）慈云遵式：《往生净土决疑行愿二门》，载《大正藏》卷四七《诸宗部》四。
③ （宋）慈云遵式：《往生净土决疑行愿二门》，载《大正藏》卷四七《诸宗部》四。

也"①。而《庐山莲宗宝鉴》记载的《简经念佛功德十念法》完全录自慈云《往生净土决疑行愿二门》之《十念门》。②

凡此种种皆证明茅子元《晨朝礼忏文》是撮略了慈云遵式的忏法，为了适应"在家菩萨"的信仰和生活状况，作了更改或简化，但内容不出慈云遵式忏法窠臼。

---

① （元）普度：《庐山莲宗宝鉴》卷七、卷二，载《大正藏》卷四七《诸宗部》四。
② （元）普度：《庐山莲宗宝鉴》卷七、卷二，载《大正藏》卷四七《诸宗部》四。

第四章

无 为 教

明代中叶，北直隶密云卫出现了一支新型的民间教派——无为教。无为教问世不久，就给宗教信仰领域带来了巨大的震动，并改变着信仰领域的固有格局。无为教创始人罗梦鸿，山东省即墨人，祖辈从军，年轻时到密云戍边。后在雾灵山苦修13年，遂创无为教，人称罗祖。亦有称无为教作罗祖教、罗道教、罗道者。罗梦鸿死后，该教分裂，形成"经非一卷，教非一门"的状况，分成无为教、大乘教、江南斋教、运河水系的罗教组织（即近代青帮的前身）。此外，无为教还对明清两朝诸多民间教派产生过影响，如闻香教、圆顿教、龙天教、青莲教、先天教、一贯道等等。可以说，离开了对无为教的研究，就很难写出一部完整的明清时代的宗教史和帮会史。

第一节　历史沿革

一　创立

无为教创始人为谁，诸类史料说法各异。据明末《混元弘阳佛如来无极飘高祖临凡宝卷》《佛说三皇初分天地叹世宝卷》记载，其创教人为罗清。明末密藏禅师之《藏逸经书》称为罗静。清道光间问世的《众喜粗言宝卷》认为是罗因创教。清代官方档案记录创教人九世孙罗德麟供词称："伊始祖罗梦鸿曾拜一和尚为师，于前明自山东即墨移住密云,人称罗道,七传而至罗明忠。"① 又称其道号"无为居士"。同时代,当局查办江南斋教,教徒称罗氏为罗梦浩,应是罗梦鸿之讹音②。总结诸类说法,无为教创始人是罗梦鸿,道号无为居士,俗称罗祖。③

罗梦鸿生于明正统七年(1442年)十二月初一。3岁丧父,7岁丧母,由叔婶养大成人。罗氏家族"祖辈当军",年轻时代罗梦鸿离开家乡山东即墨到北直隶密云卫充任运粮军人。明代实行卫所制,士兵来源有从征者、归附者、谪发者。罗氏家族"祖倍(辈)当军",故属从军者,世世代代从军为业。罗梦鸿到了从军年龄,遂代家族承担了戍边之责,到了当时的北方军事重镇密云卫。明代从景泰至嘉靖间,蒙古军队屡次犯边,成为威胁明朝安全的一大祸患,为此军队云集于此,而运送军粮亦成为军用之急。密云卫处于潮河与白河交汇处,运粮至密云卫有通济河,谓之白漕。可知,在明代南漕北运的终点不是北京而是北直隶的密云卫。曾经作为运粮军人的罗梦鸿亦应是运河及潮白河上奔波往来的常客。这是无为教在运河流域迅速传播的重要原因。

罗梦鸿充任运粮军人大约10年。到了明成化六年(1470年),年方27岁的罗氏,由于惧怕生死无常,决意四处参师访友,寻一条永世躲避生死轮回的"大道"。据云,他在密云卫北部的雾灵山,苦修了13年,到了成化十八年(1482年)他40岁时"始觉明心",得成道果。④明末密藏禅师对罗氏曾多有攻击,但这类谤言中亦透露了部分罗氏行状:

> 正德间,山东即墨县有运粮军人姓罗名静者,早年持斋,一日遇邪师,授以法门口诀,静坐十三年,忽见东方一光,遂以为得道。⑤

---

① 《军机处录副奏折》,乾隆三十三年九月二十一日直隶总督杨廷璋奏折。
② 《军机处录副奏折》,嘉庆十九年四月十三日浙江巡抚李奕畴奏折。
③ 《苦功悟道卷》清咸丰元年重刊本有明进士周如砥作追思记云:"祖孟鸿号清菴,业儒不成,乃慷慨以阐教易俗为担当。"
④ (明)王源静:《苦功补注开心法要》,本书所用为清顺治九年(1652年)万源道人普伸重刊本之影印本,为日本学者大部理惠提供。
⑤ (明)密藏:《藏逸经书·五部六册条》,载《松林丛书》。

第四章　无为教

罗梦鸿"得道"以后，开始传道。据无为教经典《苦功悟道卷》记载他的传道地域及传道目的是：

> 祖彼当年密云卫、古北口、司马台、悟灵山、江茅岭居住。我为在家出家众菩萨，打七炼磨苦行，无处投奔，发大好心，开五部经卷，救你出离生死苦海，永超凡世不回来。

再据清代档案记载的"邪教案"，亦对罗梦鸿传教行迹有进一步的披露：

> 据称：罗道始于明季，系山东即墨人当年流寓，距石匣六十五里，距古北口二十五里之司马台外建造讲台，自称罗道。并将眷口移居石匣。远来馈送颇多，因以而致富。①

此后罗氏家族一直定居于石匣镇，直至清代嘉庆年间。石匣镇（在今密云水库内）今已不存在。但当时之石匣在潮河右岸，运粮至司马台、古北口必经之地。罗氏在司马台外建立经堂，传徒讲教，运粮军人、守备军人应是主要的听众和信仰者。因此罗梦鸿死后，总兵官即地方最高军事长官和巡查官"施板九块"，"入殓金身"，建立十三层石塔。不仅士兵是信仰者，官员亦有信奉其教者。② 这说明无为教创始之初是公开活动的宗教。

在罗氏传教以后，陆续"吐经"五部：《苦功悟道卷》、《叹世无为卷》、《破邪显证钥匙卷》（二册）、《正信除疑无修证自在宝卷》、《巍巍不动泰山深根结果宝卷》。世称五部六册。现存在中国和日本的最早有关经典版本，是明正德四年（1509年）本。这说明在罗梦鸿生前五部六册宝卷已刊行于世。③ 这五部宝卷在他生前死后，流行大江南北，影响之大，正统佛教大师的著述亦难企及。所谓"四维（羅）之典，

---

① 《军机处录副奏折》，嘉庆二十一年三月二十一日直隶总督那彦成奏折。
② （明）王源静：《苦功补注开心法要》，清顺治九年重刊本之影印本。
③ 参见马西沙、韩秉方《中国民间宗教史》第五章，上海人民出版社1992年版，第177—184页。

世之相传久矣，人人家家，莫不互晓。以其事理深明，法喻重显"①。从明正德间乃至清代末年四个世纪，流行版本，多不胜计。而"罗祖"也成为民间宗教中最受崇拜的偶像。

明嘉靖六年（1527年）正月，罗梦鸿离开人世，享年85岁。无为教创立时期应算在成化十八年（1482年），罗氏"悟道明心""得成正果"之日。到他离开人世时，他从事无为教的创立与发展，达45年之久。

二　无为教与罗氏家族

明、清时代有众多教门自称无为教，"又有称无为祖者，不计其数"②。但始称无为教者是罗梦鸿，最早被尊称无为教主者还是罗梦鸿。罗氏"以清净无为创教"③，他的《叹世无为卷》中有四句名言："无为法门在玄中，扫除万典觅无生，一法包含无量法，一门劈破万般门。"在罗氏看来，无为法门义谛无他，即向自家心头参道，他把道家的"致清虚，守静笃"的思想与禅宗顿悟明心的思路混融为一，力图打破物质与精神世界的壁垒，寻出一条冲出生死界限的永存之路来。后世教徒多有效其所为者，但得其正宗的是罗氏后裔及七代外姓弟子。

罗梦鸿死后，教内发生分裂，形成多类派系，罗祖一子一女亦形成两教：无为教、大乘教。大乘教之名亦来自罗氏五部六册经典。五部六册经典自认为是大乘经："开五部，大乘经，普度众生。"（《祖师行脚十字恩情妙颂》）"大乘卷，是宝卷，才是正道。"④大乘教无疑是从无为教中分化出来的，但初期的大乘教修行的仍是无为法。据清代档案记载：

究其立教之始，据称起于前明人罗孟洪，以清净无为创教，劝

---

① （明）王源静：《苦功补注开心法要》，清顺治九年重刊本之影印本。
② （清）黄育楩：《破邪详辩》续刻卷一，《清史资料》第三辑，中华书局1982年版，第82页。
③ 《史料旬刊》第十五期，彰宝奏折。
④ 参见马西沙《最早一部宝卷的研究》，载《世界宗教研究》1986年第1期，第60页。

人修证来世，称为罗祖。罗孟洪之子名佛广，及其婿王善人另派流传，又谓之大乘教。①

此处说明了大乘教的来由。但有两点错误：1. 罗孟洪（即罗梦鸿）之子名佛正，其女儿之名佛广。2. "及其婿王善人另派流传"，其婿应是其女婿。②

关于佛正，现存史料记载不多。而佛广，则有数处记载。清代嘉庆二十一年（1816年）直隶总督那彦成到盘山一带巡视搜查，发现当地有一座无为庵，向嘉庆皇帝奏报：

至盘山搜查，无还源教名目。惟查盘山东麓怪子峪有无为庵一座。于庵内起获无为居士罗公画像一轴，《通明宝卷》《传灯心印宝卷》《佛说圆觉宝卷》各二本。尼僧性空供，师父告之，无为居士罗公即系罗祖。该庵开山始祖法名佛广，系罗祖之女，在盘山出家为尼。故后有孙善人修的庙，师父说这庙是前明修的。……前殿供佛家，后殿供罗祖，每年四月初一作会场，附近村人来烧香上供，并无外来习教之人。……伊等不识字，不会喷经，……系村愚尼僧，只知该庵系罗祖之女开山，并无奉行罗教之事。阅其经卷二本，间有真空及无为、无生字样，尚无另有悖逆语句。③

上段史料说明：佛广虽然另派流传大乘教，但依然奉行其父无为法之宗旨，故修行之庵堂亦取名无为庵。据《中国民间宗教史》考证：佛广与罗梦鸿外姓四传弟子孙真人婚配，其二人之女嫁与明末著名大乘教领袖王森。一类史料传称为王佐塘，皆为部分教门晚近经卷的记载，实不可靠。而关于王森之记载，明、清两朝官方或教派史料则记载多处，甚为翔实。

大乘教虽源出无为教，但后来发展日趋杂芜，并非罗氏传教正宗。

---

① 《史料旬刊》第十五期，彰宝奏折。
② 参见马西沙、韩秉方《中国民间宗教史》，上海人民出版社1992年版，第552—555页。
③ 《军机处录副奏折》，嘉庆二十一年二月十九日直隶总督那彦成奏折。

无为教正宗应是由其子女佛广、佛正及其后裔所传之无为教。传承达十代，三百年之久。

关于佛正史料留存不多，笔者仅见《苦功补注开心法要》中记载："有三口，现住世，佛正佛广。老祖母，掌庵居，照旧传灯。"说明在罗祖死后，其妻及子佛正、女佛广尚存人世，继续传教。佛正有子罗文举，明嘉靖、万历间人。据日人泽田瑞穗考证，明万历四十三年（乙卯）《叹世无为卷》《破邪显证钥匙卷》《巍巍不动泰山根深结果宝卷》的重刊本，是罗祖嫡孙罗文举校刻的，由南京三山街经房胡仰山印行的。足见在1615年（万历四十三年）罗祖嫡孙罗文举尚存人世。[①] 罗祖第四代传人是罗从善。据即墨人周如砥撰写的《追思记》云："祖距今四世矣，而祖风愈炽，纯真之归行益切。今祖之四世孙，讳从善，别号小庵者，继志达事，绰有祖风。"周如砥是明万历四十一年（1613年）进士，曾在翰林院修纂国史，并任国子监祭酒。由《追思记》记载，可知罗从善应为明末或明末清初人。[②]

罗梦鸿第五、六两代后裔情状，至今尚无史料可为依据。但罗氏第七代后人的活动却在清代雍正、乾隆两朝档案史料中屡次出现。前面已经引证史料：罗祖七传而至罗明忠。罗明忠就是无为教的第八代教主，清雍、乾两朝，他在北京、密云一带传教，并与江南漕运水手保持着某种联系。

清统治者第一次发现罗氏家族的传教活动，在雍正五年（1727年）。这次查办也发现了罗家与江南漕运水手的关系。

当时有江淮卫七帮水手打架斗殴，互有殴伤，水手赵玉及刘把式为当局逮捕，遂审出漕运水手传习罗教情由。据雍正五年刑部咨文记载的赵玉供词：

> 据赵玉供：我系江南庐州府人，在金衢所帮当水手。刘把式是我师叔，与我已故师同罗祖教的。

---

① [日]泽田瑞穗：《增补宝卷的研究·罗祖的无为教》，国书刊行会1975年版，第311页。

② 马西沙、韩秉方：《中国民间宗教史》第六章，上海人民出版社1992年版，第252页。

第四章 无为教

> 刘把式供：我系山东兖州府阳谷人，在嘉兴帮当水手。赵玉是我同罗祖教的师侄。我师父李道人是杭州前卫水手，病故有十二年了。从这教门不止我们一帮的人。每帮也有四五人，也有十数人的。我们教主罗道是罗祖的后代，自罗祖至今有八辈子了。我没有见过教主，听说在京东石拉子里住……①

刑部咨文中这两段供词清楚地说明：清代初中叶的康熙、雍正时代，漕运水手中依然有许多人信仰罗教，并以罗祖后裔为教主。

雍正五年十一月，漕运总督张大有"又密访得杭州地方有数处指称罗教名色，开设庵店，容留粮船水手住歇者"②。他审问这些教徒教主家居何处，"有云在石槽地方住者，又有称在石匣地方住者"，他恳请皇帝敕下直隶总督就近"将倡教之罗道"拿获。③ 这里的罗道即罗明忠之讹，罗明忠为罗梦鸿七世孙，祖籍山东即墨，但世居北直隶密云石匣镇，传播无为教。雍正五年末，清当局逮捕了罗明忠。此案引起了雍正皇帝的重视，同年十一月下了一道谕旨：

> 凡有罗教庵院地方，行文该督抚，将当日建造之由，并现今庵内或止做会，或另有用处，及庵内居住者系何等之人，逐一查明报部。尔等将审讯罗明中口供行知漕运总督张大有，令张大有行知浙江巡抚李卫。其中罗明中等暂交提督衙门羁禁。④

罗明忠在狱中一年多以后，山东当局根据罗氏口供，在登州、海宁州又发现了罗教信徒：

> 夹讯罗明忠，供有同教人山东登州府米家庵住的孙弘载……又于海宁州访拿得皈山庵罗教道人李正和一犯，起有罗经六册。据供，罗教起于明朝，我祖、父皈依罗教，相沿已经四代。又供认识

---

① 《朱批奏折》，抄录刑部咨文（约雍正五年十月）。
② 《朱批奏折》，雍正五年十一月漕运总督张大有奏折。
③ 《朱批奏折》，雍正五年十一月漕运总督张大有奏折。
④ 瞿宣颖：《中国社会史料丛钞》甲集，第467页。

同教而不出家者十一家，……查部文内罗明忠在部原供，罗教起于明正德年间，……则此罗教相沿已有二百余年。①

这份奏折十分重要，它提示我们，在明末清初、中叶，正宗无为教有两个中心：一个在直隶密云卫，一个在山东即墨等沿海一带。关于山东沿海一带，早在明万历间，无为教已大发展。当时著名僧人憨山德清到山东崂山一带布道，发现"方今所云外道罗清者……其教偏行东方"，不得不"渐渐掇化"，使之归于"三宝"。② 不仅如此，山东西部罗教徒亦云集结社。而大运河流域，特别是江浙两省，罗教徒多为漕运水手，人数已达"万计"，建立庵堂，至清初庵堂多达72座。

从明代末叶起，信仰罗教的水手每年运粮至京师后，均要向罗教庵堂供献香资，请经，进行宗教活动。这种风习至少延续至清嘉庆年间："南粮帮次，往往帮内有一吃斋之人，皆称为老管。凡本船吃斋之水手、牵夫服其管束，老管皆习罗教。每年七八月间赴京城彰仪门大街翠花胡同张姓佛堂送给香钱。"③ 翠花胡同张姓与罗教、大乘教王氏家族及圆顿教都有很深的渊源，是罗教系统中重要的传教家族。

从上述介绍可以明了，罗教倡立后不久便与漕运水手发生关联，至明末清初已有大批水手信仰罗教，并奉罗梦鸿及其后裔为教主。罗氏家族与漕运水手不仅在信仰上，而且在组织上、经济上都有密切联系。

雍正五年（1727年），罗明忠因水手犯案牵连被捕，"问拟绞罪"，因家中有老人须他赡养，"减流，存留养亲"。20年后的乾隆十一年（1746年）"复因宛平县拿获无为教人董思友等，供出教主罗明忠。查有经卷坟图未毁，复经拟流，仍行留养。并将该犯祖坟上'无为境'字样石碑销毁灭迹在案"④。罗明忠最后出现在档案史料上是乾隆十八年（1753年）。是年，教徒缪世选运粮北上至通州，曾在一饭店遇见一个70余岁的长者，人称密云县之罗明忠，"是罗教子孙"。因缪世选起

---

① 《朱批奏折》，雍正七年八月二十八日暂行署理山东印务布政使费金吾奏折。
② （明）憨山德清：《憨山老人自序年谱实录》。
③ 《军机处录副奏折》，嘉庆二十一年三月十七日直隶总督那彦成奏折。
④ 《军机处录副奏折》，乾隆三十三年九月二十一日直隶总督杨廷璋奏折。

程急迫,"也不曾拜从他"①。罗明忠死于何时,史无记载。但至少在乾隆三十三年(1768年)当局再次查办密云罗姓时,他已不在人世。

罗明忠无子,其嗣子罗国柱身为生员,"即不行教"。罗国柱又无子,再次"从山东即墨原籍继德林为子"。乾隆三十三年(1768年),浙江、江苏两省漕运水手大规模传习罗教,为当局侦破,罗氏家族又受牵连。是年九月,直隶总督杨廷璋派遣北路同知李化楠亲赴密云石匣镇罗家严密搜查:

> 于罗明忠之孙监生罗德林家搜出画像一轴,上书"无为居士罗公之像"字样,又旧补一副,外无经卷等项。……其罗梦鸿坟上塔座树木,先经同"无为境"字碑,一并销毁。今罗德林已逐归案,所有罗梦鸿坟冢应并平毁……②

这次查办罗氏家族,是罗梦鸿创教以来,该家族遭受的最严厉的打击,使这个家族离开了传教三个世纪的根基而彻底衰败了。清当局最后一次查办罗氏家族在嘉庆二十一年(1816年)。直隶总督那彦成办罗教案时,罗德林已不在人世,"止遗孀妇马氏、幼孙罗兆魁,住居京南铁匠营马氏之父马文炳家内抚养,于罗德麟(林)存日业已出教,此间实无习教之人"③。从明成化间到清嘉庆间,罗氏家族传无为教达三百年之久,十代之多。但终于随着罗氏家族的败亡而衰落了。现将罗氏家族部分成员传承表列如下:

```
              ┌─罗佛正→罗文举→罗从善→……罗明忠
罗梦鸿──┤      →罗国柱→罗德林→……罗兆魁
              └─罗佛广(女)
```

---

① 《军机处录副奏折》,乾隆三十三年九月初七日浙江巡抚永德奏折。
② 《军机处录副奏折》,乾隆三十三年九月二十一日直隶总督杨廷璋奏折。
③ 《军机处录副奏折》,嘉庆二十一年三月二十一日直隶总督那彦成奏折。

三　罗梦鸿异姓弟子传承

罗梦鸿传教40余年，教势达大江南北。他到底有多少亲传弟子，史料无载。关于教派发展状况，当世亦未留下确凿资料。只是到了清代中叶，有部分罗教教徒的供词可供参考。据清嘉庆年间教徒李和修供词载："伊只知罗祖传过十八支，后来十三支无传，只传了五支。"① 一支是石佛口王姓，一支是北京虎坊桥翠花胡同张姓，其余三支为杨姓、刘姓、陈姓。这种说法可能有所依据，但远不能概括无为教在半壁中国的传播盛况。

无为教后传的几大分支：有直隶滦县石佛口大乘教王森，此即明末著名的闻香教，发展到清代改名为清茶门教。一支是江南七八个省份广为流传的斋教。据《三祖行脚因由宝卷》记载，此教初祖是罗祖，二祖是殷祖，三祖是姚祖。在整个清代，姚氏家族执掌教权。一支是运河水系的罗教组织，由明末密云人翁姓、钱姓及松江人潘姓在杭州兴教，此即近代青帮前身。其余尚多。对以上诸教派，本章不述，当于其他章节详加介绍。本节探讨的仅是依罗梦鸿衣钵传教的七个外姓弟子徒孙。

据日藏本《佛说三皇初分天地叹世宝卷》第六品记载：

> 既遇正法非同今世屡世修来。今将一辈一辈接续传灯祖师调断分明。头一位续灯心安李祖，洞明心性，才得心安，留语录上中下，名为三乘也。……二位续灯洞山秦祖，留无为了义上中下。……三位传灯孤舟宋祖，留双林上下。……四位续灯真空孙祖，留真空上下。……五位崑岗于祖，留丛林上下。……六位玄空徐祖，留般若莲花。……七位明空，后续收源，留了义保命真空宝卷上下六册。②

同宝卷还有唱词一段，进一步对七位传灯接续者作了简单说明：

---

① 《朱批奏折》，嘉庆二十一年二月九日直隶总督那彦成奏折。
② [日]泽田瑞穗：《增补宝卷的研究》，第330—331页。

度传灯，共七位，续祖源根。
头一位，心安祖，遗留语录。
心安集，共六部，刻板开通。
洞山祖，留了义，通传大道。
上中下，三册经，印造刻通。
孤舟祖，十七年，留下宝卷。
留双林，上下卷，刻造通行。
旧兜峪，孙祖师，受苦无数。
留真空，二册经，万载标名。
崑岗祖，闻妙法，三十七载。
留双林，上下卷，接续传灯。
玄空祖，在山中，苦修数载。
留般若，七部经，刻造通行。
西天有，四七祖，东土立世。
无为门，有七位，续祖传灯。①

根据笔者和韩秉方合著的《中国民间宗教史》第五章考证：无为教主罗梦鸿一代传灯李心安（李祖）撰《三乘语录》三卷，三代传灯宋孤舟（宋祖）撰《双林宝卷》二卷，五代传灯于崑岗（于祖）撰《丛林宝卷》二卷，六代传灯徐玄空（徐祖）撰《般若莲花宝卷》七部都已失传。②

二代传灯秦洞山之《无为了义宝卷》是否存留有如下两种可能：（一）黄天教创教人有《普明无为了义宝卷》，不知此卷与秦洞山《无为了义宝卷》是否为同一宝卷，抑或普明改造此卷，增减内容？（二）北京图书馆现收藏一部《佛说大方广圆觉修多罗了义宝卷》，又简称《佛说圆觉宝卷》。明嘉靖年间，罗祖之女佛广在盘山无为庵内修行，曾持有此卷。此卷流传此庵至清嘉庆二十一年，为当时直隶总督那彦成破案收缴。这部宝卷无疑属于罗教系统。《佛说大方广圆觉修多罗了义宝卷》

---

① ［日］泽田瑞穗：《增补宝卷的研究》，第331页。
② 马西沙、韩秉方：《中国民间宗教史》，上海人民出版社1992年版，第224页。

为明刊本，折装。上下两卷，共二十四品。该宝卷中，"无为""无为法""无为妙道"随处可见。如："无为真性自如然""无为法相似空玄""无为妙道西江月""无为如日照天关"，等等。卷中还多处明确点出罗祖法号"无为居士"。但尚难得出《中国民间宗教史》第五章的结论：《佛说大方广圆修多罗了义宝卷》即秦洞山之《无为了义宝卷》。

值得探讨的是第四代传灯孙真空。孙真空著《真空宝卷》即《销释真空扫心宝卷》，现藏中国社会科学院世界宗教研究所。该卷记载了孙真空部分行迹：孙氏家乡在"东土团刚山旧兜峪寺"，而此寺在山东省。据此经开经偈云："孙祖师本是天人，留下三回正教门，东土鲁山云风子，不离当处遇齐真。"经中的鲁山、齐真，即合为齐鲁，无疑孙真空的老家在山东，与罗祖及佛正、佛广为同乡。据《中国民间宗教史》考证，孙真人俗名孙三，诨名"傻瓜"，自幼"愚浊呆笨，非识人伦，不知礼义，所样不通"。但他逐日念佛不断，一日入山打柴，入定七日，顿然省悟，"观天趋地，万法皆通"①。此后劝化众人，特留《真空宝卷》。孙真人似与罗祖之女佛广关联颇深。清代档案记载，明代盘山有无为庵，"该庵开山始祖法名佛广，系罗祖之女，在盘山出家为尼，故后有孙善人修的庙"②。而佛广与明末大乘教的出现又有直接关系，故史料云："佛广及其婿王善人另派流传，又谓之大乘教。"③所谓"婿"，应当是"女婿"。历史原貌似应如此，佛广与孙真人结亲，二人之女又嫁与王善人即明末著名宗教家、大乘教教主王森。《滦县志》明确记载，王森之妻确为孙氏。④佛广和孙真人当年在盘山修行，而王森祖籍在蓟州，年轻时代曾是蓟州的皮匠，盘山在蓟州境内，年轻的王森投拜在佛广和孙真人门下，后又成为佛广和孙真人的女婿。此后，到广平府滦县石佛口，隐姓埋名，创立和传播大乘教。对王森的大乘教，本书将另辟一章论述。

罗祖第七代异姓弟子明空，撰宝卷四部八卷，尚存国内者为《佛说

---

① 《销释真空扫心宝卷》，参见《中国民间宗教史》第五章，第230页。
② 《军机处录副奏折》，嘉庆二十一年三月二十一日直隶总督那彦成奏折。
③ 《史料旬刊》第十五期，彰宝奏折。
④ 民国《滦县志》卷二《地理·立墓》，转引李济贤《明代京畿地区白莲教初探》，见《明史研究论丛》第二辑，江苏人民出版社1983年版，第260页。

大藏显性了义宝卷》《销释童子保命宝卷》《销释印空实际宝卷》（残本）。《佛说三皇初分天地叹世宝卷》现藏于日本。

明空，又称变音，"俗名仲智，父陈敖，母张氏。原系水平府东城卫中所人，在刘家口居住。应役祖差，被本官守备选壮丁为边外尖哨。自幼持斋，于万历三十九年二月内，更移石匣城"。[①]

据本章前面叙述，罗祖梦鸿及罗祖后代皆在密云石匣镇居住。万历三十九年（1611年）离罗祖去世之时已70余年，是时佛正、佛广亦不在世，而是罗祖之孙罗文举传教的时代。据明空讲，他曾受"玄空祖指点""持诵《大乘莲华般若经》"，并被徐玄空指为衣钵传人。徐玄空被认为是罗祖第六代外姓传人。但明空并非徐玄空亲传弟子，他的引进人是"连守志，会头李佩，师傅杨大奉"[②]。据经传，明空在天启、崇祯年间尚在传教。《销释童子保命宝卷》即是崇祯二年完成的。明空虽自认是罗祖正宗传人，但其教义已发生重大变化，明确地把罗祖反对的弥勒救世思想、三阳劫变观念引入经中，而且把罗祖的禅宗教义与道教内丹思想相掺和。明空的几部经，在某些方面已经逐渐脱离了无为教的原教旨。

与上述传承不同，罗梦鸿还有一个影响较大的亲传弟子僧大宁。大宁著《明宗孝义达本宝卷》二卷。此卷后来成为江南斋教的重要经典。关于大宁与罗梦鸿的关系，《苦功悟道卷》末有《北京众士赞祖塔之文》中有所披露。此文后有"门下释子大宁和尚"字样，还记载了大宁幸遇罗祖及拜师受教日期："正德戊寅年（正德十三年，1518年）"。

第二节　组织与制度

初期的无为教与后来演变的分支流裔在宗教组织上颇有不同。现总括其特点及组织演变。

---

① 《佛说大藏显性了义宝卷》卷首，明刊本。
② 《佛说大藏显性了义宝卷》卷首，明刊本。

一 以庵堂为中心的传教活动

无为教之所以能发展成全国性的民间宗教，原因之一是创教人罗梦鸿有自成体系的宗教思想，它虽然庞杂，却不乏深刻动人之处，它触及人人所思所想的生死问题，又大胆地给芸芸众生指出一条"超脱生死之路"。宣扬宗教思想，是初期无为教的首要宗教活动，庵堂也就成了传教中心。

无为教的庵堂没有统一的形式，它不同于佛寺、道观，没有那么森严壁垒和庞大的规模。它不是政府批准而建的，从规模上讲最大也不过类似唐代的招提、兰若，小者不过房屋数间，属于明万历间官方毁禁之"淫祠"和"私创禅林道院"一类。有的庵堂既是讲经传教的中心，也是家族住居之所，某种程度上与宋、元时代的白莲忏堂相同。

罗梦鸿创教时，在距古北口25里的司马台堡外"建造讲堂"，并将眷口移居密云卫的石匣镇。罗祖死后，由其妻"掌庵居，照旧传灯"①。还是以庵堂为传教中心和家居之所。

罗祖之女佛广在其父死后，到盘山修行。有孙善人为其修庙，名无为庵。分前后两殿，"前殿供佛家，后殿供罗祖"②，成为罗梦鸿以后，无为教的另一个传教中心。直至清代中叶，此地依然香火旺盛，每年四月初一附近村民多有烧香礼拜之事。

明代的山东，无为教亦十分兴盛，所谓"其教遍行东方"③。到了清代，虽然教势已衰，但仍有无为教的活动，活动中心还是庵堂。据罗梦鸿七世孙罗明忠的供词记载：

> 供有同教人山东登州府米家庵住的孙弘载……又于海宁州拿得皈山庵罗教道人李正和一犯，起出罗经六册。据供，罗教起于明朝，我祖、父皈依罗教，相沿已经四代。又供认识同教而不出家者

---

① （清）王源静：《苦功补注开心法要·祖师行脚十字恩情妙颂》。
② 《军机处录副奏折》，嘉庆二十一年二月十九日直隶总督那彦成奏折。
③ （明）憨山德清：《憨山老人自序年谱实录》四十岁条。

十一家。①

明代末叶，杭州已经出现了罗教庵堂：

> 明季时有密云人钱姓、翁姓、松江人潘姓三人，流寓杭州，共兴罗教，即于该地各建一庵，供奉佛像，吃素念经。于是有钱庵、翁庵、潘庵之名。②

因三庵建于运河水次，"有水手人等借居其中，以至日久相率皈教"③。到了清初，杭州罗教庵堂增至72座，到雍正年间尚存30余座。④ 这类庵堂当然不是家居之所，而是师父掌庵堂，作为水手的弟子"借居其中"，成为传教及水手生活的中心。苏州等地也有十几座类似的庵堂。

同样的情况也出现在内地的湖南、江西等省份。清代康熙初年，由广东大乘无为教徒将此教传至湖南宜章等县，当局于乾隆时代查获洞头庵、乐成仙经堂、紫微山经堂等7座庵堂，查获经卷16部。⑤

类似情况尚多，不一一列举。

二　庞杂的信众阶层

任何一个有巨大影响的宗教，都包括各类信仰者，这些人来自不同的社会阶层，无为教亦如此。

初期的无为教主要信仰者是戍边军人、运粮军人和北直隶密云卫、古北口、山东即墨等地的一般老百姓。到了明代嘉靖、万历以及其后的年代，在杭州、苏州集聚了大批的漕运水手及附属漕运工作的纤夫和流

---

① 《朱批奏折》，雍正七年八月二十八日暂行署理山东巡抚印布政使费金吾奏折。
② 《史料旬刊》第十二期，崔应阶奏折。
③ 《史料旬刊》第十二期，崔应阶奏折。
④ 参见马西沙、韩秉方《中国民间宗教史》，上海人民出版社1992年版，第258—259页。
⑤ 参见马西沙、韩秉方《中国民间宗教史》，上海人民出版社1992年版，第395页《清代罗教系统各教派教案表》。

浪汉。在浙江的处州庆元一带则多是农民、小手工业者和其他市民阶层。这些人大都来自底层社会。底层社会的从教者又分成两部分：出家者和在家者。参加罗教的或信仰罗教的有一批和尚或无家室者。如山东皈山庵就有出家的"罗教道人"和不出家的信仰者。江西省安南、赣州、吉安一带多有罗教教徒。雍正七年（1729年），清当局查出了"王耀圣等壹佰贰拾叁人，又僧人海照等陆拾捌名"传习罗教。① 佛教徒传习罗教的比例之大令人吃惊。而非僧者则或"在城习手艺"，或"在乡务耕作"，"止在家吃斋修行"②。同样，在江西永丰县，当局在"僧新春庵内神座下，并于僧房柜内起获《苦功悟道》《正信除疑》等经及《护法牌文》"③。这种罗教和正统佛教相混合的事实，一直相沿至今。笔者在福建进行多次社会调查，所见情况与明、清时代相类。

除了底层社会各色信仰者外，上层官僚和知识分子也有对无为教顶礼膜拜者。据《万历武功录》记载：明万历间在直隶、山东的南皮、金乡、巨野、鱼台一带，数以千计的群众信仰罗教，"诵发道五部六经。于是分为三千余社，每社立社长一人，社举一人，社出金一分，封输社长。诸社一旦有缓急，不能办，即以社金□之"。因此人人都以罗教"利赖己"，也都特别尊崇教主侯表，"殆如神明矣"，"而是时，鲁府镇国将军，亦执弟子礼，东乡坐表师事矣"。④

其实当年罗梦鸿创教时，就有地方高级军事长官信仰无为教。罗梦鸿去世时，总兵官、巡查官施舍棺木，并协助"入殓金身"，墓前建塔十三层。没有有钱有势者的信仰，绝难为之。罗梦鸿生前、死后，五部六册宝卷一再刊印，有的为锦缎装饰的折装本，富丽堂皇如正统佛教的经典。部分版本的《苦功悟道卷》前有明万历进士出身翰林院国史修撰朱之蕃作的序，进士周如砥作的《追思记》。清代咸丰间重刊本又有进士出身翰林院庶吉士陈庆镛作的跋，无不对罗氏及五部六册崇礼有加。

除了上层官僚、知识分子有部分信仰者外，中层知识分子中亦不乏

---

① 《朱批奏折》，雍正七年十二月六日署江西巡抚谢旻奏折。
② 《朱批奏折》，雍正七年十二月六日署江西巡抚谢旻奏折。
③ 《军机处录副奏折》，嘉庆二十一年四月十四日江西巡抚阮元奏折。
④ （明）瞿九思：《万历武功录》册一《侯表》。

崇拜者。如清中叶，浙江温州乾隆己酉科拔贡生姚汉楫及其兄姚瀛松不仅信仰罗教，而且翻刻五部六册及《正宗科仪》。姚氏一族尚有不少读书人信仰、传播罗教，且多为教主或骨干成员，如嘉庆辛酉科拔贡生姚海查，廪生姚立诚、姚律谐等。

三　广阔的传教领域

在明、清时代的民间宗教中，无为教传播区域之广，首屈一指。

无为教由于其深刻而通俗易懂的宗教教理以及初创时的有利的传播地理位置，能够迅速地向华北、华东南扩展教势，而后又向广阔的腹地渗透发展。从现有掌握的资料分析，除了西藏、新疆等少数边远省份外，大部分地区都曾有无为教及其后裔流派教徒的活动。

初期的无为教的传播中心在北直隶密云卫一带，其后则以北直隶蓟县、滦县，山东即墨等沿海地域为传播中心。到了明万历年间，在北京、直隶、山东、河南，无为教广泛地传播开来。这引起了当局的重视。万历十五年都察院左都御史辛自修上书言事：

> 白莲教、无为教、罗教蔓引株连，流传愈广，踪迹诡秘。北直隶、山东、河南颇众。值此凶年，实为隐忧。[1]

据万历四十三年史料载，包括无为教在内的诸类"妖僧流道"，"聚众谈经"，"此在天下处处盛行，而畿辅为甚"[2]。无为教势力之大引起了许多官员、僧侣、知识分子的感慨。《万历武功录》的作者曾指出："北方独多罗道乎？然其教与白莲教相为上下，久之遂至为不轨，乱矣。语曰，献为三群，而况群数千众，杀牲鼓舞，日务鬼神，安在其不乱也。"[3] 足见无为教在北方势力之大。

当然不独华北地区。根据清初的《三祖行脚因由宝卷》记载，明嘉

---

[1] 《明神宗实录》卷一八二，万历十五年正月。
[2] 《明神宗实录》卷五三三，万历四十三年六月。
[3] （明）瞿九思《万历武功录》册一。

靖间，浙江处州已出现罗教教团，到明万历及其后的年代罗教各类教团已遍及东西两浙，并向江西、安徽、福建发展。万历十三年，明实录已记载广东无为教的活动。大约与浙江处州出现罗教教团的时间不远，江苏之南京、苏州，浙江的杭州都出现了罗教的活动。万历间南京已有教徒刊刻五部六册宝卷，传播规模之大，引起了当局的重视。以至南京礼部正式发布《毁无为教告示》，毁经焚板，宣示众庶。① 而杭州、苏州于明末也有罗教庵堂的出现，其后不久，出现了数十座庵堂。到了清代以苏、杭为中心的沿运河的罗教信徒已不下四五万人之众。

从明末的史料可考，罗教一支已发展到了陕西、四川，而罗教异派流裔之善友会已发展到了东北地区。

清代是无为教及其各类支派大发展时期，而且具有由北向南大规模扩展的特点。最终，北方罗教衰落，苏、皖、闽、浙、赣，乃至两湖、台湾罗教诸派蓬勃兴起。如江西一省，几乎无处无罗教之活动。到了清雍正时期，江西当局不得不严禁罗教活动，"收缴罗经，查察斋堂，……限以三月，邪经务尽收缴，经堂务尽查毁。……如有私习罗教者一经发现，将为首者照左道异端煽惑人民律拟绞。……凡将罗教经典隐藏在家不行首出销毁者，枷号两个月，杖一百"②。仅雍正五年至七年，有清当局即在直、鲁、江、浙、赣、闽六省发现了大批的罗教教团的活动，形成了屡禁不止、愈剿愈众的局面。到了清中叶，仅罗教的一个支派就在江西、湖南、湖北、安徽发展了多批教徒，被当局查办了七次之多。③ 其中又有教徒被发配贵州，在贵州都匀府、丹江厅、八寨厅、麻哈州一带广泛传播大乘教（无为教之异名同教），此后又发展到四川、两湖诸省，此即一贯道前身教派。

在长江流域及其南部广大地域罗教广泛传播的同时，北方和西北地区亦有罗教活动。

---

① 《南宫署牍》卷四，引文详参《中国民间宗教史》，上海人民出版社1992年版，第183页。

② （清）凌焘：《西江视臬纪事·禁罗教传示》，转引自《清史资料》第三辑，中华书局1982年版。

③ 参见马西沙、韩秉方《中国民间宗教史》，上海人民出版社1992年版，第370—375页。

清嘉庆二十年十二月，当局在蒙古土默特发现庄头郝得来等传播清净无为教，供奉罗祖，破获《破邪显证经》等七部经卷。① 据笔者了解及调查的结果显示，清末民初，宁夏、甘肃信仰罗教的教徒数以万计，并与地方佛教融合。

四　流派纷呈，形态多端

无为教及流裔派别分布如此之广，随着时间的推移，形态发生了种种变异，组织构成的差别日益明显。最终有些派系已不具备无为教初创时的特征。

初期的无为教主要是传播宗教思想，组织结构单纯，没有明显的教阶制度，教团较为松散，亦不具备多少反抗当局的异端色彩。这种特征仅被少数教团继承下来，多数教派在组织上发生了种种演变。此章仅简单加以介绍。

（一）闻香教

闻香教又名大乘教，教主王森，年轻时代在盘山修行，受教于佛广及孙真人。故史料讲佛广与王善人另派流传大乘教。后王森离开盘山到滦县石佛口发展教派势力。数十年将闻香教发展成一个庞大的内部组织机构严密、有完备教阶制度的宗教组织，成为明万历年间最有影响的民间教派之一。

在闻香教中，最基层组织为会。每会二三十人到数百人不等，多则达数千人。每会都有会首、传头，内部还有掌经、掌支干等名目。数会或数十会之上则有管理某一地区的总会首、总传头、总掌经、总掌三乘。闻香教在京畿、直隶、山东等地势力极大，"传头遍天下"，仅畿南十几个州县即"气候相通，共数十万人"。山东信仰者亦众。该教组织严密，有内部传递消息网络，"省直府县，各设公所，使传头者守之，置竹签飞筹"，"凡有风信，顷刻可传千里"。而王森父子"藉妖党之羽

---

① 参见马西沙、韩秉方《中国民间宗教史》第七章附表《清代罗教系统各教派教案表》，上海人民出版社1992年版，第401页。

翼，结连六省，煽惑四方，僭佛僭王，擅专不二之号"。王森父子以古佛、弥勒佛自号，"供奉尊崇如活佛"①。

（二）斋教

斋教即罗教，又称大乘教、三乘教、一字教、龙华教、无为教、糍粑教等。清雍正间改为一字教，又称老官斋教。教徒皆以"普"字为教名。以罗祖、殷祖、姚祖为创教时代之"三祖"，崇礼有加。明代嘉靖间，罗教传入浙江处州一带，丽水县人殷继能成为罗教教团的领袖，教内有二十八化师，七十二引进，弟子三千七百余人。殷氏死后数十年，庆元县姚文宇掌教，他把教中骨干分成左、中、右三枝，九个辈分：礼、义、廉、耻、孝、悌、忠、信、和。姚氏死后数年，其妻周氏与幼子姚绎掌教，其后订十二步教阶制度：小乘、大乘、三乘、小引、大引、四句、传灯、号敕、明偈、蜡敕、清虚、总敕。清虚是副总教首，总敕是总教首，由姚氏家族世世代代把持。②

（三）运河水手中的罗教组织

运河漕运水手的罗教组织始于明末。当时有密云的翁姓、钱姓及松江的潘姓三人，流寓于杭州，建立了三个庵堂：翁庵、钱庵、潘庵。漕运水手多无家可归之人，先是借居于庵堂之内，后大多皈依罗教。分成三个派系。翁、钱两派又合成一派，号为老庵，潘庵号为新庵。三庵后成祖庙，又有70余座罗教庵堂陆续建立，分属于各祖庵之下。

这支罗教没有多层次的教阶制，教内师徒相称，各有道号，以分辈分。辈分有二十四辈："清净道德，稳诚佛法，能仁智慧，本来自性，元明兴礼，大通文学作为支派。凡拜师习教，各按字辈流传，仿照释教，授以三皈五戒。"③乾隆中叶，庵堂被毁，遂以堂船作为信教之中心，由年老辈大水手充任老管，又立帮中七老会，统辖教内水手工舵人等。咸丰三年实行海运，内河漕运水手被解散，由是潘庵一派骨干在运

---

① （明）岳和声：《餐微子集》卷四。
② 参见马西沙、韩秉方《中国民间宗教史》第七章，上海人民出版社1992年版，第359—361页。
③ 《军机处录副奏折》，道光六年四月十一日两江总督琦善奏折。

河与淮河之交的安东、清河，成立安清道友，即青帮。完全脱离了罗教，成为近代社会最著名的帮会组织。

闻香教（大乘教）、斋教、漕运水手中的罗教组织是从初期无为教中分化出来的，并在演化中形成了各自的组织特点。这种演化过程几乎是一切宗教所必然经历的。因为没有任何一种宗教是按着单纯形态演变的，也不可能是一种单纯逻辑历程之结果。本章对无为教的这种组织演变仅作简单介绍，以便给读者一个概括的整体印象。对上述无为教的三个分支流脉，以后诸章还将详细叙述。

第三节 经典与教义

罗梦鸿传教40余载，吐经五部共六册，世称五部六册宝卷。据我们考证，五部六册原刊本、重刊本不下20种。要探讨无为教的经典，不能仅谈教理，还要探讨这类经典的载体形式——宝卷。因为宝卷不仅是无为教经典的载体形式，也几乎是明、清各类大民间教派经典的载体形式。在统治者的眼中，"宝卷"成为一切"邪教"教义的代称。

一 最早的宝卷

什么是宝卷？它的来源与构成形式又是怎样呢？

最初的宝卷并不是民间宗教的创造，而是佛教世俗化的产物，由唐、五代的变文以及讲经文孕育产生的一种传播宗教思想的艺术形式。它多由韵文和散文相间组成，可讲可唱，引人视听。据笔者掌握的史料来看，最初的宝卷是佛教徒向世人说法的通俗经文或带有浓厚宗教色彩的世俗故事的蓝本。僧侣借这类宝卷宣扬因果轮回，以弘扬佛法。宝卷的问世，是佛教进一步世俗化的结果。

明代初叶，宝卷开始为民间宗教利用，以宣扬教义宗旨。明中叶以后，为数众多的民间宗教家纷纷撰经写卷，皆冠以宝卷名目，从此宝卷几乎成为民间教门经书的代称。清代，专制统治更加残酷，在当局的眼中，宝卷则成为"邪说""妖书"的同义语。宝卷引起当局的注意，是在它为民间教门利用之后。明代万历年间,政府已明令禁止一些宝卷,毁经焚板,宣示众庶。清初,当局即已发现了部分宝卷与民间宗教之关系。至清雍正间,地方当局每发现宝卷,破获"邪教",都把类似经书送往军机处,或呈御览后,加以焚毁,"以涤邪业"。但宝卷的流传却如野火春风,以至清道光年间,竟有官僚专门著书,以攻宝卷为己任。

当然,即使在明清时代,宝卷也不限于经书一种。大量的宝卷并非民间宗教经书,而是纯粹的劝善书本。它们广泛地流传在民间,产生过深远的社会影响。

真正对宝卷进行研究,还是现代的事。胡适、俞平伯、郑振铎、向达、周作人、吴晓铃等人都作过探讨。而郑振铎则从文学史的角度进行了更深入的研究。其后是傅惜华、李世瑜。李世瑜在1961年出版的《宝卷综录》,是迄今最完整的一部宝卷目录。在日本,最有深度的研究是泽田瑞穗的《增补宝卷的研究》《校注破邪详辩》和酒井忠夫的《善书的研究》。苏联的学者司徒洛娃也曾对一部宝卷作了注释和研究。在加拿大则有欧大年做了同样的工作。

关于宝卷产生于什么时代,学术界迄无定论。郑振铎认为:

《香山宝卷》为许多最流行的宝卷中之最古者。相传为宋普明禅师于崇宁二年八月十五日在武林上天竺受神之感示而作者。[①]

后来,他在写《中国俗文学史》时,观点稍变:

北平图书馆藏有宋或元人抄本的《销释真空宝卷》。我于五年前,也在北平得到了残本的《目连救母出离地狱升天宝卷》一册。这是元末明初的金碧钞本。如果《香山宝卷》为宋人作的不可靠,则"宝卷"二字的被发现于世,当以《销释真空宝卷》和《目连宝卷》为最早的了。[②]

---

① 参见马西沙《最早一部宝卷的研究》,载《世界宗教研究》1986年第1期,第56—72页。

② 参见马西沙《最早一部宝卷的研究》,载《世界宗教研究》1986年第1期,第56—72页。

第四章 无为教

与郑振铎对立的观点，是李世瑜提出的明正德年间始产生宝卷的说法。他说：

> 无生老母的崇拜是起于明末的，无生老母是秘密宗教的崇拜中心，宝卷是秘密宗教的经典，所以也是起于明末的。
>
> 但是今天我们还能见到的宝卷中最早的为明正德年间刻本，如《苦功悟道卷》《叹世无为卷》《破邪显证钥匙卷》《正信除疑无修证自在宝卷》《巍巍不动太山深根结果宝卷》（皆题为正德年间"罗祖"所著）就是，还有稍后一些的嘉靖年间的刻本，如《药师如来本愿宝卷》就是……[1]

对于郑著的宋元说，李世瑜反驳道：

> 至于郑著中根据一段关于《香山宝卷》的传说和《销释真空宝卷》《目连宝卷》两种钞本的写绘形式就断定了宝卷可能起于"宋崇宁二年"，不然就是"宋或元"，再不然就是"元末明初"，这样的说法是不可信的。[2]

上述结论哪一种正确？还是都不正确？还是都具有某些合理成分？

笔者认为，郑振铎在最早一部宝卷具体年代的判定上是有问题的。但他估计到了变文与宝卷之间的渊源，具有可贵的预见性。李世瑜坚持以刻印年代为准，以判定宝卷产生的具体年代，则是可取的。但李先生对郑先生《销释真空宝卷》《目连宝卷》年代的否定，没有拿出有力反证。他的不妥之处有二：第一，认为宝卷是明中末叶民间宗教的产物，因此宝卷的产生应以那一时代为限；第二，他虽承认宝卷来自变文，"是变文、说经的子孙"，却在具体分析过程中忘记了这一点，把变文消亡的年代——宋代，与自己判定宝卷产生的年代——明正德年间，一下子隔开了数百年，使宝卷的产生失去了源头。

---

[1] 李世瑜：《宝卷新研》，载《文学遗产增刊》第四辑，1957年。
[2] 李世瑜：《宝卷新研》，载《文学遗产增刊》第四辑，1957年。

笔者的观点是：

第一，1986年笔者发表了《最早一部宝卷的研究》，指出山西省博物馆收藏的《佛说杨氏鬼绣红罗化仙哥宝卷》为元代木刻刊本。由于这部宝卷的发现，郑、李二人的论争迎刃而解了。

《红罗宝卷》（上面宝卷简称）扉页上刻有：

佛说杨氏鬼绣红罗化仙宝卷
至元庚寅新刻金陵聚宝门外圆觉庵
比丘集　仁捐众开雕

目录前有字一行：

至元庚寅新刻佛说鬼绣红罗化仙哥宝卷目录

目录后又有字一行：

至元庚寅新刻佛说鬼绣红罗化仙哥宝卷目录终

统观全卷，三次出现"至元庚寅"年号。这个年号每次出现都与"新刻"二字相连。新刻者，再刻之谓也。那么"至元庚寅"版的《红罗宝卷》依据什么本子新刻的呢？在目录后面又有字三行：

依旨修纂
颁行天下
崇庆元年岁次壬申长至日

这样《红罗宝卷》中就出现了两个年号：崇庆元年（壬申）和至元庚寅。

"崇庆"是金代卫绍王的年号。卫绍王（完颜永济），金世宗第七子。金承安二年（1197年），金章宗改封他为卫王。泰和八年（1208年）章宗崩，卫王继承大统，登帝位，年号大安。执政三年后，改元崇庆。崇庆年号仅用一年，即仅有崇庆元年（壬申，1212年），次年改元至宁。至宁元年发生兵变，遇弑。后继者不承认其帝位。直至贞祐四年，"诏追复卫王谥曰绍"。故史称卫绍王。仍用其在位时年号记事。①

崇庆元年（壬申）即公元1212年。《红罗宝卷》即初刻于（在没有更早版本被发现以前，应认为是初刻）1212年长至日，即1212年夏至那一天。可见，这部最早的宝卷产生于金代，最初流行于北方。

"至元"为元世祖忽必烈年号。至元庚寅即忽必烈登基的第三十一年（至元二十七年），公元1290年。南宋亡于1279年，至1290年，元已统一中国十一年。事情只能是这样：长期流行于北方的《红罗宝卷》，随着中国的再次统一，传至江南，为金陵聚宝门外圆觉庵的僧人集资再次刻印的。现收藏于山西省博物馆的《红罗宝卷》是元初至元二十七年（1290年）重刻本。应被认为迄今所知的最早宝卷。

第二，国内学者路工处存有另一部古宝卷《佛说皇极结果宝卷》，这部宝卷刻于明初宣德五年（1430年）孟春吉日，分上、下两册，拙著《清代八卦教》《最早一部宝卷的研究》《中国民间宗教史》都曾提及此卷。这是迄今为止发现的最早的民间宗教教义。1992年李世瑜与加拿大学者欧大年在 Journal of Chinese Religions Fall 1992，发表了一篇文章，认为《佛说皇极结果宝卷》是 "The oldest chinese sectarian scripture"。也就是最古老的民间教派的经文。这篇文章的发表，说明李世瑜改变了明正德年间才有宝卷的观点。《佛说皇极结果宝卷》比罗祖五部六册最早刊行本正德四年（1509年）本，早出79年。这再次证明李世瑜关于正德年才有宝卷的观点是站不住脚的。

第三，罗祖五部宝卷本身也可以证明，在五部宝卷问世以前，已经有不少宝卷问世。笔者翻阅了郑振铎生前所藏几种明刊本，内中就记载了不少宝卷名目。据《巍巍不动太山深根结果宝卷》第二十四品记载：

  香山卷，有外道，七分邪宗。
  昭连卷，有外道，七分语言。
  目连卷，有外道，七分邪宗。

---

① 《金史·本纪第十三》。

> 六祖卷，有外道，七分语言。
> 大乘卷，是宝卷，才是正道。
> 圆觉经，是正道，都要明心。
> 金刚经，是正道，能扫万法。
> 说心经，是一本，都得明心。

郑藏本《正信除疑无修证自在宝卷》第十二品中出现了"圆觉宝卷作证""金刚宝卷作证""香山宝卷作证""弥陀宝卷作证"字样。同卷第十三品中出现了"圆觉宝卷云""圆通宝卷云"字样。《正信除疑无修证自在宝卷》与《巍巍不动太山深根结果宝卷》的原刊本都是正德年间刊印的，中国学者傅惜华和日本学者吉冈义丰都有收藏。这两部宝卷共提到《香山宝卷》《昭连宝卷》《目连宝卷》《圆觉宝卷》等十部宝卷名目，毫无疑问这些宝卷都产生在明正德年以前。其中《目连宝卷》据郑振铎考证应为元末明初作品。

第四，据日本学者泽田瑞穗考证，出于明嘉靖年间大名士之手的《金瓶梅词话》中已经出现《五祖黄梅宝卷》（第三十九回）、《黄氏女宝卷》（第七十四回）、《五戒禅师宝卷》（第七十三回）、《红罗宝卷》（第八十四回）。① 这些宝卷都是尼姑宣卷的蓝本。我们有理由相信，上述四部宝卷都非当世之作，其年代可能很久远，否则当世之作不可能迅速进入《金瓶梅词话》。其中《红罗宝卷》初刻于金代崇庆元年（1212年）就已说明了问题。

综上所述，笔者认为最初的宝卷应于宋、金时代问世。

二 宝卷与变文、讲经文

最初的宝卷并不是民间宗教家的创造，也不是民间宗教教义，而是主要由唐、五代的变文以及讲经文孕育产生的一种传播宗教思想的艺术形式。它多由韵文和散文相间组成，可讲可唱，引人视听。

---

① ［日］泽田瑞穗：《金瓶梅词话所引用的宝卷》，载《增补宝卷的研究》，第291—296页，1975年国书刊行会印行。

从笔者掌握的资料来看，最初的宝卷是佛教徒向世人说法的通俗经文，或带有浓厚宗教色彩的世俗故事的蓝本，本节上面介绍的《佛说杨氏鬼绣红罗化仙哥宝卷》可以算这两者的结合。只是到了明代，宝卷这种艺术形式才为民间宗教所利用，以宣扬教义为宗旨。明中叶以后，为数众多的民间宗教预言家，纷纷撰经写卷，多冠以宝卷名目。无为教的五部经卷即起于那一时代。从此宝卷几乎成为民间宗教经书的代称。清代，专制统治更加酷烈，在当局的眼中，宝卷则成为"邪说""妖书"的同义语。宝卷引起当局的注意，是在它为民间教门利用之后。明代万历年间，政府已明令禁止一些宝卷，毁经焚板，宣示众庶。清雍正以后，当局每次发现宝卷，皆送往军机处，或呈御览后，加以焚毁，"以涤邪业"。但宝卷的流传却如野火春风，及至道光年间，直隶的一个官僚黄育楩竟专门著书，以攻宝卷为己任。

当然，即使在明、清时代，宝卷也不仅限于经书一种。大量的宝卷并非民间宗教经书，而是纯粹的劝善书本。它们广泛地流传在民间，产生过深远的社会影响。

关于宝卷的来历，郑振铎说：

> 当"变文"在宋初被禁令所消灭时，供佛的庙宇再不能够讲故事了。但民间是喜爱这种讲唱的故事的。于是在瓦子间里便有人模拟着和尚们的讲唱文学，而有所谓"诸宫调""小说""讲史"等等的讲唱的东西出现。但和尚们不甘示弱。大约在过了一些时候，和尚们讲唱故事的禁令较宽了吧（但在庙宇里还是不能开讲），于是和尚们也便出现于瓦子的讲唱场中了。这时有所谓"说经"的，有所谓"说诨经"的，有所谓"说参请"的，均是佛门弟子为之。①
>
> 所谓"谈经"等等，当然便是讲唱"变文"的变相。可惜宋代的这些作品，今均未见只字，无从引证，然后来的"宝卷"，实即"变文"的嫡派子孙，也当即"谈经"的别名。②

---

① 郑振铎：《中国俗文学史》下册，第十一章《宝卷》。
② 郑振铎：《中国俗文学史》下册，第十一章《宝卷》。

上述观点很清楚：变文亡于宋初，其变相是混迹于瓦子讲唱场中和尚们所演说的谈经一类的东西。而谈经又是宝卷的别名。谈经的本质就是宝卷。而李世瑜则认为宝卷是"说经"的子孙，而不是别称。郑、李二人谁是谁非，无从考核，因为谁也没有拿出任何一条史料证明"说经"与宝卷是等同关系还是"父子"关系。但是不仅变文，还有唐、五代的讲经文与宝卷的关系却是清清楚楚的。由于为数众多宝卷的发现，我们可以得出肯定的结论。下面把部分变文、讲经文名目与宝卷名目加以对照：

《目连变文》→《目连救母出离地狱升天宝卷》（简称《目连宝卷》）。

《太子成道变文》→《太子宝卷》。

《孟姜女变文》→《孟姜女宝卷》。

《董永变文》→《董永卖身宝卷》《董永孝子宝卷》。

《降魔变文》→《伏魔宝卷》。

《破魔变文》→《伏魔宝卷》。

《地狱变文》→《明证地狱宝卷》。

《金刚般若波罗蜜经讲经文》→《金刚宝卷》。

《佛说阿弥陀经讲经文》→《佛说弥陀宝卷》。

《佛说观弥勒菩萨上生兜率天经讲经文》→《佛说弥勒下生三度王通宝卷》。

《大圣弥勒化度宝卷》《弥勒古佛救劫篇》（宝卷类）、《布袋真经》（宝卷类）……

《唐太宗入冥记》→《唐王游地府李翠莲还魂宝卷》《李翠莲宝卷》。上述变文、讲经文与宝卷不仅名目相仿，而且内容多有一致之处。其中宝卷发展了变文、讲经文的故事情节，或改头换面，但因袭的痕迹处处可见。我们现在见到的某些宝卷刊刻年代虽然较晚，但并不能证明这些宝卷没有更早的版本，其间的历史演化是有轨迹可寻的。

在唐代，变文和讲经文影响很大。讲经文与带有宗教色彩的变文是僧侣宣传宗教思想的蓝本，深受各阶层人民的喜爱。僧侣或民间艺人不断地对其加以改造，以成歌曲。唐代赵磷的《因话录》卷四讲：

> 有文淑僧者，公为聚众谭说，假托经纶。所言无非淫秽鄙亵之事。不逞之徒，转相鼓扇扶树，愚夫冶妇乐闻其说，听者填咽寺舍，瞻礼崇奉，呼为和尚。教坊效其声调以为歌曲。

这段史料是宗教培养艺术的极好例证，也足以说明唐代俗讲之盛，以及俗讲这种宗教艺术形式流入民间的情状。唐、五代、宋、金、元数百年间，各种通俗讲唱艺术是沿着两个渠道向前发展的：一个渠道在佛教、道教领域，讲经文、部分带有宗教色彩的变文、道情、宝卷就是在这个领域里发展起来的。另一个渠道在民间，词、曲、诸宫调、杂剧等，主要是在这个领域发展起来的。而这两个领域又互相影响、互为补充，最终形成了蔚为大观的中国通俗文学艺术，构成了文学艺术的重要方面。正是这些通俗的文学艺术又滋养了一大批不朽的文学艺术杰作。宝卷的产生不仅对文学艺术作出过贡献，也对民间宗教教义提供了一种特定的形式。

宝卷问世之初，也是僧侣"俗讲"的蓝本。在知识阶层的眼中，所言也"无非淫秽鄙亵之事"。最早问世的《红罗宝卷》便是明证。此卷不仅是"衲子使碎心结集成就"，而且是士人不愿与闻、"愚夫冶妇乐闻其说"的东西。内中讲的是"市井小民"的悲欢离合，以及符合这类人心理的大团圆结局。僧侣们为了现实利益，尽量揣摩其好恶，乘机贩卖其说。从金到元，从元至明，不少寺院的僧尼便世世代代以宣卷为生涯。到明嘉靖年间，一部《金瓶梅词话》竟有多处大段描写尼姑到西门庆家为其妻妾吴月娘、李瓶儿等人宣讲宝卷的情节。其中八十二回记录的《红罗宝卷》，到明嘉靖年间已被尼姑宣讲了300多年，其影响之巨，可想而知。

不仅如此，在形式上变文、讲经文与宝卷也有相似之处：变文、讲经文多为散文、韵文相间，讲唱相兼，宝卷亦如是。

上述说明，进一步证明了郑振铎宝卷来自变文的观点。但是郑先生在论述过程中亦有某些失误。

其一，他把讲经文包含在变文之中。其实两者虽有相同之处，却又不是一种东西。后世的宝卷也因之在形式上不完全相同。

其二，变文消亡的年代似不在北宋初年，其消亡也绝非官方一纸禁令所能奏效的。据志磐所撰《佛祖统纪》卷三九记载：

> 良渚曰：准国朝法令，诸以二宗经及非藏经所载不根经文传习惑众者，以左道论罪。……不根经文者，谓《佛佛吐恋师》《佛说涕泪》《大小明王出世经》《开元括地变文》《齐天论》《五来子曲》之类。

良渚为南宋理宗（1224—1264年在位）时人，是时变文似应有流传者，而宝卷这种形式已经出现（《红罗宝卷》初刻于1212年）。变文与宝卷曾并行于世。由此可见，所谓变文消亡了宝卷才出现的观点是不能成立的。事实只能是这样：变文乃至讲经文之所以消亡，是有更通俗、更流行的说唱形式——宝卷、鼓子词、诸宫调的问世。唐代盛行的变文、讲经文不能满足宋、金时代群众的口味，也就不能不退出历史舞台。如果我们把《红罗宝卷》与变文、讲经文加以比较，就不难明白两者兴衰趋势的必然性了。

其三，郑振铎说："'宝卷'的结构与'变文'无殊。"[①] 这种说法不全面。诚然，宝卷与变文有甚多相似之处，但结构又有很多不同。

变文或讲经文多为一气呵成，而大多数宝卷不仅有清楚的段落结构，而且出现品或分的名目。例如《红罗宝卷》就有二十二分。一般宝卷无论是宣扬宗教教义，还是通过世俗故事宣扬宗教思想，都尽量敷衍成长篇文字。而篇幅过长，情节复杂，是一两次宣讲不完的，要分多次宣讲。因此采取了佛经分品、分的办法。

变文、讲经文没有词、曲的形式，其中三言、五言、七言韵文为演唱部分。而多数宝卷则是词、曲并用，放在开头或结尾处，作为一分或一品的引子或结束。很明显，变文产生于唐代，词、曲刚产生不久，还没有被吸收到变文、讲经文这种艺术形式之中。而宝卷则产生于南宋、金、元时代，词已经成为广泛流行的成熟的艺术形式，散曲也进入戏剧，构成了它的重要组成部分，而引起社会各阶层人民的普遍重视。

---

① 郑振铎：《中国俗文学史》下册，参见马西沙《最早一部宝卷的研究》，载《世界宗教研究》1986年第1期，第67页。

词、曲正是在这样的历史环境中走进宝卷的，而最初一批宝卷的出现又必然对同时期戏剧等艺术产生影响。

变文的韵文部分主要由七言组成，间有三言、五言、六言韵文。唐代，七言诗不仅成熟，而且被诗人应用到炉火纯青的地步，其影响及于变文、讲经文是不足为怪的。多数宝卷则不然，除去词、曲外，主要由三、三、四结构的十言韵文组成，间有五言、七言韵文。十言韵文本质也是一种长短句，它的出现既受到唐曲的影响，又反映了宋、元时代的艺术特点。

对构成宝卷主要内容和特色的十言韵文，在此还要多说几句。因为对它的探讨也是对宝卷本身的探讨。三、三、四结构的十言韵文是从哪里来的呢？任二北先生《敦煌曲校录》第一《普通杂曲》，记录着三、三、七言组成的曲调——《鱼歌子》：

睹颜多。思梦误。花枝一见恨无路。……畅平生。两风醋。若得丘山不负。

在该书第二《定格联章》中，上述形式似乎被固定下来。如《五更转》中《南宋赞》云：

一更长。二更长。有为功德尽无常。世间造作应不久。无为法令体皆亡。入圣位。坐金刚。诸十国。遍十方。但知十方原贯一。决定得入于佛行。①

这种《五更转》不仅在结构上与后世宝卷的三、三、四字十言韵文相近，而且被应用在宝卷之中。如《红罗宝卷》就两次出现《哭五更》曲牌：

一更里。好孤凄。儿想亲娘泪双垂。几时绣了放回归。子母才

---

① 参见马西沙《最早一部宝卷的研究》，《世界宗教研究》1986年第1期，第67—68页。

得团圆会。我的佛呵，子母才得团圆会。①

　　二更里。哭哮啕。儿想亲娘睡不着。连叫亲娘两三遭。闪杀儿。无着落。我的佛啊。闪杀儿。无着落。②

从以上的对比中，人们已经可以确定宝卷曾受到唐曲的巨大影响。

但只有在唐宋《大曲》中，我们才发现真正的三、三、四字的十言韵文。如《苏莫遮》：

　　大圣堂。非凡地。左右盘龙。……
　　面慈悲。心欢喜。西国神僧。……

《第一》

　　上东台。过北斗。望见扶桑。……
　　吉祥鸣。师子吼。闻者狐疑。……

《第二》

　　上北台。登险道。石径崚嶒。……
　　骆驼崖。风袅袅。来往巡游。……

《第三》③

但是，大曲中的《苏莫遮》也是三、四、五、六言并用。并不像后世的宝卷中连续不断地出现三、三、四结构的十言韵文。然而宝卷中的十言韵文从类似的曲子中脱胎的痕迹已经可以清晰地看出了。

什么时候，在什么艺术形式中，类似宝卷中的十言韵文出现于世，并连续应用，现在还无法断定。这种十言韵文是怎样进入宝卷的，也还要进行深入研究。但有一点可以肯定，在中世纪，知识分子的文学领域，很少发现十言韵文，我们必须到民间艺术的领域里去发现它的"直系亲属"。

---

① 参见马西沙《最早一部宝卷的研究》，《世界宗教研究》1986年第1期，第67—68页。
② 参见马西沙《最早一部宝卷的研究》，《世界宗教研究》1986年第1期，第67—68页。
③ 任二北：《敦煌曲校录》，第181—182页，参见《最早一部宝卷的研究》。

通过上述说明，我们不难得出这样的结论：宝卷源于变文、讲经文，但在其产生的过程中又受到唐、宋词曲乃至其他尚未探明的民间艺术形式的影响。它是以变文、讲经文为主，兼以词曲等多种艺术形式综合孕育的产物，也是佛教进一步世俗化的产物。

三 明清时代的宝卷

宝卷产生的年代不是明代，但宝卷大批出现却在明代，特别是在明中叶以后。在明代的基础上，清代又有一批新宝卷问世，但整体上不如明代流行之盛。这与清政权对民间宗教实行更为酷烈的镇压政策有关。清亡前后，又出现了一批印行宝卷的书局，翻印或重刊了为数很多的宝卷，又出现了一个宝卷的流传高潮。

明代宝卷有几个特点：

首先，明代宝卷种类多，印刷批量大。这种状况说明了中国信仰领域发生了新的变化。宝卷大量产生适应了一个时代的要求。明代，一大批实力雄厚的民间教派问世了，作为这些教派教义的特定载体形式，宝卷的格局从此基本定型。它从表现通俗佛教艺术形式向民间宗教教义载体的转化业已完成。它表现出与佛经、道藏迥异的风格。其次，明代宝卷多为折装本，经皮卷套，锦缎装饰，多为刊板大字印造成帙，经之首尾绘就佛像。就印刷形式而言，富丽堂皇，与正统佛经相类。再次，明代宝卷表现的宗教思想内涵十分丰富，不仅包罗了此前一千多年民间宗教积淀的许多宗教思想，还多有创新。不同宗教的宝卷所揭示的教义虽或有融合，但特点鲜明。这是明清时代许多大宗教独立流传的重要条件之一。特别需要指出的是：明代所形成的民间宗教教义也表现出与其形式一致的成熟特点。清代及民国时代诸教派在教义上没有更大的突破。

当然，由于民间宗教世界构成的复杂多样，有些宗教的教义并不以宝卷作为载体形式。如明代问世的三一教，清代问世的刘门教、黄崖教。对此，本书将有专门章节加以介绍。

就笔者所知，明代较早的宝卷是《佛说皇极结果宝卷》，刻于明宣德五年（1430年）孟春吉日。此卷藏于国内学者路工处。但这部卷子似乎不是明代最早的宝卷。因为在此卷中还提到了其他宝卷名目：

"乘云驾雾走天盘，才显九阙《收圆卷》。"由此可知，明宣德五年以前，很可能有一部《收圆宝卷》。在明宣德以前的史料还告诉我们如下事实，即元末明初还可能有诸如《应劫宝卷》之类宝卷问世。据《明太宗实录》记载：明初永乐年间，活动于山西和京畿一带的"白莲教"首刘化"自称弥勒佛下世，当主天下。演说《应劫》《五公》诸经"①。《五公经》或曰《五公符》，其名最早出现在《宋会要辑稿》宣和二年（1120年），当是这以前的作品，很可能是五代时的作品。这部经不是以宝卷形式写成的，不应算作宝卷类。但《应劫卷》则不同于《五公经》。后世出现了《定劫宝卷》或《佛说定劫经宝卷》，从内容上看反映了元明之际及明清之际"胡汉相侵"、人民遭难的社会内容，应是《应劫经》的改造或翻版。《定劫宝卷》的不同版本分藏于中国和日本。

明中叶，无为教问世，五部六册宝卷亦随之刊行。如本章前面所述，在五部六册中出现过《圆觉宝卷》《金刚宝卷》《香山宝卷》《弥陀宝卷》《圆通宝卷》等多部宝卷名目。这些宝卷无疑都产生在明正德四年（1509年）以前，是元代抑或明代作品尚无法考订。其中《圆觉宝卷》曾为罗梦鸿之女佛广收藏于盘山无为庵，全名是《佛说圆觉宝卷》。而《佛说弥陀宝卷》等亦有明刊本存世。足见五部六册提及的这些宝卷并非泛泛而论，而是确有其卷。

明正德间问世的宝卷可考者是无为教的五部六册。明嘉靖年间又有一批宝卷问世。如嘉靖五年（1526年）刊行的《皇极金丹九莲正信皈真还乡宝卷》，现存于国内吴晓铃教授处。《药师如来本愿宝卷》，嘉靖二十二年刊本，原为郑振铎藏书。而罗祖弟子大宁所著《明宗孝义达本宝卷》亦是嘉靖间问世的。此外如《清源妙道显圣真君二郎宝卷》亦为嘉靖三十四年问世。② 待考者尚多，不一一列举。

明万历年间，是明宝卷问世最多的年代。如黄天教有所谓"九经八书"，其中多数应是万历间刊行问世的，如《普明如来无为了义宝卷》《普静如来钥匙宝卷》《太阴生光了义宝卷》《普静如来钥匙宝忏》等。

---

① 《明太宗实录》二〇〇卷。
② 李世瑜：《宝卷综录》，中华书局1961年版，第59、8页。

明代弘阳教经卷冠于群教之首，不下数十部。多为创教人韩太湖制作或整理的。韩太湖于明万历间创教，创教经卷亦于万历间问世。如《混元红阳苦功悟道经》《混元弘阳如来无极飘高祖临凡宝卷》《混元教弘阳中华宝经》《混元门元沌教弘阳法》等。①

还有一部分宝卷于明末清初问世。如圆顿教的《古佛天真考证龙华宝经》《木人开山显教明宗宝卷》等。而黄天教的《太阳开天立极亿化诸神宝卷》，江南斋教的《三祖行脚因由宝卷》则为清康熙年间作品。

据李世瑜《宝卷综录》记载明代宝卷不下百部，虽然其中少数宝卷年代尚有可讨论的余地。《破邪详辩》记录了68部宝卷，多数亦为明代宝卷。日本学者泽田瑞穗的《增补宝卷的研究》亦记载了为数众多的明代宝卷，说明明代是宝卷文化大放异彩的时代。

清代，封建专制统治更为酷烈，宝卷的刊印受到极大的阻碍，但仍然有一批新造的宝卷问世。除上面列举的黄天教、斋教经书之外，较著名的有清茶门教的《三教应劫总观通书》（宝卷类），长生教的《皇极开玄出谷西林宝卷》《无上元明通正生莲宝卷》②，八卦教的《五女传道宝卷》，长生教的《众喜粗言宝卷》，等等。③

清代由于出版经卷困难，出现了对明版宝卷的重印本宝卷多种，而手抄本的经卷亦广泛流传。如抄白本五部六册、抄白本《皇极金丹九莲正信皈真还乡宝卷》、抄白本《松缘录》《龙牌宝卷》《弥勒宝经》《立天卷》《大成经》等，多不胜计。

清代宝卷的另一特点是劝善书的大量刊行。劝善书不是民间宗教教义，其源头亦接于唐、五代之变文、讲经文演变的劝善故事。较早的宝卷如《红罗宝卷》《香山宝卷》《五祖黄梅宝卷》《目莲宝卷》等都是早期劝善书。据李世瑜《宝卷综录》记录的577种宝卷中属于民间宗教教义者不足三分之一，其他全部为劝善书。足见劝善书刊行问世数目之多、数量之大。对于劝善书，日本学者酒井忠夫作了较系统的研究，1960年出版了《中国善书的研究》一书。

---

① 李世瑜：《宝卷综录》，中华书局1961年版，第18—19页。
② ［日］泽田瑞穗：《增补宝卷的研究》，国书刊行会1975年版，第221—222页。
③ 参见马西沙《清代八卦教》，中国人民大学出版社1989年版，第68—69页，《中国民间宗教史》，上海人民出版社1992年版，第473—486页。

清代还有一种宝卷类书并不带有宝卷名目，但观其格局往往不脱宝卷窠臼，宣扬的思想也与诸类宝卷大同小异。如《天缘结经录》《松源录》《十报经》《意旨了然集》《雾灵山人天眼目》《扶教明宗》《大乘大戒经》《恩本经》《三教指南》《母生三教》《末劫法宝》等，不一而足。

中国封建社会后期，出现了内容如此丰富、庞杂的宝卷及宝卷类书，形成了一种持续数百年的宝卷文化。显而易见，离开了对宝卷的研究，民间宗教的研究就无法深入；离开了对宝卷的深入探索、研究，底层社会的文化也会留下重大的缺憾。

四　无为教的五部六册宝卷

在宝卷文化的数百年发展史中，无为教的五部六册宝卷占有十分突出的位置，在民间宗教世界有着巨大影响。据《中国民间宗教史》考证，自明正德四年（1509年）刊出后，数百年间重刊本或新刻本、手抄本达20余种，这尚是不完全的统计。

本节探讨五部六册宝卷在当世的影响及其基本思想。

1. 统治者及佛教对五部六册的态度

明正德初年五部六册宝卷刊行问世，不过数十年即造成巨大影响，引起佛教界的震动，名僧大德纷起批评、指斥。明代四大名僧中之云栖袾宏、憨山德清都曾口诛笔伐。袾宏在《正讹集》中说：

> 有罗姓人，造五部六册，号无为卷。愚人多从之，此讹也。彼所云无为者，不过将万行门悉皆废置，而不知万行即空，终日为而未尝为者，真无为也。彼口谈清虚，而心图利养，名无为而实有为耳。人见其杂引佛经，便谓亦是正道，不知假正助邪，诳吓聋聩，凡我释子，宜力攘之。①

而明万历间僧人密藏道开则公然以詈骂为辞了，从中可以看出五部六册

---

① （明）云栖袾宏：《莲池大师全集·正讹集》五部六册条。

的产生对佛教的巨大冲击：

> 正德间山东即墨县有运粮军人，姓罗名静者，早年持斋，一日遇邪师授以法门口诀，静坐十三年，忽见东南一光，遂以为得道，妄引诸经语作证，说卷五部：曰《苦功悟道》、曰《叹世无为》、曰《破邪显正钥匙》、曰《泰山巍巍不动》。其一则余忘之矣。《破邪卷》有上下二册，故曰六册。时僧大宁者亲承而师事之，而兰风又私淑而羽翼之，俾其教至今猖炽宇内，无从扑灭。曰无为、曰大乘、曰无念等，皆其教之名也。或三更静夜，咒诅盟誓，以密传口诀；或紧闭六门，握拳挂舌，默念默提，救拔当人，以出苦海；或谓夫人眼视耳听，手持足行的，现成是佛，大佛小佛，男佛女佛，所作所为，无非佛事，何分净染，何事取舍，何假修持，但临命终时，一丝不挂即归家乡耳。如此则皆其教之法也。蚁屯鸦聚，唱偈和佛，邪淫混杂，贪昧卑污，莫可名状。而愚夫愚妇，率多乐于从事，而恣其贪淫，虽禁之使不归向，有不可得。此其教虽非白莲，而为害殆有甚于白莲者乎。大宁复著有《孝义》二册，归空记，法舟偈。其徒寓江西南城县北羊血渡者，复著有《心经了义》《金刚了义》等卷若干，皆山歌、野曲之文也。[1]

比较云栖袾宏与密藏道开两人对罗教的批判，还是袾宏抓住了一点要害，他认为"彼所云无为者，不过将万行门悉皆废置，而不知万行即空，终日为而未尝为者，真无为也"。在袾宏看来，真无为并非废置日用伦常，而要在知万行中寻求空的真谛。这点的确深刻。而密藏则没有真正深入到五部六册经典教义的内核，仅是攻击罗教在万历年间的一些教派的外化形式，特别攻击"愚夫愚妇""恣其贪淫"，"邪淫混杂，贪昧卑污"。和当年志磐攻击茅子元白莲教的手法相一致，且无志磐对白莲教的认识。无论袾宏还是密藏对无为教的批判深刻与否，我们都可以感受到明代末叶，无为教及其教义在当时的深刻影响和它与佛教在信仰领域的严重冲突。

---

[1] （明）密藏道开：《藏逸经书》五部六册条，载《松邻丛书》。

不仅如此，在明万历年间，由于五部六册的广泛印行，无为教势如破竹般的扩张，也引起有明当局的恐慌而屡下禁令。

万历十五年（1587年），都察院左都御史辛自修上书言事：

> 白莲教、无为教、罗教蔓引株连，流传愈广，踪迹诡秘。北直隶、山东、河南颇众。值此凶年，实为隐忧。①

他建议朝廷下令"严行拿访"，并刊布榜文，将禁止左道条款向百姓"晓谕"。但数十年过去了，到明万历末年，各类教派活动更加炽烈：

> 近日妖僧流道聚众谈经，醵钱轮会。一名涅槃教，一名红封教，一名老子教，又有罗祖教、南无教、净空教、悟明教、大成无为教，皆讳白莲之名，实演白莲之教。有一教名，便有一教主。愚夫愚妇转相煽惑。宁怯于公赋而乐于私会；宁薄于骨肉而厚于伙党；宁骈首以死而不敢违其教主之令。此在天下处处盛行，而畿辅为甚。不及令严为禁止，恐日新月盛，实繁有徒，张角、韩山童之祸将在今日。②

这段议论，焦虑重重，但也仅是一个大而化之的描述，仍然将无为教、罗教等归为白莲教，认为"皆隐（讳）白莲之名，实演白莲（教）之实"。

在众多的明中末叶的民间教派中，无为教是以其教义表现出影响力的，罗祖五部六册宝卷的刊刻印行在明万历一朝急剧增加，印行地点也由北方的山东等地逐渐向南京、苏州、杭州等地发展。至万历末年，竟有无为教徒希图将五部六册夤缘入佛教之大藏。致使南京礼部正式发布《毁无为教告示》：

> 南京礼部为毁邪教以正风俗事。照得无为教惑世诬民，原系大

---

① 《明神宗实录》卷一八二，万历十五年正月。
② 《明神宗实录》卷五三三，万历四十三年六月。

明律所禁，屡经部科奏准严杜。岂有邪术安高、董净源、王庸安等，妄称道人，私骗民财，刊刻五部六册等板九百六十块，夤缘混入大藏。其言皆俚俗不经，能诱无知良民，听从煽惑。因而潜结为非，败俗伤化，莫此为甚。先该祠祭司说堂封榜，此风稍息。复近有窥伺，希图刷印广行者。甚矣，人心之难化也。除将各板督令掌印僧官当堂查毁外，合行出示晓谕。……万历四十六年四月。①

当局查禁无为教五部六册经卷，显然与佛教徒有关，夤缘入大藏的行迹亦应是僧人之举发，而毁经板亦是掌印僧官之所为。说明无为教徒的确希望将罗教经义演化为佛教经义。这与宋代摩尼教夤缘官吏希图将摩尼经入道藏的事实，如出一辙。

无为教的经典不仅影响了罗教诸正宗流脉，也影响到与罗教相关的一些新型民间宗教。据《神庙留中奏疏汇要》一书记载，五部六册也成为红封教即著名的闻香教的经典：

左道也，无事则诵五部六册之邪书，诡称果报；有事则假驱神使鬼之术，妄语兴亡。此在白莲、无为等教，沿习已久，经臣部具体严禁驱逐，不啻三令五申矣。近又有红封、大成等教，则避白莲之名而传其钵，逃无为之号而广其派也。四方有教首，谬称佛祖门徒。②

无为教与五部六册问世不久，即遭到官方禁止、佛教攻击，但发展扩张，势不稍减，其关键因素是五部六册具有吸引人的内在力量和宗教哲学的深度。

2. 罗梦鸿的悟道明心之路与救世之路

年轻时代的罗梦鸿对生死有一种高度的敏感，对少失父母有一种无所归依的情怀，正是这两个基点的相互作用，使罗梦鸿走上了皈依宗教并创立新宗教的道路。

---

① 《南宫署牍》卷四《毁无为教告示》。
② 《神庙留中奏疏汇要》第十三册，《刑部》卷三。

罗氏是个悟性极高但身世飘零的人，现世的人生没给他带来任何幸福：父母早丧，年轻时孤身离开家乡。在他看来现世世界不是他的根，他无所依持。但他又不能没有根，不能没有父母，没有家乡，不能没有归宿。生命的归宿在哪里呢？"百年光景刹那之间"，荣华富贵，"犹如一梦"。结果在他看来"凡有所相，皆是虚妄"。他要悟出个道理来，悟出个躲避生死的归依之路来。王源静讲：罗祖因"未明大事，故下苦功"，为的是"豁然有惺，洞明先天大道"。"祖家悟道，大悟十七八遍，小悟不知其数。"所谓小悟，即《苦功悟道卷》中第一参至第六参。"大悟者第七参至十三参，真空妙理。大悟约有十七八遍，如是亲悟一段真风，了达唯心净土。"① 如是悟者十三载。于其中"检看诸佛藏经作证，遗留五部灵文，名曰宝卷。十三年苦行功程，尽载此经。故曰行脚。所谓舍死忘生寻出路，十三年整了无生"②。

首先因惧怕生死无常，苦参第一步。了悟人生一世不过百年，一切万物诸行无常，凡有所相，皆成虚幻。而人死去，一点灵魂归于阴司地府，天昏地暗，无日月星辰，不知轮回何处。"不知我死后何处托生。"

因怕死去灵魂无所归依，因而要给灵魂找一个"家乡"，即归依之所。所以有思慕家乡第二参："又参一步，想我这点灵魂不知何处住所，无量劫来，生了又死，死了又生，四生六道受苦，转到如今，今得人身，百年光景，大梦一场。"这第二参终于参出灵魂从无量劫来，父母不过给了一块外在形式——人体的臭皮囊。而从无量劫来的真生命——灵魂，"穿胎入壳，改头换面"而已。如今虽得了人身，百年匆匆地过了，忽一日大限到来，不知下步着落，故参想道如何是出身之路，灵魂归依之所。

因参到灵与肉之关系，又难为永恒的灵魂再找归路，凄凄惶惶地往下参，所以有寻师问道的第三参。"忽一日，有信来，朋友相见。说与我，孙甫宅，有一明师。连忙去，拜师傅，不离左右。告师傅，说与我，怎么修行"③。这位师傅，是一位净土宗信仰者，他教罗梦鸿，欲

---

① （清）王源静：《苦功补注开心法要》卷一，首9页，又第1至12页。
② （清）王源静：《苦功补注开心法要》卷一，首9页，又第1至12页。
③ （明）罗梦鸿：《苦功悟道卷》。

免生死轮回，只要虔诚苦修，不停顿地口念阿弥陀佛，而且要高声诵念，使佛在"彼国天上"能够听闻，"便得超生"。罗氏从此"每日家，念弥陀，不肯放舍。行也念，坐也念，猛进功程"①。但终不见功效地坚持了"八年光景"，才明白迷念佛号"亦是顽空境界"：

  又参一步，单念四字，阿弥陀佛，念得慢了，又怕彼国天上，无生父母，不得听闻。昼夜下苦，高声举念八年光景，心中烦恼，不得明白。此身壮乐，便能念得，临终气断，不能声色，念不得，怎么上去，亦是顽空境界。②

既然醒悟此道不通，还是没有解决灵魂归宿。惧怕生死轮回，还是往下参。第四参，直参到净土世界也不能躲避三十三灾起的灾难，"天宫虽乐，终有轮回"的境界。还是要往下参。

  第五参的得来亦属偶然。一日，罗氏听得邻人家母亡，僧众念诵《金刚科仪》，引起他的注意。其词曰："要人信受，拈来自检看。"他豁然醒悟：

  来到家，请一部，金刚科仪。
  无昼夜，看科仪，拨草寻迹。……
  检科仪，整看了，三年光景。
  参不透，不得惺，眼泪纷纷。

《金刚科仪》"乃是宗镜禅师科判《佛说金刚般若》，至妙极谈之仪则也。其文深奥，其义广大，禅宗细密，教义广博。所以行人难透难省"③。罗梦鸿在八年念弥陀之后，又苦读三年《科仪》，使其顿悟两层道理，一是要在悟道上参透，需要是自家体认佛经；二是自家体认佛经亦不假外求，而要从心头参起，得之于心。这就是《金刚科仪》所云：

---

① （明）罗梦鸿：《苦功悟道卷》。
② （明）罗梦鸿：《苦功悟道卷》。
③ （清）王源静：《苦功补注开心法要》。

> 佛在灵山莫远求，灵山就在汝心头。
> 人人有个灵山塔，好去灵山塔下修。

所谓即心即佛，佛岂在外境哉！这样，灵魂渐知归宿，由净入禅之机已从罗氏参悟中渐出。

但第五参仍是不行，还要参下去，即发现"要坐禅定，又是死物"。真禅之得来，绝不能依靠"枯坐之法"。这一参，参得全面，他总结过去：念弥陀、提功案，是迷人之法；口不动、舌不动的内念法不行；四字佛、六字佛是摄妄心而持佛名；出阳神，也是小乘外道邪法。至于脱出三关，仅是长生之术，最多使一包脓血（人的肉体）延年而已。所以最终要追求一种"万法和融法法圆""别有风光照大千"的境界。①

罗梦鸿之前六参，王源静认为其为"小悟"。何为"小悟"？"只在法相上穷研"。所谓"法相上穷研"，即参破的是有为有相之法，尚未及究研大道。此后罗氏"唯参阴阳未兆之前，体究格外一真之理"。即"诸佛法身"。

到底何为"诸佛法身"？罗氏又参出："当初无天无地，是个什么光景？"忽然了悟："未曾有天地，先有不动虚空。""乾坤有坏，虚空不坏，是诸佛法体。"天地有崩毁之时，但虚空却亘古长存，此为诸佛法体。但这诸佛法体的真空，"无边无际，怎么安身"，又引起他的无限烦恼。终于他穷参不止，又明了所谓佛之法体的真空，乃是有无处不在、无时不有、穿山透海、普覆人身、包天裹地之功能。

与其说代表佛之法体的"真空"具有无限的穿透力，不如说是罗梦鸿在屡参屡悟后，思想获得了解放，主观认识产生了飞跃，从而具有了极大的穿透力。这种穿透力不仅表现在他悟出了真空本体，以及这种真空本体的无限功能，更主要的是他悟出了这真空本体即是"我"，把"我"之心性与真空本体，佛之法身打成一通，由是"心性"即本体，"心性"即永恒。乾坤有坏，但虚空不坏，法体不坏，心性不坏。人的生死探求，终于在心性亘古永存，心性即本体这一结论中得到了回答。

---

① （清）王源静：《苦功补注开心法要》。

由于领悟上的豁然贯通,思想的自由,意识的放达,都无拘无束地表现了出来:

> 我今参到这一步,才得自在纵横。里外透彻,打成一片,无里无外,无东无西,无南无北,无上无下,纵横自在。行住坐卧,明朗朗一段光明。到临危,四大分张,难描难画,任意纵横。山河石壁不能隔碍,东西南北,四维上下,一体同观。十三年苦功,才得明彻,才得醒悟。

罗梦鸿十三年的悟道明心之路,由惧怕生死、惧怕轮回时灵魂无所归依为起点,从依恃外在力量的解救,终于一步步地寻出了个"我"字,从"我"字寻出了解脱之路,即从他力转向自力的修行。如果罗氏就此打住,最多不过是个"自了汉",依然属于小乘法。罗祖的无为教之所以成为穿贯南北、蔓延东西的大教派,还在于他的度人救世的普济思想。他在《苦功悟道卷》中开宗明义:

> 我为在家出家四众菩萨,打七炼磨苦行,无处投奔,发大好心,开五部经卷,救你出离生死苦海,永超凡世不回来。[1]

在罗氏看来,没有得真参悟的芸芸众生,依然在生死苦海中,漫无目的地追求,而不见真谛。他真心实意地愿为他们指出一条"超凡"之路。

据《三祖行脚因由宝卷》记载,罗梦鸿参悟的目的在于"证经""度人":

> 一心顿悟无为道,退了军丁去修行。
> 我今认得安身处,尘尘刹刹放光明。
> 我今仔细思量起,要悟真经度善人。
> 度得万人归家去,清风明月证诸经。

---

[1] (明)罗梦鸿:《苦功悟道卷》。

> 有人遇我真经法，时时刻刻转法轮。①

如果说，罗祖始以度人证经为修行目的，那是不客观的。他修行的真实目的，是要寻求一条自家躲避生死轮回之路。罗氏一旦认为寻求到了宇宙人生真谛，就毫不保留地献给了大众和他认为值得崇拜的佛法，以度人之行动和结果，反证佛典之不虚。他苦劝众生相信他的解救，他的"大乘法"：

> 信心依我归家去，不信受苦转四生。信心无极紧拥护，不信轮回堕沉沦。我劝诸人休谤法，大家根基出苦轮。我劝诸人休谤法，大家根基归去来。②

"归家"，归于何处？并非净土宗的一块彼岸净土。而是客体之"真空"，主体之"心性相混而为一"的"无极大道"。即我即宇宙本体、宇宙本体即我的真精神。这真精神的获得，即是灵魂的家乡，一种归依之所。罗梦鸿把每个人获道的过程比喻成水归大海的过程：

> 人人说归家，不知在何处？细说一遍，人人便知道。睹面不相逢，将此法譬于人，人便信。天下水归大海，混源一海，日日潮，日日显。一梢水，归大海，混源一海，一体神通潮。说这无极大道，天地日月也只是无极变化。③

既然一切都与大海相通，一切都是无极大道的变化形态，这个源，这个根，这个海，这个家当然也是无极大道。人人来自于此，又回归于此。这思想既有佛教本体论，又有老子人道向常道复归的内容，明显地带有禅、道相混的内涵。正是这个内涵及其外延，构成了罗氏度人证经的大乘教的核心，也包含着罗氏悲天悯人的情怀。这也是为什么无为教又叫

---

① 《三祖行脚因由宝卷·山东初度》，康熙二十一年初刻，光绪元年再刻本。
② （明）罗梦鸿：《正信除疑无修证自在宝卷》第十一品。
③ （明）罗梦鸿：《巍巍不动泰山深根结果宝卷》第十三品。

第四章 无为教

大乘教的道理。

罗梦鸿的思想十分丰富、深刻而庞杂，这里不能一一加以介绍。但无为教教义的核心即极度夸张人的主观意识的禅宗参悟方法。在罗氏看来，人类面对的一切都是虚幻不实的，而其中的变化生灭无非是尘世众生的虚幻妄念。这是罗氏参悟的基础。无为教之动人处还在于罗祖对禅宗的深刻理解，他大胆发挥，驰骋想象，以大刀阔斧的气势，提出自己对宇宙、万物、人生的看法，提出解决生与死、主体和客体、虚与实、有与无、源与流、善与恶、邪与正、功利与幻灭、天堂与地狱、灵魂之我与肉身之我等一系列宗教命题，用打破个体之我与宇宙本体、灵魂之我与物质世界的重重隔界的思路，回答了上述矛盾，创造了驳杂而又独具特色的宗教思想体系。它的教义比起单纯提倡龙华三会、弥勒下生的教义要深刻得多、丰富得多。无为教教义用语浅显，能深深地触动千百万群众的心弦，并与它产生共鸣。一种唯意识、唯意志的宗教思想，如果仅作为一个人的信仰，便不会有力量，但无为教不同，它力图和物质世界及千百万信众结合，因此所表现的力量也足以使正统佛徒及统治阶层产生震动和惊惧，而视为魔种。

第五章

闻香教与清茶门教

明代嘉靖末及万历间，北直隶崛起了一支实力雄厚并影响当时的民间教派——闻香教。闻香教原属无为教的一个分支，又叫大乘教、东大乘教、大乘弘通教、弘封教、大成教、善友会，清代此教多自称清茶门教、清净门教。闻香教虽属于无为教即罗教的一个分支，但又受到弥勒教历史传统的影响，主张三教应劫、弥勒救世观念，因此参与政治的意识很强，为明、清两代统治者所瞩目，屡遭镇压，命运起伏。它对民间宗教世界影响深巨，圆顿教、龙天门教、归一教、青莲教、先天教、一贯道等的出现，都与它有着直接或间接的联系。

第一节 历史沿革

一 创立

闻香教创始人王森，祖籍北直隶顺天府蓟州，原名石自然，后改名王森、王道森。生于明嘉靖十五年（1536年），卒于明万历四十七年（1619年），享年83岁。王森年轻时代，曾在老家从事皮匠生计，拜罗教始祖罗梦鸿之女罗佛广及孙真人为师，习无为教。后与佛广开创大乘教。据清代档案记载：

> 前明人罗孟鸿以清净无为创教，劝人修证来世，称为罗祖。罗孟鸿之子名佛广及其婿王善人另派流传，又谓之大乘教。①

---

① 《史料旬刊》第十五期，彰宝奏折。

"罗孟鸿之子佛广",有误,应为孟鸿之女佛广。因为罗氏之子名佛正。另外"佛广与其婿另派流传,又谓之大乘教",对婿的理解应为"女婿",否则就应改作与"其夫",或与其"夫婿"等词。所以此段内容是,罗祖的女儿佛广和他的女婿王善人,另派流传大乘教。明末习大乘教而成为有名教主者,一为东大乘教的王森,一为西大乘教的吕妞。从年龄、性别上讲,此处王善人非王森莫属。

在这种传承关系中,还有一人需要介绍,即孙真人。本书"无为教"一章,已经指出,孙真人为罗祖外姓第四代弟子。笔者在《中国民间宗教史》中考证认为,"佛广很可能嫁与孙真人,即孙善人。而二人之女又嫁与王森。王森之妻为孙氏,史料有载。见民国《滦县志》卷二《地理·立墓》"①。最近笔者和韩秉方在北京图书馆善本部发现万历甲申(万历十二年,1584年)仲秋刊行的《销释真空扫心宝卷》上下全套,有了新的发现。此卷下册记载:

> 孙祖方生,三十有年,遗教一部,无人刊通。又孤舟宋祖,亲悟双林,向未造印。兹者昆岗大师,于甲申年得悟丛林,上下二卷。缘而一祖门头,幸有刘、马之众,发心请会,众涓(捐)己私,三部六册,总得从新,真空上下,通为一序。……时万历甲申仲秋刊行。

以此卷与日本学者泽田瑞穗介绍的《佛说三皇初分天地叹世宝卷》相对照阅读,可证孙祖师即孙真空,为罗梦鸿四传弟子、无为教异姓第五代教主。不仅如此,他还是著名的南无教创始人。此前之研究,无人可证明嘉靖之南无教主孙某为何人。上述《扫心宝卷》则载:"想当初,孙祖留,南无正教","想当初,五祖师,还有路径,南无教,传与我,万载留名"。这位山东的孙真人与活动在直隶的佛广有什么关系呢?关系非常密切。《扫心宝卷》对此有详细介绍。此经下册云,孙真空离开山东到"金凌(陵)宝郡"遇见了罗梦鸿之妻与罗氏之子女,三人化作穷人,沿街乞讨。为的是度化孙真空。罗氏之妻即所谓老母,对孙氏云:"我在灵山坐不住,才做乞儿叫化门,领定金童和玉女,东来西找

---

① 参见马西沙、韩秉方《中国民间宗教史》,上海人民出版社1992年版,第553—554页。

把你寻。……若问老搜（叟）名何姓，我是灵山老母亲。"老母说罢"真空倒身下拜"，成了老母的亲传弟子。事实是明嘉靖六年，罗梦鸿去世后，其妻掌握教权。《苦功悟道补注开心法要》中的《祖师行脚十字恩情妙颂》记载，罗祖死后：

　　　　有三口，现住世，佛正佛广，
　　　　老祖母，掌庵居，照旧传灯。
　　　　立一枝，微妙法，圆顿正教，
　　　　开五部，大乘经，普度众生。

在《扫心宝卷》中之"老贫婆"即上述之"老祖母"，金童则是佛正，玉女则是佛广。此后三人到金陵阐教，收孙真空为弟子，孙氏随三人到直隶，即活动于密云、蓟州盘山一带，与佛广结亲。故罗梦鸿妻说孙真空"他就是我亲生子"。所谓了婿是也。大概在嘉靖中末叶，在蓟州当皮匠的王森皈依佛广和孙真人，并娶二人之女孙氏为妻，故史料载"佛广与其婿王善人另派流传，又谓之大乘教"。对此种史实，我在1994年4月提供台湾斋教研讨会的论文《金幢教渊源史实辨证》作了详细考证。在此可归纳一下王森传承关系：

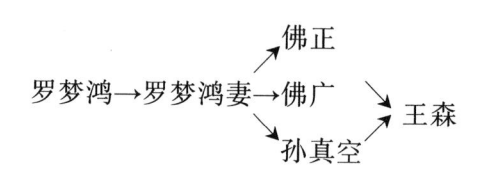

　　　　　　　　　　　　　↗佛正
　　　罗梦鸿→罗梦鸿妻→佛广　→王森
　　　　　　　　　　　　　↘孙真空

由此可见，王森与罗祖所创无为教是何等密切的关系。这种传承的考证，足以打破王森是白莲教首的传统说法。

　　明嘉靖四十三年（甲子），王森离开蓟州到外地"开荒拓教"。时年28岁。此即《皇极金丹九莲正信皈真还乡宝卷》所述"弥陀下生"之年。有些文献如《台湾省通志稿》等都误把"甲子临凡九转"误作王氏生年，则造成了很大误解。王森在直隶、北京等地传播大乘教，后立足于永平府滦州石佛口，后人称其教为东大乘教，以别于北京西郊皇姑寺的大乘教。大乘教是罗祖无为教分支，尚有其他佐证。据清代嘉庆间直隶总督那彦成调查："罗祖分五支，一支在石佛口王姓。"① 龙天门教徒李和修供词称："龙天门教即系罗祖教，又系清茶门教。"② 清茶门教即闻香教（东大乘教）在清代的教名，可证王森东大乘教（闻香教）是罗教分支。

为什么又叫闻香教呢？明黄尊素《说略》、岳和声《餐微子集》，都记载王森得"妖狐异香"，故名。这是很大的误解。闻香教经典《皇极金丹九莲正信皈真还乡宝卷》对闻香教名来历作了多处暗示。此处姑举一例。"老母"佛广派王森开荒拓教，赐予他九莲信香：

> 吾将九莲信香与你遍满乾坤，灌穿法界，天内天外，名山洞府，仙佛星祖，闻香而至，都来选佛场中证道。③

据史料记载："凡闻此香者，心即迷惑，妄有所见。森依其术，创为白莲教，闻称闻香教主。"④

王森创闻香教后，"立大小传头会首名色。此牵彼引，云合响应，顶礼皈依，蔓延遍于京东、京西、山东、河南、陕西、四川六省，不下二百万人。森移居滦州石佛庄，其徒见者俱称朝贡，各积香钱，络绎解送。或盛停别所，以待支用。省直府县，各设公所，使传头者守之，置竹签飞筹，印烙三王字样。凡有凡信，顷刻可传千里。撮合俚言谎说，刊作经文，分授徒众"⑤。形成一个地下秘密宗教王国。万历二十三年（1595年），当局发现王森活动，令滦州下王森于狱，判绞罪。后王森设法出狱。"森既出，思得有力者以自庇。遂入京师，投永年伯为族。又结阉宦王德祥。"⑥ 据明史《外戚恩泽侯表》记载："永年伯王伟，端

---

① 《那毅文公奏议》卷四〇。
② 《军机处录副奏折》，嘉庆二十一年三月十一日直隶总督那彦成奏折。
③ 《皇极金丹九莲正信皈真还乡宝卷》第六品。
④ （明）黄尊素：《说略》，转引自谢国桢编《明代农民起义资料选编》，第149—150页。
⑤ （明）黄尊素：《说略》，转引自谢国桢编《明代农民起义资料选编》，第149—150页。
⑥ （明）黄尊素：《说略》，转引谢国桢前引之书。

皇后父，万历五年封。王栋，万历中袭，三十四年七月丁亥卒。"① 永年伯王伟死于万历中，王森出狱交结的即是王伟。后王伟之名竟入王森族谱，成为王森的"长兄"。王伟女儿即万历孝端皇后，浙江余姚人，万历四十八年四月崩，谥孝端。王森依于王伟及有势力之宦官，致使教势大振。

万历四十年（1612年），东大乘教即闻香教分裂。是年，迁安县团山建塔，因王森的宗教具有很大能量，王森之术能倾动视听，当地人氏举王森为之募化。王森将募化的金钱托于其弟子李国用、李应夏，而李国用"乾没之"，不为王森所容。李国用等人于是背叛王森，自称太极古佛。之后，两派相仇杀，互揭丑行。王森、李国用等在万历四十二年被当局逮捕，王森二次入狱，留下供词。万历四十七年四月十七日，王森在狱中被迫自杀。关于王森行迹，《皇极金丹九莲正信皈真还乡宝卷》有四句偈言：

<blockquote>甲子临凡九转，壬子定派分宗，
己未逢拙遇难，庚午入圣归宫。</blockquote>

甲子年，明嘉靖四十三年，王森离老家蓟州，出山传教。壬子年，万历四十年，因李国用背叛，王森重新调整组织结构。己未年，万历四十七年，王森遇难。第四句，据笔者在《金幢教渊源史实辨证》一文中考证，庚午是具体日期，即四月十七日，西历5月30日。王森死于万历四十七年（1619年）旧历四月十七日。

二 明代闻香教的活动

王森死后，教中大权由其三子王好贤掌握。王好贤在其父在世时即握有权柄，"好贤曾为遵化王抚院下鼓旗官，后病革归农。续因永平兵备袁应泰以东事孔亟，特呼王好贤于家，取李国用于延庆卫中，属之招

---

① 《明史·外戚恩泽侯表》，转引李济贤《白莲教主王森王好贤不是农民起义领袖》，《文史》第十三辑。

募兵勇"①。这当在万历四十年以前，李国用未叛王森时事。一个"邪教"领袖竟然充任明政权下层官吏，又继而为该政权招募兵勇。在教内，王好贤则引类呼朋，置竹签飞筹，印烙三王字号，凡有消息，顷刻可传千里，足见其教内势力之大。王好贤与明政权相配合，与其父投靠永年伯王伟的行动相一致。

但当万历四十七年王森死于狱中时，情况就发生了变化。王好贤因父仇，"渐生谋逆"，遂与教内大头目周印、徐鸿儒、于弘志密约各省传头、会首，"俱于天启二年八月中十方同起"。②

明代中叶，从正德、嘉靖两朝已开始孕育危机，万历一朝腐败有加，致使积重难返。土地兼并、宦官当政、外患频仍，最终造成天下大乱，社稷倾覆。恰其时，关外满族生机勃勃，迅速崛起，明政权忙于应付，辽东、山东二省受征兵增饷赋役之苦"倍重于他方"。山东闻香教首领徐鸿儒则以"成佛成祖之邪说，蛊惑人心，以为帝为王之狂谋，歆动众听。谬谓得其法者，不逢灾患，遂至从其教者，遍满闾阎，结会传香，订盟啸聚，阳以举行善事，阴实包藏祸心。有司惧发大乱之端，无故不敢挑衅，奸民遂乘多数之候，挟众辄自争雄，难方起而决裂难收，响甫传而徒党并起"③。

天启二年（1622年）八月中"十方同起"的计划，王好贤是主谋，而徐鸿儒等仅为胁从。但因形势紧急，徐鸿儒等以他事相激，先期于是年五月三日起事，王好贤在起事大规模爆发时却胆气不足，贪生怕死，爱恋财货，没有承担起事的领导重责，却带着妻妾财货南逃扬州，于天启四年二月为当局处决。

天启二年（1622年）五月三日，徐鸿儒带领大乘教徒，在山东郓城县徐家庄举事。五月十日在郓城、巨野交界之梁家楼建元大乘兴胜元年，自称中兴福烈帝。五月十三日攻陷郓城，十七日其部众攻陷滕县，二十三日攻陷峄县、邹县。旬日之间连下四城，并围攻兖州、曲阜等地，控制了部分运河地区，切断了漕运孔道。"徐淮燕宋四路濒危矣。"

---

① （明）岳和声：《餐微子集》卷四。
② （明）岳和声：《餐微子集》卷四。
③ （清）王以中：《平妖集序》。

明政权承平日久，山东未置重兵。大乘教突然起事，朝野震动，慌忙调军。山东巡抚手下无兵，只能练民兵，增于要地。并请"留京操班军及广东援辽军，以备征调。荐起故大同总兵杨肇基，统山东军讨贼"①。而大乘教军"人众心齐"，久未阵战的腐败官军则"数致不敌，又将各一心，致私隙而败公事"②。一时大乘军声势大振，各地百姓将妻携子以归之，甚至部分地区"什九从贼"。教军攻势一直维持了两个月。天启二年七月，因徐鸿儒战略上固守一城一地之错误，主力军聚于邹县、滕县等地，给明政权以调兵遣将之机，而袭击兖州、曲阜及漕运船只等战役又相继失利，更导致集兵于邹、滕一带。明政权于是年八月集重兵于邹县、滕县、伏山周遭。山东巡抚赵彦欲举兵攻打邹县，副使徐从治提议放弃攻打邹、滕两地，而"持其中坚"，消灭教军有生力量。此计一出，聚集于两县之间的教军主力被围歼。邹、滕两座孤城被围困。九月滕县失守，十月十六日邹县弹尽粮绝，徐鸿儒突围被俘，献俘京师，磔刑而死。其死前曾说："吾与王好贤父子，经营二十年，徒众满天下，事不成，天也。"③

三 入关前后清政权与王氏家族

天启二年秋冬之际，山东徐鸿儒起事失败，两年后王好贤为当局处死。其兄王好礼、王好义虽未与谋，亦"从不限籍之异同律，流置"，而"余党系从宽宥"。王氏家族未受更多牵连。为时不久，又暗行传教。崇祯一朝，闻香教逐渐复苏，并传教于辽东。当时掌教人是王森孙辈，王好义之子王可就。王氏传教中枢在滦州石佛口，地处山海关百余里。新兴的满族后金政权雄踞关外，觊觎中原，而李自成等则起于黄土高原，与明政权对抗。三股力量纵横捭阖，鹿死谁手尚无定势。滦州近逼关外，为满族入关必经之路，而隐于此地的王氏家族，依恃庞大教势

---

① 印鸾章、李介人修订《明鉴》。
② （清）王以中：《与总河书》，载谢国桢编《明代农民起义史料选编》，福建人民出版社1981年版，第157—158页。
③ （明）黄尊素：《说略》，转引谢国桢《明代农民起义资料选编》，福建人民出版社1981年版。

和投机的敏感，在满族入关的前数年，即已交通后金政权，意图发迹。崇祯九年（后金崇德元年，1636年）闻香教采取了一个投靠后金的重大行动。是年十月，后金和硕睿亲王多尔衮、和硕豫亲王多铎，统兵征明，驻营锦州城外。闻香教徒崔应时，在城内与党羽50人预谋献城。崔应时遣同党胡有升献书于多铎。内称"佛言朱氏之统业将终，故天遣真主下界，拨乱反正。今大金之后，天聪皇帝出而御世，是为英明皇帝，安天下之民"。今"山西平阳府十河王，特遣四人至辽东……扶助天聪即皇帝位，扶一君不扶二君"①。此处山西平阳府十河王即指永平府石佛口王姓，《中国民间宗教史》作了详细考证，此不赘述。② 同年十月多铎及豪格复信崔应时："崔将军，尔遣二人来，欲应天顺人，甚合我意，喜之不尽。……此事果成，则尔之富贵，固不待言。将军如不信，岂不闻孔、耿、尚之事乎？尔之功与彼三人何异？"③崔应时得书后，又遣人与多铎约定十月二十二日晚举事为内应，并定暗号及内应之记号。但崔应时的行动为明军发现，执崔氏于狱中。胡有升与同谋五人归顺后金，并为皇太极接见。胡有升得三等梅勒章京世职，隶汉军镶黄旗。清顺治四年（1647年），授胡有升南赣总兵，顺治十年"复加太子少保"④。崔应时则为明斩决。崔胡二人背后的指使者即王可就。王可就投清后，于康熙初年曾充任山东抚标游击、陕西延安府延安营参将和杭州城守副将。三藩之乱时，王可就两次受康熙帝召见，委以密查耿精忠的特殊使命。后来被人刺杀，康熙皇帝亲自"赐祭"，并荫封其二子。连其祖王森夫妇也受到康熙表彰："尔王道森，乃延绥镇参将之祖父，植德不替，佑启后人，绵及乃孙……赠尔为昭勇将军……尔延绥镇延安营参将王可就祖母孙氏，尔有慈谋，裕及后昆……赠尔为淑人。"⑤

综观明清两代历史，像王可就、胡有升等人以"邪教"教首、信徒身份而获此高官者，绝无仅有。这是明、清鼎革之际，给他们带来的机

---

① 孟森：《满洲老档译件论证之一》，载《明清史论著集刊》。
② 马西沙、韩秉方：《中国民间宗教史》，上海人民出版社1992年版，第576—582页。
③ 孟森：《满洲老档译件论证之一》，载《明清史论著集刊》。
④ 《清史稿》卷二四三《胡有升传》。
⑤ 参见李济贤《白莲教主王森王好贤不是农民起义领袖》，载《文史》第十三辑。《明代京畿地区白莲教初探》，载《明史研究论丛》第二辑。

遇。清军入关前后,为中原逐鹿计,广揽群雄,各色人等皆不嫌弃。一旦政权稳定,草创之际在所难免之事一概为之隐讳,官方史料很少见王可就行迹就是证明。

在王可就、胡有升投靠清政权之际,清政权对下层信仰者却是另一种手段。崇德七年(1642年)闻香教异名同教善友会300余人"俱定死罪",后诛杀为首者16名。并奉皇太极旨,"自今以后,除僧道外,凡老少男妇斋素之事,俱行禁止。如有仍前斋素者;或为他人所首,或为部人查获,必杀无赦"[①]。

清军尚未入关,即对民间宗教定此酷法,此例一开,计清入关267年,只有康熙、雍正时代量刑为宽,其他时间对"邪教"无不采取杀戮政策。结果是"邪教"越杀越多,"邪教案"越办越大。清帝国寿终正寝了,民间宗教却依然存在,畅行无忌。足见信仰问题不是以残酷刑律和严加禁止所能解决的。

四 清初闻香教的活动

清政权入主中原后的顺治一朝,各地闻香教以大成教、善友会之名继续传教,活动频繁,以致不断遭受镇压而引起反抗。但从断断续续的史料看,清初这些活动与反抗,并不是在一种统一指挥下进行的。而是群龙无首,各自为政。

顺治二年(1645年)二月,直隶宣化当局对善友会持斋事佛的宗教活动"借端酷诈",继而纵兵抢劫,于是激起民变。善友会成员,满山遍野,各持刀枪,妇女腰系红裙,亦持刀枪,"飞舞跳跃,各各前来,势如妖氛",官军不敌,收兵回城。[②]

同年六月,陕西"妖贼",聚众数万,僭称"清光元年"。号传有数龙从天而降,"少顷乡约首送前龙,乃皇极妖经一卷也"。当局斩杀为首者胡守龙,"妖党悉平"。所谓《皇极经》即《皇极金丹九莲正信

[①] 孟森:《满洲老档译件论证之一》,载《明清史论著集刊》。
[②] 转引自史松、林铁钧《清史编年》第一卷《顺治朝》,中国人民大学出版社1985年版。

饭真还乡宝卷》的简称。这次数万闻香教徒护持《皇极经》游行街头，亦是一次宗教活动，其中有少数野心家混迹其中，致使群众亦遭镇压。①

接连不断的"邪教案"引起当局注目，顺治三年（1646年）六月，吏部给事中林起龙奏报："近日风俗大坏，异端蜂起，有白莲、大成、混元、无为等教，种种名色。"建议朝廷"处以重罪"。②

林起龙奏言不过一个月，直隶定州又发生大成教反清活动。当局缴获抄本《九莲经》《定劫经》《黄石公御揽集》等"邪书"。经中称弥勒掌教，"多系隐语、暗号、图谶、符箓，兴亡姓氏……且明有争夺天下等语"③。为首之赵高明等为当局斩决。顺治四年（1647年）山西省绛州大成教徒郑启登自称大成教师，"纠合妖僧王月天、王明及故明宗姓朱梅川、刘蛟腾等，聚山顶庙内，借名斋醮，谋为不轨"④。顺治十三年，直隶平山县、井陉县又有大成教徒联合"伪王"朱慈焞，"共谋不轨"，"煽惑愚民"，"几成燎原之势"⑤。大成教活动终顺治一朝，从未停止。顺治十六、十七年广东省亦发现大成教活动，明显与滦州石佛口王姓家族有关。⑥

清康熙一朝六十一年，不知何故，很少发现该教活动。但雍正一朝，民间宗教活动又明显增加。大成教亦然。据《雍正朱批谕旨》载李卫奏折：

（大成教）大都以轮回生死，诱人修来世善果为名，吃斋念经，男女混杂。每月朔望，各在本家献茶上供，出钱十文或数百文，积至六月初六日俱至次教首家念佛设供，名为晾经。将所积之钱交割，谓之上钱粮。次教首转送老教首处，谓之解钱粮。或一二年一次，各有数百金不等。其所诵之经有《老九莲》《续九莲、》等名

---

① （清）蒋良骐：《东华录》卷五。
② 《东华录》顺治三年六月十一日丙戌给事中林起龙奏。
③ 顺治三年七月二十八日郝晋《揭贴》。第一历史档案馆藏。
④ 参见史松、林铁钧《清史编年》第一卷《顺治朝》。
⑤ 顺治十三年八月初六日李荫祖题本。
⑥ 参见马西沙、韩秉方《中国民间宗教史》，上海人民出版社1992年版，第591—593页。

色，……此等虽属哄诱愚民钱财，尚无谋为不轨情状。①

此案同时发现"衣法教"，指出其老教首乃已故旗人董一亮。据《中国民间宗教史》第十章考证，董一亮很可能是闻香教分支金幢教二祖董应亮。此教从北直隶传至福建、台湾。而该教所传教首王佐塘实乃明末闻香教创始人王森。即王森为第一代教首，董应亮为第二代教首。②拙著《金幢教渊源史实辨证》作了详细考证。

雍正十年，直隶总督李卫虽发现了大成教、衣法教的活动，却没有深入查办，更没搞清此两教与滦州石佛口王姓之关系。王姓家族的活动内幕直到乾隆、嘉庆，特别是嘉庆二十年直隶总督那彦成办清水教案时，才真相大白。

五　清乾隆、嘉庆年间清茶门教

清茶门教是闻香教在清代的异名同教，此名起于清初。据清初思想家颜元《四存编》记载：

> 闻河南一省白莲教中人，因自明朝山东谋反，朝廷大禁，又改名清茶会，又叫归一教，愚民从之者甚众。其法，画燃灯佛，供室中幽暗处，设清茶为供献。闭口卷舌，念佛无声，拈箸说法，指耳目口鼻皆是心性。③

这是清茶门教最早的记录。文中所云明朝山东造反一事，指大乘教徐鸿儒天启二年（1622年）起事。但这个教名并非起自河南，而是由直隶滦州石佛口王姓改换的教名，其后传入河南。

乾嘉时代，清茶门教表现出如下几个特点：第一，王氏家族秉承明代王森遗教，不少族支笃信不疑，累至八九辈。明末，王森死后王好

---

① 《雍正朱批谕旨》，雍正十年十一月二十九日李卫奏折。
② 参见马西沙、韩秉方《中国民间宗教史》，上海人民出版社1992年版，第634—640页。
③ （清）颜元：《四存编·存人编》卷二。

礼、王好义、王好贤分成三门，王好贤掌教权，且与徐鸿儒起事有瓜葛，为当局斩决。而明清鼎革之际二房王好义之子王可就率众降清，获取高官，封妻荫子。此派后裔几乎无人传教，故犯案者寥寥。长房后代由于顺治间王敏迪被捕之教训，乾嘉时代犯案者亦不多。传教最多者为三门王好贤之后，累代传教犯案，斩决、凌迟者多为此支。大概在明、清之际，王好贤后代搬出石佛口，到邻县卢龙安家楼定居。据清代档案内存的王氏族谱记载，乾、嘉两朝王好贤后裔传教犯案者达20余人。第二，清代，清茶门教总体上依然以王氏家族为领袖，但由于家族分裂，在传教问题上态度不一，已缺少王森、王好贤时代的凝聚力，没有形成有权威的宗教领袖和统一的领导核心，群龙无首，各自传教，各分势力范围。以小家庭为派系到各省传教敛钱，成为部分人的生活来源。第三，由于累代遭受清当局镇压，特别是三门王好贤之后，该家族表现出强烈的反清情绪。出现了《三教应劫总观通书》这样以宗教教义为外衣，本质是鼓吹政权更迭、江山易帜、反清换代的政治宣言书。在专制统治酷烈的乾、嘉两朝，王氏家族一步步走向灭顶之灾，是事有必至了。

关于清茶门王氏一族在乾隆、嘉庆年间活动状况，日本学者浅井纪在其所著《明清民间宗教结社的研究》一书[①]及笔者在《中国民间宗教史》中已有大量考证。此处仅简单介绍嘉庆二十年（1815年）导致王姓家族覆灭的清茶门教案。

此案起因有二，一是从顺治、雍正、乾隆诸朝，当局已多次发现大成教、清茶门教传教活动。一个庞大的家族在直隶、山西、河南、湖北、江苏、安徽诸省广泛传教，最终很难躲避专制体制的清当局决定性的镇压。二是嘉庆十八年（1813年）八卦教发动了直、鲁、豫大起义，并发生70余名教徒攻打紫禁城的重大事件。此后嘉庆皇帝下令在全国范围内打击"邪教"。恰其时，嘉庆十九年闰二月，当局在山西阳城等地拿获传教之王氏家族成员王绍英及在直隶巨鹿传教的王汝谐、王烈。次年八月，在安徽，当局破获收圆教首方荣升"谋逆"行动，亦审出方荣升一支与王氏家族之瓜葛。嘉庆皇帝遂派直隶总督那彦成到滦州石

---

① ［日］浅井纪：《明清民间宗教结社的研究》，研文出版1990年版。

佛口一带主办此案，并命各省督抚大员协办此案，一张大网向王氏家族撒去。据那彦成嘉庆二十年十二月十四日奏折记载：

> 奴才伏查该族传教，始于王森，溯查明史赵彦列传内载有：王森得妖狐异香，倡白莲教，自称闻香教主，居滦州石佛庄。万历间，为有司所摄，毙于狱。其子好贤及徐鸿儒等踵其教，徒党益众，后亦伏诛等语。自王森至今，已有十辈。王森后又改名王道森。历年传教犯案，多系王道森后裔，总因所藏三教应劫书内有"未来佛降生青山石佛口"字样，是以王姓传教之人，俱称为青山主人，入教者皆称之为爷，写信竟尊为朝上，送给银钱者并推为根基、元勋，磕头礼拜，居然有主臣之分，实属大逆不道。……是该族世传此教，借未来佛掌盘之邪说，煽惑人心，酿启异谋，毒流数省，害延累代，竟为各项邪教之宗。即如林清谋逆滋事，竟有此时应劫，将来另有起事之人之供。……方荣升改造历法为十八个月之说，亦系由三教应劫，分掌天盘之邪说，肆谋不轨（朱批：是）。其书实传自王姓，实为祸首恶根。①

王森闻香教的确是多种"邪教"之宗，但此折将三教应劫的宗教天道观归于王森家族创造，则为大误。三教应劫之说初起于南北朝，逐渐成形于两宋，特兴于明代。明代嘉靖间问世的黄天教即早于王森宣扬三佛应劫之说。②另外，林清之八卦教虽然受清茶门教之影响，但八卦教与清茶门教互为华北地区两大民间宗教教系，传承自有，不可混同。

此案的结局是，王氏家族中为首的传教者多被凌迟、斩、绞。"其余习教之犯及被诱入教者，俱发给回城为奴。至该处王姓族人，虽未经习教，亦迁徙云贵、两广地方，分别安插。"③"至此外应行缘坐及应行迁徙各犯家口，……逐细查明，分项造册，解省核拟，奏明办理。该族房地财产，一并抄追入官册报。"④

---

① 《清代档案史料丛编》第三辑，中华书局1979年版，第29页。
② 参见马西沙、韩秉方《中国民间宗教史》第二章、第八章，上海人民出版社1992年版。
③ 《清代档案丛编》第三辑，第43—44页。
④ 《清代档案丛编》第三辑，第43—44页。

从王森传教的明嘉靖间起，至清嘉庆二十年，王氏家族传十代，累计两个半世纪。此案一兴，这个传教家族彻底败亡了。

六　圆顿教

圆顿之名，本自佛教。在佛教昌隆的北魏，沙门慧光曾立三教，其第三为圆教。后起的天台宗立四教，第四为圆教。华严宗立五教，第五为圆教。在佛教中，这种做法称为判教。所谓圆教，是教法之教，而非教派之教。意指教义的圆融、圆满，能合十界三千诸法为一体；而体味这种教义时，如能一心发悟，便成正觉，即达到所谓顿悟成佛的地步。可见圆教不仅不是佛教教派称谓，更不是一种民间宗教称谓。然而，几乎所有中国民间宗教教派无一不是直接从佛、道乃至儒家伦理思想中汲取养分，滋补自己，最终离经叛道，自成一统。圆顿教即是如此。

在民间宗教世界，圆顿之说最早出现在无为教中。据《苦功悟道补助开心法要·祖师行脚十字恩情妙颂》云：

> 立一枝，微妙法，圆顿正教。
> 开五部，大乘经，普度众生。

无为教自谓本教乃是"圆顿正教"。较早以圆顿教为教名的是明嘉靖末问世的黄天教。黄天教第三代教主普静自称古佛。《普静如来钥匙宝卷》云："古佛留下圆顿教，普度众生离红尘。"门徒亦称教主为圆顿教主。认为众生经教主的救度，此种慈悲为怀，才能显出"圆顿教，清净佛门"[1]。黄天教另一部宝卷《大圣弥勒化度宝卷》也有记载：

"弥勒佛说，我那是无为法长生道，置立门圆顿教。"[2]《古佛天真考证龙华宝经》则认为黄天教在江南的分支长生教即圆顿教，有"圆顿教，立宗门，度下儿女。普善祖，领护法，皈依佛门"[3] 的记载。除

---

[1] 明万历《普静如来钥匙宝卷》第十二分。
[2] 转引自 [日] 泽田瑞穗《增补宝卷的研究》，国书刊行会，1975年版，第216页。
[3] 《古佛天真考证龙华宝经》第二十三品。

了黄天教、长生教曾称为圆顿教外，明末清初尚有一支教派自称圆顿教，此支是王森东大乘教的一个后遗分派。

圆顿教的真正创始者是一个号称弓长老祖的人。据《古佛天真考证龙华宝经·无生传令品》透露：

> 祖母吩咐，当初西方教主阿弥陀佛转到北方掌教，号曰无量寿佛，无量寿佛临凡，号曰真武老祖，真武临凡，号曰天真古佛，天真临凡，号曰弓长老祖。今该天真圣投凡窍，落在燕南赵北中元之地，草桥关桑园里大宝庄居住。

据《中国民间宗教史》考证，西方教主阿弥陀佛即无量佛，到北方掌教，号曰真武老祖。真武老祖在道教中是主北方之神，由此可见，所谓阿弥陀佛、无量寿佛、真武老祖即是一人，都是东大乘教主王森的称谓。而天真古佛即弓长老祖。故上经云，"今该天真圣投凡窍，落在燕南赵北中元之地"。据日人泽田瑞穗考证，弓长所居的草桥关桑园里大宝庄在直隶保定府高阳县境内，弓长老祖即当地有名的宗教家张豪。[①] 中国学者谢忠岳认为天真老祖与弓长是两人，今存此一说。[②] 关于弓长生年不详，但其行教、取经、造经诸行迹，《龙华经》都有记载：

> 弓长每日改身心，下元甲子临东土，
> 正月初一子时中，金色头陀明心性。（第三品）
> 无生母，吩咐汝，法王传令。
> 天真佛，圣临凡，下生东土。
> 下生在，中元地，燕南赵北。
> 桑园里，大宝庄，有祖家门。
> 古圆明，普覆着，弓长老祖。
> 甲子年，正月一，见性明心。（第三品）
> 无生吩咐，叫弓长，今年是己巳年，该你南北展道。（第一品）

---

① 参见［日］泽田瑞穗《龙华经的研究》，载《校注破邪详辩》，道教刊行会1972年版。
② 谢忠岳：《大乘天真圆顿教考略》，《世界宗教研究》1993年第2期。

祖母差，己巳年，南北展道。辛巳年，又该差，东西取经。（第十一品）

辛巳年正月初一日，家乡古佛金牌请弓长有信。（第十二品）

己巳年南北展道，辛巳年东西取经。（第十二品）

下元甲子临东土，丙子年间大法兴。（第二十四品）①

上述经文点出的"下元甲子""己巳年""辛巳年""丙子年"等年号，都暗示着弓长一生的宗教活动：

甲子：天启四年（1624年），弓长"明心见性"，修炼内丹成功。

己巳年：崇祯二年（1629年），"南北展道"即南北传道。这年初，他在汴梁城十字街前打坐，许多信众"皈依授记"。接着到南京金陵郡三山府，"南霞祖等九人迎接会道"，弓长授以"点玄关"妙诀，"九人愿皈依祖教"。是年七月十五日到湖北武当山太和宫，"许真君"与弓长讲道，并同赴四川，会见道友。与朝源祖及南霞、云霞、丹霞、烟霞四祖相会于大峨山玄天洞。下大峨山后，有大头行普亮，领十八头续迎接弓长。十月十五日"下元圣节"做龙华三会九昼夜。此后从四川回到扬州。前后到了豫、苏、鄂、川四省，"分三宗，立五派，传下九杆十八支"。

丙子年：崇祯九年（1636年）"大法兴隆"，即广收徒众。

辛巳年：崇祯十四年（1641年），东西取经，即到滦州石佛口王姓学道并获取了东大乘经典。关于弓长到石佛口取经，《龙华经》亦有记载：

昔日法王留真经，后有弓长转法轮。
法从西传留东土，收入海藏镇龙宫。
辛巳年间才发现，千二百部妙玄文。
弓长领定真老五，石佛城内取真经。

辛巳（崇祯十四年，1641年）弓长与罗姓、陈姓、任姓、王姓、丁姓

---

① 参见［日］泽田瑞穗《龙华经的研究》，载《校注破邪详辩》，第193—194页。

五人到了石佛口。作为中间介绍人的"引进"是北京翠花胡同姓张的女子。故"龙华经"又记载着"翠花张姐为引进，投拜真佛法王尊"。翠花胡同张姓家族，也是明末有名的传教家族，是闻香教在北京的总传头。王森在世时张家的掌教人是张廷。王森被捕后曾供出张廷。此后张氏家族似为"翠花张姐"掌教。据清代档案记载：罗教分传五支，一支在石佛口王姓，一支在北京翠花胡同张姓。此支又传教到直隶正定米姓，米姓后传龙天门教。关于龙天门教，由于本书篇幅所限，不再介绍，请参见《中国民间宗教史》第十二章《龙天门教与家谱宝卷》。弓长到石佛口取经，发现石佛王祖"千二百部妙玄文"，据日本学者浅井纪的分析，应为12部。[①] 这种说法是正确的。

弓长从石佛口取经后，开始酝酿一部新经即《古佛天真考证龙华宝经》，据《龙华经》《东西取经品》云：

> 壬辰年真经出现，甲午年刊行流通。
> 龙华经天真心印，弓长祖密寄双林。
> 至龙年真经出现，木马年丁丑施行。
> 祖警中吩咐木子，将真经抄写誊清。
> 嘱天然证明字眼，阐祖教演法度生。

经中指出，《龙华经》于壬辰年出现，又说龙年真经出现。壬辰年即龙年，即清顺治九年（1652年）。甲午年此经刊行，又讲"木马年丁丑施行"。木马年即甲午年，午年即马年，而木马亦合"东方甲乙木"的五行说，甲与木合，可见木马年、甲午年是同一年（顺治十一年，1654年）的不同说法，那一年《龙华经》刊印流行。大概那时弓长已不在世，由其弟子木子（李）所为，当无疑义。

还有一部重要经典是《皇极金丹九莲正信皈真还乡宝卷》，简称《九莲经》。日本、中国台湾学者都认为是清代江西民间宗教家黄德辉所为，都不正确。近日又有中国学者认为是天真古佛所为，这是个可以讨论的问题。《九莲经》的问世是个极复杂的过程，国内学者藏有明嘉

---

① ［日］浅井纪：《明清民间宗教结社的研究》，第117页。

靖五年版（1526年）《九莲经》。据《雍正朱批谕旨》李卫奏折载，《九莲经》分老九莲和续九莲两种。① 嘉庆二十年，直隶总督那彦成到王森家族家庙寿峰寺内发现一部《九莲经》，指出此经是"王姓累代传教"的经书。故有人认为此经为天真所撰，是不可能的，天真只能修改此经。笔者所见的《九莲经》，内容是王森学教、传教的经历，是王森先撰或口授于前，其家族或亲传弟子添撰刊行于后。故现在见到的《九莲经》记有王森具体死期。天真古佛（弓长）并非王森亲传弟子，不可能如此清晰地了解王森学教、传教经历。但《九莲经》也是圆顿教的重要经典，《龙华经》即仿此经而作。

清代圆顿教传播很广，山西、陕西、甘肃、江西、湖北都是传教要区。山西、陕西、甘肃一支，又时改换教名为油蜡教、悄悄会、红单教。清乾隆、嘉庆间，圆顿教在陕甘地区几次遭受大规模镇压，演出过一幕又一幕悲剧，但其势未减，到清代末年，发展遍及底层社会。对此《中国民间宗教史》第十四章做了详细的考证，此不赘言。大乘圆顿教发展到江西的一支，则是近现代一贯道、先天教的前身，对此有必要做一番交代。

七　一贯道源流

1948年，我国学者李世瑜在其著《现代华北秘密宗教》中披露了一贯道"道统"传承，是一份一贯道内口头传说的记录。1985年，台湾学者林万传著《先天教研究》，更系统全面地对这种口头传承进行了介绍，并附录了部分经书。在一贯道道中人看来，它的道统渊源于儒、释、道，而儒家道统又居三家之首：盘古氏开天以后，又有太昊、黄帝、尧、舜、禹、汤、文、武、周公、孔子、颜回、曾子、子思、孟子乃至宋儒，接续道统。一贯道还把佛教祖师认作自家祖师。从佛祖释迦牟尼，单传至二十八代达摩祖师。达摩入东土后，为一贯道第一祖，六祖则为惠能。七祖有两位：白玉蟾、马端阳，这两位是宋、元时代内丹派大师。八祖罗蔚群、九祖黄德辉、十祖吴子祥、十一祖何了苦（又名

---

① 《雍正朱批谕旨》，雍正十年十月十六日李卫奏折。

何若)、十二祖袁志谦（号无欺）、十三祖杨守一徐吉南（十三祖后是五老掌教时代）、十四祖姚鹤天、十五祖王觉一、十六祖刘清虚、十七祖路中一、十八祖张天然。

抛开一贯道的神话传说，用历史事实考察一贯道远渊流脉，就会发现，真正一贯道的传承应从八祖罗蔚群开始。清代档案对八祖以后的诸主要人物几乎都有记载。

据清档案记载，清代康熙六年（1667年）有一支大乘教传入江西：

> 康熙六年，有素习大乘教的直隶民人罗维行领了官给的《护道榜文》在外传教。后罗维行四传至江西民人何弱为徒，何弱得了《榜文》，到贵州省内习教……①

这个奏折记载了大乘教徒罗维行四传至江西何弱，又由何弱传入贵州。据《中国民间宗教史》第十八章《一贯道的源流与变迁》考证，这支大乘教即王森传播的东大乘教、弓长传播的大乘圆顿教的一支。罗维行即一贯道传说的八祖罗蔚群。

首先，罗维行与罗蔚群读音近似，后者似为前者的讹音。两人都是直隶人，都传教于江西。其次，清代档案虽然没有记载罗维行的嫡传弟子，却记载其四传于江西何若（或称何弱）。这个何若即一贯道传说的第十一祖，而何若之师即吴紫祥，清代档案史料称作吴子祥。吴子祥、何若档案记录多处，行迹凿凿。再次，据一贯道内部传说，九祖黄德辉，江西鄱阳人，康熙六年"制定礼本、愿忏、雷唵三经，作为阐道章程"②。无独有偶，康熙六年正是罗维行传教江西的时代。笔者认为这是把罗维行的行迹误记在黄德辉的头上。凡此皆可证，江西大乘教这支的开荒者是罗维行，即一贯道八祖罗蔚群。

一贯道传说中的九祖黄德辉，清档案没有记载。但清档案和凌熔的《西江视臬纪事》却记载了雍正十二年（1734年）江西南昌府的"圆敦大教"的活动及破案经过。

---

① 《朱批奏折》，嘉庆二十五年二月十二日英和奏折。
② 林万传：《先天道研究》第六章，巁巨书局1985年版。

第五章　闻香教与清茶门教

圆敦教即圆顿教，或称大乘圆顿教，是东大乘教的后遗分支。这支大乘圆顿教首是黄廷臣、黄森官父子。据《雍正朱批谕旨》十二月初四日程含章奏折称：

> （黄廷臣、黄森官）始供，因开店折本，无可营生，遂于雍正十年三月内与傅秀山商量在江西省城创造斋堂，设立三皇圣祖教即圆敦大乘教，又白阳会名目，煽惑愚民。而森官之父黄廷臣则自称为天老爷，又称黄太师，森官则为弥勒佛紫薇星。不但入教男妇皆奉为教主，即伊胞叔亦甘心下拜。①

此案究出"共男六百一十名，女一百九十八口。据称伊等教内有'九莲堂''五云堂'等名色"②。此案首犯是黄森官，故《西江视臬纪事》称："黄森官圆敦大教，酿成重案。"③ 分析对比此案与一贯道九祖黄德辉行迹多有相合，特别是黄廷臣与黄德辉多有一致处。

第一，据日藏本《皇极金丹九莲正信皈真还乡宝卷》记载：九祖黄德辉生于康熙二十三年，其年岁与黄廷臣相似。雍正十二年时廷臣子森官20余岁，廷臣亦应四五十岁。其生年亦当在康熙二三十年间。黄廷臣在此案内一未参与造札，二未参与结盟谋逆，仅建堂传教，并非首犯，当不致问死罪。故经云，九祖乾隆十年死，寿67岁，与黄廷臣年岁相当。

第二，黄廷臣名字很多，本名黄上选，字万荣，故又叫黄万荣，黄老师父。完全有可能后来改名黄德辉。经云，黄德辉在雍正十年"开创金丹道"，无独有偶，黄廷臣于雍正十年三月于南昌"开设斋堂"，"设立三皇圣祖会即圆敦大乘教，又白阳会等名目"。圆顿教秉承大乘教教义，修炼内丹，内丹又称金丹。而《九莲经》第十五品则记载着白阳会名目"普度众生出奈河，赴大罗，安身在天宫，白阳会，白阳会，当极无量寿佛"。故知大乘教、圆顿教又叫白阳会，清茶门教也时称白阳

---

① 《雍正朱批谕旨》三十七册，徐本、程含章奏折。
② 《军机处录副奏折》，雍正十二年三月宋筠奏折。
③ 《西江视臬纪事》，载《清史资料》第三册，中华书局1982年版。

会。又，据一贯道经称，九祖黄德辉系元始天尊转化，黄廷臣则自称天老爷、黄太师。凡此种种皆非偶合。

第三，日藏本《九莲经》记载此经为黄德辉所造，当然是个错误。但黄德辉存有此经，却是必然。因为它是大乘教、也是圆顿教的传教经书。黄廷臣亦可能藏有此经。江西大乘圆顿教"教内有九莲堂、五云堂名色"，即是明证。"九莲堂"之名来自《皇极金丹九莲证信皈真还乡宝卷》即《九莲经》，则无疑义。

由上述对照分析，江西大乘圆顿教案中的黄廷臣极可能即是一贯道九祖黄德辉。

一贯道十祖吴紫祥，清代档案中称为吴子祥。两种史料有更多的契合，以其年代较近于现代的缘故。吴子祥是江南大乘教的关键人物。吴子祥后传大体分三支：一支由其徒江西万年县人叶益章传至贵溪县人张起坤，此支后向赣北、鄂、苏发展，与江南斋教创始人姚文宇后遗教派融合；一支为福建人李凌魁接传，李凌魁一支设阴盘、阳盘两教，后改换天地会名目；第三支即吴氏嫡派之五盘教，后由何若接传。关于吴子祥，清档案有几段记载：

> 窃照江西贵溪县先存已故吴子祥，编造《大乘大戒经》，劝人持斋，以后辗转传习，惑众滋事，节经查拿究办在案。①
>
> 钦奉谕旨披阅《大乘大戒经》，本系将佛家词句随意填凑，并无违悖，应将经忏等件烧毁，不必过事搜求，案内等概予省释，钦此。……乾隆四十九年吴子祥病故后，五十五年复有匪犯何若等将吴子祥销毁之经添凑默写，邀人念诵敛钱。②

据史料记载，吴子祥在乾隆四十八年（1783年）用斋盘供神，立有天、地、人、神、圣五等名目，取金、木、水、火、土五行相生之意，告诉信仰者可以祛病延年，并用吃斋念经的办法诱惑门徒，"期在超凡入圣，

---

① 《朱批奏折》，嘉庆十九年闰二月二十五日江西巡抚先福奏折。
② 《军机处录副奏折》，嘉庆八年九月六日秦承恩奏折。

随以圣盘为首"①。其弟子何若供天盘。一贯道经书记载,吴子祥于乾隆四十九年八月受官刑而死,从吴氏死日的记载年代与清档案记载一致。但并非死于斩决,而是出狱以后病故。

吴子祥创五盘教即大乘教或大乘圆顿教改名。五盘教名亦来自《皇极金丹九莲证信皈真还乡宝卷》,《中国民间宗教史》作了详细考证。②

吴子祥死后,乾隆五十五年(1790年),因当局发现其弟子何若继续传教,以"左道惑众为从例,发云贵两广烟瘴充军"。一贯道传说发配之时是嘉庆七年(1802年),是不正确的。何若发配贵州后,继续传教。他在贵州有两个嫡传弟子,一个是贵阳府龙里县的袁志礼,一个是都匀府八寨厅的王道林。据清档案记载:

> 从前有素习大乘教之直隶故民罗维行,诡称官给《护道榜文》,入其教者受五戒,供天地君亲师牌位,烧香吃斋念经,发愿文《十报恩》等项,四传至江西故民何弱。何弱到黔,收八寨故民王道林及其妻王钱氏为徒,给经一包又五本,内一本载有《榜文》。又收龙里县袁志礼为徒,给经十二本,内一本亦载《榜文》。③

何弱即何若,生年不详,死于嘉庆五年(1800年),与其师吴子祥同为江西贵溪人。上述奏折告诉人们,何若到黔后进行传教活动是有准备的。在江西时,当局连续查办吴子祥、何若大乘教,但没有查清此教来龙去脉与深厚根基,仅仅表面上触动了一下,搜缴了《大乘大戒经》《恩本经》,而对该教12本大乘经卷及《护道榜文》毫无知觉。其实何若送给袁志礼的12本经及《榜文》在江西流传了四代一个世纪,使大乘教在赣省深深扎根立足。而且上述史料进一步证明,吴子祥、何若大乘教与直隶东大乘教的渊源关系。王森即有经12部,教内亦流传《护道榜文》。④

---

① 《朱批奏折》,道光二年七月十日江西巡抚阿霖奏折。
② 参见马西沙、韩秉方《中国民间宗教史》,上海人民出版社1992年版,第1106—1107页。
③ 《军机处录副奏折》,嘉庆二十五年六月二十二日云贵总督伯麟等奏折。
④ 参见马西沙、韩秉方《中国民间宗教史》,上海人民出版社1992年版,第889—890页。

何若死后，贵州这支大乘教的真正领袖应是龙里县的袁志礼。袁志礼似乎生长在大家族里，本人系"龙里县贡生"。据清档案记载：

> 至贡生袁志礼，因子嗣艰难，曾拜何弱为师，吃斋念佛，何弱留与经卷十二本，袁志礼存于家中。吴文元曾抄录一分经，龙燕海借出赴京呈明，恳求《护道榜文》。①

何若的 12 部经及《护道榜文》全部留给袁志礼，足见对他的信任。但袁志礼行动谨慎，并不出面指挥，而是暗中筹划，潜行传教。至被当局逮捕时，仅以子嗣艰难，故拜何若为师为辞，使当局无法对他重判，此案嘉庆皇帝亦曾过问，认为首犯何若已死，又因信徒中多老弱及妇女，故着令伯麟"传齐劝谕，如果立时醒悟，令具悔呈，免其治罪"②。唯对袁志礼等 12 人"恐尚有别情，虽经具悔，未便遽将……释回，应行留禁"。特别认为"其袁志礼系属贡生，非不晓文理之人可比，乃将经卷及早年捏造之《护道榜文》收藏在家，且转借与人抄录，应先斥革贡生候质"③。嘉庆二十五年（1820 年）六月，当局判袁志礼等五人"先枷号一个月，满日重责四十板，迁徙云南为民，分别安插，交地方官随时管束"。

袁志礼有弟袁志谦，即一贯道传说的十二祖。据台湾学者林万传《先天教研究》第六章记载：

> 十二代祖，袁志谦，又名退安，号无欺、无颠，排行第十，故有袁十公之称，贵州龙里人，乾隆二十五年五月十三日生，谓元始天尊化身，以廪生皈佛；嘉庆七年得何祖心法，继续先天道统；嘉庆十五年由黔入滇；道光三年，自滇入川，立西乾堂于成都。

这段记载虽弥补了档案之不足，但亦有部分不实之处：

---

① 《军机处录副奏折》，嘉庆二十五年四月十一日云贵总督兼署贵州巡抚伯麟奏折。
② 《军机处录副奏折》，嘉庆二十五年四月十一日云贵总督兼署贵州巡抚伯麟奏折。
③ 《军机处录副奏折》，嘉庆二十五年四月十一日云贵总督兼署贵州巡抚伯麟奏折。

第一，云袁志谦"嘉庆七年得何祖心法"，是搞错了年代。清档案记载何若死于嘉庆五年。第二，说袁志谦嘉庆十五年入滇，亦值得怀疑，似应为嘉庆二十五年。是年其兄袁志礼遭当局迫害，强迁入滇，志谦极可能随之入滇筹划教务。又于三年后的道光三年（1823年）由滇入川，传播教业。袁志谦在大乘教被镇压后，踵行教业，以大刀阔斧的气势，远走四川，"开荒拓教"，后被一贯道奉为十二祖。从此大乘教的历史又掀开新的一页，其异名同教青莲教在川、黔、两湖、陕、甘等更广阔的领域潜行默运，迅速发展，构成了中国西南、中部清政权的心腹大患。由此看来袁志谦的确不是等闲之辈。正是他沉迹底层多年，暗中谋划，使青莲教（大乘教改名）形成比较严密的宗教组织，继而为此教向全国发展提供了比较坚实的基础。

袁志谦有两大弟子：杨守一，号还虚；徐继阑，号还无。此两人，大概在袁志谦入川不久即从袁志谦之教，后被并列为一贯道的十三祖。道光七年分别被当局逮捕。据清档案记载：

> 查道光八年川陕教匪案内，徐继阑为内盘，杨守一为外盘，均经照律治罪。现据各犯供词，明系徐杨流毒，如湖北陈汶海即前案发遣释回之犯，类皆假称兵火，妄托鬼神，以劫难之危词遂煽诱之。①

袁志谦入川后改教名为青莲教，"青莲教即大乘教别名"②。该教分内盘、外盘两部分，内盘掌管教内事务，外盘则掌管向外发展教务，而袁志谦则隐于徐继阑、杨守一背后，实行遥控指挥。所以当徐继阑、杨守一被当局逮捕之后，袁志谦得以逃逸。据史料载：

> 奉上谕：据徐炘奏称，陕省所获习教各犯徐继阑等，讯据供出系拜贵州龙里县人袁无欺，本名袁志谦为师。上年闰五月间，杨守一等破案后，袁志谦闻知川省查拿咨缉，当有同伙新都县人黄金榜将袁志谦送往湖北汉口，黄金榜旋即回四川。述及袁志谦改为吉

---

① 《朱批奏折》，道光二十五年三月十九日陕西巡抚李星沅奏折。
② 《朱批奏折》，道光二十年五月十八日湖南巡抚裕泰奏折。

姓，扮作卖绸商人，在汉口潜匿。①

据一贯道传说，袁志谦死于道光十四年（1834年），生前著有《万年归宗》等经书。其弟子杨守一、徐继阑皆为四川成都人，分别在道光八年（1828年）四月、八月被当局杀害。

从清代档案史料披露的事实是，后世一贯道祖师序列在道光时代已经形成。据道光二十五年的奏折记载：

> 李一源即依微子，素习青莲教，以达摩为初祖，供奉无生老母……②

> 惟讯据张利贞供，原名周位抡，湖南清泉县人，道光十三年拜吕文炳为师，演习坐功运气，亦以达摩为祖，至十二祖为袁祖。③

可见，在袁志谦、杨守一、徐继阑掌教的时代，或在三人死后不久，在青莲教内从初祖达摩到十二代祖袁志谦都成为膜拜偶像。在这个崇拜系列里无疑已出现了罗蔚群（罗维行）、黄德辉（黄廷臣）、吴紫祥（吴子祥）、何弱（何若）、袁志谦、徐吉南（徐继阑）、杨守一。这个序列随着该教历史的延续还在不断扩大。可以说从八祖罗蔚群（罗维行）起，每个祖师的出现都标志着一个新的发展阶段。

道光七年、八年青莲教案，对该教打击很大。但此时的青莲教已不完全与吴子祥、何若大乘教相同，它具有特定地区与时代风貌，也更具有开拓和生气勃勃的进取精神，一扫贵州大乘教偏居一隅的闭塞风习。

道光七年后，青莲教的活动并没有停止，但整体上处于调整和沉寂状态。至道光二十三年（1843年），该教再次出现重新统一的契机，从而进入一贯道、先天教所谓"先天五老"掌教的时代。所谓五老掌教时代，即以金、木、水、火、土五行为秩的五位宗教领袖共同掌教的时代。据台湾学者林万传《先天道研究》记载：

---

① 《上谕档》，道光八年七月二十六日上谕。
② 《朱批奏折》，道光二十五年三月十九日陕西巡抚李星沅奏折。
③ 《朱批奏折》，道光二十五年三月十九日陕西巡抚李星沅奏折。

火精祖：陈玉贤，道号依精，又号火精，四川成都府新都县人，嘉庆初年二月二十七日降生……道光二十三年癸卯在湖北遭风考，囚入禁中，道光二十五年九月八日杀身成仁。

木成祖：安依成，湖南长沙潭州城人，嘉庆初年降生，谓先天五老木公古佛化身，亲承袁祖心传，掌五行木部之盘……道光二十五年乙巳三月十五日遭风考，收入禁中，至十一月二日杀身了道。

土道祖：宋土道，又号依道，湖南长沙府宁乡人，嘉庆初年降生，谓先天五老黄老古佛化身，亲承袁祖心法，受命掌五行土部之盘……道光二十五年三月十五日遭风考，十一月二日杀身了道。

水法祖：彭德源，字超凡，道号依法……湖北沔阳州人，嘉庆初年十二月八日降生，谓先天五老水精古佛化身，袁十二祖时地任。道光二十三年风考迭起，道场频临瓦解，奉袁祖乩谕晋升水行，临危受命，继火行陈玉贤重建先天道场，严立佛规，著有《破迷宗旨》《破迷宗旨篇》……《天恩条规》《证恩条规》等，普传天下，大展余风，咸丰八年十二月一日归西。

金秘祖：林芳华，道号依秘……系四川叙州隆昌县人，祖籍江西赣州府龙南县，嘉庆九年六月二十五日降生，谓先天五老金母化身，袁十二祖时任金行。咸丰八年水祖归西，续掌道盘，任内选贤任能，仗义输财，开荒外国，以普渡收圆为务……同治十二年四月十日逝世于汉口，归葬隆昌。

以上一贯道、先天教传说与清代档案史料多有契合，特别是与道光二十三年至二十五年（1843—1845年）青莲教史料契合，因此可信成分很大。道光二十三年至二十五年，的确是青莲教重要转折时期，也是清当局着力打击青莲教的时期。考之那三年的道光皇帝上谕及督抚大臣奏折，在办理"邪教案"中，以青莲教案为第一要务。

道光二十五年正月，陕西当局在西安府咸宁、长安两县拿获青莲教徒萧刚等12人，在汉中府南郑县拿获张利贞等10人。当局根据教徒口供，顺藤摸瓜，遂逐渐揭开了青莲教的一个庞大的内幕。是年三月，在湖南、湖北分别拿获著名教首，即一贯道传说的先天五老之一的火精祖陈依精及木成祖安依成。当局提审了陈依精、安依成，二人供出青莲教的庞大计划：

> 据供认该犯等先在四川会遇素习青莲教之李一沅即李依微、林依秘即林祝官、葛依元即郭建汶，都说起在四川传有徒弟，因所传不多，恐在一处容易破案，大家商议分往各省传教收徒，骗取银钱。必须扶乩判出字派，方好传习。随于道光二十三年二月内同到湖南善化县地方请到江南人刘依道设坛扶乩，定下字派是：元、秘、精、微、道、法、专、真、果、成十字，都用依字加首名，为十依；又定致温、致良、致恭、致俭、致让五名，恐人多名字不敷，又添克、持二字，共十七字，又分出内五行五人，专管乩坛，外五行五人同五致，共为十地，分派各省传教。①

这份供词是道光二十五年（1845年）青莲教案最重要之史料，清楚地交代了道光七年以后，青莲教再次统一的组织构成，即分内五行，所谓内五行即一贯道传说中的先天五行。但一贯道传说没有外五行同五致，共为十地的记载。这次扶乩之后，众教首又到湖北武昌、汉阳的紫微堂"屡请袁祖降乩示"，"因以法、精、成、秘、道为先天五行，元、微、专、果、真为后天五行，又添温、良、恭、俭、让为五德"，即为外十，分掌十地。先天五行为内五，"总持坛事"。

总括清代档案史料，道光二十三年青莲教最后形成的先天五行、后天五行的组织机构，是如下人员：

先天五行：

法：彭依法即依法子，原名彭超凡。
精：陈依精即依精子，原名陈汶海。
成：安依成即依成子，原名安添爵。
秘：林依秘即依秘子，原名林周官。
道：宋依道即依真子，原名宋潮真。

---

① 《朱批奏折》，道光二十五年三月十九日陕西巡抚李星沅奏折。

后天五行：

元：邓依元即依元子，原名邓依沅。
微：李依微即依微子，原名李一沅。
专：朱依专即依专子，原名柳清泉。
果：范依果即依果子，原名范臻。
真：邓依真即依真子，原名邓良玉。

这是最后形成的领导人员名单，此外尚有七致和总教首朱中立，共计18人。朱中立虽名为总教首，实际上是个不掌权的傀儡。教权掌握在李一沅、彭超凡、陈汶海诸人手中。还有两个人需要一提，即葛依元和周位抡。葛依元，即郭建汶，道光二十三年二月在湖南善化县扶乩之时，定下元、秘、精、微、道、法、专、真、果、成十字，元字为首，为郭建汶所得，此即葛依元名称之立缘由。但不知何故，被排到了后天五行，派到了浙江传道，远离了自己湖北及四川传道基地。清档案记载葛依元与陈依精、安依成等人"彼此不睦"，"葛依元不知去向"①。一贯道传说，则认为葛依元与张利贞即周位抡，在教内形成了周葛派，搞了分裂。后来周位抡为有清当局逮捕处死，葛依元从青莲教中枢分裂出去以后，改名刘仪顺，在川、黔、鄂诸省组织教军，成为著名的灯花教的领袖，与清政权对抗了14年，干出了一番轰轰烈烈的大事业。对此《中国民间宗教史》有专节叙述。另一位青莲教的领袖人物是李一沅，有清当局认为道光二十五年青莲"邪教案"首犯是李一沅："李一沅布散妖言，转传徒众，实为此案教首。"道光二十五年五月二十七日上谕记载李一沅"变易姓名，入乐山县境，经该地方文武员弁督率兵役，将该犯立时拿获"。后为当局杀害。

道光二十五年，有清当局对青莲教的镇压，多数宗教领袖及骨干成员纷纷罹难，但虎口余生者并未放弃信仰。这些人在逃逸隐匿多年后，又继起活动。其中彭超凡即彭依法和林周官即林依秘等人"重建先天道场"，潜行默运于底层社会。而山西省一支则由山西而山东而直隶，在

---

① 《朱批奏折》，道光二十五年三月二十六日湖广总督裕泰奏折。

光绪时代造成如火如荼的发展局面。

青莲教"五老"掌教以后的时代,此教分成先天道与一贯道两大系统。近代一贯道的真正创始人是山东省青州人王觉一。一贯道内关于王觉一的记载不少,但对他在光绪一朝的反清活动则寥寥数笔。清代档案弥补了这方面的不足。清档案记录一贯道活动多在光绪一朝,为左宗棠、涂宗瀛、曾国荃、祥亨、卞宝第、孙毓文、乌拉布、鹿传霖等廷臣或督抚大臣奏折,计十折,内载一贯道与青莲教的关系及王觉一活动,颇为翔实,弥足珍贵。

据一贯道内传说,王觉一大致有如下行迹:

> 十五代祖,王学孟,又名希孟,道号觉一,又名北海老人,山东青州益都县城东北八里阙家,约生于道光元年(1821年),谓水精子化身,幼年孤苦伶仃,三岁丧父,七岁母逝,幸蒙族叔收养。他平生好道,手不释卷,潜心三教奥旨。①

据王觉一所著《一贯探源》自述云:

> 至二十七岁,蒙洱东万春刘师之引进,得山西鹤天姚师之指示,入室静坐,涵养本源,由定静而入大化。……初立志学道之时,亦自象天入手,用至水升火降,法轮常转而后。②

据记载,王觉一的师父姚鹤天乃是一个证恩级传道师,后设立西乾堂传教。此即一贯道尊崇的十四祖。王觉一拜师学道后,于山东青州开创东震堂。光绪三年(1877年)称十五祖,"续办收圆"。光绪三年后,先后在江苏、安徽、河南、北京、湖广传教。光绪九年癸未(1883年)在汉口遭"风考",隐遁荆门,八月得病,先避居北京,后转居天津杨柳青镇,光绪十年(1884年)甲申三月病故。③

---

① 林万传:《先天道研究》第六章,巅巨书局1985年版,第188—189页。
② 林万传:《先天道研究》第六章,巅巨书局1985年版,第188—189页。
③ 林万传:《先天道研究》第六章,巅巨书局1985年版,第188—189页。

上述关于王觉一行迹的记载与清代档案史料多有契合，可信性很大，但缺漏亦多。如一贯道之名称都认为是十六祖刘清虚时代才出现的，其实清档案明确记载王觉一时代即有"一贯教"的名称。再如，王觉一的教名又叫"末后一着教"，一贯道的教内资料没有任何记载。至于王觉一的具体活动记载得就更少。

光绪一朝，王觉一的教派多称作"末后一着教"，这个名称来自明末及清初问世的《皇极金丹九莲证信皈真还乡宝卷》即《九莲经》和《古佛天真考证龙华宝经》即《龙华经》①。这里所谓"末后一着"是指民间宗教教义中末劫垂至之时，弥勒佛行"龙华三会"，最后一次普度众生，回归彼岸世界。王觉一在教内称古佛，即自谓弥勒下世，认为九十六亿尘世的芸芸众生归于一贯教是天理昭然，势有必至。后来他产生帝王野心，也是这种思路的一种结局。

关于一贯教之名，清代档案亦有记载：末后一着教组织严密，初入教者仅知所传系末后一着教，或"所传灯花教"，"不知另是一贯教也"②。王觉一著有《一贯探源图说》，教内传有一贯图③，"非派为大头目，不能得一贯图"，教徒入教有时"拜一贯图，并不供奉神道"④。在王觉一看来，儒、释、道三教之源本一，未有三教先有道，道即一，一即道，故孔子说：吾道一以贯之。这是一贯教（即后来的一贯道）教名的来历。

王觉一是个活动能力很强的人，早在同治年间，就在山东、河南一带传授末后一着教。平时以算卦为业，走串江湖，足迹遍布华北、华东、华中，或云四川亦有其足迹。他不仅毕生探究三教一贯之旨，穷理尽性至命奥义，而且讲劫灾、异术、象数，是个宗教预言家，并用这类思想鼓吹、从事反清活动。

光绪八年（1882年），王觉一认为时机成熟，携其子王继太、大弟子刘至刚从山东青州起身，前往江苏、湖北一带组织抗清暴动，并命令河南弟子们前往"助道"。苏北是他选择暴动的要区，为中国最大盐

---

① 马西沙、韩秉方：《中国民间宗教史》，上海人民出版社1992年版，第1152—1153页。
② 《军机处录副奏折》，光绪九年五月二十五日湖广总督涂宗瀛奏折。
③ 《军机处录副奏折》，光绪九年五月二十五日湖广总督涂宗瀛奏折。
④ 《军机处录副奏折》，光绪九年九月三十日卞宝第奏折。

场，五方杂处，历来为抗清势力屯聚要区。早在光绪元年（1875年）王觉一及其弟子张道符便在这一带进行传教活动。光绪九年三月，一个在苏北海州、苏南武进以及湖北武汉三地同时举行暴动的计划已经拟定。但苏北末后一着教教徒的行动不慎，以至"煽惑日多，民心惶恐，群队移家避居，一夕数迁"①，惊动了江苏当局，迅速对打算暴动的教徒进行镇压，逮捕了数人，多数党徒闻风逃逸。

早在当局发现苏北末后一着教活动之前，王觉一已到了金陵，布置江南常州武进一带的抗清活动。他在江南的弟子在被捕后交代出起事计划：

> 徐金洪声言：天灾甚大，伊有师祖觉一子，即王古佛，道教深奥，今赴江南一带传教，静候海州消息，即可约期起事。并出黄布小旗，……以备接应，……各犯供出"重整三教，编选道统"八字，用钤印旗帜。②

王觉一与徐金洪等定于三月二十八日"约期起事"。但苏南一贯道徒并未有真正攻掠城池、杀官劫狱的抗清行动，仅在武进县等地抢了钱庄和药铺，迅速为当局拿获，致使江苏南北呼应起事的计划流产。

王觉一行动计划还包括在湖北武汉的暴动。他在布置完苏北、苏南的起事计划后，乘船抵鄂。光绪九年三月，王氏父子和刘至刚到武汉，王觉一以天下总教首身份招收徒众，入教者皆拜一贯图。湖北省是灯花教基础雄厚的地区，咸同间刘仪顺、刘汉忠在此传教多年，教势很大。刘仪顺失败后，灯花教并未停止活动。故王觉一到武汉后，立即有大批教徒皈依门下，"听候王觉一消息"。武昌、汉口暴动的总指挥是熊定国，原为清朝捐纳县官，尚未赴任，为刘至刚鼓惑，遂愿意充任军师，弃官造反。他与王继太、刘至刚相商，约定三月二十八日子时在武昌、汉口放火为号，同时举事，先劫监狱，继抢库局。但不料消息走漏，是夜二更时分，当局出动步兵1000名、马队250名，包围了起事地点，

---

① 《军机处录副奏折》，光绪九年四月三日左宗棠奏折。
② 《军机处录副奏折》，光绪九年六月十九日左宗棠奏折。

多数教徒被捕。王继太、刘至刚因藏匿于长江舟船中，闻讯逃逸。后来王继太、熊定国为当局捕获斩决。王觉一则于暴动前回舟江苏扬州，听候各地起事消息。王觉一回扬州后，各地纷纷传来起事失败消息，他谎称欲往四川避祸，北归与刘至刚会遇。① 后于光绪十年死于天津杨柳青。

王觉一死后，一贯道教权由刘至刚掌管。刘至刚即一贯道十六祖刘清虚，隐于山东沿海一带潜行传教。

据《先天道研究》记载，一贯道十七代祖路中一，山东济宁人，生于道光二十九年（1849年），幼年孤苦。22岁前往天津小站从军，几年后成为军官。48岁辞职，回山东，投刘清虚入教。光绪三十一年（1905年）"奉命掌道"，称为十七祖。1925年"归空"②。

路中一手下有八大弟子，其中一人是张天然。山东济宁人，生于光绪十五年（1889年），从事油盐杂货店生计。1915年拜耿姓道徒为师，入一贯道，后追随路中一。1930年掌握教权，称十八代祖。死于1947年。③

本章从东大乘教即闻香教开始探讨，指出它来源于无为教，又不同于无为教的特点。从东大乘教又分化出龙天门教、大乘圆顿教、金幢教。清代初年东大乘教一支发展到江西，此派发展到贵州，进入四川后改称青莲教，后又改名为灯花教、先天道、一贯道。清代末年，四川一支又发展为同善社。由于篇幅所限，对灯花教、先天道、金幢教、同善社的嬗变，不再一一探讨。④

第二节 组织与制度

一 闻香教、清茶门教的组织与制度

闻香教在万历间已发展至北直隶、山东、河南、陕西、四川等地，

---

① 《军机处录副奏折》，光绪九年九月三日署湖广总督卞宝第奏折。
② 林万传：《先天道研究》，靝巨书局1985年版，第194页。
③ 林万传：《先天道研究》，靝巨书局1985年版，第206—207页。
④ 参见马西沙、韩秉方《中国民间宗教史》第十章、十八章，上海人民出版社1992年版；林万传《先天道研究》第六章。

有信徒不下 200 万。明末清初又发展至江苏、江西、福建、湖北、山西等省份。至于关外之辽东，亦有大批善友会成员在传教。而教名则有龙天门教、圆顿教、大成教、衣法教（金幢教异名同教）、善友会、清茶门教、皈一教等多种。

在闻香教中，最基层组织为会，每会二三十人、百余人或四五百人不等，多者则达数千人。每会都有会首、传头，内部还有掌经、掌支干等名目。数会或数十会之上则有管理某一地区的总会首、总传头、总掌经、总掌三乘。此外尚有太师等职。这之上则是王森、王好贤父子。王森自称古佛，是总教首。王森死后，由王好贤掌管教权，自称弥勒佛。由于闻香教在京畿、直隶、山东一带教势极大，以至于"传头半天下"，可见基层组织之多，信仰者之众。在京畿南部一带十几个州县，"气候相通，共数十万人"。而北京附近各州县，教徒更是云合聚众。山东也是传教要区，天启二年，徐鸿儒振臂一呼，立即集众数十万，连破四城。

各地区不仅信仰者众，结会者多，而且内部比较严整，消息传递迅速，"省直府县，各设公所，使传头者守之，置竹签飞筹，印烙王三字号。凡有风信，顷刻可传千里"①。而王森父子"藉妖党之羽翼，结连接六省，煽惑四方，僭佛僭王，擅不二之专号"，"醵金则曰解送，纠聚则曰伍会，推重则曰三王，妄拟则曰弥勒，篆刻则曰关防，假托则曰天书，总归于闻香一教"②。对王氏父子"供奉如活佛"。

闻香教内实行层次分明的教阶制度，固然是一切成熟的宗教的必然趋势，但内部严密，而且实行家长、家族式统治，则是部分中国民间宗教的特点。教职的确立，并不是单纯的宗教上的分工或为了弘扬法事，而是与传教敛钱这种财产和分配密不可分的。在闻香教中，各会会头，每年四季敛钱，交于总会首、总掌教处，然后再向上递送。《餐微子集》记载："见获伪太师周印，传徒分为五会，会各数千人，每四季敛钱，解赴周印处，转解滦州石佛口，称弥勒佛王好贤，听其支用。"③

---

① （明）岳和声：《餐微子集》卷四。
② （明）岳和声：《餐微子集》卷四。
③ （明）岳和声：《餐微子集》卷四。

当然，解送王好贤处的仅是一部分，在一般教徒汇送银两的过程中，要受到层层盘剥，教职越大，油水越多。收徒作会，发放经卷，教单、印信等物，升迁教职，无不与敛钱相联系。而所奉银两越多，教职升迁越快。万历四十八年（1620年）许应龙同善友多名，凑银与王好贤"做好事"，"王三以应龙教法广行，升为会头。送与见获木雕关防一颗，篆刻'葭州知州许关防记'八字"①，正因如此，前往石佛口送银者络绎接踵。史料记载："森移住滦州石佛庄，其徒见者俱称朝贡，各敛积香钱，络绎解送。或盛停别所，以待支用。"②这种严密的组织和教职升迁制度，造就了王氏父子成为一方豪富。据我国学者李济贤统计，王氏父子在北京，通州十里河，密云县，遵化县，永平府滦州，永平府迁安县孙各庄、松汀、古麻、建昌营，广平府永年县，真定府饶阳县有房产11处、田产9处③。这尚是其家财的一部分。这使王氏父子及闻香教上层教首形成了一个宗教特权阶层。这种以传教敛钱的方式与正统宗教以捐献、布施为名建立的寺院经济并无不同，它们同样没有跳出封建经济法规的制约。正是在经济的分配中产生了等级制，并在此基础上产生了特权阶层，从而在教门内部划出了阶级分野。

由于财产的迅速和巨大的积累，不可避免地产生财产再分配。而财产再分配又将导致教权的再分配，这种分配又往往导致宗教的分裂和新教派的产生。万历四十年，迁安县建塔，众人"以森术能动众，举森募化，森以金钱托其弟子李国用、李应夏，而国用乾没之，不为森所容。国用遂叛森，与应夏创立别教，自称太极古佛，以符咒亡灵为事"④。两派从此仇杀屡起，引起官府注意，将王森、李国用等逮捕，"此四十二年事也"。

由于教派多次分裂的教训，也由于封建宗法制度的制约，民间宗教家最终懂得了：只有以血缘关系为纽带，以家族制度为基础，实行教权世袭制度，才能避免频繁的分裂，避免教权和财产为外姓所夺。而要巩

---

① （明）岳和声：《餐微子集》卷四。
② （明）岳和声：《餐微子集》卷四。
③ 李济贤：《白莲教主王森王好贤不是农民起义领袖》，《文史》第十三辑。
④ （明）黄尊素：《说略》，载谢国桢编《明代农民起义资料选编》，福建人民出版社1981年版，第149—150页。

固这种家族家长制统治，为这种制度制造合理、合法的依据，宗教教义中的宣传成分就被突出出来。从明代到清代，王氏家族承袭教权十代，达250年之久，"僭称弥勒佛主之尊号"，宣扬"四正文佛落在王门"。目的都是为了巩固神权、巩固族权、巩固产权，为世袭传教家族制造宗教理论依据。

在明代，王氏家族有着独自为尊的教主王森、王好贤等。到了清代，由于家族的分裂，已缺少统一的领导核心，形成以家庭为本位、各自为政、各自传教的局面。但王氏家族依然受尊崇如活佛。"是以王姓传教之人，俱称为青山主人，入教者皆称之为爷，笃信者竟尊为朝上，送给银钱者并推为根基、元勋，磕头礼拜，居然有主臣之分"①。各地区教徒"将所积之钱交割，谓之上钱粮，次教首转送老教首处，谓之解钱粮"②。但从清代史料分析，由于王氏家族的分裂，缺少大一统的宗教组织，明代形成的教阶制度，在清代已逐渐瓦解。清代清茶门教已见不到教阶制度的存在，该教明显地衰落下去。

二 圆顿教的组织与制度

圆顿教明显地受着东大乘教与黄天教的影响。认为王森大乘教为"莲宗"，而本教派是"莲宗"的继承人。《古佛天真考证龙华宝经》云：

> 古佛法门，末后一着，千门万户，尽归佛门，……古佛家风，若离一字，难续莲宗，续上莲宗，得续长生……

《龙华经》总是强调"一字为宗""一字排谕""一字流通""若离一字，难续莲宗"。这"一"字即是道号"普"字。圆顿教教徒都有道号，男为普，女为妙。但考诸东大乘教，都没有以普为号的做法。倒是黄天教和江南斋教都以普为号（见本书黄天教章、江南斋教章）。如黄

---

① 《清代档案史料丛编》第三辑，中华书局1979年版，第29页。
② 《雍正朱批谕旨》，雍正十年十一月二十九日李卫奏折。

天教创始人和主要传承人普明、普光、普静、普照、普贤、普慧等。江南斋教又称为一字教，凡入教者皆以普为号。明清时代以上诸教以普为号的做法，显然是受到南宋、元代白莲教的影响。白莲教道号有四字：普、觉、妙、道，而普字为道号者最多。

初期的圆顿教还有自己的组织体系即所谓的三宗五派：①

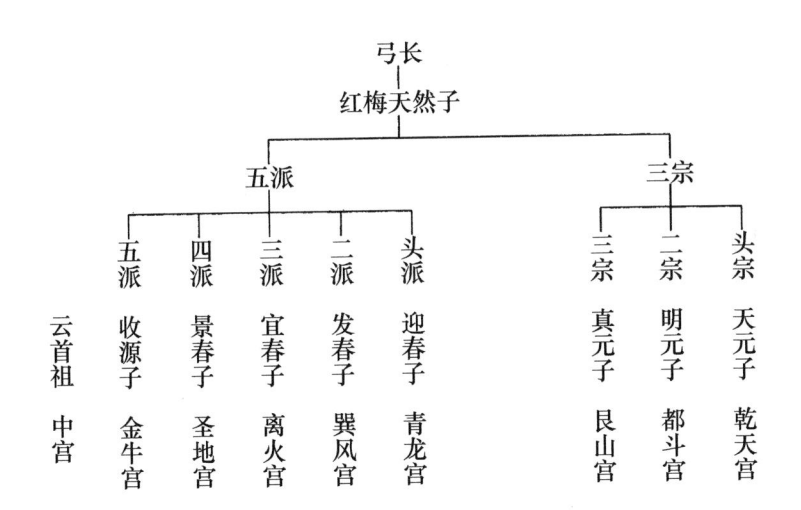

```
                    弓长
                     │
                  红梅天然子
         ┌───────────┴───────────┐
         五派                    三宗
   ┌──┬──┬──┬──┬──┐        ┌──┬──┬──┐
   五  四  三  二  头        三  二  头
   派  派  派  派  派        宗  宗  宗

   云  收  景  宜  发  迎    真  明  天
   首  源  春  春  春  春    元  元  元
   祖  子  子  子  子  子    子  子  子

   中  金  圣  离  巽  青    艮  都  乾
   宫  牛  地  火  风  龙    山  斗  天
       宫  宫  宫  宫  宫    宫  宫  宫
```

从《龙华经》中，我们还可以了解到如下教阶或教职的名称：头行、续灯、领袖、总会、开示、经主、会头、会主、领众、走道、坛主、香头。从上述名称，我们不难看出圆顿教与东大乘教教阶、教职的一致处及其演变。

三　一贯道前史及一贯道的组织与制度

雍正十二年（1734年）有清江西、浙江当局查办了一起大乘圆敦（顿）教案，本章前面已考证此案首犯黄森官之父黄廷臣极可能即是一贯道崇拜的黄九祖黄德辉。大乘圆敦教内设有斋堂，已知为九莲堂、五云堂。教首是黄廷臣、黄森官父子，以天老爷、黄太师、弥勒佛紫微星

---

① 参见［日］泽田瑞穗《校注破邪详辩·附龙华经的研究》。

自居。教徒见者皆下拜。尚无史料证明其教有严密的教阶制。

乾隆四十八年（1783年），江西省当局在贵溪县发现吴子祥设立五盘教。吴子祥即一贯道崇奉的十祖吴紫祥。所谓五盘即天、地、人、神、圣五盘，亦五会之意。吴子祥用这种组织机构，招收教徒，统一教派。据清代档案记载：吴清远供圣盘、何若供天盘、徐步瀛供地盘、张连发供人盘、万兆兴供神盘。吴子祥则于五盘之上，统一指挥。五盘之名来自《皇极金丹九莲证信皈真还乡宝卷》：

升仙玄、选极头、五盘四贵，
挂号玄、天宫偈、句句分明。
品极玄、定佛名、三宗五派，
朝元玄、对查号、考证三乘。

（《无为开示名山品第九》）

星宿九九与天齐，皇泰交宫斗星移。
五盘四贵从安立，三宗五派定根基。

（《无为祖师明真品第十四》）

老无为，明扬三会，收万法各认宗支，各认宗支，同入五盘四贵。

（《证表明宗品第十八》）

由此可见，吴子祥五盘之名不是杜撰，而是依于东大乘教的《九莲经》。在《九莲经》中五盘四贵都是指组织机构的。五盘教经过乾隆四十八年当局的取缔，隐匿了二十年，嘉庆五年（1879年）再次兴起，再遭取缔。到嘉庆二十五年再次传教，道光二年（1822年）又遭取缔，从此销声匿迹。

吴子祥曾传教三大支，一支传给福建人李凌魁，李凌魁设立了一支阴盘、阳盘教，后改换天地会名目，与天地会融合。嘉庆八年（1803年），李凌魁徒众在江西广昌、宁都、石城及闽省交界处之姚妨发动起义，惨遭镇压。

吴子祥于乾隆四十九年病故。其弟子何若又于乾隆五十四年传教，被当局发配到贵州龙里。何若到贵州后再继续开拓教业，"入其教者受五戒，供天地君亲师牌位，烧香吃斋念经，发愿文《十报恩》等项"。共收教徒500余人。教内信仰无生老母，烧九炷香。似无严整的教阶制度。吴子祥有两大弟子：袁志礼、王道林。嘉庆二十五年此教为当局发现，袁志礼等被流配云南，安插为民。

道光初年，袁志礼的弟弟袁志谦从云南到四川传教，是为一贯道十二祖。袁志谦改大乘教之名为青莲教，教内分内盘、外盘。其弟子徐继阑掌内盘，即掌管教内内部事务；另一弟子杨守一掌外盘，即掌管在外发展教徒事务。袁志谦则居于内外盘之上，统一指挥。内外盘的组织体系显然是吴子祥设五盘，李凌魁的阴盘、阳盘组织体系的继承和发展。教内最高神是无生老母。

道光七年，袁志谦两大弟子为当局逮捕，青莲教受到重大打击。道光十四年袁志谦亦离世。直至道光二十三年，青莲教再次统一，设立先天五行、后天五行、七致的组织机构。所谓先天五行是以法、精、成、秘、道为号，总管教内事务，以元、微、专、果、真为后天五行，与其他人等组成十地，分往外地传教。据道光二十八年史料记载，此时的青莲教已出现较完整的教阶制度：

> 刘振林籍历湖南清泉县，向在原籍拜青莲教周位抡为师。……仍以青莲教原编顶航、引恩、宗恩、证恩、添恩各名次，以顶航为上等，凡入教之人由添恩递进。①

另一则史料则记载："引恩戴用道冠道袍，传授经卷；证恩可以传徒。其余天恩、众生不过茹素念经。又有上、中、下三盘经盘，领得上盘、中盘者亦可传徒。"②

从青莲教发展到王觉一创始的近代一贯道，仍有一些内在联系。一贯道创始时的教阶制基本沿用了青莲教。据曾国荃奏折记载：

> 王觉一说伊教有九品名目：一品众生、二品天恩、三品正恩、

---

① 《军机处录副奏折》，道光二十八年十二月二十二日湖广总督裕泰奏折。
② 《朱批奏折》，道光二十七年十一月十六日江西巡抚吴文镕奏折。

四品引恩、五品保恩、六品顶行、七品十果、八品十地、九品莲台。①

这是青莲教也是开创时期的一贯道最完整的教阶制度。所谓莲台是最高地位，即佛的代称；而十地则是菩萨最高果位。莲台之位非"古佛"王觉一莫属。

一贯道教内规矩甚严，"非派为大头目，不能得一贯图。王觉一称太老师，王继太称为大老班，刘至刚称为老师。凡入教未久之人，皆不得见此三人之面"②。

现代一贯道在组织体系上与王觉一的时代完全不同了，分成：师尊、师母、道长、老前人、前人、点传师、坛主、讲师、办事员、三才、道亲十一种。③

第三节 经典与教义

一 闻香教、清茶门教的经典与教义

闻香教包括一个体系庞杂、内容丰富的教义，这与其兼收并蓄、容纳百川的宗教性格分不开。闻香教来自无为教，所以罗梦鸿的五部六册宝卷无疑是教内必读之经。据《皇极金丹九莲证信皈真还乡宝卷》第二十二品记载：

是原人，紧保守，无为大道，
五部经，真骨髓，字字分明，
同道中，有几人，欺师灭祖，
吾不在，闲争论，各显其能。

---

① 《军机处录副奏折》，光绪十年九月初二日曾国荃奏折。
② 《军机处录副奏折》，光绪九年五月二十五日湖广总督涂宗瀛奏折。
③ 林万传：《先天道研究》，靝巨书局1985年版，第221—222页。

足见王森依然以罗祖为师为祖，以《苦功悟道卷》等五部经为宝典。但闻香教还受到黄天教等教派的影响，教内肯定有黄天教的《普静如来钥匙宝卷》。①

清顺治二年（1645年），陕西当局查办大成教首徐会公，首次缴获"皇极妖经一卷"。所谓"皇极妖经"即《皇极金丹九莲正信皈真还乡宝卷》。

顺治三年（1646年），当局查办直隶定州大成教，发现《九莲经》即《九莲如意皇极宝卷真经》或《皇极金丹九莲正信皈真还乡宝卷》，《定劫经》即《佛说定劫宝卷》或《佛说定劫照宝卷》。

笔者在《中国民间宗教史》第二十一章《收元教、混元教的传承与演变》中考证出闻香教的另一部经典《立天卷》即《元亨利贞立天后会经》。这部经于康熙二十四年刊行。②

清雍正十年（1732年），直隶总督李卫在深州、衡水一带发现大成、衣法两教，"其所诵之经有《老九莲》《续九莲》等名色"。

嘉庆二十年（1815年），直隶总督那彦成在滦州石佛口围峰山寿峰寺内"查有《皇极金丹九莲正信皈真还乡宝卷》一部，共二本"。寿峰寺为王姓昔年所建香火庙。而"王姓累代传教，仿照此经编造三教应劫，分掌天盘等邪说，煽惑骗诱，实为各项邪教辗转附会之宗，毫无疑义"。

嘉庆二十一年，直隶布政使钱臻在石佛口空庙内检得：《销释木人开山宝卷》二本、《观世音菩萨普度授记皈家宝卷》二本、《销释收圆行觉宝卷》一本、《销释显性宝卷》一本、《销释圆通宝卷》一本、《销释圆觉宝卷》二本。关于《销释木人开山宝卷》，钱臻奏折称此卷"内有无影山石佛王祖及三木留经字样，语多荒谬"。"三木"即森，此经应为王森所撰。③

嘉庆二十年，两江总督百龄在江苏拿获王秉衡，供出所习经卷有《九莲如意皇极宝卷真经》两本、《元亨利贞钥匙经》一部，抄白经两本：《老君度夫子》《孔子度元关》，内容是劝人"明心见性"的。

---

① 马西沙、韩秉方：《中国民间宗教史》，上海人民出版社1992年版，第610页。
② 《清代档案史料丛编》第三辑，第45页。
③ 《军机处录副奏折》，嘉庆二十二年正月十四日直隶布政使钱臻奏折。

嘉庆二十年，河南巡抚方受畴派人在涉县清茶门教徒家中搜出《伏魔宝卷》即《护国佑民伏魔宝卷》及《金科玉律戒文》。

嘉庆二十年，直隶总督那彦成派人在直隶邯郸清茶门教徒王克勤家搜出《三教应劫总观通书》，系王氏长房后裔王度所传。

分析王森及其后裔所撰所习之经书，最重要者无过《皇极金丹九莲正信皈真还乡宝卷》，甚至《三教应劫总观通书》也是仿造此经所为，"实为各项邪教辗转附会之宗"。此经应是王森本人口授经卷，但记载了王森经历及死日，故撰写及刊行当是其弟子或后代所为，成书年代在明代末年，万历四十七年以后。

这部经首先对闻香教名的来历作了暗示。历来官方史料，皆依王森口供，因王森得妖狐异香，故创闻香教。其实不然。此经《古佛太皇演教品第一》云：

> 古佛……举动宝香，穿天进斗，灌满十方。
>
> 诸天佛祖菩萨，忽闻宝香，不解其意，一齐都到九莲天五晶宫请问圆通教主，九莲菩萨：忽闻信香，不解其意。菩萨答曰，此香别处无有，除是太皇天宫古佛宫中有此宝香。此香有三个名号：一名唤作穿天进斗香，一名唤作天花了意香，一名唤作三元如意九莲香。此香从三佛定劫，无极掌教动了一次，后来太极掌教又动了一次，今动此香，宫中定有大事。

《九莲经》开宗明义的第一回大段描写"宝香""信香"，决非无意之举。王森在创教时称"有先天信香"。明黄尊素《说略》亦记载：王森曾救一不满三尺的老人，"是夜老人来谢，授森瓣香，曰：'持此可以起家矣'，盖妖狐也。森因焚香倡教，凡染香气者，神魂俱醉，无不听其指挥，故又名焚香教"。该书又记载："凡闻此香者，心即迷惑，妄有所见。森依其术，创为白莲教，自称闻香教主。"① 在《九莲经》中，这先天信香并非得之于妖狐，而是得之于"老母"。在此经《祖师朝谒

---

① （明）黄尊素：《说略》，谢国桢编《明代农民起义资料选编》，福建人民出版社1981年版。

圣母品第六》中，"老母"云："吾将九莲信香与你遍满乾坤，灌穿法界，天内天外，名山洞府，仙佛星祖，闻香而至，都来选佛场中证道。"这位"老母"可能即是佛广。而九莲信香则有隐喻教权权柄的内容。

下面从两方面分析此经内容。

（一）关于"三教应劫"思想

三教应劫救世思想源远流长，本书第一章对其渊源已进行了考证。所谓三教应劫救世思想即始于佛教弥勒救世思想，经民间宗教改造，形成燃灯佛、释迦佛、弥勒佛，分青阳、红阳、白阳三期，普度世人的思想。有的教派则以燃灯佛代表道教，释迦佛代表佛教，弥勒佛演化孔圣人代表儒教，"三世古佛，立于三教法门，三世同体，万类一真，九转一性，乃为三周说法人间，譬喻过现未来，三极同生"[①]。"三元了义，无极圣祖，一佛分于三教。"[②] 在明清时代，部分教门中最高崇拜神是一位女性，世称无生老母。部分教门则崇拜无生父母，在《九莲经》中也存在着明显的三教应劫救世思想。该经第一品云：

> 世尊言曰：当初因为乾坤冷静，无有人烟万物，发下九十六亿仙佛星祖菩萨，临凡住世。化现阴阳，分为男女，匹配婚姻，贪恋凡情，不想皈根复命，沉迷不醒，混沌不分。无、太二会下界，收补四亿三千原初佛性归宫。掌教会下，还有九十二亿仙佛祖菩萨认景迷真，不想皈家认祖，你今下界，跟找失乡儿女，免遭末劫，不堕三灾。[③]

这段描述不仅包含了三教应劫的基本思想，而且有着闻香教创世论思想。但三期普度的弥勒佛在该经中成了佛教住持西方极乐世界的弥陀佛：

[①] 《普明如来无为了义宝卷》第三十五分、三十三分。
[②] 《普明如来无为了义宝卷》第三十五分、三十三分。
[③] 《皇极金丹九莲正信皈真还乡宝卷》第一分。

> 未来世界弥陀掌，八十一劫证无为。(《第一品》)
> 西天号，阿弥陀，三阳教主。
> 东土称，无量寿，元始天尊。(《第二品》)
> 无生法令行，弥陀坠云宫。
> 只因心不了，思凡来下生。(《第三品》)

这位弥陀佛思凡救世，是受了无生老母之命。在《九莲经》中，王森是以下世弥陀佛自居的，故又称"古佛""老古佛"。全卷都是以各种方式暗示王森的传教活动。经卷前几品描述了无生老母派遣弥陀下凡的经过，暗示王森当年从蓟州到"东土"滦州石佛口"开荒创教"的过程：他从天宫来到"九州汉地"，最终落在所谓的"无影山"。无影山即滦州围峰山。到"九州汉地"后，他"隐姓埋名暗钓贤，末后龙华总收元"。"隐姓埋名"是指其改石姓为王姓，"暗钓贤"意思是传教授徒，扩大教门。行龙华三会，则是指闻香教统一各色民间教派，达到一切尘世众生归于本教，使所谓失乡儿女皈真还乡。

在此经二十三品中有一偈言，暗示了王森生平：

> 甲子临凡九转，壬子定派分宗，
> 己未逢拙遇难，庚午入圣归宫。

甲子年即嘉靖四十三年（1564年），王森时年28岁，开始到外地传教，即经中所述弥陀下生之年。壬子年即万历四十年（1612年），大乘教内因李国用、李应夏"创立别教，自称太极古佛，以符咒召亡灵为事"，导致大乘教分裂，王森重新安排组织机构。己未年即万历四十七年（1619年），王森瘐死狱中（实际是被迫自杀）。庚午则指王森具体死的日期，而非年号。笔者在《金幢教渊源史实辨证》一文中，考证庚午是万历四十七年四月十七日，公历5月30日。

经文与王森行迹一一吻合，再次证明这部经是闻香教经典。王森一生两次入狱，造经人将其比喻为文王被商纣幽于羑里："罚吾幽岩之地，羑里城中受苦十二载，吾今就待玄关紧闭，入圣回宫，亲到老母面前诉告风波之苦。"预示了王森的死日已到。这位下凡的弥陀教主终于完成了"临凡下世"—救度世人—"入圣回宫"的神话故事。

诸种史料都证实闻香教第一代教主王森没有自称过"弥勒佛",只是到了其子王好贤踵行教业后才自称"弥勒佛主"的。① 清代闻香教异名清茶门教最重要经典是《三教应劫总观通书》,即仿自《九莲经》。这部经对三教应劫作了如下叙述：

> 世界上是过去、现在、未来三佛轮管天盘。过去者是燃灯佛,管上元子丑寅卯四个时辰,度道人道姑,是三叶金莲为苍天。现在者是释迦佛,管中元辰巳午未四个时辰,度僧人僧尼,是五叶金莲为青天。未来者是弥勒佛,管下元申酉戌亥四个时辰,度在家贫男贫女,是九叶金莲为黄天。②
>
> 其书内有天盘三副,过去系燃灯佛掌教,每年六个月,每日六个时。现在是释迦佛掌教,每年十二个月,每日十二个时。将来系未来佛掌教,未来佛即弥勒佛,每年十八个月（朱批：与方逆相同）,每日十八个时。未来佛降在石佛口王姓家内,经卷内有"石家第三郎"之语。③

这部经与《九莲经》不同的是,带有强烈的政治色彩,天变,道亦变。天变将伴随着劫难,但也伴随着希望。改天换地的希望和救世主是石佛口王姓家族。不仅如此,此经还明确号召推翻清政权,"至书内逆词,不一而足。如清朝以尽,四正文佛落在王门；胡人尽,何人登基；日月复来属大明,牛八元来是土星"④。牛八是拆字法,合为朱姓。反清复明思想昭然若揭。此经似成于清初三藩之乱时,应是王好贤之后裔所为,故有"石家第三郎"之语。王森本姓石,故经内有"石内崩出《弥勒尊经》一部,传与天下人民抄写"等内容。嘉庆十八年（1813年）,八卦教首林清家中藏有此经一部,内有"此经在山西岳阳王家庄,雷响一声,石内出现"等语,与嘉庆二十年清茶门教教案发现

---

① （明）岳和声：《餐微子集》卷四。
② 《清代档案史料丛编》第三辑,第656页。
③ 《清代档案史料丛编》第三辑,第28页。
④ 《清代档案史料丛编》第三辑,第36页。

雷同。

三教应劫救世思想也是一种天人合一思想。封建专制统治者热衷于天人合一的思想武器，以此说明政权的合理合法性。在封建社会后期，底层民众也热衷于此，并不断地推出自己利益的代表，给他们贴上异人或临凡下世救世主的标签，认为他们代表天的意志，有"天下之分"，有救世的权力，而自己所从事的事业则是顺天应事，合乎天理。这种劫变观念虽然也充斥着宿命论思想，但本质已经是一种现实的政治观念。在宗教色彩的掩盖下，露骨地宣扬政权更迭、江山易帜等内容。是中世农民和下层民众能够找到的最有力的指导思想，因此不能不受到统治者的严厉镇压取缔。

（二）《九莲经》的内丹思想

闻香教源于罗教即无为教。无为教以禅宗心法为上，行扫除万法之无为法。罗祖梦鸿曾公然指斥道教内丹的修炼之法。但在罗祖死后，弟子分门倡教，其异姓弟子已开始倡内丹修炼之术。如五祖孙真空即倡内丹之术，不过仍是禅道结合的内修之术。《销释真空扫心宝卷》上册云：

> 点与你玄关一窍。只消息十分奥妙。只要你昼夜家。殷勤举念弥陀。自有个功劳。园的声。跳出云门。回光返照。现出个亮堂堂。明历历。长安大道。
> ——《上小楼》①

> 神要清。性要灵。一尘不立。精若全。气若满。自然得不饥。调理着呼吸。运转着东西。下了一个悠久功夫。自然就出现个牟尼。②

上述以修炼内丹（牟尼宝）为宗旨的内容充斥全经，足见罗祖的弟子与罗祖五部六册经卷倡导的思想已经有了差异。王森是孙真空与佛广的

---

① 北京图书馆善本部藏万历甲申（万历十二年，1584年）仲秋刊行之《销释真空扫心宝卷》上、下册。
② 北京图书馆善本部藏万历甲申（万历十二年，1584年）仲秋刊行之《销释真空扫心宝卷》上、下册。

亲传弟子和女婿，对禅、道结合的内修之术自然继承下来。不过到了《九莲经》中道教的修炼内丹之术格外地突出出来。

道教的丹法分外丹、内丹，外丹派以鼎炉熔炼药物，服食以冀长生。但两宋以后，民间已少见此道。人们谈及丹法，大多指内丹修炼而言。所谓修炼内丹，即修炼精、气、神，以人自身为鼎炉，求得长生不老之方。而师徒授受之际往往将这种修持披上神秘色彩，谓之"玄机"。在闻香教中内丹修炼之法谓之"真道玄机"，把这种"真道玄机"和三教应劫的教理结合在一起，秘不示人。只对"有缘人"才能"显真机，明大意"，"传口诀"。在《九莲经》的作者看来，尘世间人本来在"净土家乡，安养国内"，"无形无相"，"无生无死"，"亘古长存"，但被打发到红尘凡土之后，迷了本性，忘了归家之路，因此要明师指点，复性圆明。要回归本性，唯一途径即修炼内丹。《九莲经》中《无为谈道品第五》用隐晦的语言暗示了修行的过程：

> 有缘人，近前来，听吾开示，将生死，合性命，件件分清。
> ……
> 生来的，这条路，人人知道，皈家路，不指点，一窍不通。
> 有缘人，问明师，生来死去，投开了，无缝锁，透出昆仑。
> 若有缘，遇亲传，金丹大道，点玄关，明开闭，养气存神。
> 久久的，加精进，观空静坐，功夫到，心悟开，见性明心。
> 神为性，气为命，本原无二，从元始，到如今，一气穿通。
> 到临时，封闭了，三关九窍，跨白牛，往上闯，功上加功。
> ……
> 日月前，十字街，四生岔路，过双林，横岩岭，不怕傍生。
> 到这里，起白云，香风围绕，天灵炸，金钟响，砰的一声。
> 玄关门，闪放开，真空出窍，无量佛，来指引，父子相逢。
> 抛红尘，断恩爱，起生了死，见圆觉，慈悲母，救苦观音。
> 小真空，与父母，团圆聚会，赴灵山，登宝地，永续长生。

这大段韵文，描述了修炼内丹的大致过程，及金丹透出泥丸宫后与天相接，打破生死之关的妙用。首先，修行人要存神养气，炼筑基功夫，由静至动，以神、气为药物，调和火候，行周天功夫，使精、气、神于体内发生转化，三者合一，结成金丹。运金丹于顶门，即经中"跨白牛，往上闯"，至"日月前"——双目，十字街——双目与鼻梁上方相交处，再过双林——双眉，双眉间内大脑部位有泥丸宫，又称昆仑、顶门或上丹田，透出此部位，即调神出壳，亦《九莲经》所云"真空出窍"，就达到了人天一境，凡圣相接，打破生死界限，返本还源，回归"家乡"，恢复了临凡下世前的本来面目。而这种修炼内丹、透出元神的过程又与三教应劫，弥陀下生救世观念相一致的。没有"古弥陀"的指点，"失乡儿女"就不会认清"本来面目"，也就没有回归彼岸的机缘。由此可见"救世"与"度人"成为一种宗教观的两个不可分割的组成部分。王森及其后裔就是用这种修行与信仰吸引下层无所归依的民众。修炼内丹被描绘成通关走窍、打破生死的一把万能钥匙，那些在苦难中挣扎，在生死路上彷徨的人群蜂拥而至，向着闻香教主顶礼膜拜，凡夫俗子王森由此走上光辉的圣坛，称圣称佛，领受着教徒们的"朝贡"，并赐福给尘世的芸芸众生。道家内丹法，最重清虚无为的自然之道，而王氏家族则过分注重现实的权力与利益，使道家内修蒙尘含垢。到了清代王森子孙走上末路，传教救苦不暇，一心为生计奔波，修炼内丹的传统多弃之不顾，清净无为已成为一种宣传。仅此即可知清茶门教的历史命运了。

二 圆顿教的经典与教义

圆顿教是大乘教分支，不仅在组织体系上有传承关系，教义亦仿自王森大乘教经典，同时受到黄天教的影响。圆顿教创始人弓长曾亲自到滦州石佛口取经：

> 祖母金口吩咐……汝在东土行的是那功夫？弓长曰，吾儿在东土领石佛王祖修行，传与我三皈五戒，挑开四相，唤醒缘神，看守门户，观定一针。[①]

[①]《古佛天真考证龙华宝经·弓长领法品第五》。

第五章 闻香教与清茶门教

祖说原因，真经出在雷音寺内，有龙殊菩萨收入龙宫镇海。有石佛域老法王亲下龙宫，取在石佛域中，金口传留，在世密演真机。日后己未逢拙有难……祖因泄露天机，戊午还源入圣。祖在生时，域中亲留真经一千二百部。①

此中戊午还源入圣，在《九莲经》中应为庚午还源入圣。亲留真经1200部，日本学者浅井纪认为是夸大之辞，应为留经12部②。对王森留下的经卷，弓长曾去取经：

昔日法王留真经，后有弓长转法轮。
法从西转流东土，收入海藏镇龙宫。
辛巳年间才发现，千二百部妙玄文。
弓长领定真老王，石佛域内取真经。

现在可以认定的圆顿教的宝卷有两部：《古佛天真考证龙华宝经》和《木人开山显教明宗宝卷》。但《销释木人开山宝卷》很可能先为王森吐经，故嘉庆二十一年清当局发现此经内有"三木留经"字样。"三木"即森，可知王森与《销释木人开山宝卷》之关系。后有清初问世的《木人开山显教明宗宝卷》似是前者的改本。

本节主要分析《古佛天真考证龙华宝经》（简称《龙华经》）的基本教义。关于此经，日本学者泽田瑞穗做了考证③。但他对圆顿教教义宗旨却解释不多。可以说修炼内丹是弓长圆顿教的灵魂，不解于此，就很难说理解了此经的内核。弓长圆顿教的内丹功得之于大乘教，却深于大乘教。弓长认为东大乘教所授仅是静坐功夫，他借老母之口贬斥其法："无个运转，呆呆的坐到几时。"的确，王森禅、道结合，还明显地带着禅宗枯坐顽空的毛病，弓长则有了内丹功的"出细功夫"，此法分十步，又叫十步修行。下面对十步修行进行分析：

---

① 《古佛天真考证龙华宝经·弓长领法品第五》。
② ［日］浅井纪：《明清时代民间宗教结社的研究》，第117页。
③ 参见［日］泽田瑞穗《校注破邪详辩》附：《龙华经的研究》，道教刊行会1972年版。

第一步：恰定玉诀，开闭存守。合于道家筑基功夫。筑起内修之基础，保精防泄，精固则气盛神旺。固精之术，在意念专一，使之存守于玉诀即下丹田处。此即内丹家所云："夫金丹之道，从静而入。"久之，炼得肾中元精，为元精化气功夫之基础。

第二步：先天一气，穿透中宫。先天一气即元气，由元精转化而来。中宫即中丹田，此处中宫指上、下丹田的中间位置。元气由下丹田，逐步通关，即由尾闾穴，经夹脊穴、玉枕穴，运至上丹田泥丸宫处，再降至鹊桥、重楼、黄庭（中宫），再纳入下丹田，如此反复。

第三步：卷起竹帘，回光返照。空走之气，尚难成丹，最重要的是调和神与气，即内丹家所云调和药物。药物能否产生关键在于神能否常凝于气穴，"收已清之心，而入其纳也"。收心即《龙华经》所云"卷起竹帘"，凝神于气穴即所谓"回光返照"。故内丹家言"至真之道，在乎逐日凝神，返照气穴之功纯熟，而后有来之机缄"[①]。产药的外在表现是"微阳勤动"。

第四步：西牛望月，海底捞明。在炼精化气过程中，明堂三现阳光，虚室生白。《龙华经》亦云："西牛望月现光明。"修行至此，元精化为元气，已成转机，是时"真阳团聚，大药纯乾"，采而得之，恰为妙用，此即"海底捞明"。

第五步：泥牛翻海，直上昆仑。《龙华经》解释此步，又言"走中宫，上升下降"。药归于丹炉，并非能发生妙用，如不运作，呆守而已。所以要行采药功夫，柳华阳对采药之道作出说明："药气既承受以归炉，须当徘徊于子午，运动心中之旋机，又必须假呼吸之气而吹嘘之，方得乾坤于元关，合一而为一循环之沟骨矣。"[②] 此言药产于下丹田之炉，仍须使其沿任督二脉运动。所谓徘徊于子午，子为下丹田，午为泥丸宫即上丹田，再由泥丸至下丹田，行上升下降功夫，以升降为采药之术，且借呼吸之气，以为助力。这就是《龙华经》"泥牛翻海，直上昆仑"。因为药物不仅上于昆仑，且要下于海底，故造经人解释："走中宫，上升下降。"此步功后，意味着小周天功夫的结束。

[①]（清）柳华阳：《内炼密诀》。
[②]（清）柳华阳：《内炼密诀》。

第六步，圆明殿内，性命交宫。由元精完全转化为元气时，阳关就自动闭守了。前六步是精、气、神交合的三为二的阶段，此阶段一经结束，开始了元气与元神交合过程。元气、元神即是性、命。马丹阳《示门人》云："神气是性命，性命是龙虎，龙虎是铅汞，铅汞是水火，水火是婴姹，婴姹是阴阳，真阴真阳，即是神气。"可见《龙华经》所云性命交宫即元神与元气相交，真阴与真阳相交。心中原神，乃无形之火。肾中元气，乃无形之水。然而丹药已成纯阳之物，即温养、封存于下丹田处，即养丹之所。若要金丹炼就，条件是性命交宫。心中无形之火，眸光专视，凝于上；则肾中无形之火，自然蒸腾于上。道经云："坎离交姤于中宫，阴阳混合于丹鼎"，"龙虎一交相眷恋，坎离交媾便成胎"。胎者，"圣胎"也，即金丹之别称。此时进入大周天功夫，需行止火措施。道经云："丹熟不须行火候，更行火候必伤丹。"切忌不须行火候，不知止足必倾危。何时止火？道经云，有止火之景。是时"西南路上月华明"，从目至脐，完全虚白晃耀，"却似月华之明一般"。到此阶段，人的意识即"神"已从一种人为控制走向自然无为了，体内的一种运行机制亦如行云流水，任其自然。元神、元气之交如天地氤氲，万物化生。则久积之纯阳之气，团成大药。所谓大周天功夫，实质是一种寂照不动的入定功夫，此时无为胜有为了。

第七步：响亮一声，开关展窍。第七步乃第六步修行的结果，是气满药灵，金丹结就产生的自然现象。柳华阳对这种现象曾描绘："且气满药灵，一静则天机发动，自然而然，周身融和，酥绵快乐，从十指渐渐至于体；吾身自然耸直，如岩石之峙高山；吾心自然虚静，如秋月之澄碧水；痒生毫窍，身心快乐，阳勃然而举，丹田暖融，忽然一吼，气如磁石相吸，意息如蛰虫之相含；其中景象，难以形容。歌曰：'奇哉怪哉，元关顿变了，似妇人受胎；呼吸偶然断，身心乐容腮。神气真融合，万窍千脉开。'"[1]此中"忽然一吼"即《龙华经》所云"响亮一声"。该经《芦伯点杖品第十五》云："猛听得，都斗宫，雷响一声，开了关，展了窍，元神出现。"在民间宗教宝卷中，这种现象又被叫作"金鸡报晓""金鸟叫"等，都预示着金丹已经炼就。是时五蕴皆空，

---

[1] （清）柳华阳：《内炼密诀》。

"灵光出窍"，浑身上下"光光刹刹，明明利利，打成一片"，出现了一种至玄至妙的感觉。其实这种描绘，与道经所云"浑浑沌沌""融融洽洽""恍恍忽忽""天地人我，莫之所之"的状态是相合的。都是结成金丹后产生的一种超自然的特殊感受。

第八步：都斗宫中，显现元神。因第七步修行之结果，关窍皆开，神气相吸，意息相合，金丹自然上运于都斗宫中即上丹田处。此即道家所云"足下云生，上登天阙""超凡入圣"了。

第九步：空王殿里，转天法轮。第十步：放去收来，亲到家乡。这两步都属于所谓炼神还虚阶段。据云，炼到此处，才达到内修的极致、道家的根本。内丹家孜孜以求、至死不渝的苦修金丹之道，不止于长寿安康，而是要解决生死之大事，打破凡圣之界限，达到与天比寿、长生不衰的境地。他们逆人生之旅而求之，混元精、元气、元神而合之，都是为了天人合一、凡圣合一，抛肉身之我，存天真之性。在圆顿教看来，只有将元神运出肉躯，驾驭飞天法轮，在真空中遨游，奔向凡人难以企及的仙境，达到慧灯不灭、法性皆明，才能归于家乡，得见无生老母。不仅如此，还要炼到元神纵横如意、放收自如，才能回到真空家乡，也能缩回肉身。如果九十六亿皇胎儿女皆入此等法门，收源了道，那么龙华三会的胜境也就出现了。

显而易见，《龙华经》第九、第十两步修行是修行者的一种幻化，而不是现实，是一种追求，一种无法企及的追求或是一种宗教的终极关怀。在民间宗教世界，它又超出了个人修行的意义，成为一个团结信仰者的黏合剂，一个群体在生死路上的共同追求。举明、清之世近六百年，一代代民间宗教信仰者乐内丹之道而不疲，探求之方五花八门，难以遍述，构成了一种奇妙的社会现象和历史现象。这种现象不仅影响了东大乘教、圆顿教后裔分支的青莲教、金丹教、金幢教、先天教、一贯道、同善社，这些教门的教义宗旨基本不出此窠臼。

第六章

江南斋教与青帮

明代嘉靖间，创始于北直隶密云卫的无为教即罗教的部分信仰者，沿着运河水系将此教传播到运河的最南端浙江省，形成了南方罗教的两大派系。一派活动在浙江处州一带，蔓延两浙，明清之际向赣、闽、苏、皖扩张，波及鄂、湘、桂乃至台湾诸省。清代雍正七年（1729年）部分教徒为躲避当局迫害，遂将罗教"改名为一字教，又名老官斋教"①，俗称斋教。斋教之名颇多，诸如罗祖教、无为教、大乘教、三乘教、龙华教、糍粑教、金童教、观音教、一字教等。当局则往往统称斋教或斋匪。其教成员多活动在广大的农村集镇，以农民、小手工业者居多。在台湾的斋教则分为三支：先天教、龙华教、金幢教。这三支虽然皆渊源于罗教，但具体传承不一，不可一概而论。在明代末叶，罗教的另一支派活动在以运河为主干、其他水系为旁支的广阔水域中，漕运水手构成了这支罗教教派的主体，杭州则有其祖庙，此即近代青帮前身。本章将分别叙述江南斋教和青帮的沿革、组织与教理。

第一节 江南斋教的历史沿革

在明嘉靖年间，浙江处州一带已经出现了罗教教团，经历了数十年的潜行默运，滋生发展，产生了两代宗教领袖。清代罗教在北方衰落，而以处州为中心的这支罗教却大倡于世，成为江南实力最为雄厚的民间教派。关于这支罗教的传承，该教经书《三祖行脚因由宝卷》和清代

---

① 《朱批奏折》，乾隆十三年十一月二十四日江西巡抚开泰奏折。

档案都有大量记录：

> 查老官斋一教，其源流传自浙江处州庆元县姚姓，托其远祖普善，初世姓罗，二世姓殷，三世姓姚，现为天上弥勒，号无极圣祖。凡入会男妇俱以普字派为法派命名，入会吃斋之人，乡里皆称为老官，遂相传其教为老官斋。①

而另一则史料则记载：该教"起自前明罗姓，法名普仁，传徒殷姓，法名普能，普能传徒浙江庆元县人姚大宇（注：应为姚文宇），法名普善，流传徒众，称为姚祖教……即罗祖教，均以普字派名"。②

清档案对老官斋教初期活动及教脉传承记载过于简单，因此有必要研究该教经书对传承的记载。《三祖行脚因由宝卷》分别有罗祖、殷祖、姚祖的传记。

一　三祖传承

本书无为教一章已介绍了无为教创始人罗梦鸿行迹。《三祖行脚因由宝卷》关于罗祖的记载多无可采之处，应以《苦功悟道卷》中《祖师行脚十字恩情妙颂》和清代当局办北方无为教案所留下的奏折资料为依据。《三祖行脚因由宝卷》记载罗祖，主要为了宣扬教主转世之说，即罗祖转殷祖，殷祖转姚祖。转世说是宗教家附会神圣、光大自身的惯用手段。但其中也包含了部分真实，即浙江处州这支教派确实与罗祖教有着渊源关系。

浙江处州出现罗祖教活动在明嘉靖年间。罗祖梦鸿死于嘉靖六年（1527年），他当然不可能到处州传教。处州罗祖教也不是所谓二祖殷继南所传，在殷氏加入罗教之前，此地已有罗教教团。殷继南，法号普能，被门徒尊为二祖，又称殷祖。有的史料则讹称为应祖。清代档案记录《应祖师行脚宝卷》云：

---

① 《军机处录副奏折》，嘉庆十九年五月二十日江西巡抚先福奏折。
② 《军机处录副奏折》，嘉庆十九年五月二十日江西巡抚先福奏折。

应祖师于嘉靖六年二月念八日降凡处州府丽水县应家庄，父元汇，母李氏，讳继南……与《天缘》、《吉经》皆系罗教流传之书。①

此说因"山东罗祖，年登八十五，嘉靖六年正月念九日脱化还源"，而殷氏为罗氏转世，故称殷继南生于罗祖还源之日。《三祖行脚因由宝卷》则说殷氏生于嘉靖十九年（1540年）二月二十八日。《中国民间宗教史》考证，应以嘉靖六年为准。

殷继南3岁丧母，7岁丧父，11岁到金沙寺出家，苦行6年。后被金沙寺住持本空逐出寺门，此后随永康里打银匠丁予学习打银。丁予是个罗教徒，台州人，法号普慎。当时这支罗教教团的领袖姓卢。嘉靖二十三年（1544年）丁予引殷继南皈依罗教。是年七月十五日，殷氏"申表卢本师讲经"。讲经之日，卢本师赞曰："这个无为，诸佛不识，能了虚空，阎王皆惧。"殷继南听罢，"洞然省悟"，起身回答："我能了会虚空。"并念偈言数十句，起首四句是："先选山东莱州府，翻身又到虎头山。六年苦行遭魔难，双林说法度群迷。"卢本师听得此偈，认定殷氏为罗祖转世，转拜殷氏为师。殷继南成为处州一带罗教领袖，是年17岁。②殷继南之所以能征服人心，大概得之于在金沙寺6年的经历，使他能迅速领悟与佛教相类的罗教教义。但是直到30岁才真正领悟了罗教宗教思想的内涵："到如今，三十岁，心花发朗。悟出了，五部经，说得分明。"这以后，他以"五部法轮"掌教，以本派为"无为正派"。殷继南掌教后封了二十八位化师、七十二位引进，初步建立了教阶制度，信仰者达3700人。从《三祖行脚因由宝卷》记载的二十八位化师的籍贯、道号可知，那时教中人就都以"普"字派命法名了。而教势已达浙江处州、缙云、台州、松阳、武义、温州、青田、金华、瑞昌、景宁、宣平诸州县，包括了浙江省中部及沿海地区。

万历四年（1576年），由于教势膨胀，构成了对当局的威胁，殷继

---

① 《军机处录副奏折》，乾隆四十年二月二十一日浙江巡抚三宝奏折。
② 《三祖行脚因由宝卷·缙云舟转》，三祖卷首刊于康熙二十一年（1682年），为普浩辑梓，重刊于光绪元年（1875年），本文使用重刊本。

南避走天台山,被天台县衙逮捕入狱,判刑6年。万历十年(1582年)初发回原籍处州,被缙云县当局释放。他传教之心不死,是年七月,他在温州连续讲经七昼夜,数千弟子"都来解表",再次惊动当局。处州知府李某派人至温州将其锁拿,于万历十年八月初四日斩首示众。时年55岁。

殷继南死后,其女弟子处州化师琼娘,道号普福者,将其尸体盗出,埋葬于距处州25里之吴谷阆,从此该处成为斋教圣地。这以后普福化师"整理佛门,开堂示众",成为殷氏以后的教权继承人。[①]

殷继南是江南老官斋教的真正缔造者,他巩固和发展了宗教组织,建立了教阶制度,传播了罗教教义,使教势远播十几个州县,处州成为南传罗教的中心之一。

殷继南死后,以处州为中心的罗教组织处于涣散状态,失去了宗教权威。直至数十年后,新兴的宗教领袖姚文宇掌教时,教派才获得再度统一。

姚文宇,浙江处州庆元县人,明万历六年(1578年)三月二十九日生。父母早逝,家贫无依,为人牧鸭。他自幼食长斋,后偶遇一道者,劝其皈依"道门",代其取法名普善,道号镜山。31岁时他正式加入罗教,"在普福化师位下归依解表"。36岁时他为殷继南守坟1年。此后开粮店3年,十方访道3年。天启元年(1621年),他42岁,云游至浙江武义县逆溪地方,遇见罗教信徒普理及妹普波,与之论道,兄妹大服,拜姚文宇为师。从此,他在普波家中"开堂接众"。两年间,信受教法者达3700人。天启三年,殷继南嫡派传人普福反转拜姚文宇为师。《三祖行脚因由宝卷》记载了当时盛况:"天启二,因缘至,渐渐明显。遍金华,各会下,处处传闻。""天启四,二月终,胡塘解表。八十一,大引进,俱付上关。化三千,七十二,同受正法。"[②]姚文宇再次统一了浙江罗教各教派,成为殷继南以后最有权威的宗教领袖。

在姚文宇统一各派罗教组织的过程中,遇到了分裂活动。天启七年(1627年),姚门派下最重要的宗教领袖之一,教内"清虚"汪长生,

---

① 《三祖行脚因由宝卷·缙云舟转》。
② 《三祖行脚因由宝卷·庆元三复》。

由于"众广心高",前往江西龙虎山"与天师会道","天师不能及"。结果张天师"以显法十二部付予汪长生"。从此汪长生脱离了罗教,另立科规,建立了长生教。① 长生教宗主北方黄天教,汪长生被奉为该教十祖。② 长生教以一支蜡烛、一盏清水作为收徒仪式,"愚实之辈,悉皆从之",遂成为浙江、江苏一支大的民间教派。

为了巩固教门,从天启二年(1622年)至崇祯四年(1631年),姚文宇三行龙华大会,并做千佛会,讲经说法。明代末叶,两浙广大农村市镇,罗教组织星罗棋布。这个以小农和小手工业者为基本群众的组织很难实行紧密的统一。为了形成高度严密的组织,并使教门后继有人,崇祯二年,他开始进行组织整顿,希望统一所有的罗教、殷门及"傍门外道"。

姚文宇掌教数十年,教势不仅覆盖两浙,且波及赣、闽、苏、皖。特别在浙、赣、闽三省交界十几个州县尤为传教要区。姚门兴盛之际,正是明王朝气数已尽之时。崇祯末年,浙东群雄并起,各自拥兵,"风烟满道,戈甲盈衢","豪强以立营为常事",到处以助饷为名骚扰地方。作为数省大教主的姚文宇,据称已发了大财。有称其家"田连阡陌,米烂陈仓,金银满库,珠宝盈厢",不仅引起族内财产纷争,也引起地方军阀的觊觎。清顺治三年(1646年),驻守处州的杨鼎卿父子听从姚文宇义子怹惠,于是年五月七日将姚氏劫至处州龙泉县"再三令人认饷",他不允,于五月二十九日"被害归天",时年69岁。③

姚文宇死后,其正妻夏氏无子,但居于祖堂,把持教权。次妻周氏及幼子姚绎"避之前山,佛门无主,子幼身孤,祖堂难以居住"。其后姚门弟子纷纷投在周氏母子门下,"明烛申表,重行三乘"。顺治七年(1650年)周氏葬姚文宇于庆元县铁岭之阴。其子长大后,定法名普法,"兰孙满目,承值宗祠,栽培道脉,各方感德"④。姚文宇所倡这支罗教再度大兴。从姚绎起,这支教派开始了以血缘关系为纽带的教权世袭制,整个清代,这个教门的核心组织都掌握在姚姓家族手中,在封建

---

① 《三祖行脚因由宝卷·庆元三复》。
② (清)陈众喜:《众喜粗言宝卷》卷三《佛祖传记》。
③ 《三祖行脚因由宝卷·庆元三复》。
④ 《三祖行脚因由宝卷·庆元三复》。

宗族关系保持最完整、严密的中国东南部，又造就了一个头戴宗教光环的"神圣家族"。

二 清前期的姚氏家族

清代康熙年间，姚文宇之子姚绎，法号普法者，已举家迁往温州永嘉县。而根据史料，明万历年间，温州即已是无为教传教要区，甚至福建福宁府、兴化府、福州府的连江、长乐的斋徒"往往奉温州教主"，"而禁人祀祖先、神祇，以预绝其心。惟祀教主，号曰无为"[1]。此派无为教并非姚门，但与罗教似有关系。足见此地早有斋教的社会基础。据清代档案记载："祖师普善（注：姚文宇）的儿子普法在温州落了业，那里有老祖堂。"[2]《三祖行脚因由宝卷》记载：普法死于康熙年间，时年57岁。可见清康熙时代，姚门传教中心已转移到浙江永嘉县。故教徒曹进侯也称："普善祖堂在温州。"另一教徒则供称："普善祖堂在温州西关，姚必胜是普善元孙，法名普汇，今已亡过。他弟兄三个，一个兄弟姚必彪，法名普标，管老祖堂。"[3] 还有一个叫姚必起。而另一则史料则称姚必彪为普善之子。所以从史料大致可推算姚文宇子孙三代之传承：

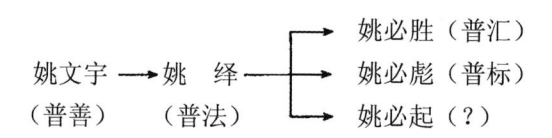

```
姚文宇 ──→ 姚 绎 ──┬──→ 姚必胜（普汇）
（普善）   （普法） ├──→ 姚必彪（普标）
                  └──→ 姚必起（？）
```

乾隆十三年（1748年）老官斋教暴动，姚姓子孙大都隐处蛰居。乾隆十八年浙江宁波斋教龙华派教徒为当局侦破，再次供出姚姓子孙。当局再次查拿：

---

[1] （明）朱国祯：《涌幢小品》卷三二。
[2] 《朱批奏折》，乾隆十八年七月十三日浙江总兵官史弘蕴奏折。
[3] 《朱批奏折》，乾隆十八年七月十三日浙江总兵官史弘蕴奏折。

> 飞拿普善之孙姚必彪、徐宏文等……已将姚必彪、徐宏文家搜查，并无经卷、邪书教堂，又严查玛瑙寺，亦无发卖此项榜文之事。姚必彪等俱经去邪归正……①

其姚氏家族并未"改邪归正"。作为连跨数省的庞大教门的精神领袖和组织者，既不会放弃固有的宗教信仰，也不会放弃巨大的经济利益。数十年后，嘉庆十九年（1814年），浙省当局在杭州发现了斋教一支睿巴教（糍粑教）团，搜出罗教五部六册宝卷及一本《正宗科仪》，在《正宗科仪》尾页上刊有"普盛敬刊字样"。得知普盛即温州姚瀛松，是乾隆末年、嘉庆初年老官斋教领袖。此案一兴，姚门信徒在温州、金华、湖州、严州、杭州等处大批落网，同时在温州拿获姚瀛松弟弟姚汉楫、姚沧楠、姚海查、姚润吾等多人。据史料载：

> 姚汉楫即姚逖先，籍历庆元，迁居温州郡城，系乾隆己酉科拔贡生。其兄姚瀛松在日，信习罗教，持斋诵经，取名普盛，翻刻教经，劝人祈福消灾……姚汉楫亦图邀福，于嘉庆三年拜姚瀛松为师，取名普慎。……据姚汉楫称：姚瀛松在日曾言，前明罗孟浩（注：应为罗梦鸿）创教造经，经非一卷，教不一名，统曰罗教。仅止吃素念经，劝人行善，自图获福，并无图像符咒，所起之《正宗科仪》一本系姚瀛松翻刻。②

上述史料并未涉及其教创立及教主传承，但毕竟由此可知乾、嘉时代姚氏家族仍在从事传教活动，信徒广布诸州县。此次姚氏一族受挫，传教活动似乎停止。20年后，道光十三年（1833年），浙省当局再次发现姚氏一族活动，此案是嘉庆十九年案的继续。在嘉庆十九年案内保释出狱的姚海查，在道光七年，利用家族的影响，"起意复兴罗教，传徒敛钱"。他刻印"太上正宗""太上心宗"图章两枚，在浙、赣两省传教。凡拜师者，收受香钱。香钱多者，则给"传灯蜡敕单"，

---

① 《史料旬刊》第二十四期，雅尔哈善奏折。
② 《朱批奏折》，嘉庆十九年三月二十五日浙江巡抚李奕畴奏折。

上盖印章，"以为辗转传徒凭据"。姚海查令其族人姚秉信、姚立诚等多人协同办教。姚海查亦是读书人，为嘉庆辛酉科拔贡生。姚海查为当局斩决，其他人等分别远配充军。① 道光十五年，江西"斋匪"谢奉嗣"作乱围城"，形成大案，再次牵连了姚氏家族。此次才真正揭示了这个宗教组织的内幕。关于该教组织状况，当在《组织与制度》一节详加叙述。

康熙年间，在姚文宇正宗流裔向温州迁徙之时，姚姓另一支向江西转移，此中内情，尚无史料揭示。据史料记载，姚门后代姚文谟在赣、闽两省交界处充任宗教领袖，乾隆十三年（1748年）为当局侦破，据姚文谟供称：其祖居浙江处州庆元县。其父姚焕一大约在康熙年间移居抚州府临川县。他的"祖上原奉罗教的，雍正七年奉文查拿，就改为一字教，又名老官斋教"。此支高祖姚华卿，法名普绪，曾伯祖姚安福，法名普掌，曾祖姚安庆，法名普器。② 从年代上考查，姚文谟高祖一辈应是明嘉靖、万历年间，与姚文宇是同一时代人。足见在姚文宇继承殷继南创教时代，姚家就有多人习教。从清代档案史料记载，1840年以后姚氏家族似乎销声匿迹。而台湾学者李添春撰《台湾省通志稿·人民志宗教篇》则记载了斋教龙华派传承，这个传承表延续至今。其派传法是：

三祖普善→四祖普宵→五祖普步→六祖普钱→七祖普德→八祖普方→九祖普通→十祖普月→十一祖普乐→十二祖普应→十三祖普聪。

而笔者据清档案史料等考证：四代普法，五代普汇，为姚文宇（普善）亲子嫡孙。第七代普德亦是姚氏嫡传，与李添春记载相同。其记载四祖普宵、五祖普步不知为何等人。足见李氏记录有不属实之成分。

---

① 《朱批奏折》，道光十三年九月三十日闽浙总督程祖洛奏折。
② 《朱批奏折》，乾隆十三年十一月二十四日江西巡抚开泰奏折。

三 斋教的反清活动

斋教派系庞杂，沿革不一，很难一一介绍。可参见《中国民间宗教史》第七章、第十章附录一、第十八章。

斋教是我国东南部地区最大的民间宗教体系，涉及人员及阶层混杂，流播地域达七八个省份，往往有些支派成为民众反抗清政权专制统治的组织形式。从乾隆十三年（1748年）始，直至清末，这种反抗活动几乎没有止息。

乾隆十三年，福建省北部建安、瓯宁两县爆发了一场清朝承平以来第一次较有影响的农民暴动。这也是第一次以老官斋为组织形式的群众造反行动。

闽北一带是斋教繁衍滋生之地，"愚夫愚妇平日吃老官斋者，各处皆有，即建、瓯二县各村庄吃斋之人，实繁有徒"[1]。明万历间，就有无为教徒以"幻术诱众，妄言世界将更。……久之，徒众益多，遂欲于谢屯举事。施瓯两秀才发之。建宁道行府捕焉。或为之请曰，此斋徒耳，何能为？遂释不问"[2]。从史料分析，此支"无为教"与罗梦鸿所倡不同，诸如"妄言世界将更"，即带有摩尼教、弥勒教信仰成分。建、瓯斋徒传自姚氏家族，据史料载：

> 老官斋系罗教改名，即大乘教。传自浙江处州府庆元县姚姓，远祖普善遗有《三世因由》一书，托言初世姓罗，二世姓殷，三世姓姚，现为天上弥勒，号无极圣祖，无论男妇，皆许入会吃斋，入其教者，概以普字为法派命名，其会众俱称为老官。闽省建、瓯二县男妇从教吃斋者甚多。[3]

在建、瓯二县之交有五座斋堂，乾隆十二年十一月，斋明堂会首陈光

---

[1] 《史料旬刊》第二十七期，喀尔吉善奏折。
[2] （明）朱国祯：《涌幢小品》卷三二。
[3] 《史料旬刊》第二十七期，新柱奏折。

耀，打算"聚集多人，念经点蜡"，故在镇子的大街上搭起一个篷厂，为乡长禀报了县丞程述祖。当局拿获了陈某等五人。事发之后，众斋徒聚集商议，又有女巫等相煽惑，遂打算在次年正月十五日聚党入城劫狱，救出陈光耀诸人。商议毕，分头"私造伪札、兵簿、旗帜，……书写伪立元帅、总帅、总兵、副将、游击、守备、千总各名目"，并准备鸟枪、火药、器械等武器。各以"无极圣祖"作图记。乾隆十三年正月十五日清晨参加暴动的斋徒们在芝田村祭旗后，女巫普少坐轿张盖，率众前行。众斋徒扛抬菩萨神像，鸣锣举旗，一路跳跃向前。众分三路，一队径奔府城，其余两队在后面劫掠财富，裹胁群众。暴动者及被裹胁者达千余人。他们分举的旗帜分别写着"无极圣祖，代天行事""无为大道""代天行事""劫富济贫"等，一路烧抢，毁屋数百间。①

瓯、宁县文、武两衙门在暴动不久便得密告，分率80名兵丁、丁壮前往剿捕，续派兵100余名，与暴动者接仗，"前行贼众，多被杀伤。在后群贼，望见胆落，四散奔逃"②。斋教暴动当日即告失败。

这次暴动本身没有什么意义可言，但把它放在一种大的历史环境和社会环境分析，则预示着清政权与遍布中国下层社会的民间宗教运动的武装对抗已经开始，此后在中华大地上接踵而至的民间宗教组织的暴动与起义宣布了这一动荡的时代。

数十年后的嘉庆八年（1803年），在江西省广昌、宁都、石城及赣、闽两省交界的姚坊地方又爆发了一次较大规模的暴动。这次暴动的斋教徒头目是廖干周、李步高、赖达忠等人。他们的师父是福建建宁人李凌魁。李凌魁是江西著名斋教（又称大乘教）领袖吴子祥的亲传弟子。李凌魁在吴子样死后创立阴盘、阳盘两教，暗含天地会之意，教徒分布于福建、江西两省。③李凌魁因教势逐渐庞大，因受十八子当主神器谶语所鼓惑，妄称李唐之后，"自称系后唐天子转世，传有秘诀四句：'天空降下一炷香，一半阴来一半阳，若得阴阳归一处，寅卯时中坐朝堂。'密为煽诱，欲于子丑年间起事"④。嘉庆八年七月李凌魁为当局逮

---

① 《朱批奏折》，乾隆十三年正月二十六日福州将军新柱奏折。
② 《史料旬刊》第二十七期，新柱奏折。
③ 《军机处录副奏折》，嘉庆八年八月初八日闽浙总督玉德奏折。
④ 《军机处录副奏折》，嘉庆八年十二月初八日江西巡抚秦承恩奏折。

捕处死。其弟子廖干周等"互相商谋，妄称嘉庆八年十月十二日亥时，系癸亥癸亥癸酉癸亥，为万水朝宗之日，竖立唐天子旗号，私造如意图书号票，分给徒众，转散纠人"①。嘉庆八年十月初八日以后，广昌、宁都、石城一带大雨如注，原准备纠集1500人，因大雨阻隔，不能如期毕至。起事又为当地缙绅侦知，报告当局。广昌县文武率地方官军前往剿捕，顿时赖达忠等57人被杀，生擒教徒100余名。其后又在各地设卡捕人，前后在宁都境内杀毙250余名，送官300余名，在石城境内杀毙360余名，拿获送官者100余名。又于捕获"人犯"中杀戮了79名，数百人发往黑龙江为奴。②对这场人间惨剧，当地各县志皆有记载，或详或略，有些内容则为清档案所未载。

道光十五年（1835年），有素习斋教并"兼挟邪术"的湖北人黄老叟与同党潜至江西长宁县，耸动同教贡生谢奉嗣，"导以行逆"。令谢某取镜自照，现出帝王之相，谢为其所惑，遂散家财，结乌合亡命数千人，揭竿而起，"一举即败，株连甚众"。③

近代以后斋教与会党结合，在赣、闽、湘、桂、粤诸省多次举事。较著者为同治五年（1866年），闽、赣两省斋徒高举"天国普有"等旗帜，五日连破崇安、建阳两县。闽浙总督左宗棠急调六路大军进剿。起义者奔逸江西上饶、铅山一带，殊死搏斗，终不支，全数被扑灭。④

清亡前，斋教主要目标是对付基督教。光绪二十一年（1895年）福建古田菜会即斋会于八月一日突袭华山村，将11名新教传教士及家属杀死，造成义和团运动前最严重的反洋教事件，也是基督教与福建民间宗教最严重的冲突。事后，当局严办此案，教徒多人被杀。

---

① 《军机处录副奏折》，嘉庆八年十二月初八日江西巡抚秦承恩奏折；又：同治《瑞金县志》卷十六亦有相同记载。此外当局又查获江西老母教、老爷教，皆大乘教流衍，本书不拟叙述。
② 《军机处录副奏折》，嘉庆八年十二月初八日江西巡抚秦承恩奏折；又：同治《瑞金县志》卷十六亦有相同记载。此外当局又查获江西老母教、老爷教，皆大乘教流衍，本书不拟叙述。
③ （清）采蘅子：《虫鸣漫录》卷一。
④ 《朱批奏折》，同治五年三月十日闽浙总督左宗棠奏折；《军机处录副奏折》，同治五年五月初八日左宗棠奏折。

第二节　斋教的组织与制度

在中国南方发展起来的罗教——斋教，与北方的罗教支派既有联系又有不同。这种不同也表现在教阶制度和组织形态上。

江南斋教在其二祖殷继南创教的时代已出现粗具规模的宗教组织。一是教徒都以普字派为法名。二是有了"化师"和"引进"两种教阶。化师大概是指师父，引进则指引导百姓入教的介绍人。化师和引进之名大概并非殷继南的创造，而以普字派为法名则早在南宋时代茅子元创立白莲教即已出现。

三祖姚文宇的时代，教内组织发生了一些变化。一方面还保存了化师、引进的名目，但又出现了"清虚"即副总教首的教阶。明崇祯二年（1629年），姚文宇开始组织整顿。他把教中骨干分成左、中、右三支，九个辈分：礼、义、廉、耻、孝、悌、忠、信、和。最大辈分礼字辈只有姚文宇、普理、普波。姚文宇统领中支，普理、普波分掌左右两支。中支传徒7人，左右两支各传徒5人，辈分依九字递传。姚文宇的本意在于"递代相承，枝枝叶叶，连绵不断，永远留传"。但事与愿违，这类机械的师徒传承关系，无法适应复杂的社会及人事关系的变动，到清代更难以为继了。只有在乾隆十八年（1753年），当局查办宁波龙华教时，尚有几个七八十岁的老教徒循此道行事。

到了清代，老官斋教组织与制度又发生一大变化，有了完整的教阶制度，除了以普字为法号外，同教以道友相称，习教次第有十二步：

凡始入教，诵真言二十八字，曰小乘；再进奉大乘经者，曰大乘；再进曰三乘，始取普字派法名；再进可引人为小乘法，曰小引；再进可引人入大乘法，曰大引；此二者能引而不教。再进曰四句，许传二十八字法，以授小乘；再进曰传灯，始有教单，如执照然，始许领寻常拜佛法事；再进曰号敕，许传大乘法；再进曰明偈，许代三乘人取法名；再进曰蜡敕，许作蜡会领法事；再进曰清虚，副掌教事，蜡敕以下皆听指挥。其教蔓延闽、浙、楚、粤、江、豫、赣诸省，有清虚数人分领，时往来焉。各步岁存费用，多寡不一，积储以待清虚，携奉总敕。①

老官斋教的最高教首即总敕，"姚氏子孙世主之"。总括一下十二步教阶：小乘、大乘、三乘、小引、大引、四句、传灯、号敕、明偈、蜡敕、清虚、总敕。

《虫鸣漫录》的这段记载确为实录，清代档案多处记录这十二步修行。这说明，至少在清代中叶，老官斋教已经发展成一个组织比较严密、教阶分明、以姚姓家族为核心的庞大的秘密地下宗教王国。在其内部，神权与族权紧密结合，不同等级代表着不同的现世利益。据《三祖行脚因由宝卷》记载，这种教阶制肇始于姚文宇。姚文宇在世的时代，他曾封汪长生为教内清虚，即副总教首。但姚文宇时代似乎还没有十二步教阶。十二步教阶大概是以后年代逐步形成的。这个教阶制度既是为了传播宗教，也是为了敛钱，其具体运作于每一个老官斋教的教团。例如在闽北建安、瓯宁两县西北交界处有斋堂多所，各堂入会男女老幼，每逢朔望之期，各自拿着香烛，赴堂聚会念经，每次人数多寡不等。"庆元县姚姓后裔姚普益、姚正益每年来闽一次，各堂入会吃斋之人欲其命名者，每名给银三钱三分，以供普善香火。"②另一份奏折则讲："其教系山东前明罗祖所传，有十二步道行……第一步有二十八字咒语，第二步有一百零八字咒语，第三步以上即无咒语，只系讲明心见性功夫。凡拜师传徒，须出根基钱，多寡不等。学至三步即取法名，以普字为号。"③这种传教敛钱的方式是以教阶制度相维系的，与正统宗教以捐献、布施为名建立起来的寺院经济并无本质不同。只不过老官斋是以特权家族为集团的宗教经济，而正统宗教则多是以派系为集团的宗教经济。正是在经济利益分配不公的前提下，教内形成了等级制，而等级制的出现，又进一步促成了利益分配的不平等。在姚文宇掌教的时代，相传姚氏家族已田连阡陌、

---

① （清）采蘅子：《虫鸣漫录》卷一。
② 《史料旬刊》第二十七期，新柱奏折。
③ 《军机处录副奏折》，嘉庆二十年十月二十九日两江总督百龄奏折。

米烂陈仓、金银满柜,导致杀身之祸。清代,温州姚氏祖堂香火旺盛,源源不断地接受七八个省份的香资。这个家族成为地方豪门,屡出贡生,一般子弟亦有钱读书,足见经济地位之高。

姚氏家族在数百年间地位不衰,是与这个教门的传统宗教活动分不开的。老官斋教普遍都做蜡会,又叫斋会。凡有该教信徒处,皆有斋堂。每逢朔望之期,众人聚于斋堂之中,堂中设有"无极老祖"位,即姚文宇祖位,"旁列文殊菩萨,或曰普理、普波,乃习教之夫妇二人。中设香斗大如栲,建布旗、焚旃檀,旁燃巨烛十六或十二,昼夜诵经不辍,五六日乃罢。领单人辄于蜡坛请凳,掌清虚者,预于总敕处携空白印单,存蜡敕所。届此时,视其值给焉。其口诀,有不肯言者,即置之死地,亦坚不吐……"① 这是一个神秘而令人震慑的宗教环境,创教祖师成为不可替代的神圣偶像,而姚氏掌教者则是教祖在世上的代言人,具有同样的权威。凡领取"替祖代化"或"传灯蜡敕单"者,即具有了上达天听的权力。

第三节 斋教的经典与教义

斋教的教义像许多宗教一样是一个变化中的庞杂体系。在这个体系中罗教五部六册的教义和僧大宁——罗祖亲传弟子的《明宗孝义达本宝卷》始终占据重要地位。罗教的宗教思想以禅宗为主,掺杂了道教的创世论等思想,形成禅、道相参,以禅为内核的宗教教义体系。到了殷继南创教、姚文宇掌教的时代,仍然是禅、道结合,但发生了变化,即以修内丹之术成为教义体系的核心。斋教传自罗教,但与北方正宗无为教又有不同。从宋代起,浙、闽、赣地区即流行着弥勒教、白莲教、摩尼教。斋教在明嘉靖以后大兴,其间无疑有深具历史影响的上面三个宗教的巨大影响。

---

① (清)采蘅子:《虫鸣漫录》卷一。

一　经典

斋教有如下经典：罗祖《苦功悟道卷》等五部六册宝卷，在教内号称"五部法轮"。僧大宁的《明宗孝义达本宝卷》《天缘宝卷》《结经宝卷》，或合称为《天缘结经录》《三祖行脚因由宝卷》《正宗科仪》《松源录》《龙牌宝卷》《护道榜文》等。罗祖五部六册宝卷思想已在无为教一章作了分析。僧大宁的《明宗孝义达本宝卷》大致不脱五部六册思想窠臼。斋教有代表意义的宝卷是《三祖行脚因由宝卷》，本节着重加以分析。

二　内丹道思想

斋教在创始阶段即有了内丹道的影响，具体何人将此种道与术传入此门，很难探讨，但可以从一个大背景上加以分析。禅宗基本上属于精神层面的一种体悟，为知识分子摆脱专制高压或人生失意的良方，亦有悟性高的非知识阶层者参悟其中。罗祖梦鸿参禅13年，以极高的悟性才达悟道明心之路。

罗祖梦鸿虽然将禅宗以极为通俗的语言传播到下层社会，产生了很大影响，但真正能了悟此道者毕竟寥寥。至少到了明代，禅宗的枯坐顽空已经失去了广大的群众，内丹道随之大兴。内丹道是把精神的体悟与人体功能的物质因素融于一处，对解决生、老、病、死、苦这个人生的现实问题更具功效。它不仅对生死这个人类的终极关怀作了回答，而且修炼得当，确实能去病长寿，中国的老百姓很讲现实，内丹道则恰恰符合了尘世众生的精神、物质两个层面的需要，于是在下层世界发展得如火如荼。

在北方，罗教的一些支派如大乘教、圆顿教即从禅入道。斋教亦循着同一路数发展。

据《三祖行脚因由宝卷·缙云舟转》记载，殷继南与卢本师会道，讲的虽有禅法，内含的却是内丹道：

先选山东莱州府，翻身又到虎头山。
六年苦行遭魔难，双林说法度群迷。
朝若烟霞古岫峰，养精炼气悟长生。
闲坐炉边观火候，锻炼铅砂执厥中。
道惟微，一惟精，固守元阳有大功。
金乌坠，玉兔升，阴阳周运鲜留停。
……
个个损人图利己，舍死忘生务夺争。
迷失泄了先天气，致使丹砂玉鼎倾。
殊砂坏，铅汞崩，药物时下变防风。
婴儿姹女沉苦海，黄婆金公落火坑。①

上述韵文全系内丹道修炼之术及其术语。内丹道讲究修炼元精、元气、元神，以人体为鼎炉，锻炼所谓铅砂——内丹。真铅代表元精、真汞代表元神，神寂照于精，精化为元精转化为元气，元气与元神交则合为金丹，达此既可长寿，又能长生。但是如果放纵自己于酒色财气之中，精、气、神失迷殆尽，人体这个玉鼎就难免倾覆，不但不能成仙成佛，而且会导致"人成鬼，气成风"的结局。② 从殷继南掌教之始，修炼内丹就成了斋教教义的核心。但这种修持始终打着佛教和佛祖的旗号，是典型的外佛内道。在殷继南的时代，修炼内丹已经有了具体的功法，讲究修炼的时辰、火候、进退抽添的机运。如正子时，要保持神清气爽，不要贪眠，开始运功。正午时，可运功，面对太阳徐徐运气，于灵光普覆之下，达到"回光返照，一体同灵"的境地。正卯时、正酉时都同样加功精进，时时如此，年年如此，则可"超凡入圣""了生除死""个个圆成"。

姚文宇在殷继南逝后三十余年，重整斋教，亲自作偈：

至在山东人不识，转身缙云投应家。

---

① 《三祖行脚因由宝卷·缙云舟转》。
② 《三祖行脚因由宝卷·缙云舟转》。

单手提出真人现，今朝返本得还源。

此偈即可证明殷继南的遗偈中的"来回往复问收缘，正道先天付后天。"殷继南为先天，而姚文字为后天。姚氏继承祖业，也包括内丹道的修炼之术。姚氏所作偈言即是证明。①

斋教发展到了清代，有了十二步教阶。这十二步即是教阶次第，又似修炼内丹的步骤。以其他宗教似可类推。如圆顿教有所谓十步功，三一教有九序功，刘门教有九步功，都是丹法修行步骤。斋教"习教次第有十二步"大率类此。但因未窥十二步功法具体内容，不做定论。

三 斋教与摩尼教、弥勒教教义的融合

(一) 摩尼教与斋教

隋、唐时代，摩尼教从西域及东南沿海两线传入中土，在中原及闽、浙等地区蔓延发展。在闽、浙、赣等地区之摩尼教，历经宋、元及明初，于明代初年声息戛然而止，不再见诸史料。明中嘉靖间，罗教南传，突然大兴，与江南食斋之风一拍即合。显然摩尼教遗留的宗教教义与风习，对南传罗教产生助力。斋教之信仰风习无疑仍保留着摩尼教的一席之地。

唐代传入福建泉州的摩尼教，至少在宋代已传至浙江。宋人庄季裕的《鸡肋篇》记载：

> 事魔食菜，法禁至严。而近时事者益众，云自福建流传至温州，遂及两浙。睦州方腊之乱，其徒处处相煽而起。②

方腊起事于睦州，破6州52县，其势已达处州，波及温州，温州亦成摩尼教活动要区。

当时，宋当局曾在温州搜捕摩尼教徒：

---

① 《三祖行脚因由宝卷·庆元三复》。
② 转引自《陈垣史学论著选》，上海人民出版社1981年版，第170页。

  温州等处狂悖之人，自称明教，号为行者，各于所居乡村，建立屋宇，号为斋堂。如温州共有四十余处，并是私建无名额佛堂。每年正月内，取历中密日，聚集侍者、听者、姑婆、斋姊，建立道场，鼓惑愚民，夜聚晓散。①

  南宋初年，浙江、江苏先后出现了以食斋为特征的白云宗、白莲教，但是摩尼教势在两浙却方兴未艾："今之吃菜事魔，传习妖教……两浙东西，此风方炽。"②李心传之《建炎以来系年要录》亦云："伏见两浙州县，有吃菜事魔之俗。……方腊之后，法禁愈严，而事魔之俗，愈不可胜禁。"足证两宋时代，中国摩尼教活动中心在浙江，特别是睦州、处州、温州。

  除浙江，福建、江西、江苏也是摩尼教活动要区。据史料载：当时江南盛行"邪教"，名目繁多。淮南有二桧子，两浙有牟尼教，江东有四果，江西有金刚禅，福建有明教、揭缔斋③。再据志磐《佛祖统纪》载："今摩尼教尚扇于三山。"三山即今之福州。可见，在南宋，浙、闽、赣三省摩尼教势已联成一气。

  宋元时代，中原地区已难见到摩尼教寺宇。而闽、浙两省却有四座庙宇见诸史料，宁波的崇寿宫、温州的潜光院，以及泉州的一座摩尼寺宇，一座摩尼草堂。足见，元代摩尼教依然活动在福建、浙江沿海一带。

  有关浙江摩尼教较晚的记载是明初宋濂《芝园续集》：洪武年间，温州仍有大明教即摩尼教流行。当时任浙江按察司佥事的熊鼎发现该教"造饰殿堂甚侈，民之无业者咸归之"。他因为这个"邪教"蛊惑人心，败坏风俗，"且名犯国号，奏毁之，官没其产，而驱其众为农"④。从这段史料中，仍可见明初摩尼教在浙、闽沿海一带尚有庞大势力。然而也像弥勒教、白莲教、白云宗一样，摩尼教在明初亦遭严禁，它在两浙的

---

  ① 《宋会要辑稿·刑法二》。
  ② 转引自吴晗《读史札记》，生活·读书·新知三联书店1979年版，第247页。
  ③ 吴晗：《明教与大明帝国》，载《读史札记》，生活·读书·新知三联书店1979年版，第246页。
  ④ 参见吴晗《读史札记》，生活·读书·新知三联书店1979年版，第268页。

声息骤然消失。一个曾经影响东南地区数百年的宗教似乎从历史上消失了。然而从明初史料分析，从宗教发展史来判断，它并没有失去生命力。它到哪里去了呢？一个世纪以后，南传罗教几乎在相同的地点以燎原之势迅速传播。中心传教地与浙省摩尼教要区处州、温州相合，其后蔓延两浙、闽、赣等省。显然，罗教取代了摩尼教，而摩尼教的历史传统风习与生命力依然在罗教各类组织中发挥影响，甚至罗教在江南的诸支派皆被称为斋教，也部分地反映了摩尼教等宗教的因素的存在。为此我们有必要对这两类宗教进行比较。

第一，两教传教中心及活动范围大致相同。摩尼教从福建传入浙江。数百年后罗教则走了一个相反的路线，由浙江传入江西、福建。摩尼教活动中心是福建的福州、泉州，浙江处州、温州。斋教传教中心则由浙江处州缙云县转向处州庆元县，再于清初转向温州，并建立祖堂。两宋、元代、明初，摩尼教主要活动在浙、闽、赣三省，斋教主要教区也在上述三省。由此可知，浙江处州、温州，福建漳州、泉州等地是两教高度融汇的地带。

第二，两教的戒律、教徒、教堂称谓及仪式、崇尚多有相类者。所谓食菜事魔之菜即食斋之意。菜与斋通。摩尼教徒聚会场所"号为斋堂"，参加聚会者为"侍者、听者、姑婆、斋姊"，建设"道场"。① 教友之间，以善友相称。教内崇尚光明，崇拜日月。在斋教中，吃斋为其教最根本特点，故以此名其教。教友之间互称道友，人则称为"老官"、"斋公"、"老官斋公"或"斋头"②。所行聚会或称道场，或称蜡会，或称斋会。该教亦崇尚光明，崇拜日月。作会之日"燃巨烛十六或十二"③。有的地方则点燃两支蜡烛，"称为两轮日月"④。"以朔望为期，曰斋期"⑤。

第三，摩尼教从五代母乙至宋代方腊、余五婆，起事不断，成为封建当局憎之入骨的反传统宗教。斋教自清乾隆十三年起，大小暴动不胜

---

① 《宋会要辑稿·刑法二》。
② 《朱批奏折》，乾隆十三年十月二日闽浙总督喀尔吉善奏折。
③ （清）采蘅子：《虫鸣漫录》卷一。
④ 《军机处录副奏折》，嘉庆二十年八月桂自榜供词。
⑤ （清）光绪《漳州府志》卷四八。

枚举，与北方罗教正宗无为教很不相同。斋教显然接受了摩尼教传统的影响。大概基于上述多种共同之处，左宗棠认为：

> 斋教一种即宋时吃菜祀魔邪教。其始以戒杀放生，消灾避劫为言，愚民动于祸福之说，易为所惑。迨人数既多，竟敢谋叛逆，戕官踞城，蔓延四起。其党坚交秘，执迷不悟，实有出寻常意料之外。①

当然，斋教并非摩尼教，其在教义、组织、宗教传承上与后者有许多根本不同。但它受到摩尼教传统风习的深刻影响则是毫无疑义的。

（二）白莲教与斋教

罗教创始人罗梦鸿是坚决反对白莲教的。不过他所反对的白莲教，实质是弥勒教。罗教经典对白莲教有明确的指斥："白莲烧纸是邪宗，哄的大众错用心。邪火照着公侯伯，正是邪气引迷人。信仰烧纸不打紧，闪赚许多众迷人。你行白莲是邪宗，万剐凌迟不称心。求拜日月是白莲，哄得男女都遭难。法水照着公侯伯，闪赚许多众迷人。"② 元代以后一些白莲教把弥勒下生作为最基本信仰，而崇拜日月则混同于摩尼教信仰。对弥勒信仰，罗梦鸿也不遗余力地攻击："书佛咒，弥勒法，躲避邪法""书佛咒，弥勒院，正是诳语""你行邪，不打紧，你下地狱。闪赚了，好男女，劳而无功。"对拜日月的玄鼓教即摩尼教之转化形态，也咒骂有加："悬鼓教，指日月，为是父母。凡所同，皆虚妄，永下无间。瞅日月，眼花了，正是地狱。牵连的，不自在，不得安稳。瞅的你，眼花了，甘受辛苦。拜日月，为父母，扑了顽空。"③ 罗教在其创教经典虽然对弥勒教、白莲教、玄鼓教大加挞伐，然而罗教南传至浙江，情况就发生了根本变化。以老官斋教为例，二祖殷继南虽然以罗教"五部真经"掌教，但另一方面也鼓吹三佛应劫，弥勒掌教之说：

---

① 《军机处录副奏折》，同治五年五月初八日闽浙总督左宗棠奏折。
② 《正信除疑无修证自在宝卷》第十八品。
③ 《正信除疑无修证自在宝卷》第十九品。

祖曰：第三世名为白阳劫，弥勒佛掌天盘，坐了九叶莲台，一树开九朵，顶门突放光辉，号为九品莲花……故曰，三乘之世……为三世诸佛。①

南宋初年，江苏吴郡茅子元倡立白莲教，信仰弥陀净土，故弥勒信仰在其教中没有市场。到元代末年，有的弥勒教，号称白莲教，成为元末农民起义主力。后世白莲教中弥勒下生观念反而取代了弥陀净土观念，成为白莲教的基本信仰。元末，弥勒教、白莲教、摩尼教参加了推翻元朝统治的斗争。明代中叶，罗教南传，不可避免地受到弥勒教、白莲教的影响，而部分地改变形态。清代雍正间，罗教在安徽的一支糍粑教在斋堂中"供的是弥勒佛，又叫笑罗汉"②。乾隆十三年（1748年）福建老官斋教起事时，倡言"弥勒下降抬世""弥勒欲入府城"，以耸动视听。但在江南斋教中多数支派并不崇拜弥勒佛，更不信仰白莲教。即便如此，也不可能完全摆脱白莲教的影响。宋元时代的白莲教，皆以"普、觉、妙、道"四字派命法名。这种传统在浙、闽、赣诸省一直流传下来，以至罗教南传后，信仰者依然在自己的组织里沿用普字。如老官斋教在其初创时不仅二祖殷继南以普字为法号，其师父卢本师及丁予也都以普字为法号，足见白莲教历史传统对南传罗教影响之巨。

从上述说明可以得出如下结论：南传罗教即斋教已经不是一支纯粹的罗教教派，在特定的历史条件下和地域中，它发生了演变。从某种意义上讲，它是以罗教信仰为主，掺杂了内丹道修炼之术，乃至渗透了摩尼教、弥勒教、白莲教某些特点的新型教派。

第四节　青帮的历史沿革

青帮与斋教放在一章内叙述，是有其内在原因的。它们皆源于罗教，但由于存在的基础不同，不仅异派分流，而且演化得面目全非。通

---

① 《三祖行脚因由宝卷·缙云舟转》。
② 《朱批奏折》，雍正十三年五月十二日江南总督赵弘恩等奏折。

过这种嬗变，人们可以发现，在中国的底层社会宗教与帮会发展纷繁复杂的多重性格。

　　青帮源于罗教，又在其发展过程中逐渐脱离了罗教。从明中末叶到清代中叶，二百余年的风云变幻，罗教的一个支派活动在以运河为主干，以其他水系为旁支的广阔水域中，漕运水手构成了它的信仰者主体，从而使之逐渐演变成漕运水手的行帮会社；而这种行帮会社又由于自身难于克服的弱点，在近代社会的急剧变动中沉沦为以流氓无产者为主体的社会集团。从罗教向水手行帮会社再向青帮的演化过程中，宗教的意识和作用越来越小，最终在这个组织中仅仅存留了某些对罗教创始人罗祖的偶像崇拜。宗教教义和宗教仪式被青帮的帮规、暗语、秘籍所取代；罗教的庵堂、行帮的老堂船则演变成青帮的香堂和老窝子。

一　漕运历史概况

　　研究青帮之前，不能不对漕运历史及基本状况有一个交代。

　　漕运即漕粮运输，是元、明、清三代重大的经济活动。这三个朝代都建都北京，政治中心的北方却不是经济最发达的地区。由于多少年代以来华北生态环境的破坏，导致周期性的自然灾害，这一地区严重缺粮。为了维持皇族及庞大的官僚机构、军队的需要，南粮北调就成为保持政权稳定的重要因素。明代设立了漕运总督和庞大的管理机构，负责漕粮的取齐、上缴、运输、存仓。清承明制，设漕运总督制。

　　通过运河运送漕粮至京城，始于元代。但那时，运河北部"其河浅涩"，以致漕船充塞，难以畅通，所以元代主要实行海运。但元代屡发役工，使运河直通北京，功不可没。元朝虽修了会通河和通惠河，但运河依然不具备承担全部漕粮的运输能力。

　　江南漕粮经过运河大规模运抵北京，始于明代永乐年间。据《明史》载："明成祖肇建北京，转漕东南，水陆兼挽，仍元人之旧，参用海运。逮会通河开，海陆并罢。"[①] 会通河在元代已修，但长年淤阻，元末废置。明永乐九年（1411年），明成祖朱棣命左侍郎金纯与宋礼等

----

① 《明史·河渠志》。

人重修会通河，又与徐亨等人疏浚黄河故道，运河遂通①。明代运河南起杭州，北到北京大通桥，运道三千里，真正成为贯穿南北的经济大动脉。

明代漕运分军运和民运，"军运以充军储，民运以充官禄"，"运船之数，永乐至景泰，大小无定，为数至多。天顺以后定船万一千七百七十，官军十二万人"②。漕运"因地分号"，分为白漕、卫漕、河漕、湖漕、江漕、浙漕。每年运粮400万石左右。清代漕运建制发生了一些变化，分为江苏、浙江、安徽、湖广、河南诸帮。每帮又按该省地区分成若干分帮。例如，江苏"本司道所属系江淮头、二、三、四、五、六、七、八帮，兴武头、二、三、四、五、六、七、八帮，滁苏帮，仪征帮，扬州头帮，淮安头帮、淮安四帮，庐州二、三帮，泗州前、后帮，大河二、三帮，凤常帮，凤中帮，凤中二帮，长淮头、四帮，共三十一帮。"又"苏省本司道所属镇江前、后帮，苏州前、后帮，太仓前、后帮，镇江前、后帮，金山帮，并苏州、松江、常州白粮帮，共计十二帮"③。与此相类，浙江诸省大都有数十分帮不等，皆以运漕所在州府命名。清代"每帮以卫所千总一人或二人领运，武举一人随帮效力"，谓之运弁。④康熙初年规定，每船由官派运丁十名。至康熙三十五年，由于运丁纷纷破产，改为每船官派运丁（或称旗丁）一人，由运丁临时雇用水手九名，雇值由官方定价。除一般漕粮船队之外，苏、松、常、太、嘉、湖诸州府"岁输糯米于内务府，以供上用""谓之白粮"⑤。运白粮的诸州府船队叫白粮帮，如嘉兴白粮帮又叫嘉白帮。白粮帮因为替皇室运粮，入京打龙旗，出京打凤旗，平日或打杏黄旗，或打白旗镶红边，内绣日月、八卦等图案不等，号曰"天庚正贡"。在运河水道上，一般官船、民船都要让路。明、清两朝江苏、浙江两省承担漕粮大半，因此两省运河码头成为漕运水手的云集之所，特别是杭州、苏州。

① 《明史·金纯传》。
② 《明史·食货志》。
③ 《江苏海运全案》卷六。
④ 《清史稿·食货三》。
⑤ 《清史稿·食货三》。

了解以上基本情况，有助于我们进一步了解罗教在运河领域传播的历史和演变。

二 罗教在运河流域的传播与演变

罗教创始人罗梦鸿与漕运及运河曾有着密切的联系。他年轻时代从山东戍边，曾充当运粮军人。密云为北方军事重镇，处于潮河与白河之交汇处，运粮至密云卫有通济河，谓之白漕。"白漕者，即通济河。源出塞地，经密云县雾灵山，为潮河川。而富河、罾口河、七渡河、桑干河、三里河俱会于此，名曰白河。南流经通州，合通惠及榆、浑诸河，亦名潞河。三百六十里，至直沽会卫河入海，赖以通漕。"① 这个事实告诉我们，南漕北运的终点不是北京而是密云。曾经作为运粮军人的罗梦鸿亦应是在运河及潮白河上奔波往来的常客。此其一。其二，罗梦鸿创教以后，在密云司马台外建造经堂讲经传教。他的家则安在石匣镇。司马台距军事重镇古北口仅20余里，而运粮至古北口、司马台，又必经石匣镇，此处是运粮军人、守备军人云集之处，他们应是罗梦鸿无为教的主要信仰者。故罗祖梦鸿去世后，密云卫最高军事长官"施板九块""入殓金身"，建塔十三层。足见他与守备军人、运粮军人关系之密切。军人中必有不少无为教的信仰者。这些信仰者由于其沿运河北往南来，流动性很大，必然要把罗教的信仰迅速带到各地，其中包括运河其他地段。果然，在明末的杭州出现了罗教的传播者，杭州成为罗教的另一个信仰中心：

> 明季时有密云人钱姓、翁姓，松江人潘姓三人，流寓杭州，共兴罗教，即于该地各建一庵，供奉佛像，吃素念经。于是有钱庵、翁庵、潘庵之名。因该处近逼水次，有水手人等借居其中，以至日久相率皈教。②

---

① 《明史·河渠志》。
② 《史料旬刊》第十二期，崔应阶奏折。

钱姓、翁姓两人来自罗梦鸿创教的密云，倡导的当是罗教正宗无为教，而两人很可能就是运粮军人或工舵水手。南来北往的经历，最终使他们流寓杭州。笃诚的信仰促使他们在运河水边建立庵堂，共兴罗教。松江的潘姓也信仰罗教，但因来历不同，籍贯各异，与翁、钱二人虽共兴罗教，惟流传日久，所招门徒亦有地域之别，遂逐渐形成钱庵、翁庵、潘庵为中心的罗教不同支派。后来的青帮即渊源于这三座庵堂。

据青帮多部"秘籍"记载，翁、钱、潘三人都是罗祖弟子。所谓"三祖传道法先天"，先天即指罗祖，后天传道者即翁、钱、潘三人。又云"三祖传道杭州城""哑叭桥前家庙堂""杭州家庙传下来"等，都说明兴建于明代末叶的杭州的钱庵、翁庵、潘庵三座经堂是后来青帮的发祥之地。

"三祖"建庙传道以后，香火极为旺盛，迅速成为漕运水手聚集之地，信仰者和在庙中借居者群趋而至，以至庵堂不断增加。大概在清初，已有庵堂72座，"住居僧道，老民在内看守。其所供神佛，各像不一，皆系平常庙宇，先有七十二处"，至雍正五年（1727年）只剩下30余所。"各水手每年攒出银钱，供给赡养，月冬回空时即在此内安歇，不算房钱。饭食供给余剩，即为沿途有事讼费之需。而淮安、天津、通州、京师俱有坐省之人为之料理。各帮水手多系山东、河南无业之辈，数以万计。"①

第二年，此案发展到苏州，当局在苏州等地查出阎庵、俞庵、王庵等12座庵堂。以上各庵"房屋不过数间，供三世佛，诵经做会，非僧非道，每与粮船水手同教往来。粮船来南，多以米粮资其食用，或粮船水手同教往来，各庵之人亦资其盘费。查粮船水手多有不法之徒，恃众打架，生事横行……"②

面对数以万计的罗教水手信仰者，一年多以后雍正皇帝下达了处理办法："查罗教始于明代，流传已久。其中有聚众生事者，亦有无知附和者。概严不可，概宽亦不可，惟在地方官随事因人分别轻重……"③

---

① 瞿宣颖：《中国社会史料丛钞》甲集，第460—461页。
② 《朱批奏折》，雍正六年正月二十九日苏州巡抚陈时夏奏折。
③ 马西沙、韩秉方：《中国民间宗教史》第六章《罗教与青帮》，上海人民出版社1992年版，第260页。

即首恶必办、胁从不问的政策。而且同意漕运总督李卫的意见，不拆除庵堂，只改为公所，允许冬天回空的漕运水手寄居。相对以后乾、嘉时代对民间宗教的政策，雍正皇帝的谕旨则是宽松得多了。

四十年后，乾隆三十三年（1768年），江苏巡抚彰宝奏报乾隆皇帝：

> 访出久经奉禁之大乘、无为二教，经堂十一处，拿获管堂人……各犯七十余名。该管堂之人非僧非道，藉称各有宗派，开堂施教。平日茹素诵经，并与无籍水手往来存顿。①

此案发现大乘教经堂六处，最早建于清康熙十六年（1677年）。无为教经堂四座，最早建于康熙五十三年。究其大乘教"宗派图说，始于王姓创教，递传至今"②。而无为教，"阅其宗派书本，始于罗姓创教，奉为罗祖，递传至今"③。这些经堂与漕运水手关系密切，"平时有各处驾船水手入教往来，每至堂住宿，给与香钱，多寡从便。惟驾船外出回空时，助银数两及数钱不等，作为堂费。其中有老病无归者，即留堂长寄，死后代为埋葬。……各该经堂惯与无籍水手暗地往来，招接存顿"④。据史料记载，这十一座经堂皆是水手出资所建。而两派所阅经书则是"奉禁罗教所传名为《苦功悟道》《破邪》《开心》《还源》《报恩》等项，悉系鄙俚语句……并无狂悖逆词"⑤。

江苏当局对这七十余人的处理，要比雍正时代罗教案严厉得多，大乘、无为二教首，均拟斩监候，其他庵堂住持"各杖一百，流三千"，门徒人等，亦处罚有差。

江苏当局审办此案时，无为教庵头性海供出在浙江杭州有"钱庵、翁庵、潘庵三处，亦系罗教"。浙江当局顺藤摸瓜，在杭州拱宸桥地方

---

① 《史料旬刊》第十五期，彰宝奏折。
② 《军机处录副奏折》，乾隆三十三年九月二日江苏巡抚彰宝奏折。
③ 《军机处录副奏折》，乾隆三十三年九月二日江苏巡抚彰宝奏折。
④ 《军机处录副奏折》，乾隆三十三年九月二日江苏巡抚彰宝奏折。
⑤ 《史料旬刊》第十二期，彰宝奏折。

发现"有不僧不俗庙宇十余处，俱系供奉罗教、罗经之所"[1]。共搜出《苦功悟道卷》等五部经卷及佛家经典《金刚经》等共127卷，并罗祖画像二轴。这是有清当局首次发现"三庵祖庙"的存在。当局审办此案，最终发现雍正时代的三十余座庵堂现存22座。

乾隆皇帝对此案有长篇谕旨："著传谕永德，除将本案从重办理外，所有庵堂概行拆毁，毋得仍前留存，复贻后患。"[2] 乾隆皇帝办罗教案较其父过狠十倍。漕运水手本多流落他乡、漂泊无依的穷民，为了菲薄的工钱，从事极为艰苦的劳动，没有他们，漕粮就无法运达北京，足见他们对清廷贡献之大。但仅因信仰罗教，寄寓于庵堂之中，即遭此打击，连唯一冬季回空存身之处也全遭拆毁。乾隆皇帝以为庵堂拆毁后，水手即无从信仰罗教，亦无从结社了。历史证明这是愚蠢的政策。因为漕运水手信仰罗教不仅有精神因素，而且有实际的谋生需要。

漕运水手皈依罗教除了历史传统之外，还有两个原因：一是对宗教的需求。漕帮水手每年运送漕粮及回空，要进行六千多里的航行，途中经过钱塘江、太湖、长江、洪泽湖等多处险要之地，风涛起伏，漂泊不定，历尽千辛万苦，随时有生命之虞。而水手多为无家孤苦之人，无常的命运、残酷、险恶的环境，使无依无靠的水手谋求某种宗教作为精神慰藉和寄托。第二个原因更重要：水手皈依罗教出于谋生的需要。运送漕粮是季节性职业。每年漕粮北运及回空，费时半年以上。水手从北方回空至江浙，只能再找其他工作"四处佣趁"，要等到第二年才能再次受雇北上。由于水手多系山东、直隶、河南"无业之人"，回空后"饭铺不敢容留"，食宿生计成为一大问题。这时，修建于杭州运河水边的罗教庵堂，作为下层民众的一种宗教场所，为水手提供了方便。水手可以住宿其中，由"守庵之人垫给饭食"，"俟重运将开，水手得有雇价，即计日偿钱"。这样闲散水手得以安身，守庵之人也"借沾微利"[3]。而且庵堂还有庵地、义冢，一些无家可归的水手生可托足，死为归宿之地。由于庵堂有这种作用，随着北方流民日益进入漕运行业，他们对庵

---

[1] 《史料旬刊》第十二期，永德奏折。
[2] 《史料旬刊》第十二期，永德奏折。
[3] 《史料旬刊》第十二期，崔应阶奏折。

堂的需求也日益增加，于是分别筹措资金，分建庵堂达70余座，"其闲散水手皆寄寓各庵，积习相沿，视为常事"①。这样日久天长，漕运水手纷纷皈依罗教。由此可知，水手对罗教的需求主要表现在对庵堂的实际需要上。正是这一点，导致漕运水手对宗教信仰并不如老官斋教信徒那样强烈。这支以罗教为纽带的水手组织逐渐演化成漕运水手的行帮会社，也是情理中事。

从宗教逐渐演化成行帮会社大体有三个方面内容：

第一，罗教组织成分的单一化。民间宗教组织成分一般比较复杂，它们的基本成员当然是农民和小手工业者，但也不乏市民、商人、衙役、生监、江湖卖艺者、僧道之徒和下层官吏。对彼岸世界的精神追求，往往成为联系这些人的纽带。从明末到清康熙时代，无论杭州钱姓、翁姓、潘姓建三庵共兴罗教时，还是苏州无为、大乘二教初传时，教徒并非单一水手，凡入教者，收银一二两作为投师之仪，即可入教。但是到了雍正时代信仰罗教的水手已经数以万计。到了乾隆时代，作为宗教象征的庵堂本质上成了漕运水手聚集、食宿之地，庵堂产权掌握在水手手中，信仰者也成了清一色的"无籍水手"。因为"所传徒弟及招接入教人等仍系粮船水手，及内河驾船之人"②。在江浙运河水次罗教组织成分的单一化，教徒的共同生计要求，成为这个组织从宗教向手工业者的行帮会社转化的经济和社会基础。

第二，宗法师承关系取代了民间宗教以血缘关系为纽带的教权世袭制。民间宗教多以农民和手工业者为基本社会基础，聚族而居重迁安土，教权承袭方式是子承父业，相沿不绝。诸如老官斋教之姚氏家族，从明末到20世纪中叶，一直承袭教权。罗教正宗无为教罗氏家族相承教权达八九代。东大乘教王氏则相沿八九代。这种现象在民间宗教中不胜枚举。但在水手为单一教徒的罗教组织中，情况迥异于此。这里不存在家族体制，水手大都是远离故土、流落异地的无籍之人，很少有人能娶妻生子，建立家庭，他们共同的家是罗教庵堂。在这种情况下，世袭权力是没有基础的。但是在封建社会中，没有人能逃避宗法制度的束

---

① 《史料旬刊》第十二期，崔应阶奏折。
② 《史料旬刊》第十五期，彰宝奏折。

缚，更何况是一个数万人的宗教组织。他们只能以一种宗法关系取代另一种宗法关系，即只能各自传授异姓之弟子，形成"各立教门，多收门徒，结为死党"①。不仅三庵各成两派，即翁、钱二庵之门徒结成"老庵"一派，潘庵结成"新庵"一派，师徒授受也已有辈分等级的差别。从道光时代揭示的史料，可知雍正年间就有了二十四辈分的状况：

> 向来粮舡水手奉罗祖为教主，其教始自前明罗姓，传翁、钱、潘三人。翁、钱共为老安（庵），潘为新安（庵），均以清净道德，稳诚佛法，能仁智慧，本来自性，元明兴礼，大通文学二十四字作为支派。凡拜师习教，各按字辈流传，仿照释教，授以三皈五戒，并诵《泰山》《金刚》等经，以冀各分党羽，彼此照应。②

此奏折出于道光初年，那时师徒辈分大都是"明"字或"兴"字辈了。属于二十四辈分中的第十七八代了。可见这种分辈的宗法关系源远流长。在有着数以万计的罗教水手教徒的雍正年间，内部关系的调节无疑已有辈分的约束了。这种师徒关系，无疑也带着很浓厚的行帮会社的色彩了。

第三，从宗教信仰到祖师崇拜。民间宗教具备世界各大宗教所具备的共同特征：具有宗教组织、经典教义、宗教仪式、教法教规、宗教修持、对创教人或教主的崇拜、浓烈的宗教感情等。而江浙等地的漕运水手们，虽然他们也信仰罗教，但漕运职业的特点以及他们迫于生计的追求，都妨碍了他们对宗教的笃诚信仰。他们有半年时间漂泊在运河之上，无法从事集体的、固定的宗教活动。而各个庵堂的掌庵人，多是年老退休的漕运水手，文化水平很低，更谈不上对经文教义的理解，使得庵堂逐渐失去其宗教的意义。清代雍、乾之际，许多庵堂虽然还奉供佛像和罗祖像，诵念经卷，实行斋戒，但毕竟是转折时期的历史陈迹了。多数庵堂的主人已经"不晓得掌教了"。宗教仪式也流于形式，仅在水手回空归来之时，"偶一念经礼拜，酬报平安"而已，"别无夜聚晓散

---

① 《朱批奏折》，抄录刑部咨文（大约雍正五年十月）。
② 《军机处录副奏折》，道光六年四月十一日两江总督琦善奏折。

及煽惑民人之事"①。这时水手的罗教组织不仅与罗梦鸿创教之初大相径庭，而且与同时代其他地区的罗教组织也有着明显的区别。宗教信仰的内核不见了，更多的是对罗祖及钱祖、翁祖、潘祖的祖师崇拜。行帮会社在明清时代大都供奉着自己的祖师，以保佑本行兴盛发达，无灾无厄。这种记载极多。行帮会社对祖师的崇拜当然不具有宗教性质，而是一种尊师崇祖、慎终追远的敬意。

从以上三点分析可以看出，在清雍正、乾隆时期漕运水手的罗教组织已经不是一种单纯的宗教组织了，它明显地带着行帮会社的特点。然而在它没有完全脱离庵堂之前，毕竟带着宗教的痕迹。但历史最终为这种转化提供了机会，使它突破了那道宗教的幕纱。

乾隆三十三年（1768年）是运河上罗教组织向水手行帮会社转化的关键一年。清当局拆毁浙江22座庵堂、江苏11座庵堂，使水手们生可托足、死为归宿、回空后祈祷平安的地方被扫除殆尽。不仅如此，对水手崇拜的罗祖的后裔罗德麟及其眷属递解回山东原籍，将罗家远近祖坟两处塔冢一并拆毁，意在切断江浙水手与无为教主罗氏家族的联系和信仰依托。从乾隆至道光初叶，水手组织发生了许多变化，这些变化标志着水手行帮会社的完全形成。这种标志是：漕运水手以庵堂为活动中心向以老堂船为活动中心的转化；帮会权力系统的建立。

关于老堂船的最早记录是清嘉庆十八年（1813年）的一份奏折：

粮船上素来供奉罗祖，护庇风涛。其供奉罗祖之船名老堂船，设有木棍一根，名为神棍，奉祀罗祖之人名老官。凡投充水手，必皈叩罗祖。其教不许人酗酒滋事，违者，老官取木棍责处，不服者送运官责逐，实藉以慑伏水手。并无符咒、歌词、运气等事。②

据嘉庆二十一年（1816年）一份奏折记载：

南粮帮次，往往帮内有一吃斋之人，皆称为老管。凡本船吃斋

---

① 《史料旬刊》第十二期，崔应阶奏折。
② 《军机处录副奏折》，嘉庆十八年十二月二十五日山东巡抚同兴奏折。

之水手、纤夫服其管束。老管均习罗祖教,每年七八月间赴京城彰仪门大街翠花胡同张姓佛堂送给香钱。①

这两份奏折有些不同:前者称"奉祀罗祖之人名老官",后段史料称"老管"。考之其他史料,老堂船之负责人应为"老管":

> 查粮舡雇用水手率多无业之民……甚至有老庵、新庵等名目。其头目则称老管,犹乞丐之有丐头也。至老官之称则凡丁舵水手之年长者彼此相呼,均称某老官,乃指年老之意,非谓头目也。②

一帮每一分帮有一老堂船,堂船上悬挂罗祖画像,"公派一人专管香火,并通帮水手用钱账目,为当家"③。同一帮派的当家亦称会首、老管,一般由资深水手数人轮流当值,会首、老管则是公推辈分高的老官充任,成为漕帮中的权力机构。这个权力机构制定了帮规、入帮仪式,掌管每个工舵水手的工资,建立本帮联络信号,遇事传出"红箸""溜子"为号,"人即立聚"。这个机构对入帮水手有着生杀予夺之权,老堂船陈设着标志"帮规""家礼""家法"的神棍,被说成是乾隆皇帝的"御赐"。对各类滋事水手"必送老官处治,轻则责罚,重则立毙,沉入水中"④。从雍正到乾隆初中叶原来属于翁庵、钱庵、潘庵各自的势力已形成三大帮派:"翁安呼为大房,钱庵呼为二房,潘安呼为三房。"⑤ 大房、二房由于历史渊源又自成一派,呼为老庵或老安,三房则为新庵或新安。两派之下,又分成众多小宗派。以嘉白帮为例:

> 嘉白帮钱安六支,翁安一支,总名为老安,每安立会首一名,为七老会。钱安以李明秀为首,陆安以任兆林为首,刘安以在逃之文得为首,八鲜安以黄第五为首,严安以席明为首,翁安以王松年

---

① 《军机处录副奏折》,嘉庆二十一年三月十七日直隶总督那彦成奏折。
② 《军机处录副奏折》,道光五年七月二十四日江苏巡抚陶澍奏折。
③ 《军机处录副奏折》,道光五年九月二十一日浙江巡抚程含章奏折。
④ 《军机处录副奏折》,道光五年七月十六日浙江巡抚程含章奏折。
⑤ 《朱批奏折》,道光八年九月六日纳尔经额奏折。

为首。潘安系韩赞逵……为首。杭三帮老安系吴在明当家，潘安系郭世正当家。嘉白帮水手归会首管束，杭三帮水手归当家管束。潘安人多强横，与老安素不相睦。①

这里的"安"即"庵"，所谓的钱安、陆安、八仙安、刘安等即明末到清初中叶相继建立的庵堂之名。在近两个世纪中，以不同的庵堂为中心，集结着相对稳定的帮派势力和师徒传承，至乾隆三十三年，庵堂虽然平毁，但以庵堂命名的帮派及其势力已牢不可破。他们"霸住漕帮，视同己业"，以致清政权派出的运官、旗丁对他们也无可奈何，"旗丁于舵手不敢过问，并屡受其挟制。所以然者，以运弁不能责成，而旗丁无权故也。……旗丁运弁既不能管束，其权即渐移于头目，因是有老官之名，罗祖之号，溜子红箸之令，并设教拜师，挟索械斗之事。"② 清嘉庆、道光两朝，清朝国力日衰，更无力管辖漕运行帮了。漕运大权落入水手行帮会社手中。而帮中有帮，派中有派，犬牙交错，互相排斥，互相争夺饭碗，在整个运河水系形成了对峙局面。

根据道光五年（1825年）官方估计：各种帮派控制的水手"不下四五万，沿途纤手尚不在此数"③。可见漕运水手行帮已经基本控制了浙江、江苏两省的水手、舵工、纤夫人等。

罗教在漕运水手中的演变这一事实告诉人们：宗教的兴衰取决于现实对它的需要，取决于宗教的社会基础是否稳固。中国民间宗教的社会基础是以血缘关系为纽带，聚族而居，重迁安土的小农经济，或类似稳固的社会集团。而以流民为主体的水手集团的谋生方式与小农、小手工业者不同，这种关系通常表现为互助会社形式。在小农社会之间，人们在经济生活中很少需要这种关系。而水手集团的每一个行动都包含着一种共同的因素——互助协作。因此，这一组织对宗教的需求，归根到底是要选择维系他们互相关系的共同权威，以巩固本组织的存在。在翁、钱、潘共兴罗教时，罗教选择了主要的信仰者——漕运水手。一旦漕运

---

① 《军机处录副奏折》，道光五年九月二十一日浙江巡抚程含章奏折。
② 《军机处录副奏折》，道光五年十一月河南巡抚程祖洛奏折。
③ 《军机处录副奏折》，道光五年七月十六日浙江巡抚程含章奏折。

水手行帮会社形成以后，这个组织就无形中摒弃了罗教，而留下了一个徒具光环的祖师——罗祖。罗教宗教职能的淡化乃至消失，突出了迷信色彩的祖师崇拜。这一点完全符合罗教在漕运水手中演变的历史逻辑。

三 从漕运水手的行帮会社到青帮

道光、咸丰两朝，江浙漕运水手的命运发生了根本性转折。正是这种转折导致安清道友——青帮的最终形成。

据《浙江海运全案》记载：

> 江苏海运始于道光六年，浙江海运始于咸丰三年初，因运河淤阻，迫江淮烽燧，遂无岁不海运，运费大减矣。①

江苏海运虽然始于道光六年（1826年），但江苏省漕运系统减少运额却始于道光二年（1822年）。而浙江亦逐步减额。这种做法大大地减少了漕运水手的工作机会，老安、新安之间为争夺漕船而引起大规模仇杀。② 大批水手重新流落江湖。到咸丰三年（1853年）运河漕废，从明初起，运河水手承担明清两朝南粮北运达四个半世纪，也至此结束。

清政权实行海运，废止河运，有其深刻的政治、经济背景，并非仅仅由于水手在道光一朝的滋事。

第一，运河本身常年淤阻，无法承担漕运任务。据记载："伏查浙省漕务，帮疲县累，常年河运竭蹶不遑。本届漕船又因被旱阻浅，全帮出境迟延，岁内势难回空接兑新漕，不得不变通，实行海运。"③ 咸丰三年（1853年）实行海运两年后，咸丰五年六月，黄河发大水，"决兰阳铜瓦厢，夺溜由长垣、东明至张秋"，"穿运注大清河入海"。黄河在历史上第五次大改道，使当局无法重开内河漕运。

第二，太平天国运动已由广西发展到江苏。咸丰二年年底，太平军

---

① 《浙江海运全案》卷一《浙江海运全案重编序》。
② 参见马西沙、韩秉方《中国民间宗教史》，上海人民出版社1992年版，第280—281页。
③ 《浙江海运全案重编》卷一。

攻克武昌。三年二月底舳舻东下，三月攻克南京，并继续向江苏、浙江扩大战果。江、浙成了清军与太平军角逐的战场，浙江漕运已无法实行河运。

除了上述两条主要原因外，清政权的确也在防范水手闹事。咸丰二年九月"旗丁水手多已北上"，无法"聚众阻扰"，这时浙江巡抚黄宗汉上奏皇帝，建议朝廷"乘此旁无窒碍之日，正可将海运筹议试行"①。咸丰三年初，正当浙江漕船受阻于北方，运粮的商船已取道海路北上了。浙江漕运水手全部被遣散，重新开始了失业的生涯。在一个动荡的年代里，数以万计的水手、舵工、纤夫纷纷走上了不同的道路。一部分人参加了太平军、捻军起义，一部分追随曾国藩军队。在清军与太平军沿长江一线及淮河一带的战斗中，失业水手成为双方争夺的对象。② 但后来的情况表明，大部分水手并未卷入到这场军事与政治的角逐之中，而是聚到苏北两淮盐场，组织了安清道友，开始了贩私盐、行劫掠的生涯。所以，安清道友——青帮是内河漕运解散、水手整体失业以后的组织。

安清道友"号称潘门，亦曰潘家，又别称庆帮，俗讹青帮"③。此处别称庆帮是个明显的错误。安清道友即青帮。青帮秘籍多崇奉潘祖，即明末松江潘姓，与钱、翁两人共兴罗教者。他兴建的庵堂又号潘庵，形成帮派时又叫潘庵、潘安、新安，与老庵即老安相对的派别。《三庵全集》载有"家规本是潘祖留，三帮九代传千秋""临济家门潘祖传""进了山门都姓潘"等内容④。可见"人尤混杂，惯于滋事"的潘安失业水手在咸丰年间成为安清道友的骨干。

关于安清道友名目的来历，众说纷纭，大体有三种：（1）欧榘甲认为这个组织"睹满清之危阽而思安之"，故名安清道友。⑤ 这种说法望文生义，以臆想代替史料。（2）有人认为该组织活动在安徽安庆一

---

① 《浙江海运全案》卷一。
② 参见马西沙、韩秉方《中国民间宗教史》，上海人民出版社1992年版，第291页。
③ 陶成章：《浙案纪略》，载《中国近代史资料丛刊·辛亥革命》（三），上海人民出版社1957年版，第21页。
④ 《三庵全集》，《秘密会社丛刊》第三辑，台湾古亭书屋1975年版，第33—34、55页。
⑤ 欧榘甲：《新广东》，《辛亥革命前十年间时论选集》第一卷上册，第298页。

带，因此称庆帮。这种说法更属牵强。因为安清道友最初活动地点不在安庆，而在苏北一带。（3）还有人根据青帮秘籍记载，认为该组织四十八字行辈，以清为首，故后人称清门。这种说法亦属牵强。

"安清道友"这一名称，在其初创时期即被清政权记录于奏折之中。同治元年（1862年）十一月二十九日礼部给事中卞宝第奏折第一次提到安清道友名目："闻江北聚匪甚多，有安清道友名目，多系安东、清河游民，私结党羽，号称师徒。"① 奏折中的清河位于淮河与运河之交，安东则在清河东边，地处淮河北岸（见《中国历史地图集》第八册清代）。据此可知，安清道友是以其自身活动地点命名的，它不具有任何政治内容和其他含义。如果我们分析一下就不会对这样的命名感到奇怪了。当年漕运帮的命名都是以地区府、州、县命名的。诸如嘉白帮、兴武帮、杭三帮、庐州帮等等都是以嘉兴、杭州、庐州等地命名的。有的则是将两个地名合在一起命名的，如长淮帮、凤常帮等。咸丰三年浙江船队被突然解散，大批水手因战事受阻于淮北，遂在原来帮派体系的基础上，以安东、清河为基地，成立了安清道友即青帮。

卞宝第奏折极为重要，它记录了青帮早期活动：

> 闻江北聚匪甚多，有安清道友名目，多系安东、清河游民，私结党羽，号称师徒。其先数百人，冒充兵勇，在里下河一带把持村市，名曰站马头。藉查街、查河为名骚扰商旅，抢夺民财。近更加以各处土匪附和，窝主容留，结党盈万，散布愈多，并有李世忠营弁庇护，官吏畏势，莫敢奈何。诚恐养痈贻患，与发逆勾通，乘隙起事……妥办，固不可坐任蔓延，亦未可激令生变……②

这段奏折说明：第一，安清道友仍然沿袭了一些水手帮会的做法，"私结党羽，号称师徒"，并依然像过去运粮打龙凤旗那样，以官方自居，欺压商旅。第二，安清道友出现不久，就勾结营弁，受李世忠庇护，以查河、查街为名，靠敲诈勒索、抢劫民财为生。他们已没有正常的经济

---

① 《军机处录副奏折》，同治元年十一月二十九日卞宝第奏折。
② 《军机处录副奏折》，同治元年十一月二十九日卞宝第奏折。

来源，正是这一点导致了流氓无产者本性的膨胀。第三，他们的骨干成员开始仅数百人，大概即潘安骨干，但为时不久，地方土匪、各类游民不断涌入，成分远比单一的漕运水手复杂了。这些人在一个动荡的时代，混杂在一起，为了简单的求生目的，走上了铤而走险的掠夺、贩卖私盐之路。

在安清道友即青帮初兴阶段，李世忠这个人和他的个人势力起了不小作用。李世忠原名李兆受，亦称李兆寿、李昭寿，河南固始县人。咸丰三年（1853年）张乐行率捻军起事，李兆受亦响应，揭竿举事。咸丰五年（1855年）降于清，后又叛清。咸丰八年再降清，在淮扬地区拥兵自重，无官饷，准其留下18000人，"号豫胜营，月给饷盐"①。同治元年，李世忠在淮扬地区拥兵五六万人，军费开支大增，为广开财路，在两淮盐上打主意，私设关卡，搜查盐商之盐，甚至派兵突击各盐栈饷盐，自捆自卖，以至"淮北盐务疲敝，悉由李世忠把持盘剥所致"②。这时的安清道友与李世忠营弁相配合，私查商旅、查街、查河，盘剥百姓，皆为盐利。安清道友成立之初能迅速站住脚跟，与李世忠割据势力是分不开的。

当然，安清道友能在淮北站住脚跟，还有更深层的历史背景。苏北是中国最大的盐场，产盐量占全国半数。此处也是"私盐团聚要区"。几乎从清政权实行漕运之日起，漕运水手就和两淮盐场结下了不解之缘。从顺治年间起，回空粮船就开始了大规模的贩卖私盐活动："回空粮船约六七千支，皆出瓜、仪二闸。一帮夹带私盐奚止数十万斤，会而计之，实浸淮商数十万引盐之地，为害甚大。"③ 这种贩私风习到康熙、雍正两朝并未收敛，粮船各帮竟然和"贩私正贩"的"风客"勾结起来。据雍正七年（1729年）的一份材料记载：

  贩卖私盐之弊在粮船为尤甚，有一种积枭巨棍，名为风客，惯与粮船勾串，搭有货物，运至淮扬，托与本地奸徒，令其卖货买

---

① （清）王定安：《求阙斋子弟记》卷一四。
② （清）王定安：《求阙斋子弟记》卷一四。
③ 《两淮盐法志》卷五九，顺治十七年三月两淮巡盐御史李赞元疏言。

盐，预屯水次。待至回空之时，一路装载。其所售之价则风客与丁舵水手三七朋分。粮船贪风客之余利，风客恃粮船为护符。①

所以在清康熙年间，政府就明令"定例粮船回空之时，漕臣委官将于扬州、仪征搜查私盐"②。然而，以罗教为信仰，以帮会为组织的漕运水手，已经成为贩私的整体，使当局莫可奈何，以致漕船水手贩卖私盐的活动愈演愈烈，至百余年后的道光时代，已到了"肆行无忌"的状况："陶澍奏查缉夹私……漕船回空带私为历来之锢弊，并有随帮风客除本分利，坐占淮盐数十万引纲额，勾引枭匪，肆行无忌。"③由于漕运水手与枭匪的配合，两淮贩私已构成了对清政权财政的巨大威胁。这些枭匪"大者沙船载数千石，三两连樯""小者猫船，载百石，百十成群，由场河入瓜口，器械林立，辘轳转运，长江千里，呼吸相通……"他们沿途"贿属巡役，明目张胆，任其往来。资本既多，党羽日众……且闻该犯于大小衙门俱有勾结耳目，凡有举动，无不先知。"④

为了适应粮船水手与风客贩私的需要，大概在嘉庆、道光年间，江湖上又出现了一种叫"青皮"的盐枭集团。据道光十一年一份奏折记载：

> 有一种匪徒盘踞码头，专为粮船通线散销，从中取利，名为青皮。其著名码头如当涂之四合山、铜陵之大通桥、桐城之从阳镇、五倡拐望之华阳镇、无为之土桥最为扼要……其积惯青皮如山东岳泳庭等。⑤

这个集团成员构成，除了当地游民之外，还有一些人"本系粮船水手，滋事被逐，在洪湖等处自号青皮"。风客与水手帮会似乎没有固定组织联系，青皮则不然，他们本是"粮船积惯匪徒"，与粮船有着千丝万缕

---

① （清）杨锡跋：《漕运则例纂》卷一六《回空夹带》。
② （清）杨锡跋：《漕运则例纂》卷一六《回空夹带》。
③ 《两淮盐法志》卷四，道光十三年九月三十日陶澍奏折。
④ 《两淮盐法志》卷三，道光十年闰四月。
⑤ 《两淮盐法志》卷三，道光十一年五月十二日。

的联系。甚至"偶值汛丁捕役查拿,本帮运丁、运弁辄向该丁役等饰词容庇,往往已获之犯仍行释放"。"唯是青皮踪迹往来无定","有随帮上下为水手售私渔利者","有并不随帮上下,而盘踞村镇码头,窥伺粮船到境"者①,甚至有些青皮"隐匿船只,假充水手"②。由于青皮集团与水手帮会密不可分的关系,水手帮会崇奉罗祖的风习也自然被带进了盐枭集团。不仅如此,沿河的捕快、衙役人等也与漕运水手、青皮集团互相勾串,加入帮会:

  老官师傅盘踞之船名为老堂船,藏有经卷、神像,传徒敛钱,挟制旗丁,与游帮匪徒表里为奸,实为帮中之害。……沿河集镇捕役、河快,素与水手声气相通,其间亦有老安、潘安等教之人溷迹充当,与水手、游匪互相勾结,从中取利,而水手、青皮亦恃为护符。③

上述史料清楚说明,崇拜罗祖及翁、钱、潘三祖的帮会组织,在道光年间已经不再限于漕运水手了,它扩展到了两淮盐场及沿运河的各市镇、码头,其成员极为复杂,但都围绕着一个目的——贩卖私盐。这些人以罗祖为共同崇拜者,组成一个庞大而严密的漕运贩私集团。为以后安清道友在两淮地区迅速站稳脚跟打下了坚实的基础。

  为了有比较稳固的活动地点,水手帮会又"多于滨河旷僻处所开设茶酒等铺,约集匪徒,寄有赃物",内中"则有经堂,供奉神牌,设立老官师傅之位"④。这些处所与乾隆三十三年前的罗教庵堂已经不是一回事了,两者的功能也迥然有别。这些茶馆、酒肆及经堂就是后来安清道友拜师、窝赃、藏匿人犯的香堂和老窝子的雏形。

  咸丰三年整个内河漕运解散,数以万计的舵工、水手、纤夫全面地与青皮集团结合,在辽阔的两淮产盐场地及运河、长江中下游一带从事贩卖私盐、掠劫的勾当。至同治、光绪间,"青皮党、安清道友者,引

---

① 《朱批奏折》,道光十六年十月十日安徽巡抚色卜星额奏折。
② 《清史列传》卷三八《乌尔恭额》。
③ 《朱批奏折》,道光十六年十二月十日漕运总督恩特亨额奏折。
④ 《朱批奏折》,道光十六年十二月八日两江总督陶澍奏折。

类呼朋，恃众把持"，已成"不可解之势"①。

从清初顺治年间至咸丰三年，在两个世纪的漫长历史进程中，粮船水手就是这样紧密地与盐枭集团互相利用、互相合作的。贩卖私盐所获余润成为水手帮会重要的经济来源和把守漕帮的原因之一。通过对历史的回顾，人们不难理解，为什么运河漕运解散以后，潘安水手会迅速地聚结，并在两淮盐场立地生根。

从事贩私的集团是怎样的一种生活方式呢？包世臣《安吴四种》有类似记载：

> 枭徒之首名大仗头，其副名副仗头，下则有秤手、书手，总名当青皮，各站码头。私盐过其地则输钱，故曰盐关，为私盐过秤、主交易，故又曰盐行。争夺码头，打仗过于战阵。有乘夜率众贼杀者，名曰放黑刀；遣人探听，名曰把沟。巨枭必防黑刀，是以常聚数百人，筑土开濠，四面设炮位，鸟枪、长矛、大刀、鞭链之器毕具。……大伙常带五六百人，小亦二三百为辈，皆强狠有技能。②

这就是晚清一个完整的黑社会的写照。特别在1840年以后，中国进一步走向无序和混乱状态，大批被迫离开土地和原有行业的生产者，沦为流浪汉阶层，这个流浪汉阶层就是一个黑社会的群众基础。

四　青帮的活动、人员构成、活动范围

青帮的活动范围主要有三个，具体如下。

（一）苏北、皖北

安清道友——青帮，在成立之初主要活动在苏北、皖北。活动中心地带则处于运河、淮河之交，即清河及安东一带。卞宝第奏折称其"在

---

① 《沈文肃公政书》卷七。
② （清）包世臣：《安吴四种》卷三《中衢一勺》。

里下河一带，抢夺民财，结党盈万"①。至光绪年间，这一带仍是青帮活动要区："安清道友多在江北，所有劫杀重案及包贩私盐、掠卖妇女，皆其伙党所为。"② 另一份史料也证明了这一点："淮北海州一带小民，以拜安清道友，仍以伙运私盐为业。"③

由于安清道友在两淮盐场一带活动猖獗，侵害了清政权及盐商的利益，受到一系列打击，部分成员不得不向安徽北部、东部发展："查明盱眙、来安两县交界之古城镇地方并与江苏六合县接壤，该处地僻人稀，向多伏莽，此拿彼窜，最易藏奸。安清匪会中人视为逋逃之薮，时出行动，聚党日多。"这伙人亦出没长江沿线，"党众恃强，多以贩盐为名，肆行不法。并仿哥老会匪恶迹，纷立会堂，散放飘布，派费入伙。在市则强取货物，持刀逞凶；在乡则淫劫勒赎，无恶不为"④。其活动地多在无为、含山等岸北县份，岸南则为宣城一带。

安清道友活动日甚一日，还有一个原因：它与哥老会联帮或融合的结果。太平天国运动失败后，曾国藩领导的湘军解散，大批散兵游勇，甚至二三品军功者皆无所归依，流落江湖。本来在湘军中暗中发展的哥老会迅速膨胀，到光绪元年（1875年）该帮"已蔓延湘、鄂、浙、闽、云、贵、川、陕、安徽、江西各省，而江苏尤多"⑤。青、红帮遇于江湖，仇杀屡起：

> 向来枭贩有清帮、围帮两种。清即安清道友、半东皖、徐、海青皮光棍；围帮俗号红帮，即哥老会，多两湖三江散勇在内。两帮争夺码头，时相仇杀。⑥

这种在江苏、安徽境内互相仇杀的情况在徐怀礼当了"匪首"后，情

---

① 《军机处录副奏折》，同治元年十一月二十九日卞宝第奏折。
② 《清德宗实录》，光绪元年十月壬午。
③ [日] 渡边惇：《清末长江下流域青帮·私盐集团的动向》，载《酒井忠夫先生古稀祝贺纪念论集》，第554页。
④ 《军机处录副奏折》，光绪二十六年四月初四日安徽巡抚邓华熙奏折。
⑤ 《军机处录副奏折》，光绪元年十月十九日两江总督刘坤一奏折。
⑥ 《朱批奏折》，光绪二十六年（日月失名奏片）（附：《查探徐怀礼报告》）。

况发生了变化。徐怀礼，字宝山，江苏丹徒人，28岁时加入私枭，以其才能带领枭徒、船队往来于江苏、安徽、江西、湖北一带贩私，"党众万余"。

光绪二十五年（1899年）五月，徐怀礼仿哥老会，设立春宝山堂，入会每人发票一张，上写口号，熟背后即焚灭。此后苏北、皖东北一带青、红帮皆以徐为首。徐"时假仁义煽结人心，赈济贫民，收纳亡命。……顺之则生，逆之则亡"①。正是在这种情况下才有安徽巡抚光绪二十六年奏折所云安清道友"仿哥老会匪恶迹，纷立会堂，散放飘布，派费入伙"的情况。②

光绪二十六年（1900年）清政权对徐宝山进行招安，委以官职权柄，负责淮扬地区捕盗之职。其手下青、红帮兄弟亦随之归顺当局，捕杀不愿改邪归正的同伙。这以后苏北及安徽部分地区青、红帮活动受到限制。但直至清亡之年（宣统三年，1911年）四月，这一地区仍有活动："昔年，青、红各帮会靡地蔑有，历为巨患，虽经查拿惩办，不敢稍宽，而蕴孽有年，根株迄未能尽绝。"③

（二）苏南、浙江

光绪初年以前，安清道友多活动在长江以北。光绪中期以后，苏南、浙江成为主要活动领域之一。安清道友——青帮，与红帮在这个华洋杂处、最富庶的地区扎根蔓延了。光绪十八年刘坤一奏折记载："江苏界连数省，滨海临江。镇江为南北通衢，入江门户，上海又为江轮、海轮聚集之区，与镇江皆系通商要口，华洋杂处"，"上年夏间沿江一带教案叠起，皆由该匪（注：哥老会）等造谣煽惑，意图乘机蠢动。……复敢勾串洋人，私购军火，图谋不轨。"此案首犯陈金龙系红帮会首，号称长江三龙之一。同一奏折还记载着拿获红帮头目徐春山、徐宝山，他们先加入安清道友，排列通字辈，后又入高德华九华山哥老会。④ 这份奏折说明在五方杂处的长江中下游，在镇江、上海，青、红

---

① 《朱批奏折》，光绪二十六年（日月失名奏片）（附：《查探徐怀礼报告》）。
② 《军机处录副奏折》，光绪二十六年四月初四日安徽巡抚邓华熙奏折。
③ 《军机处录副奏折》，宣统三年四月二十四日安徽巡抚朱家宝奏折。
④ 《朱批奏折》，光绪十八年三月十八日两江总督刘坤一奏折。

帮不仅大量出现，而且在走私、贩私、占码头中发生了融合。安清道友依然延续着当年漕运水手行帮会社二十四字辈分。

当时与帮会联系密切的革命党人陶成章记录了帮会活动地域及活动特点：

> 此外另有一派，贩私在苏、松、常、太、宁、广、杭、嘉、湖之间，即所谓盐枭也。其一切组织及口号、暗号，咸与洪门异，号称潘门，亦曰潘家，又别称庆帮。内分三派，一曰主帮，系浙东温、台人。一曰客帮，系皖北、江北人，又号巢湖帮，以别于温台帮。凡江南、皖南、浙西诸府之流氓、光蛋咸属此派。①

巢湖帮主要由皖北、苏北人组成，其骨干应是咸丰三年散漕后的无业漕运水手，后来这部分人组成安清道友。另一奏折指出："巢湖帮之名由来已久，散处苏、松、常，暨浙之嘉、湖二属，专事贩盐聚赌，有时亦抢劫勒赎。"② 这部分人与安清道友初建时的活动方式一致，应是苏北安清道友的发展与蔓延。因其组成主要是苏北、皖北人，但活动地域却在异地他乡的苏南、浙东，或有别于当地帮会组成，故称"客帮"。主帮当然是指当地人，在浙东活动的帮派主要由浙省温州、台州人组成。至于光蛋与巢湖帮人员构成不同，巢湖帮多为解散之漕运水手，光蛋大多属于战争过后遣散的散兵游勇，流落江湖，故没有大规模组织，而"党类万千，充斥海滨"。

（三）山东、河南

漕运解散后，苏北籍、皖北籍的水手即潘安骨干成员组成了安清道友，此派后来活动于淮河、长江流域。而水手中多山东、河南、直隶籍水手很难在江、浙立足，只能回到资生日蹙的华北。在江北安清道友出现之时，早已存在的幅匪在山东大量出现，无疑是水手失业后成了它的

---

① 陶成章：《浙案纪略》二章《会党原始》，载《中国近代史资料丛刊·辛亥革命》（三）。
② 《军机处录副奏折》，光绪三十一年九月二十一日开缺浙江巡抚聂缉椝奏折。

新成员："三年春（注：指咸丰三年），江南被兵，南漕改折，或海运。纤夫、游民数十万无可仰食，丰北黄河连岁溃决，饥民亦数万。弱者转沟壑，壮者沦为匪，剽劫日炽。"① 其中幅匪势力最大。

到了清亡前之宣统三年，山东"土匪、溃军交讧，四出窜扰，大局岌岌可危"②。外匪、内匪相勾串，"山东盗贼，其始南境处数而已，近则蔓延全境"。这些"匪徒"之中，种类繁多，"有土匪、溃兵，有退伍，有革党，有在青、在会诸会。……而党与则以在青、在红诸会最重"③。另一奏折则云："至会匪名目不一，而以青帮为最大，自兰山坊郭及峰之台庆、郯之长城一带，入会者不下数万众，迫胁邻近诸小户，不从者劫之，报官则火其居，屠其家，以故附从日众。"④

从诸种史料分析，山东出现大批青帮自有其由来，即由南向北发展，其初来自苏北则无疑义："查归郡盗匪，初不过由丰、沛、邳、砀、曹、单等县往来窜扰；近则各处之匪分为大帮、小帮，飘忽无常，遍地皆是，日盛一日，几难缕指。"⑤ 在遍地皆匪，"几难缕指"之中，还是青帮势力首屈一指："至各处会匪，名目不同，有在青、在红、仁义、大刀等称号，而势力之大，党羽之多，则以青帮为最著。"⑥

从山东、河南两省青帮势力的蔓延、扩张，可以得出这样一个结论：青帮代表了一种目无定向的破坏力量，它的形成得之于清政权的腐败，反过来它又冲击着清政权的社会秩序。然而历史不停顿地向人们证明：一种力量在社会上出现的时候，它也造成了遏止自身发展的对立面。青帮的对立面在于它本身的变化，在于它的成员日益复杂化。早在光绪初年的史料就记载了这样的事实："安清道友为患久矣……今则蔓延江南北各郡县，无地无之，立字派，别尊卑，逞凶肆恶，结为死党。初犹无业游民，刑伤匪类当之，今则居然武庠中之举、秀，仕途中之子

---

① 《山东军兴纪略》卷十七之上《幅匪一》。
② 《军机处录副奏折》，宣统三年五月十一日监察御史王宝田奏折。
③ 《军机处录副奏折》，宣统三年五月十一日监察御史王宝田奏折。
④ 《军机处录副奏折》，宣统三年五月十一日监察御史王宝田奏折。
⑤ 《军机处录副奏折》，宣统三年闰六月十四日外务部主事韩葆谦奏折。
⑥ 《军机处录副奏折》，宣统三年闰六月十四日外务部主事韩葆谦奏折。

弟,衙署中之差役,愍不畏法,自以为雄,乐居下游,毫不为怪。"①至宣统时,"有产业者亦入盗,藉为保家"。青帮中,一批社会上的中上层人士加入,都势必部分地改变这个帮会的流民成分和流民组织的性质,遏止它的破坏作用,使它从下层向社会中上层发生转化。从而部分地受到社会秩序的制约。青帮秘籍中大量的帮规的出现,正反映了这变化中的秩序。②

第五节　关于青帮秘籍

罗教的水手行帮会社尚未转向青帮时,带有宗教内容的社会团体,尚保留着罗教的五部六册宝卷。而苏州水手中间也还有为数不多的大乘经经卷。但是安清道友出现以后,没有任何史料证明他们还诵念五部六册或保留着这类经卷。

青帮所谓秘籍大多于安清道友出现以后问世,出版的年代则更晚。笔者对这类秘籍接触不少,但没有一部曾提过罗祖的五部六册经典,足见这个帮会已经完全脱离了民间宗教系统,属于别一系统的组织了。

为了对青帮有一个更明晰的了解,有必要在此介绍青帮"秘籍"。清末民国初、中叶,青帮利用其庞大的经济实力和各种社会关系,出版了一部又一部"青帮史",诸如《临济三庵史》《三庵宝鉴》《三庵全集》《安清系统论》《总续十八祖根派》《漕运汇选》《安清通漕菁华》《安清道义正宗》《安庆粗成》等。这些就是人们通常说的"青帮秘籍"。这些"秘籍"内容大同小异,作者多为青帮中人。它虽然包容了一些口头流传的比较可靠的传统材料,但其中也充斥着不少虚构成分,特别是涉及其历史渊源部分,则多不可靠。

---

① 《申报》,一二六九号,光绪二年五月二十四日。
② 参见马西沙、韩秉方《中国民间宗教史》第六章《罗教与青帮》第八节,上海人民出版社1992年版。

一　青帮秘籍中的历史渊源与祖师崇拜

本章介绍青帮渊源，指出它源于罗教形成的漕运水手的行帮会社，信奉罗祖及翁祖、钱祖、潘祖。到了青帮秘籍里，情况发生了变化，即由崇拜罗祖等四人变成了多种偶像崇拜，而这种崇拜又被笼罩上了佛教禅宗中的临济宗的神圣光环。据秘籍《总续十八祖根派》云，该帮共崇拜十八位祖师：

> 初祖达摩、二祖神光、三祖僧灿、四祖道信、五祖宏忍、六祖惠能、七祖金祖、八祖林祖、九祖陈祖、十祖罗祖、十一祖陆祖、十二祖翁祖、十三祖钱祖、十四祖潘祖、十五祖王降祖、十六祖肖祖、十七祖姜祖，十八祖太钊王祖。[①]

其他"秘籍"记载或与此不尽相同，但大同小异。而托之于临济宗则为诸"秘籍"共同点。因此《三庵宝鉴》中传道词云："佛祖大法本无边，临济宗派注先天。后代捧香来戒法，弟子替祖把道传。"[②] 所以大凡青帮招收徒弟，都说"进了佛门临济派"，并把香堂时称为"佛堂""普门"。在安清道友香堂正中，天地君亲师牌位和圣旨龙牌位之下，首先供奉的就是达摩祖师。

在众多崇拜对象之中，值得一提的是七祖金碧峰和十祖罗祖。

金碧峰，在有些"秘籍"中又叫金纯。金纯实有其人。他是明永乐间人，《明史》载有其传："金纯，字修德，泗州人"，曾任礼部尚书。永乐九年（1411年），明成祖朱棣命令金纯与大臣宋礼"同治会通河"，与徐亨等人"疏浚鱼王口黄河故道"，"又开济宁西耐牢坡，引曹、郓河水以通中原之运"。漕粮从南至北运输孔道始通。[③] 观金纯一生政绩，皆在运河通漕。大概由于运河之通，为漕运水手以衣食之资，

[①] 手抄本《总续十八祖根派》，藏于中国社会科学院世界宗教研究所图书馆。
[②] 《佛门临济宗派》即《三庵宝鉴》，民国21年岁次壬申三月吉日印，杨曾文提供。
[③] 《明史·金纯传》。

金纯被列为七祖,又称之为"运粮始祖",以示崇拜。

关于罗祖,各类秘籍都有记录。据《临济三庵史》云:

> 罗祖单字清,号爱泉,甘肃秀宁人。自幼才识过人,十五岁入泮,十七岁乡试举人,二十岁殿试进士,官拜户部尚书。与魏忠贤不睦,因北国造反,被荐领兵退敌;又被忠贤奏劾通敌下狱。在牢内参悔忏修,后被赦,弃职潜修,拜金祖为师。在栖霞山修真养性,为第二代静字派。①

青帮秘籍对罗祖的记述大都如此不伦不类,几无真实可言。这类传说部分得之于老官斋教经书《三祖行脚因由宝卷》对罗祖的描述。该宝卷对罗祖的种种传说已不可靠,青帮则依之于此,以讹传讹,错上加错。对此等内容《中国民间宗教史》第六章附录《青帮秘籍考析》有详细对照分析,此不赘言。

二 香堂的设立与帮规、家法

各类青帮秘籍都以很大篇幅记录着一种叫作"香堂"的建制,描绘它的内部陈设,以及香堂中拜师授徒的步骤与帮规、家法。香堂是安清道友活动的中心,它的作用在于巩固帮派,扩展组织,联络帮会成员。在清末,也是拒捕、窝赃的所在。它往往是帮头的据点和居住之地。由此可见,它在青帮史上的重要地位。清末的史料中,香堂往往又被帮内人称为老窝子,而帮头也常被称为某某老窝子。

明末清初,运河水次的罗教组织,建立的活动场所叫庵堂,主要为宗教聚会场所,后来又成为漕运水手回空后的住宿之地。乾隆三十三年以后,水次庵堂全数为当局拆毁。水手行帮的活动中心移到了老堂船之上,内中设立罗祖画像,供帮中人摆香膜拜。道光间史料记载,漕运水手贩卖私盐,从事其他一些非法活动,出于现实需要,部分水手又在码头、集镇以茶馆、酒肆的方式建立了聚会点,或与各色人等联络勾串。

---

① 《临济三庵史》,《秘密会社丛书》第四辑,台湾古亭书屋出版。

这就是后来安清道友香堂的雏形。

香堂真正粗具规模还是安清道友出现以后，特别是与哥老会即红帮在江、浙、皖诸省融汇合流后才普遍出现的。太平天国运动失败后，湘军中的哥老会成员再次流落江湖，多聚集一起。"开堂立会"，"设会拜盟"。各类堂口名目繁多，诸如泰龙山聚兴堂，大名山忠信堂、聚贤堂，天龙山五湖四海堂等。此后，安清道友也大力发展类似哥老会山堂的香堂，在流动贩私生涯中，有了自己的根据地。史料讲：安清道友"党众势强，多以贩私为名，肆行不法，并仿哥老会匪恶迹，纷立会堂……"① 据光绪中期至宣统间一些史料记载，青帮有些香堂的规模已相当不小了。如江苏青帮头领朱盛椿，其家宅即香堂，前后三进，围以高墙，墙内设枪眼，有大批徒众护院。但清代史料没有描绘这些香堂及拜香堂的过程，青帮秘籍弥补了这个缺憾。

香堂建制不拘一格，《家理三庵宝鉴》记有罗祖规定，香堂分六门："香堂设于寺院为圆门，设于庵观为方门，设于祠堂为正门，设于船上为舱门，设于住宅为宅门，设于店铺为财门。"可见香堂建制没有硬性规定，依地势而定，不拘套法。坛下三步设蒲团，再九步到堂门。拜香堂仪式分小香堂、大香堂。

据《临济三庵史》述："小香堂为进家之初步……香堂中仅供天地君亲师，及翁、钱、潘三祖牌位，门外供小爷牌位。香案上供面鲜或果供三盘，清茶三盏，蜡烛一对，香炉一座，家法香板一对，止静开坛牌各一个。门外小爷，供一盘，茶一盏，烛一对，炉一座而已。"②

在收徒拜师时，必须约请"隔帮调卫三老四少，至少有三帮在堂"，"而寓隆重之意"③。收徒仪式之始，先请祖、悬祖、上烛、上香、上茶。之后，入门人先向各班辈分最高者行三跪九叩礼，并依次拜见各帮师父。其中若有一人拦阻，即不得入会。然后由师父教给入会者帮中规矩、仪注、礼法。内容极为繁琐。总其意，五伦八德，而以尊师崇祖为第一要义。④

---

① 《军机处录副奏折》，光绪二十六年四月四日安徽巡抚邓华熙奏折。
② 《临济三庵史》，《秘密会社丛书》第四辑，台湾祥生出版社1975年版。
③ 《临济三庵史》，《秘密会社丛书》第四辑，台湾祥生出版社1975年版。
④ 《临济三庵史》，《秘密会社丛书》第四辑，台湾祥生出版社1975年版。

经过小香堂仪式后，仅算"半个门里人"。还要经过大香堂仪式。大香堂仪式"规模宏大，礼节隆重"。仪式更加繁琐，赶香堂的人也更多。堂上需供天地君亲师牌位，十三位祖师牌位，左护法清风、右护法明月、当家爷（门外小爷）各牌位，案上供果面鲜、清茶及三香、五炉、六蜡，并接驾炉。旁供《金刚经》《心经》《道德经》《北斗经》《圣谕广训》以及历代家谱、运河全图、粮船全图、家法牵绳、双龙牵板等项。① 再派掌堂、执堂、行当、内外巡查、站堂、掌刑。

在大香堂仪式中更要慎言肃行，禁吸烟吐痰及一切不敬之事。各人将帽子、坎肩、腰带除下，还要漱口净面。进香堂后，由掌堂者倡言止静。首先由办行当者讨慈悲。所谓讨慈悲，即向各帮在堂三老四少问清是否赞成某人入门。其实同意与否在止静之前已由本帮人向外帮人讨教，征得同意，才能止静、讨慈悲。在止静之后，三老四少亦不能再提出不同意见，"不许扰乱"，否则以扰乱帮规处置。这以后便要进行"请祖、迎祖、悬祖"仪式，十几位祖师要依次进行。在此以请、迎、悬罗祖为例，其词云：

请罗祖词：

罗祖修道栖霞山，紫云洞中炼仙丹。
弟子请祖来指导，求把众生渡上船。

迎罗祖词：

宣讲圣谕退回番，一芦渡过红江边。
迎请罗祖莲台坐，渡化弟子结善缘。

悬罗祖词：

弟子捧祖双膝跪，恭悬祖师升宝座。
怀抱一部《金刚经》，虔诚诵读自无罪。

---

① 《临济三庵史》，《秘密会社丛书》第四辑，台湾祥生出版社1975年版。

所谓"请、迎、悬"祖师当然不是宗教仪式，它既带有行帮会社即商行或手工业行会的祖师崇拜遗风，又加上了黑社会尊师崇祖的内容。颂词的内容，不少地方与历史事实相左。如罗祖梦鸿本在雾灵山修行禅宗顿悟，此处则变成在栖霞山紫云洞炼仙丹了。在香堂本应供奉罗祖五部六册宝卷，而悬词中却变成"怀抱一部《金刚经》"了。故此笔者说后代青帮中人对自己帮派形成的真实历史的确是茫然无知了。

念完请、迎、悬颂词后，便继续进行极为复杂的大香堂仪式，诸如要进行《大香堂慈悲仪注》《上五字抱头香释义》《上牵绳慈悲》《香堂注仪》等内容。其中还要由传道师父将入门人送的三分钱粮"焚送"上天，以供祖师，入门人与在堂的"三老四少"依次见礼，大家合饮"义气水"一口。"礼成后即送祖散堂"，收徒仪式至此完毕。为什么要有如此繁琐的收徒仪式？归根到底要严肃帮门，防止徒弟为非作歹，或无端跳槽，这就是非请他帮"三老四少"参加不可的原因。这种收徒的仪式有很长的历史渊源。至少在清雍正间，凡入罗教者皆要拜师父，道光间档案史料记载，凡入帮者要得到众老管商议批准，而且已经有了二十四个字辈分的明确记录。

加入青帮者还必须遵守帮规。从一般的青帮秘籍中都记载着十大帮规：

第一，不准欺师灭祖。
第二，不准藐视前人。
第三，不准不孝双亲。
第四，不准投拜二师。
第五，不准嫌卑乱宗。
第六，不准搅乱帮规。
第七，不准盗卖安青。
第八，不准记名记人。
第九，不准欺孤凌弱。
第十，不准奸盗淫邪。

这十大帮规的宗旨即在第一条"不准欺师灭祖"。其他诸条都是为此服务的。第二条"不准藐视前人",就是不准欺师灭祖。至于讲孝道,其目的在于"倘若不孝,五伦何在?师徒之情又何足道哉?"第四条,不准投拜二师,是第一条的具体内容。如投二师,即是欺师灭祖。对这种人"香堂重责革除,永不准进会"。第五条,不准嫌卑乱宗,是指那些"自觉辈卑,妄称字大,颠倒乱宗"者,也属革除重责之列。第六,不准搅乱帮规,因为"帮规并非私立,乃三位祖师爷会议修正,奏明奉旨见准,又禀请家法,照旧施行"的。可见帮规是皇权和帮权的象征,是祖师爷的规矩,具有神圣性、合法性,故犯者"打死勿论"。第七,不准盗卖安青。也是为第一条而发,因为"师徒就如父子之情,进会后孝敬师父,理所当然。若盗卖安青,一则证明个人品行不端,二则败坏会中全体名誉"。当然首先要败坏首领和师父的名声。第八,"不准记名记人",是防止入帮叛徒出卖同道。第九、第十两条,则是要求同道品行端良,保全帮会名誉,使帮会立于不败之地。①

中国的民间宗教与帮会组织,都属于底层群众的结社组织,这种组织并没有冲破封建制度的窠臼,在组织内部实行平等的经济关系和人际关系。相反,都实行的是森严的家长制统治。因此,维系教主、家长的经济利益和内部权威,不能不成为第一要旨。当然,民间宗教和帮会还有区别,后者在严酷性上又远过于前者。就青帮及其前身而言,表现格外明显,"各帮粮船、舵工、水手各立教门,多收门徒,结为死党。一切任其教主指使。烧炙、截耳、割筋,毫无忌惮,为害殊甚"②。在帮中,老管、师父对徒弟有生杀予夺之权。另一方面,也要注意到"有患相救,有难相死"的互助要求是劳动人民结社的前提。因此在帮中还有"同参如手足"的一面。所谓"帮丧助婚,济困扶危",在帮中也一定程度地存在。在水手帮会中,"老管所司,每水手所得雇值按名提出若干,收存生息。遇水手患病医药或身故买棺,则老管即于此项内酌量资助"。因此,"是以顽蠢之辈利其缓急有恃,

---

① 《家理三庵宝鉴》,民国23年(1934年)初版,代印处:义成印刷局。
② 《朱批奏折》,抄录刑部咨文(大约雍正五年十一月)。

乐于从事"①。显然，如果水手帮会和后来的青帮仅只一味地实行残酷的家礼、家法，而不解决在会、在帮者的生存根本问题，其家长制是维持不下去的。例如，江苏青帮领袖徐宝山"时假仁义煽结人心，赈济贫民，收纳亡命。凡营中弁兵被革者，该匪必罗致之，或以资财恤其家室，或派盐船使其管驾。顺之则生，逆之则亡"②。这就是青帮家长制的两方面内涵。

三 关于青帮秘籍中的"家礼问答"

青帮秘籍的另一个组成部分是家礼问答。表面看来，它是关于漕运、漕帮、运河及青帮渊源及历史的知识性问和答，内容异常丰富，问题多达200余个。其实，这种家礼问答是典型的帮中暗语和联络信号。这类东西在红帮中称为"海底"。"海底者，记载洪门史实、规矩、隐语等之秘籍也，一称'金不换'，又名'衫仔'。凡洪门中人，咸寤寐求之，欲期手藏一卷，以深窥会中规矩，而俾'道高瓶满'，藉免陨越失仪也。"③青帮中的家礼问答，与海底中的隐语、见面手势之类同。不懂家礼问答就非青帮中人，与帮中人相遇就难以互相认识、互相引荐、互相帮助，甚至有受对方加害的危险。其重要性不言自明。光绪二十五年（1899年）五月，青帮首领徐宝山将部分青、红帮人马会合在一起，设立春宝山堂名目，"入会者人给一票，上载口号，监读三日，熟即焚毁灭迹"④。所谓口号，即帮中隐语，应是有问有答，以行帮中联络，避免当局细作混入。

青帮这些秘诀产生在什么时候？从它的内容看大部分涉及漕运、漕帮、漕船、庵堂、家庙及三祖传说。它的形成是一个由简单到复杂的过程，最初成形于漕运水手帮会出现的年代。至于有关漕运的一些具体知识，流传年代似应更长。但整套的家礼问答似应是安清道友出现后的产物，甚至清末光绪、宣统时代，乃至民国初年。《家理三庵宝鉴》中有

---

① 《军机处录副奏折》，道光五年七月二十四日江苏巡抚陶澍奏折。
② 《朱批奏折》，光绪二十六年（日月失名奏片）（附：《查探徐怀礼报告》）。
③ 庚辰仲夏（民国29年，1940年）李子峰编《海底》第一编序。
④ 《朱批奏折》，光绪二十六年（日月失名奏片）（附：《查探徐怀礼报告》）。

这样一段话："咸丰四年焚烧家庙、通漕祖师像、经卷等，各省海底不全。"咸丰三年（1853年）运河漕帮全数解散，水手帮会也随之不复存在。但由于安清道友不久出现于两淮，以潘安为骨干的漕运水手又聚拢于安东、清河一带，此后三教九流益见增多，为了识别和会遇同伙，不能不有一套口诀、秘诀、暗号。这样在原有口诀基础上又加进新的内容。例如家礼问答中有这样一段话：

> 问：请问老大在帮否？
> 答：好说老大，弟子腿短，赶帮不上，沾祖师灵光，借前人路走，我是旱码头进家。①

另一部《临济三庵史》解释了"旱码头进家"的意义：

> 至光绪廿六年，圣驾西迁……奉旨将十八帮粮米，半送西安，半留临清，以平耀民食。光绪廿七年圣驾回銮，南省漕务改归兵饷。运粮一节，至此终止。故后人再有进帮孝祖者，皆称旱码头进会云。②

可见"旱码头进家"是光绪二十七年（1901年）彻底废南漕以后的事。我们目前见到的出版的青帮秘籍内容，系统出现在光绪末年以后，或者更晚。

其次，几乎所有的家礼问答在涉及三祖时，都格外推崇潘祖：

> 问：请问老大贵姓？
> 答：好说老大，进家姓潘。③

为什么家礼问答崇尚潘安及潘祖？因为安清道友的主要成员是潘安水手，其传统当然要继承潘安水手帮会的主旨。这再次说明，这类家礼

---

① 《家理三庵宝鉴·家礼问答》，民国23年版。
② 《临济三庵史·帮务沿革》，民国24年初版。
③ 《临济三庵史·帮务沿革》，民国24年初版。

问答最终形成于安清道友成立以后。它适应了青帮的活动方式和要求，并不是一种无意义的礼节性问答。

通过上述种种考证与分析，可以证明青帮秘籍是一种由口头传说为主的真实与错误相掺杂的记录。它部分地反映了青帮及其前身水手帮会的种种特点，是研究从罗教到青帮这个宗教及帮会史的不可缺少的历史资料。

第七章

黄天教与弘阳教

明代嘉靖、万历间，在北直隶出现了两支迥异于罗教的民间教派：黄天教与弘阳教。

如果说初创时期的罗教更近似佛教，黄天教与弘阳教则更近似道教，主要受到道教内丹派与符箓派的影响。因此本章将黄天教与弘阳教一并叙述。

第一节 黄天教的历史沿革

在罗教创立半个世纪以后，直隶密云卫西北方向200余里的万全卫，又产生了一个全新教派——黄天教。黄天教又名黄天道、皇天道。关于黄天教教名，多种宝卷及明、清档案皆有记载：

无为奥妙，好一个黄天道。①
今时遇着黄天道，人人似此与佛同。②

《护国佑民伏魔宝卷》第四品亦云：

金身护佛，金相凡圣双修，从授师罗点化，也得黄天圣道，采

---

① 《普明如来无为了义宝卷》开经偈、宝火如来分第七等。原经藏于俄罗斯彼得格勒东方研究所。
② 《普明如来无为了义宝卷》开经偈、宝火如来分第七等。原经藏于俄罗斯彼得格勒东方研究所。

天地骨髓，佛祖命脉，日精月华。

黄天教教名来历及其包含的特定内容是什么呢？清代官方档案记载：

>……世界上是过去、现在、未来三佛轮管天盘。过去者是燃灯佛……现在者是释迦佛……未来者是弥勒佛，管下元申酉戌亥四个时辰，度在家贫男贫女，是九叶金莲为黄天。①

另一则史料也涉及"黄天"一词：

>耳为东方甲乙木，目为南方丙丁火，鼻为西方庚辛金，口为北方壬癸水。性在两眉中间，外为十字街，内为方寸宝地，是中央戊己土。又称性是无生老母所给，无生老母住在三十三天中黄天，名为真空家乡。②

由上述两段史料可知，黄天一词依据三教应劫之说而来，黄天即真空家乡，是明清时代许多教派追求的彼岸世界。

黄天教倡立不久，教势日炽，迅速风靡华北及江南部分地区，在明中末叶诸民间教派中独树一帜。清初思想家颜元对它的发展曾作过描述：

>我直隶隆庆、万历前，风俗醇美，信邪者少。自万历末年，添出个黄天道，如今大行，京师府县，以至穷乡山僻都有。③

一 黄天教的创立

黄天教创立于明末北直隶万全卫，这一点中外学者皆无疑义。但是

---

① 《清代档案史料丛编》三辑，中华书局1979年版，第65页。
② 《军机处录副奏折》，道光十二年五月九日曹振镛奏折。
③ （清）颜元：《四存编·存人编》卷二。

关于创教人及创教具体时间，诸种史料多有出入。

据明末清初问世的《古佛天真考证龙华宝经》第二十三品云：

> 黄天教，设宗门，度下儿女，
> 普静祖，领皇胎，皈依佛门。

该经作者认为黄天教创始人是普静。持这种看法的还有《木人开山显教明宗宝卷》：

> 有静老祖在顺圣县里，留下一百零八部经，设立黄天法门，度下善人，念佛出苦，同赴龙华三会，不违善愿也。①

但据更多的史料记载，黄天教的创始人是普明，而不是普静。据《众喜粗言宝卷》记载：黄天教开派祖师是达摩，六祖惠能。七祖"于嘉靖年临凡，居北直隶"，"号普明祖。……续传普光，为八祖"。"又传普静，为九祖"②。此处把达摩作为开派祖师，惠能为六祖，实属附会，自不足凭。它实质是以普明为创教人，普光接续，普静为第三代传人。清康熙初年问世的《太阳开天立极亿化诸神宝卷》与此说相同：

> 说三普者，普明、普光、普静。三普者，昼夜常明，普照四大神州，度化群迷，诸佛万祖，都在光中所见，此乃神灵宝聚会之乡。（第十五品）

清代统治者屡次查办黄天教，留下了档案资料。乾隆二十八年直隶总督方观承奏折载：

> 臣于上年办理孙耀宗邪教一案，检查乾隆八年田金台、丁至等

---

① 参见［日］泽田瑞穗《初期的黄天道》，《增补宝卷的研究》，第355页。
② （清）陈众喜：《众喜粗言宝卷》卷三。

第七章　黄天教与弘阳教

犯案内，声称黄天教倡自前明万全卫属膳房堡李宾，乃嘉靖时人，法号普明，死后在堡起有庙塔，普明坟在塔下。①

同年四月，有李宾第八代孙李遐年供词称："我是李宾第八代孙，李宾是黄天道，道号普明，妻王氏，道号普光，同葬一塔。"②

同一份供单中尚有教徒李继印供词："普明是明嘉靖年间人，立下黄天道教，称为佛祖。"

征诸有关黄天教各类档案史料，无一不记载该教创始人是李宾，道号普明。而不是如《破邪详辩》记载的李升官，或《龙华经》记载的普静，更不是《宗教词典》误记的"李宾，又名李升官，即普明虎眼禅师，普明祖"③。

关于李宾平生行迹，宝卷及清档案皆有记载。据日本学者收藏的《虎眼禅师遗留唱经》记载：

> 普祖乃北鄙农人，参师访友，明修暗炼，悟道成真，性入紫府。蒙玉清敕赐，号曰普明虎眼禅师。设立黄天圣道，顿起渡世婆心，燃慧灯于二十四处，驾宝筏于膳地宣云。遗留了义宝卷，清净真经。④

《虎眼禅师遗留唱经》还隐晦地暗示了李宾的行迹：

> 古佛爷上牛生，地名兴宁，然后住在膳房村。（浪淘沙）
> 古佛原在上牛生，次后住在膳房村，木虎年中明大道，南岸荷叶北岸生。
> 狮子村遇明人。（浪淘沙）
> 访明师数十年，却来到顺圣川，蔚罗辛庄重相见。（耍孩儿）

---

① 《军机处录副奏折》，乾隆二十八年三月二十九日直隶总督方观承奏折。
② 《军机处录副奏折》，乾隆二十八年四月二日方观承奏折，附供单一。
③ 参见马西沙、韩秉方《中国民间宗教史》第八章，上海人民出版社1992年版，第410—411页。
④ 参见［日］泽田瑞穗《初期的黄天道》，《增补宝卷的研究》，第348—349页。

癸丑年遇真传，说破玄关卯酉之功。（浪淘沙）
木虎年古镜明。（耍孩儿）
戊午年说根源。（浪淘沙）
戊午年去归宫。（耍孩儿）
己未年七分清。（浪淘沙）
辛酉年画鸡叫一声。（绵答絮）
壬戌初起大叫一声。（绵答絮）
癸亥数尽甲子。（绵答絮）
丙寅丁卯才得安宁。（绵答絮）①

《普静如来钥匙宝卷》也有类似记录：

普明佛，壬戌年，开荒下种。
壬戌年，功行满，性归圆明。
普光佛，己巳年，演喧大藏。
丙子年，功圆满，命尽归宫。②
普明佛，戊午年，通传大道。
壬戌年，功行满，早去归宫。③

上述史料中"普明佛，壬戌年，开荒下种"应为戊午年。综合各类宝卷、档案史料，及李世瑜1948年对黄天教的调查，可以概括黄天教创始人李宾（普明）生平大致状况：李宾出生在地处长城脚下的北直隶怀安县兴宁口下牛村地方，生年不详。他兄弟三人，排行第三，青年时代曾经务农。由于明正德、嘉靖间蒙古族屡次在长城附近侵扰，明政权特派兵并重修长城，以防边患。李宾曾应征入伍，在野狐岭一带充任守备军人，可能在战争中失去一目，故后称虎眼禅师。由于驻守长城生活艰苦，环境孤寂，宗教气氛应运而生。大概于此

---

① ［日］泽田瑞穗：《初期的黄天道》，《增补宝卷的研究》，第350—351页。
② 《普静如来钥匙宝卷》，钥匙佛如来开蕴妙法分第十六，钥匙佛如来开悟修道分第七。
③ 《普静如来钥匙宝卷》，钥匙佛如来开蕴妙法分第十六，钥匙佛如来开悟修道分第七。

时，李宾开始求道访真。他孜孜以求，数十年走访明师，活动于直隶、山西北部。后来到直隶怀安卫顺圣川，其地处桑干河北岸。癸丑年（嘉靖三十二年，1553年）在顺圣川狮子村得遇"明人"，说破玄关卯酉之功，即教给他修炼内功的方法。到了第二年即木虎年或青虎年即甲寅年（寅年即虎年）他修成了内丹，又称金丹，故称"古镜明"。戊午年即嘉靖三十七年（1558年），吐经《普明如来无为了义宝卷》，即所谓"戊午年，说根源"，"戊午年，通传大道"，于此时招收弟子。笔者认为黄天教的创立应算在嘉靖三十二年，即他得遇真传之日算起。他创教初期活动于直隶宣化府和山西大同府一带，即桑干河流域。后来他把家安在万全卫膳房堡，并在膳房堡西二里许的碧天寺内讲经说法。因此人们也往往把万全卫说成他创教之地。关于李宾死年有两说：一为壬戌年。所谓"壬戌年，功行满，早去归宫"。归宫即指灵魂回归天宫，既可以表示内功修成，天人合一，也可以表示撒手归天。壬戌年即嘉靖四十一年（1562年）。另一说是癸亥年，"癸亥数尽甲子"，癸亥即嘉靖四十二年（1563年），于这年甲子日逝世。持此两说皆为该教弟子或李宾后裔。李宾死后数年未得安葬，或说葬不得地。故有"丙寅丁卯才得安宁"之说。丙寅年即嘉靖四十五年，于丁卯这一日得到厚葬。据清档案记载：普明死后与其妻王氏"同葬一塔"。其实王氏在万历四年（1576年）才死。应是李宾先葬，王氏死后又与李宾合葬。塔在碧天寺内，号曰明光塔，以李宾号普明，其妻王氏号普光也。塔高十三层。从此碧天寺成为黄天教圣地，200余年间香火不绝。关于碧天寺，清档案有详细记录：

> 据禀称：塔在膳房堡之西二里许碧天寺内。寺宇五层，前三层俱系佛像，尽后一层高阁系三清神像。阁前石塔十三层，即李宾坟墓。
>
> 膳房堡之西碧天寺四面环山，基址颇大。寺门镌"祇园"二字。一、二、三层供立佛、坐佛等像。三层东西两壁绘画李宾平生事迹。后层高阁上扁额正中题"先天都斗宫"，东题"玉清殿"，西题"斗牛宫"。阁前石塔十三层，高三丈六尺，周十二步，称为明光塔，以李宾号普明，其妻号普光也。楼下尽东尽西二间屋宇之

内复用石灰砖发圈砌为洞形，绘画种种异像。①

碧天寺似乎在李宾创教之前即建成，李宾创教后，名气日隆，遂以碧天寺为本教所有，成为李宾、王氏修道之所。《普明如来无为了义宝卷》对此作了暗示：

> 祇园宝地，万像群真，光明与佛同。怀胎九载，锻炼真心，三关九窍，一气相同，躲离尘世，逍遥自在行。②

此处"祇园"指碧天寺无疑。"光明与佛同"，暗示普明、普光在此修行，其行止与西方诸佛一样光明坦荡。"怀胎九载"等句，暗喻普明夫妻修行的内容——修炼内丹。"万像群真"，则描绘了当年黄天教信徒在碧天寺内朝拜普明、普光的盛况。据清档案记载，从明末到清乾隆二十八年（1763年），此寺为当局拆毁前，200余年间，每年"四时八节作会"，"奉其教者，犹千里拜坟，多金舍寺"。③

从上述记载可知，黄天教在创立不久即粗具规模。也可以看出该教佛道相混、以道为尊的迹象。

二 五位"佛祖"

据当代学者李世瑜《黄天道》一文调查指出，1948年，万全县境内有多座黄天教庙宇，或者崇拜普明诸人的陪殿。内中多供奉着五位"佛祖"的塑像。据传，除普明佛外，其妻"是普光归圣佛的化身，生有三女：大女是普净古佛投胎，二女是普贤古佛投胎，三女是圆通古佛投胎。……五人在世时，皆好念佛吃斋，戒杀行善。"④ 普明、普光夫妇被信仰者称为普明爷爷、普明奶奶。三个女儿分别被称为米姑姑、面姑姑等。李氏调查，记载了黄天教问世后近四个世纪的发展状况。由于

---

① 《军机处录副奏折》，乾隆二十八年三月二十九日直隶总督方观承奏折。
② 《普明如来无为了义宝卷》，那延如来分第二十三。
③ 《军机处录副奏折》，乾隆二十八年三月二十九日直隶总督方观承奏折。
④ 李世瑜：《现代华北秘密宗教》，四川大学史学系1948年，第15页。

信仰者离创教时代相隔了漫长的历史阶段，而调查者又仅靠传闻，因此难免与当时状况不符，但仍有其巨大的价值。

据史料载：普明死于嘉靖四十一年或四十二年。其后教权由其妻王氏道号普光者接掌。己巳年即明隆庆三年（1569年）其妻"通传妙法"，到丙子年即万历四年（1576年）"归宫去，性复元宗"，即离世而去。普光死后，教权由李宾及王氏两个女儿继掌。关于李宾后代，清档案有明确记载：

> 普明当日只生二女，称为普净佛、普照佛，次女之女称普贤佛。所葬坟墓各建塔座。此外并无嫡派亲属。①

另一奏折记载更明确：

> 普明没有儿子，只生两个女儿，都嫁给了康家。因普明、普光都称古佛，连他女儿都有佛号了。②
>
> 普明第二个女儿普照之女，即所谓普贤嫁给了当地姓米者为妻。③

上述史料纠正了李世瑜调查的一些误传，即李宾妻王氏，而非许氏。他们生有二女，而非三女。二女儿佛号普照即小康李氏，曾著《太阴生光普照了义宝卷》。普照与其姐都嫁给了当地姓康的家族。两人都是黄天教新一代的宗教领袖，故教内又称为"二康"。清代雍正十三年（1735年），直隶总督李卫破获了一起"邪教案"，当局第一次发现黄天教的活动，拿获了该教重要头目、山西平定州人李福。发现"李福所行名为黄天教，家藏邪书五种内《寇天宝书》上载：二康发现到卯年时节交换之语。又有龙翅黄帽一顶，其子李俊成会呼风唤雨"④。显而易见，"二康"即指大康李氏与小康李氏——普净与普照。在普净与普

---

① 《军机处录副奏折》，乾隆二十八年四月七日兆惠等奏折。
② 《军机处录副奏折》，乾隆二十八年四月十六日兆惠奏折，附供单一。
③ 《军机处录副奏折》，乾隆二十八年四月十六日兆惠奏折，附供单一。
④ 《史料旬刊》第十七期，直隶总督李卫奏折。

照死后，普照之女米康氏即普贤接掌教权。后来万全县信仰者把米康氏传成圆通古佛化身，也不符合清档案记载。

黄天教在明代中末叶出现了五位受崇拜的"佛祖"，说明了该教教权传承关系：

$$普明 \longrightarrow 普光 \begin{array}{c} \nearrow 普净 \\ \searrow 普照 \longrightarrow 普贤 \end{array}$$

为什么李宾死后教权被其妻接传，而后又由女儿、外孙女递传？一是李宾没有子嗣，二是在黄天教内妇女有一定的地位。黄天教主张夫妻双修，共同悟道，女人在教内被称为"二道"。明末该教的五位"佛祖"中，妇女占了四位，在中国民间宗教史上是少见的，与这个教门修持内容有直接关系。但在封建宗法制占绝对统治的明清时代，神权、族权、夫权密不可分，并直接关系到财产分配与再分配问题。基于这种原因，教权传至李宾外孙女止，又回到了李氏家族手中。

三 清代李氏家族与黄天教

从清代档案披露出的史料看，从清初至清中叶，黄天教教权由李氏家族所把持。李宾没有儿子，但李宾的两个哥哥却有子嗣。乾隆二十八年四月黄天教徒李遐年供称：

> 我是万全县膳房堡人，年四十四岁。我第六世祖李宸是李宾胞兄，即普明，是黄天道。……我祖父李蔚是个贡生，因做过会首，死后会上的人称他为普慧佛。这李奉吉是我堂侄，他的曾祖李黄是我祖父李蔚的亲兄弟。我祖父故后，家里的经文都交与李黄。李黄故后，他孙子李昌年接当会首。乾隆八年李昌年病故，他的儿子李奉吉年幼，就把留下的经卷交给我收看。我从前也做过会，因乾隆八年父亲李景膺吃斋犯了案，我害怕，把留下的经卷烧了。[①]

[①] 《军机处录副奏折》，乾隆二十八年四月十六日兆惠奏折，附供单一。

烧毁经卷一事不足为凭,但供词中所述教权接续关系确非捏造,有李奉吉供词佐证:

> 我年三十一岁,是普明七代侄孙。父亲李昌年系黄天道教,死时我才十五岁,把经卷交给叔子李遐年了。李遐年的祖父李蔚是我曾伯祖。①

从上述两份供词可知,从清初至清中叶,黄天教嫡派教权递传关系是在李氏家族中进行的,即:

李蔚→李蕡→李昌年→李遐年

至于李蔚是否从李宾外孙女米康氏(普贤)手中接续教权,史料阙如。李蔚是清初黄天教最重要的宗教领袖,关于其平生事迹,乾隆二十八年(1763年)四月兆惠奏折中有所披露:

> 臣等到碧天寺,遇有碑碣字迹,即行详细阅看。因见普明塔前碑记上有康熙四十一年元孙李蔚立石等字,随查询李蔚生平行踪事迹。佥称,伊系岁贡生,为普明胞兄四世孙。生前曾当会首,死后人咸称为普慧佛。其名号见于寺藏《法源流经》内。查李蔚身系贡生,并非普明嫡属。②

据民国《万全县志》等记载,李蔚于康熙二十九年(1690年)考取贡生,康熙三十一年曾为《虎眼禅师遗留唱经》作序,康熙四十一年为普明立碑于碧天寺。此碑大概就是后来立于普佛寺普明殿的那块残碑。从李蔚的身世可知,他是一个热衷科举的知识分子,兼"邪教"会首的一身二任的人物。这样的人物在明清时代民间宗教世界所在多有。

---

① 《军机处录副奏折》,乾隆二十八年四月十六日兆惠奏折,附供单一。
② 《军机处录副奏折》,乾隆二十八年四月十三日兆惠奏折。

清政权对黄天教的了解是步步深入的。雍正十三年（1735年）当局第一次在直隶、山西发现该教五部经书及其活动。经书中语涉图谶，教徒家中暗藏兵器，设有军师名号，似有不轨行迹。但此案没有深究下去。

乾隆七年（1742年）五月，京城九门提督舒赫德查获收源教徒张士乾等人，供出山西省著名收源会宗教领袖田金台，并于长子县拿获了67岁的田金台，搜出经板、经文、偈言等物。其中偈言一册是"皇天道教"教徒丁至等人托人送给田氏的。此案后由直隶当局主办，署直隶总督史贻直为了避免"张大株连"，仅审办了丁至等几个教徒，得知"丁至等所奉黄天道教，系前明嘉靖年间万全县僧人普明倡设"。并发现一纸偈言，内"有二十三愁，语多荒谬。盖缘其教倡自前明嘉靖，迨末季流寇之乱，人民愁怨。偈内所云大劫皆其时事，故有张、李及兵戈饥荒等语"①。并审出黄天教仪式及崇拜对象和戒律等。此案未深究到万全县李姓传教中枢。仅将丁至、孙耀宗等照律流徙，焚毁了所获之经板、经卷、偈言等。

黄天教徒孙耀宗在流徙刑满后回到直隶，继续传播黄天教。乾隆二十七年（1762年）直隶总督方观承再次发现孙耀宗的活动，在办理此案中，重新审查乾隆八年旧案，于是顺藤摸瓜，把打击矛头第一次对准直隶万全县黄天教传教中枢及这个宗教活动中心碧天寺。

乾隆皇帝对此案异常重视，不仅派直隶总督方观承驰赴现场，按权行事，而且派朝廷重臣兆惠亲往万全县，主办此案。是年三月底，方观承审讯黄天教徒，并逮捕李氏家族成员。于碧天寺内发现明光塔，搜缴大量教内经书。四月初，兆惠、方观承在经书内发现三角符三张，每张四字，皆为新造之符字。"分析查看，始知除去上下雨山二字，中间藏嵌大王朱相，朱王后昭，日月天下等字。"又发现《先天敕札》一张，"内称'走肖传与朱家，朱家传与李子'之语。其与均寿印文词意隐显虽有不同，而狂悖妖妄实无异致。"②兆惠等人认为这些"逆词"出在吴三桂叛乱年代，"事在康熙年间"。因为文中有"康熙甲寅并癸亥等

---

① 《军机处录副奏折》，乾隆八年四月初九日署直隶总督史贻直奏折。
② 《军机处录副奏折》，乾隆二十八年四月初七日兆惠等奏折。

词",其作于康熙十三年(1674年)至康熙二十二年(1683年)之间当无疑义。是时吴三桂反叛于西南,北方汉地因清政权残酷压榨政策,呼应吴三桂者亦不在少数。黄天教李氏家族在南北混战之机提出"走肖(赵)传天下于朱姓,朱姓传天下于李姓",以宗教预言、谶纬思想鼓动人心,妄图登基自立,野心勃勃,昭然若揭。此事虽然发生在康熙年间,但黄天教李姓"叛逆"行为,已构成大罪。李宾后裔及信徒多人被从严处置,对死人也未放过。四月六日,兆惠等人前往碧天寺,"饬令多集人夫,将普明塔连夜拆毁。塔下并无普明夫妇棺尸。随将弥勒殿中间深掘入土一丈六尺有余,始行锹获尸骨"。兆惠等人下令将普明、普光尸骨运至郡城,"投弃城外车道,寸磔扬灰,宣示众庶。其碧天寺屋宇并令拆为平地,以涤邪业"①。不仅如此,又将普明夫妇两个女儿普净、普照及外孙女普贤塔、墓拆毁,尸骨一律碎锉。② 对身为贡生、充任教首的李蔚当局更不放过。说他"生当会首,死窃佛号,狂诞僭妄,莫此为甚"。同样遭到"毁坟起棺,锉尸示众"的处置。③

清政权对李氏家族如此着力打击,足见黄天教在那一时代在民众中的影响。李氏家族从李宾起传了七代,历时210年,此案一兴,遂至衰落。但李姓之败,并不意味着黄天教的没落,仅仅导致教权易手罢了。黄天教的活动在整个清代从未停止过。

乾隆三十三年(1768年),直隶怀来县有黄天教头目崔有发等,欲复兴黄天教,发展教徒20余人。当局于此案内发现"悖逆"词句,教徒受到重判。

乾隆五十二年(1787年),山西长子县当局拿获老教首田金台之义孙田景盛仍在进行传教活动。田景盛虽然传授收元教,但该教与黄天教亦有渊源。早在乾隆二十八年兆惠就讲:

> 臣等伏查近年邪教,不外直隶、山西、河南等省。所有设教名色,或称收元,或称黄天道。其说皆本于普明……普明一脉实为诸

---

① 《军机处录副奏折》,乾隆二十八年四月十三日兆惠奏折。
② 《军机处录副奏折》,乾隆二十八年四月十三日兆惠奏折。
③ 《军机处录副奏折》,乾隆二十八年四月十三日兆惠奏折。

案邪教之总。……流传已久，深入人心，迷而不悟。①

道光元年（1821年），山西当局又一次发现天镇县一带"有匪徒传习黄天教，做会骗钱情事"。拿获教徒任时贵等人。搜获经卷《利生经》即《佛说利生了义宝卷》，又名《叩香卷》。任时贵系万全县人，与其胞兄等人向李春治学习黄天教。嘉庆十八年（1813年），李春治犯案发遣，任时贵等人也被捕拟杖。到嘉庆二十四年、二十五年（1819年、1820年），任氏在山西天镇县复兴黄天教，做会多次。勾串多人，吃素念经，修好祈福。遂于道光元年发遣。②

此案办理后，直隶万全县黄天教似乎经历了数十年的沉寂，到了清光绪元年（1875年）再度大兴。据民国22年重修之《万全县志》卷七记载：

后寺宇（注：碧天寺）为官家所毁，仅存佛像，经该堡许姓迁佛像于其家。迨后旱魃为灾，乡民祷于普明坟墓，油然作云，沛然下雨，则苗勃然兴之。甘霖既降，信佛弥坚。于是鸠工庀材，建庙祀之，名曰普明寺，时在光绪元年。当是时也，有僧人志明来自小屯堡，参与修庙事宜，口讲指划，应验如神，因之寺院逐渐扩充。

志明由于修建普明寺，也被神化成来历不凡的菩萨下界，在万全县膳房堡曾作过大规模的道场，大开三期末劫的普度，黄天教又随之振兴。

到光绪十九年（1893年），从山西寿邑又传来一支黄天教，此派传法与志明和尚一样来历不明：

惟黄道复生，光绪十九年于山西寿邑，任老师独驾孤舟至赵家梁村，接续传发，亲传黄天大道，与赵老师进有承接法船，单渡缘人。后嗣赵师尔理，授法高莫，涉水登天，普结善缘，因梦修洞，

---

① 《军机处录副奏折》，乾隆二十八年四月十六日兆惠奏折。
② 《军机处录副奏折》，乾隆三十三年八月初九日直隶口北兵部道福德禀报。

优容怜老，至诚焚香，万代觉醒。忽悟原照，忆榆林街天花洞，想是天感时至，愿舍己址村南朱家地一亩余，建设庙堂，永为众善之舟航，称黄道万古之基础。①

这是一块晚近碑文。其意义有二：一是点明近代山西与直隶万全县黄天教的密切关系。其实这种关系，从雍正、乾隆、嘉庆、道光数朝官方档案都有明确记载。二是万全县之所以有众多黄天教庙宇或信仰场所，皆因有大批虔诚信众，为了深结善缘，愿将地亩、财产供奉献纳，才造成了黄天教在万全一带经久不衰的物质基础。直至1948年，万全县仍有数十座庙宇内供奉着黄天教。

四　普静与普净

李宾的大女儿普净曾是黄天教的一代宗教领袖。黄天教内还有一位叫普静的宗教领袖，故有人将普净与普静混为一谈。这是一种误解。

普静曾吐经一部，即《普静如来钥匙宝卷》，内载钥匙佛即普静行迹，可知此经刊行应是其弟子所为，时在明万历中叶。但这部经关于普静行迹说法矛盾，应予以说明。《普静如来钥匙宝卷》第十二分云：

钥匙佛，传宝卷，亲临降世。
丙戌年，九月内，性下天宫。
转在了，邑奠城，埋没真性。
吃五谷，养佛性，随类化生。

此段经内"丙戌年""性下天宫"，并非指普静生于丙戌年即万历十四年（1586年），而是指他在邑奠城中开荒授教。同卷第八分则说法不同：

普静僧，戊寅年，临凡降世。

---

① 参见李世瑜《现代华北秘密宗教》，第16页。

至丙戌，九年满，钥匙开通。

普静在戊寅年即万历六年（1578年）开始传教，到丙戌年即万历十四年（1586年）吐钥匙宝卷，即所谓"钥匙开通"。从戊寅年至丙戌年，恰为九年。同卷第十六分，说法又发生变化：

普静佛，戊寅年，临凡降世。
丙戌年，九年满，转化三清。

此段经中"转化三清"即"归宫"，暗示普静在丙戌年故去。同卷第十分也有同样说法："普静僧九年功满，钥匙佛，开天道地狱神通。大登云路现如来，收元了道赴天台。""收元了道赴天台"，亦含普静离开尘世，回归天宫的内容。

清道光间，长生教领袖陈众喜编了一部《众喜粗言宝卷》。这部宝卷讲，普静九祖"于万历六年戊寅显圣，十二年甲申吐经五千四十八卷，十四年丙戌十一月冬回宫"[①]。可作为普静死于万历十四年（1586年）的一个佐证。

普静并非女性，他"父母早亡先归天"，"生下兄弟三个"。他自幼"吃斋向善拜师真"，"普明老祖传心印"，"九年功满性归空"，"发经发卷讲三乘，钥匙宝卷通开天门"[②]。《普静如来钥匙宝卷》第十一分作了更细致的说明："罗侯罗，本是真僧。丙戌年，钥匙佛才显神通。通天开狱，佛显圣，度九祖，出离幽冥，宝卷传细行，三才静公。掷下乘，当有谁明，收元了道通凡圣，表光祖，道号明镜。"由此可知，普静姓郑，名光祖，虽然宗主普明，但与普净、普照、普贤及李氏家族无涉，应是黄天教另一支派。普静在黄天教内有举足轻重的地位。他不仅撰经写卷，传播教义，与明末圆顿教的产生有直接关联，而且对江南长生教的开创有启迪之功，故长生教对普静崇尚有加。《众喜粗言宝卷》对普静行迹又作了补充：普静祖，姓郑，顺天昌平顺义人，号明钟，字

---

① （清）陈众喜：《众喜粗言宝卷》卷五。
② 《普静如来钥匙宝卷·钥匙佛如来开地涌金莲分第二十一》。

光祖。这些说法应非杜撰，而是撷自流行的黄天教经卷。凡此种种皆证明郑光祖（普静）并非普明大女儿普净。

五　江南长生教

黄天教在江南有一支衍生支派——长生教。长生教创于明末浙江西安县，创教人汪长生。清代道光间刊刻的《众喜粗言宝卷》对这种演变与传承言之最详：在该宝卷作者看来，汪长生的长生教是黄天教的嫡传正宗。他认为黄天教传自达摩祖师，至六祖惠能，其后时过600余年，教法湮没无闻。无生老母暗传妙法，派太初古佛于明嘉靖间临凡，"居北直隶为七祖，名志坚，号普明祖，立三十六空门，化度十一年，说法二十四会。……至三十七年戊午岁吐《无为了义卷》二册，其十八品。至四十一年壬戌圆终。暗隐七年，续传普光为八祖，狮子邨人，立七十二空门。……于隆庆三年己巳开法，化度七年……至万历四年丙子归空。又传普静为九祖，顺义县人……于万历六年戊寅通性。至十二年甲申吐经五千四十八卷，留卷三十六分。……于冬至归宫。传十祖普善，即儒童玉佛下凡，又即孔子性化，投衢州西安县汪正义为子，母梦观音，孕于万历三十二年甲辰，九月甲戌，十七甲子，甲子时生……小名和尚，道号长生。说法于古溪滩无影山。……阳寿三十六，于崇祯十三年癸酉八月十一丑时归宫，称为大弘顿教甘露玉佛"[①]。

上述记载交代了黄天教十祖汪长生的基本情况，即其生于万历三十二年（1604年），死于崇祯十三年（1640年），在世36年。这位黄天教的"十祖"并非北直隶人，而是浙江西安县人。至于他如何得道，师承何人，及具体宗教活动都未交代。但在《三祖行脚因由宝卷·庆元三复》中可发现汪长生的部分行迹。《三祖行脚因由宝卷》是江南斋教的经典，据云：

> 会下有一汪长生……众广心高，往龙虎山与天师会道。见一对联云：信手严提高着眼，此处密地是功夫。因问天师，不能回答。

---

① （清）陈众喜：《众喜粗言宝卷》卷三。

其相讲道谈玄，天师不能及。天师以显法十二部，付予汪长生，汪以单提一着，传于天师，张不及信。将要回时，师（注：指斋教领袖姚文宇）遣赵公前往各方，分付防魔。岂期汪长生不依师言，另立科规，自言日月岂可并行。只用一枝蜡烛、一盏清水，愚实之辈，悉信从之。清虚，故尔缺数。

根据《三祖行脚因由宝卷》记载，汪长生先为斋教第二号头领，名为清虚。道法高明，曾与张天师谈道，天师不能及。又因教势发展迅速，与斋教领袖姚文宇决裂，另立教门，创长生教。其教法简单，仅用一支蜡烛、一盏清水为仪式，故尔群众趋之若鹜。

再据大乘圆顿教经书《古佛天真考证龙华宝经》记载，明中末叶教派祖师名目，其中圆顿教祖师即为普善。汪长生道号普善。

如何解释上面种种不相关的史料呢？笔者认为汪长生主要接受黄天教的影响，但并不排除斋教的某些启迪。其原因如下。

第一，《众喜粗言宝卷》是长生教经典，它崇奉的是普明、普光、普静、普善诸位祖师。不仅如此，其教义也与黄天教相通。黄天教主张修炼内丹，长生教亦以修炼内丹为宗旨，达到长生久视之目的，故曰长生教。长生教认为要达到修炼内丹妙用，需讲求天人合一，崇拜日月，吸日精月华。《众喜宝卷》卷二记载着《太阳经》《太阴经》，认为"太阳古佛号当明，大千世界独为尊"。"太阳当明佛，普照大乾坤"，"金丹天下转，无处不光明。"因此对太阳要"朝晚三稽首"，才能"生死离狱门"。这些说法与黄天教经典《太阴生光普照了义宝卷》《朝阳遗留排天论宝卷》《太阳开天立极亿化诸神宝卷》如出一辙。

第二，据清代档案记载，乾隆三十四年（1769年）初，浙江巡抚查办长生教，起获经卷，"内有《普静如来检教宝卷》一本，《下生宝卷》一本"。《普静如来检教宝卷》为黄天教经典，当无疑义。也被长生教作为教义。

第三，《古佛天真考证龙华宝经》中称，圆顿教，普善祖。这里的普善应指汪长生。但最早以圆顿教为名的宗教不是普善的长生教，而是普静一支的黄天教。《普静如来钥匙宝卷》第一分开宗明义："古佛留下圆顿教，普度众生离红尘。圆者，十方都圆满；顿者，顿吾（悟）

心意明；教者，教人都成道；门者，门人躲阎君。"可见，正是黄天教普静一支率先称本教为圆顿教的。从中我们可以看出黄天教普静一支对汪长生的影响。

汪长生不是普静亲传弟子。普静死于万历十四年，而是时汪长生尚未出生。问题只能是这样，或者是普善曾在崇祯年间学道北方，投拜黄天教门下；或者是黄天教影响已到了浙江一带。但当时的浙江，已是罗祖教势力范围，汪长生曾加入了罗祖教，受制于姚文宇，并领清虚头衔。其后由于所学道不同，老官斋教前身罗祖教教义近佛，而汪长生所学黄天教近道，所以两人分道扬镳，汪氏另立规科，创立了长生教。

汪长生在世时间不长，但影响颇大，是个创宗立门的宗教家了。崇祯十三年（1640年）汪氏物故。是时，长生教已广传浙江、江苏、江西等省份了。如汪氏弟子江苏常州人康天锡"行道无锡、宜兴、南京、嘉兴、湖州、海宁……"① 又，汪长生表叔高万清，传教于江西、金华、广信府一带。② 可见汪长生在世或去世不久，长生教已在浙、苏、赣等省许多地方播火下种，颇有影响。汪氏死后，其表姐姜徐氏及门徒康龙、高智二人继承教权，传播长生教。

清代，从雍正五年（1727年）至清道光年间多次查办长生教。③

乾隆十三年（1748年）春，浙江巡抚在绍兴一带巡查，发现"有一等邪教，名曰子孙教，又名长生教"，"男曰斋公，女曰斋娘。尊弥勒佛为师，倡言入道之人身后俱归西天，以今世功德之浅深，定来生功名富贵之大小。凡做佛事，名曰开堂，从教之人自携钱米，前赴开堂之家拜佛，名曰赶堂。又令人闭目瞑心，号曰清净。更有诡称身到西天目睹佛菩萨及种种奇异佳境，即为来生享受之地者。愚夫愚妇，信从其说。每遇开堂，男女混杂，聚集颇众"④。"子孙教之人非僧非道，有妻有子，倡为邪说，诳惑愚民，即属为匪之渐。"⑤ 从浙江巡抚奏折看，长生教并无任何反抗当局的举动，完全是发自信仰的正常宗教活动。它

---

① （清）陈众喜：《众喜粗言宝卷》卷三。
② （清）陈众喜：《众喜粗言宝卷》卷三。
③ 参见马西沙、韩秉方《中国民间宗教史》，上海人民出版社1992年版，第478—483页。
④ 《朱批奏折》，乾隆十三年三月初八浙江巡抚顾琮奏折。
⑤ 《朱批奏折》，乾隆十三年三月初八浙江巡抚顾琮奏折。

虽受斋教影响，亦称斋公斋婆，但坐静练功，结果与黄天教一样，在功夫达到一定程度时，即目睹"种种奇异佳境"及神仙佛祖。这就是所谓透出元神后打破凡圣、生死界限的一种妄见。

20年后的乾隆三十三年（1768年）九月，江苏巡抚再次发现长生教活动。吴江县教徒供出其教传自浙江衢州汪长生，"现有汪长生坟墓在衢州府西安县汪堡墩，墩旁有长生庵，亦名庵堂，有陆姓斋公接待往来之人，陈姓斋公供奉汪长生画像"①。这份供词一出，使清当局数十年来第一次触及该教传教中枢。江苏、浙江两省当局合办长生教案。浙江当局审出该教创教、传教过程："汪长生即汪普善，在西安县地方，于前明万历年间创建斋堂，劝人吃斋念佛，谓可祛病延年。伊表姐姜徐氏即姜妈妈亦用此说劝导妇女，名为长生教。汪长生死后即葬于斋堂左边无影山。其徒康龙、高智二人合葬墓旁。姜妈妈另葬六石地方，坟壕碑碣俱在。"②从明代末年至清代雍正间，其教甚行，"从者颇众，斋堂添建至数百间，田亩亦多"③。汪长生、姜妈妈等人墓地成为宗教圣地，无数教徒烧香播火，信仰崇拜。直至雍正五年（1727年）浙江巡抚李卫将长生教以邪教视之，绳之以法之后，长生教活动才转入地下。但活动从未止息。如浙江秀水县教徒，每年正月初一、三月初三、六月初六、九月初九、十一月十七日，五次在庵堂内拜忏念经，买备香烛、菜蔬，共食素斋一顿，名为长生斋。宗教信仰之虔诚过于某些正统宗教信徒。但清当局对这样一种完全发自信仰的宗教也大加镇压，为首者绞杀，为从较重者，发乌鲁木齐为奴。上坟妇女人等，"罪坐夫男"。各处斋堂、斋庵"尽行拆毁，勿留遗迹，以杜根株"。而汪长生等坟墓也被挖毁。存在了一个多世纪的祖堂、祖坟在查办"邪教"的过程中扫灭殆尽。但是作为底层群众的一种信仰并没有因为残酷的政治迫害而消失，它进一步转入地下，成为名副其实的民间秘密宗教。

数十年后的道光年间，长生教在江西省大兴，成为一种合儒、释、道三教而一的宗教。倡教者江西龙南易山镇人陈众喜，在赣南县崆峒山

---

① 《史料旬刊》第十五期，永德奏折。
② 《史料旬刊》第十五期，永德奏折。
③ 《史料旬刊》第十五期，永德奏折。

上，潜灵庙内，日夜勤写，集成《众喜粗言宝卷》五卷一部。这部宝卷以下层"粗人"为宣卷对象，从政治上全面靠拢当局。已与清前期那种恬淡无为、不问世事的长生教大不相同了。

根据本节所述，黄天教教权主要递传关系如下：

李宾（普明）→ 郑光祖（普静）→ 汪长生（普善）
↓
王氏（普光）→ 大康李氏（普净）
└─→ 小康李氏（普照）→ 米康氏（普贤）→ ……
　　　李蔚（普慧）→ 李贽 → 李昌年 → 李遐年

第二节　黄天教的经典与教义

一　经典

黄天教内流传有"九经八书"之说。现存或存目的有如下经典：
《普明如来无为了义宝卷》
《普静如来钥匙宝卷》
《太阴生光普照了义宝卷》
《太阳开天立极亿化诸神宝卷》
《普静如来钥匙宝忏》
《佛说利生了义宝卷》
《普静如来检教宝卷》
《虎眼禅师遗留唱经》
《寇天宝书》
《普明古佛遗留归家宝偈》
《普明古佛以留末后一着文华手卷》
《佛说扣天真宝》
《佛说辖天宝诀文法》
《朝阳三佛脚册通诰唱经》

《朝阳遗留排天论宝卷》
《朝阳天盘赞》
《大圣弥勒化度宝卷》
《皇极开玄出谷西林宝卷》（长生教）
《众喜粗言宝卷》（长生教）

现存中国、日本、俄罗斯通计十部（包括长生教宝卷）。其余仅存目录。

清初思想家颜元曾指黄天教为"仙佛参杂之教也"。他的根据是：该教"似仙家吐纳采炼之术，却又说受胎为目连僧，口中念佛"[①]。颜元对此大惑不解。颜元以辟佛、道为己任，兼及"旁门左道"。但他对民间宗教不甚了了，且他辟黄天教时已离该教创立几近一个世纪。

黄天教实际是一支佛道相混、以道为尊的民间教派，其教义渊源于宋、元时代的内丹派，也受到符箓派的影响。而明中叶问世的罗祖教对它亦有启迪之功。

二 丹道思想

道教炼丹源远流长，在道教史上占有重要位置。丹法分内外，外丹派以鼎炉锻炼药物，认为服食药物，便能走上长生久视之途。内丹派则认为修炼仙术应不假外求，人的身体就是一个鼎炉，养原精，化原气，神、气合一，结成圣胎，即金丹，这便是成仙之途。内丹道来自远古的服气、胎息、守一、存思之法。早在春秋时代《老子》一书已有了明确的精、气、神的炼养思想，到了《庄子》则谈及引导、守一、坐忘之术。汉代魏伯阳《周易参同契》、魏晋之《黄庭经》等已有成体系的内修内养的理论和实践，为隋、唐、两宋内丹道的兴起与鼎盛奠定了基础。唐末、五代、北宋，内丹派承前代仙法，大家辈出，丹法臻于极致。唐、五代汉钟离、吕纯阳著书立说，阐发其详。其后张伯端的《悟真篇》、石杏林的《还源篇》、薛道光之《复命篇》、陈泥丸之《翠虚篇》、邱处机的语录及《证道篇》、张三丰的《玄谭全集》乃至明中叶

[①] （清）颜元：《四存编·存人编》卷二。

无名氏之《性命圭旨》等，造成了内丹道的鼎盛，影响弥漫整个社会，达数百年之久。大派系分南北两宗，小派系则多难胜计，而炼养方法亦五花八门。上影响至统治阶级的哲学，下影响至各类民间教派。黄天教的产生，从某种意义上就是这种影响的结果。分析黄天教现存的几部宝卷，贯穿着一条修炼内丹，以冀长生的主线。

创教经书《普明无为了义宝卷》第一分开宗明义，告诫门徒：

> 修行人，要知你，生来死去，
> 依时取，合四相，昼夜功行。
> 运周天，转真经，无有隔碍，
> 功圆满，心花现，朗耀无穷。
> 坎离交，性命合，同为一体，
> 古天真，本无二，一性圆明。

此段经告诉修行人：你要依着子、丑、寅、卯的时辰，含眼光、凝耳韵、调鼻息、缄口舌，和合四象，昼夜加功精进，进入小周天功夫。"运周天"是内丹术语，"小周天"指的是后天之坎离交媾，即在筑基时以神炼精，使之成为原精而化为原气。大周天，即原神与原气相合，于小周天功夫后见之，亦谓乾坤交媾。周天功夫都是人在练功时的一种感觉。从哲学上讲，老子认为自然万物，包括人类的由来，由道法自然之演化，道生一，一生二，二生三，三生万物。生命即在此大化流行中生生息息，循环往复。而道教尊道贵生，寻求长生之道，则走的是一条"逆则归元"的路数。炼精化气，炼气化神，炼神还虚，返回生命的本源，达于真性。而最重要的步骤则为取坎填离，或称坎离交媾、心肾相交。取坎卦中之阳，补离卦中之阴，回归先天乾、坤本然。也就是张伯端在《悟真篇》中所云："取将坎位中心实，点化离中腹内阴。"这样，性命归复本位，藏于先天乾窍、坤窍，而混于太极，达于道体。黄天教修炼之术亦不脱此窠臼。故李宾讲："性命合，同一粒，黄婆守定，结金丹，九转后，自有神通。"在他看来，兼修性命只是结丹的条件，结丹是修行的结果。一旦金丹炼就，就突破了生与死、凡与圣的界限，达到了修行的极致，即所谓"还丹一粒，神鬼难知，超凡入圣机，包天裹地。"炼就金刚不坏之体、"撞出轮回","顿悟无生玄妙","与日月同存,与天地比寿","天无圆缺人无老,人无生死月常明"①。人世间最关心与惧怕的生死、温饱、疾病诸类根本问题都在修炼中得到解决了。修炼内丹成为包治人世一切苦难、忧患的万灵药方,因之下层民众受到极大诱惑,群趋若鹜,盲目崇拜起来。甚至把普明、普光比作亿化诸神,开天立极的太阳、月亮,日日叩首,焚香祈祷,至死不悟。当然,修炼内丹,即今人谓之气功之一种,如修炼得当,对身体的确颇有补益。但真理向前多走一步,便为谬误。夸大气功神效,自古已几次成为风潮,明代末年是很大的一次。

普明、普光死后,普净、普照、普静、普贤、普慧继承了创教人的宗旨,继续传播内丹之道。《普静如来钥匙宝卷》告诫修行人要保持十二时辰的常清净。宝卷说:灵台无物谓之清,一念不起谓之净。神是气之宅,心是神之舍。意念专一则神专一,神若专一则体内原气聚集,五行真气——原气聚,则由静至动,则体内神如风行。通关窍。酉时在尾闾关,子时在透寒关,卯时在玉枕关,午时在夹脊关。凡得道者先通内用,"养神、养气,神气不散,结成大丹"②。"修行人,参求大道,将七宝合一粒,收在身中。男怀孕,养成他,仙丹一粒"③。

普照是普明第二个女儿,其著《太阴生光普照了义宝卷》颇有些提高妇女在修行中的地位。她说:"说坤地蕊者,乃是众真家乡也。花者睹面奇观,奇花一朵,天宫少有,世间俱无,花中领袖,独占鳌头。万象森罗,遍界群真,借花成道,非世间之花也,乃天花也。"此处将女人比喻成花,认为"孤阴寡阳不成丹",男女双修,方成气候。所以修炼者当"采玉蕊真精,取入红炉,结就金丹,可证无极大道"④。

在黄天教中,修行人把世界看成一个整体。主体世界是人自身,是所谓鼎炉;客体世界,即以天地精华为药物。人身乃一小天地,宇宙乃一大天地,两者本为一体。只有把先天混元一气采入体内,加以修炼,才能达到丹珠自成的效果。普明就讲:炼金丹,日月光中采精源,才能

---

① 《普明如来无为了义宝卷》第二分、第三分、第十二分、第三十六分。
② 《普静如来无为了义宝卷》第六分、第十二分。
③ 《普静如来无为了义宝卷》第六分、第十二分。
④ 《太阴生光普照了义宝卷》第二分。

"超凡入圣透长安"，"采取日精月华，天地真宝"①，"昼夜家，采取它，诸般精气，原不离，日月光，诸佛之根"。在黄天教宗教领袖们看来，日月光中含天地精华，离开它，修炼就成了无源之水、无本之木，有炉而无药。故经卷讲："天有三宝日月星，地有三宝水火风，人有三宝精气神。三元成玄妙。""修行要知天地根，九宝三宝同相见，炼就金丹自超生。""采天精气诸人成。"② 清初刊行的《太阳开天立极亿化诸神宝卷》对天之三宝更加重视："太阳乃天之阳魂，太阴乃地之阴魂也。天地为鸡卵，乾坤日月乃玄黄大道。"太阳、太阴"乃为灵父圣母，产群星如蛾布子"。"人自生之前，原来佛性，始乃太阳真火。"因此凡夫俗子欲成大道，需"投圣接引太阳光中才得长生"③。由此可见太阳、月亮在黄天教中地位之高，首先还在于宗教崇拜，其次则对修行人静起到某些精神作用。

据颜元讲，从明代起，黄天教徒就"唤日光叫爷爷，月亮叫奶奶"，"每日三次参拜"④。这种参拜仪式一直延续至清代。据乾隆八年（1743年）四月吏部尚书署直隶总督史贻直奏折称：

> 黄天教系前明嘉靖年间万全县僧人普明倡设。以每日三次朝日叩头，名曰三时香；又越五日，将行道之事默祷天地，谓之五后愿。平时茹斋念经，以为修行善事。愚民转相传习，由来已久。⑤

普明等人修炼内丹的教义当然不是自身的独创，而是吸收了道家到道教内丹道传统。在修行方法上，早期道教便主张服气、引导之术，炼养精、气、神。由服气、引导，渐引出服太阳、太阴中和之气，以增寿考。《太平经》即记载：元气有三名：太阳、太阴、中和。形体有三

---

① 《普明如来无为了义宝卷》第十五分、第十八分、第十九分。《普静如来钥匙宝卷》第一分。
② 《普明如来无为了义宝卷》第十五分、第十八分、第十九分。《普静如来钥匙宝卷》第一分。
③ 《太阳开天立极亿化诸神宝卷》，品不清。
④ （清）颜元：《四存编·存人编》卷二。
⑤ 《军机处录副奏折》，乾隆八年四月九日署直隶总督史贻直奏折。

名：天、地、人。① 三气凝而形成三光，凡物与三光相通，并力同心，共照明天地。② 从哲学上讲，这是早期道教的天人合一思想。从内修上讲则开了吸日精月华、天地三宝之先声。此后之《黄庭经》已经有了修炼时存思日月、服气导引的理论。唐代司马承祯《服气精义论》就以存思日月，存思肺腹，引导、运气，以治疗各类疾病。宋元时代，出现了净明道，崇拜日月之风兴起，甚至认为太上受制于日月之君，传忠孝之道。道经亦出现了《高上月宫太阴元君孝道仙王灵宝净明黄素书》等经文。道教由于其天人合一的哲学思想，究天地万物生成之理，比附人体的各种生命现象，必然导致对日月的崇拜。这是黄天教崇拜日月的直接历史渊源。当然崇拜日月的宗教还有很多。在中国流行了近千年的摩尼教，崇拜日月，崇尚光明，在大江南北影响深巨。在明中叶，北直隶还有一种玄鼓教，与罗祖教共生共存。故罗祖梦鸿曾加以指斥：

悬鼓教，指日月，为是父母。

凡所同，皆虚妄，永下无间。

瞅日月，眼花了，正是地狱。

牵连的，不自在，不得安稳。

瞅得你，眼花了，甘受辛苦。

拜日月，为父母，扑了顽空。③

这种玄鼓教，教徒子时朝北、午时朝南、卯时朝东、酉时朝西，四时朝拜烧香。似与黄天教朝拜日月，呼吸日精月华，有着更直接的授受关系。由此可见，罗祖教与玄鼓教、黄天教的确为修持不同的两大民间宗教教系。

在修行方法上，黄天教也接受了道教内丹派男女双修之阴阳丹法。黄天教主张夫妻双修，共同悟道。所谓"一夫一妻，阴阳和合，善男子，善女人，同习修炼"。"昼则阳光而射，夜则阴光而运，阴阳相合，

---

① 王明编：《太平经合校》，中华书局1985年版，第19页。
② 王明编：《太平经合校》，中华书局1985年版，第148页。
③ 《正信除疑无修证自在卷》第十九品。

结籽成实，济养群生"，"孤阴寡阳不成丹"。这些内容都隐晦地说明了男女双修的重要。即使在这一点上也没有脱出内丹道窠臼。张伯端及其弟子亦主张夫妇双修。《悟真篇》云："本因戊巳为媒聘，遂使夫妻镇合欢。"但此中所云夫妻，并非世俗夫妻，乃"金丹夫妻也"，必须"不受爱欲之所制也"①。这种说法也为黄天教所接受。在黄天教中，不仅规定了"戒淫邪外色"一条，而且有其严格的戒律。

三 戒律与道场

从黄天教的教义来看，该教持戒颇严。创教人普明告诫门徒，要"保守长生道，五戒精研"，"授三归，合五戒，身心清净。舍凡情，休挂碍，持诵真经"。黄天教的五戒与佛徒应遵守的五戒相类：不杀生，不偷盗，不淫邪，不妄语，不饮酒。该教之所以持戒严肃，是服务于修炼内丹的。普明认为：世上的"愚迷浊子"，口贪美味，淫邪无度，杀害牲灵，饮酒过度，恶口伤人，非但与道无缘，且造孽如山，深如大海，难免堕地狱之苦。② 当然黄天教徒并非沙门僧侣或全真道徒，他们娶妻生子，各守常业。该教戒淫，并不戒娶，男婚女嫁，不断人伦。非但如此，还把嗣育后代作为成佛登仙的基础，所谓"生佛生仙，不离人伦"，"凡圣同根，济养万物"。由此可知，戒律中之"不淫邪"，与佛教或全真道的"不淫邪"尚有距离，是"淫邪外色"。作为一种在世俗社会发展的民间宗教，戒律是不容易严守的。清初，颜元就已经看到一些教徒不守戒律。他说这个教门"男女混杂，叫人家妇女是二道，只管穿屋入室坐在炕头上，不知我圣人的礼"。"这是大坏风俗的"。③

从该教经书记载分析，在创教初期，教徒不但持戒很严，而且教主强调除修炼金丹外，别无"正法"。反对"只求有相的有为法"，诸如念经垒忏、修庙建塔等。但普明夫妻死后，情况发生了变化。普静在提倡修炼内丹时，广行道场。在宋、元时代符箓派也修内丹，清微、神霄

---

① （宋）张伯端：《悟真篇》三注，《正统道藏》第四册。
② 《普明如来无为了义宝卷》第十五分、十七分、二十分。
③ （清）颜元：《四存编·存人编》卷二。

两派皆是如此，形成了"以道为体，以法为用"，或"内炼成丹，外用成法"的特点。在符箓派的发展过程中，内丹修炼成为主体，符箓则是其用，所谓内炼为本，符箓为末，符咒不过外相或皮相而已。在黄天教内，符箓道场的作用更主要在扩大本教影响。明万历间，黄天教有一部宝忏问世，即《普静如来钥匙真经宝忏》，全书四卷，洋洋大观。从这部宝忏，可知当年黄天教道场的宏大规模。黄天教的道场大概分两类，一类做于宗教节日，一类是有钱人家在丧葬时请忏。据清档案载，这个教门"一年四时八节作会"，是时"奉其教者，犹千里拜坟，多金舍寺"。黄天教圣地碧天寺，历来为李氏家族把持。但到了清代，李氏家族并不亲自管理寺庙，而是聘请道士住持。道士李继印于乾隆二年（1737年）在万全县华山庙出家，乾隆七年黄天教首李昌年叫李继印及其师父李怀雨到碧天寺做住持。乾隆十七年李怀雨死去，由李继印住持。而在李怀雨之前尚有道士倪子玉、王玉成住持。这些道士既信仰正统道教，也是黄天教教徒，既诵寻常道经，也诵普明等人经典。住持碧天寺的道士们与教首李氏家族互相配合，每年作会十二次。教首主持作会，道士主持道场，念经诵忏。在每年四时八节作会之外，遇有丧葬等事，亦有人请黄天教徒做道场，"超拔亡魂"。在这门宗教中，不仅有以斋醮为终生职业者，还有以打造道场乐器为职业者。可见在直隶、山西北部等教业兴盛之地，黄天教道场规模相当不小，有广泛的群众基础。黄天教内还盛行"请经"风习，每次向教首人等借阅经忏，都要缴纳白银若干两，以示虔诚。从黄天教留下的一部部精美的宝卷、宝忏，可以看出这个教门曾有相当雄厚的实力。

下面具体分析《普静如来钥匙宝忏》，看看黄天教道场包含的具体内容。《宝忏》开篇云："云僧下界落中黄，普静如来坐道场。钥匙开开无缝锁，真经能消万年灾。宝忏忏悔从前罪，佛法玄门立纪纲。咒语到处诸神怕，韦驮护法四天王。"统观《宝忏》的内容，是以"忏悔从前罪""消灾免祸"为说辞耸动忏悔者的。在道场之始，教主先念《净口神咒》《净心神咒》《净意神咒》《护身神咒》《护法神咒》《诸天神咒》《诸星神咒》《诸土神咒》《诸地神咒》。念诸神咒意图有二，其一，主持者及参加者，皆由此而达于"耳净、眼净、鼻净、口净、心净、意净。六根清净，讽诵妙道真经无上意"，进而入于"净而无思、思而无想、想而无念、念而无行、行而无转、转而无动"的意境。这种境界即黄天教崇尚的清净无为的最高境界。主持者与参与道场者于此时都进入了一种修炼的意境。其二，正如宋、元符箓派中神霄一样，黄天教认为金丹之修成得之于宇宙日精月华，五气于人身为五脏之气，修成内丹，则元神无所不往，主宰一切，与天地交感，亦能主宰天地神祇，召天地诸神于一身，达到命令诸神为人行事的目的，达到祈雨除旱，消灾灭祸的功能。在念完诸神咒后，黄天教道场进入请神阶段："谨请南斗六郎、北斗七星、太皇太君、太上老君、玉皇敕令。"在外人看来，这是故弄玄虚，但作道场之人，精神完全浸润在神仙境界，一种神秘的氛围中，只以其为真，不以其为假。而听者则心怀畏悚，心神与道场气氛发生交感。至少在心理上认可了这种忏悔解灾的功能，从而求真向善，起到某种教化作用。

念诵完诸神咒之后，开始进入正式道场经忏。根据四时八节之不同或请忏人的具体情况，道场内容亦不相同。《普静如来钥匙真经宝忏》分九种"宝忏"：《作善用功宝忏》《造恶地狱宝忏》《二十四难宝忏》《解脱诸天宝忏》《解脱四生宝忏》《禳顺诸星宝忏》《解脱水厄宝忏》《触犯土王宝忏》《超拔亡魂宝忏》。这些经忏内容复杂，但宗旨一致，即妄造天堂地狱之说，以震慑信仰者。如《造恶地狱宝忏》的忏词首先罗列了割舌地狱、开肠地狱、剜眼地狱、锯解地狱等十八种地狱。指出这些地狱均为各类恶人死后去处。什么是恶人的罪孽呢？毁天骂地、污蔑神灵、奸盗淫邪、欺师背祖当然罪无可逭，当属罪孽之列。至于说兄骂嫂、打街骂巷、调唆人非、污秽好衣、抛洒五谷、打僧骂道、佛灯无油、饮酒食肉、不敬天地、不答三光、不拜皇王、杀猪屠狗，甚至衣服挂得不当、乱泼污水、妯娌吵嘴等都算人生罪愆。在黄天教造经人眼里，尘世间充满罪孽，几乎是无一人无罪孽，无一处无罪孽，茫茫人寰就是罪孽的渊薮。因此任何人都应忏悔罪恶，都应请忏，非如此就不能避灾免祸，难免地狱一行。两端坐于道场中心的主持者，此时已收敛身心，万缘顿息，心田无物，性地绝尘，入于虚静之中，心可感物，意能通神，开始"作法"。宝忏中的道场主持人被描写为法力无边的神灵，这种描写是一种信仰者的主观自我体验：

"风雨随我，日月照我，五雷听我，千佛朝我，万祖礼我，闪电晃我，八卦随我，九宫坐我，诸仙护我，天兵拥我……"万物皆备于普静，他则于道场之中，运雷霆于掌上，包天地于身中，召云则降甘霖，谓之祈雨；挥云则见太阳，谓之排涝。亦能在道场之中定人前程，决人休咎，去灾免祸。可谓无所不能，无所不至。这是一种心灵功能的无限扩大，与古代巫术或萨满教有一定的渊源关系，当然也是修炼内丹时，对气功功能的无限扩大。黄天教道场的直接渊源应是宋元时代符箓派中的神霄和清微两派的影响。在这种主持人失去自我意识，自我神化的过程中，芸芸众生亦失去自我意识，恐惧震慑，不由不顶礼膜拜。黄天道道场如此兴旺发达，首先取决于社会对它的需要。华北地区，由于生态环境的破坏，风沙碱旱之灾频繁，祈雨成为重大的社会活动。如清光绪间"旱魃为灾，乡民祷于普明坟墓，由然作云，沛然下雨，则苗勃然兴之"。于是倡兴黄天教之风更盛。其次，由于底层民众缺少基本的文化素养，宗教往往是他们可以接触到的少数几种文化之一。浓重的宗教气氛，神秘的宗教活动，世世代代的宗教传统，祖祖辈辈的偶像崇拜，都使得他们匍匐在神的脚下。道场是神灵所降之地，百姓的尊崇是不言而喻的。不仅尊崇，且有奉献，"多金舍寺"。这是黄天教发展的经济基础。不仅如此，每年四时八节作会，往往又和农村的集贸市场所谓庙会相结合，形成一种年深日久、成为定例的文化、经济活动。

据国内学者李世瑜的调查，1948年河北万全县一带仍有黄天教的活动，崇奉普明的庙宇所在多有。黄天教的影响是巨大的，清代最具实力的八卦教的出现首先得之于黄天教传统的启迪和助力，对此将在八卦教一章中加以说明。

第三节　弘阳教的历史沿革

弘阳教，又称混元门、混元弘阳教。清乾隆时代改称红阳教，以避弘历讳。

弘阳教创立于明万历年间，但从该教留下的数十部宝卷或宝忏，几乎皆成于一人之手，而创教人又存世极短，因此笔者怀疑在明万历以前已存在这个宗教，同时出现了大量宝卷与宝忏，只不过到了万历年间经人整理、印行罢了。弘阳教也因之大兴。

弘阳教，又称混元门。混元一词来自道教。道经《云笈七籤》解释"混元"：

> 混元者，记事于混沌之前，元气之始也。元气未形，寂寥何有，至精感而真一生焉。元气运行而天地立焉，造化施张，而万物生焉。[1]

由此看来，"混元"即天地未立、二仪未分、万物未生成前的一种状态。这种状态乃天地之母体，万物之本源，也就是道教所谓之"道"。

北宋统治者崇尚道教，真宗大中祥符六年（1013年）加封老子为太上老君混元上德皇帝。随后记述太上老君行迹的《混元圣记》问世。在北宋崇道之风尚中，道教出现"混元"一派。北宋亡而金兴，对道教加以控制。明昌二年（1191年）当局"禁以太一、混元、受箓私建庵室者"[2]。史料首次明确出现"混元"一派名目。南宋李简易撰《玉溪子丹经指要》列出人物多道教内丹派大家如钟离权、吕洞宾、陈抟、王重阳、张伯端等人数十辈，皆在混元仙派图示之中。足见"混元"派即金丹、内丹派之异名。明代王世贞所辑《列仙全传》卷七，谈及张伯端：

> 张伯端，天台人。少好学，晚传混元之道而未备，孜孜访问，……游蜀，遇刘海蟾授金液还丹火候之诀，乃改名用成，字平叔，号紫阳。……紫阳曰：我是金丹大道，性命兼修，是故聚则成形，散则成气，所至之地，真神见形，谓之阳神。

《列仙全传》中张伯端之"混元大道"明指金丹大道，即金液还丹之术。

---

[1] （宋）张君房辑：《云笈七籤》卷二《混元混洞开辟劫运部》。
[2] 《金史·章宗本纪》。

元初，权相耶律楚材崇佛斥道，指出："全真、大道、混元、太一、三张左道之术，老氏之邪也。"① 足见混元一派与道教其他派别皆独立于世。

明代，在民间教派中即出现混元门弘阳教。弘阳教应是从道教混元派中分化出的一个新兴教派。

弘阳一词，时作洪阳、红阳。最早出现于何时待考。但是在南北朝时期，道教在建立理论体系、教阶制度和神仙谱系时，向佛教讨功夫，有三天、三代天尊、三清之说，劫变内容从此出。又有"青帝劫末，元气改运，托形于洪氏之胞"②诸说及青帝、赤帝、白帝、黑帝、黄帝分掌诸天之说。弘阳、红阳、洪阳内容当是从中演变。可参见本书第一章。

"洪阳"一词出现在明成化年间。时当局镇压山西民间宗教，搜出《金锁洪阳大策》《镇国定世三阳历》等经书。③ 红阳一词则最早见于明嘉靖二十二年（1543年），由"大明德妃张氏同五公主"捐资刊行的《药师本愿功德宝卷》中：

世事茫茫无尽期，火宅凄惶苦不知，若能得遇红阳法，多劫灵光证无为。五蕴皆空早授持，法船往来渡群迷。④

此处红阳法，似指大劫难来临之时，以此法救度众生之用。

到了明万历中期，弘阳教大兴。此教宝卷多种刊行于世，弘阳、红阳、混元弘阳诸说法充斥诸类宝卷，诸如《混元弘阳飘高临凡经》《混元弘阳叹世真经》《混元弘阳苦功悟道经》等。弘阳教也因之倡世，成为明中末叶众多教派中独树一帜者。

弘阳教或红阳教在明代万历间大兴。倡教者直隶广平府曲周县韩太湖。据《广平府志》卷六〇记载：韩太湖，号宏阳，曲周县人。早岁读书，解医道。曾在北禅山曹溪洞静修，得真人口诀，著明心经、救苦

---

① （元）耶律楚材：《湛然居士集》卷八。
② （唐）殷成式：《酉阳杂俎·前集》卷二。
③ （明）朱国祯：《涌幢小品》卷三二《妖人物》。
④ 《药师本愿功德宝卷》，北京图书馆藏。

忏文多卷。后受封敕为"正德明医真人"。再据《弘阳妙道玉华随堂真经》卷末记载：

> 祖居广平府曲周县东北二疃人氏。俗姓韩，祖父韩公，祖母张氏。祖生于隆庆庚午年五月十六日落凡，年方一十九岁出家，参拜明师，在临城太虎山修悟，漕溪洞打坐三年得道。乃祖因缘相遇，感动圣中老祖，弘阳宝敕透凡笼有惺，留出五部真经，京都开造。多蒙定国公护持，佛教通行天下，普度道俗四众群生，同出苦论入灭。祖于万历戊戌十一月十六日皈西还元。①

由上述资料可知，韩太湖生于1570年，死于1598年，在世28年。19岁出家得道，前后得道传教不到十载。被信徒奉为"飘高老祖"，崇拜者成千累万，历时四个多世纪。

"飘高老祖"韩太湖及弘阳教之所以能在明代万历一朝兴旺发达，且影响后世，大概有三方面的原因：第一，道教经历南北朝走向社会上层，成为一种全民信仰的中国本土宗教。这个宗教在唐、宋两代600年间为统治者提倡、信奉，更深深地扎根于中国这块古老的土地。不仅在"道"的方面深刻精湛、影响巨大，在术的层面如斋醮法会、符画咒语、修炼内丹乃至预测世事之数术都形成体系，甚至打成一通。第二，道教的术，整个渗透到民间社会，和各个地区的民风、民俗、生活方式融合在一起，形成了民间社会生活、文化的不可分割的部分。如弘阳教自己有一套斋醮法会的经忏、仪式，这套东西当然来自道教，但又比寺观中之道教仪式来得简易，方便群众之用。如史料记载："京东一带，向有红阳教为人治病，及民间丧葬，念经发送。"大凡"偶有丧葬之家，无力延请僧道"者，大都延请红阳道人，以其收资较少的缘故。②显而易见，在正统僧、道势力无法渗入的民间，非正统的红阳道人或其他民间宗教，作为一种信仰的补充物、替代物及时地渗入了真空地带，

---

① 《弘阳妙道玉华随堂真经》，藏于日本；参见[日]泽田瑞穗《增补宝卷的研究》，国书刊行会1975年版，第257—258页。
② 《朱批奏折》，乾隆四十年二月二十一日直隶总督周元理奏折。

适应了一种社会的需求。佛、道的民间化正是通过类似弘阳教这样的民间宗教逐渐完成的。这种民间化的过程表面呈现的是佛、道等寺观教派的衰落，本质却是佛、道文化的进一步世俗化、普世化。宗教本身的实践功能和劝善功能，对社会秩序的调和功能，对世道人心的调适功能也更深入地、有效地发挥出来。当然这仅是事物的一面。另一面则是反面效应的发挥。故对民间教派的社会功能不能加以简单概括。第三，弘阳教的辉煌发达，影响深远，与韩太湖的重视倡教、宣教活动分不开。韩太湖为了弘扬教法，离开偏于一隅的曲周，在26岁时赴京传教。在他传教的过程中，最重视有政治势力的太监集团为其奥援。据《混元弘阳叹世真经》记载：

> 自从万历年中初立混元教主，二十六岁上京城，也是佛法有应。先投奶子府，转送石府宅中，定府护持大兴隆，天下春雷响动。御马监程公、内经厂石公、盔甲厂张公，三位护法同赞修行，世间希有。博览三教全真，留经吐卷在凡心……直指家乡路径，开造经卷。

由此可知，弘阳教在北京由于宦官集团成员的信仰支持，得到了"天下春雷响动"的效果。弘阳教经卷能在皇家内经厂内刊印流通。据《酌中志》记载："经厂掌司四员或六七员，在经厂居住，只管一应经书印板及印成书籍、佛藏、道藏、蕃藏，皆佐理之。"[①] 本应印刷正统宗教之经厂，由于掌经厂之太监"石公"赞同修行，弘阳教经成批刊印流通。至今尚能见到弘阳教宝卷是以金黄色锦缎做封套的梵夹本，其外在形制与"正统佛经无异"。因此造成了弘阳教在社会上的巨大影响和宣教效应。使其名列于明中末叶著名的十八支民间教派中的一支。

韩太湖在北京宣教后，不过三年便"归根返元"，离世而去。他的死，使弘阳教没有来得及形成巨大的、稳固的教团。此后弘阳教在明末影响渐微，乃至在整个清代也没有形成核心教团。这是它与黄天教及其

---

① （明）刘若愚：《酌中志·内府职掌》，参见马西沙、韩秉方《中国民间宗教史》，上海人民出版社1992年版，第499页。

后的八卦教、青莲教、一贯道等教派巨大的歧义之处。

清代弘阳教在直隶、山东、河南、北京等地仍有着巨大的实力，与下层社会联系颇广。当局也曾多次镇压，留下了一批教案资料。清代弘阳教在乾隆时代避弘历讳，改为红阳教。那一时代的红阳教多为分散的小教团，宗教活动多为"筑坛"，设道场，为民众进行斋醮活动，以祈福灭祸。有的地方则设有教堂，成为教徒进行宗教活动的场所。

清当局较早发现弘阳教活动，是在乾隆十年、十一年（1745年、1746年）。特别是乾隆十一年的弘阳教案中，发现直隶一带信徒分布多达十四个州县。并在大兴县发现了较大型的弘阳教堂。据清档案记载，大兴县紫各庄弘阳教堂，地处大兴县正南九十五里处，名曰三教堂，"计有瓦房九十一间，土房二十二间，其瓦土房一百十三间，地七十一亩八分六厘。……向为邪教聚集之所"[①]。直隶总督向乾隆皇帝建议，将三教堂改为慈善机构，归属北京普济堂管辖，用以收养贫人之用。在大兴县弘阳教有如此庞大的教堂及地产、房产，应当是多年来信仰者集资供奉所致。可见此地教徒信仰弘阳教时间既久，信徒也众。弘阳教等教所设的三教堂当然并非大兴县紫各庄一处，"据宛平、涿县、房山、霸州、滦州、磁州、邯郸、成安、肥乡、清河、长垣、定州、易州等州县，据报共有大小九十一处"[②]。这些三教堂当然并非弘阳教一教所设，还有无为教等教派的活动场所。在这些场所中，大抵教徒每年轮流作会，于飘高老祖生辰、死日必作会，或于教堂之中斋醮作会，为当地百姓偶有丧葬者祈福。这些教堂多塑有祖师或他种神像，平居之时，教徒亦有设香上供，或将茶叶供佛者。教堂内往往存有诸类经卷，以作斋醮仪式之用。

造成弘阳教没有形成统一领导核心的原因是，弘阳教并不以血缘关系为纽带，世袭传教。从明代中末叶起，该教诸教团都以九杆十八支的方式，异姓单传。结果教派越分越细，难以形成巩固的宗教组织。据嘉庆年间一份史料记载，山东德州一支弘阳教的传承关系如下：

[①] 《军机处录副奏折》，乾隆十一年九月初三直隶总那苏图等奏折。乾隆十一年十一月初六日那苏图奏折。

[②] 《军机处录副奏折》，乾隆十一年九月初三直隶总那苏图等奏折。乾隆十一年十一月初六日那苏图奏折。

乾隆四十四年，刘和因患病，请同村已故素习红阳教之尹成功医治病愈。尹成功劝令入教，刘和允从，即拜尹成功为师。供奉老君圣人、玉帝混元祖师，烧香磕头。尹成功教伊念诵香厨妙供等咒，三皈五戒，看香治病，并念习《销释混元红阳大法祖明心经》等四部。有人请作善事，即念诵红阳等经，得钱三四百文不等。尹成功告知红阳教分九杆十八枝，所传刘和之教，系"接圣杆金容玉花枝"，又名海会。头一辈系飘高老祖，前明隆庆四年曲周县人韩春坡。二辈系巨鹿县张家庄张光临。三辈系南宫人林红荫。四辈系冀州人刘姓。五辈系故城柞子上人。六辈系德州城北第八屯人邢姓。七辈系故城县万家庄万子正。八辈系德州李凹村人左龙章。十辈系德州香房刘家庄人刘大宿，即现在到案刘体玉之祖，十一辈刘和之师尹成功。十二辈系刘和。①

上述史料详尽地叙述了弘阳教的一个分支在200余年间传承接续的方式。不仅异姓单传，而且师徒之间完全属于不同州县。为什么弘阳教不采取有些教派世袭教权、传之子孙的组织方式？原因有二：第一，弘阳教从教义到道场法会都更接近于以寺观为传教基地的正统教派，特别类似北方兴起的全真教符箓派。这派以打醮设道场为主要传教方式，弟子皆为单传秘授。第二，造成这种状况的是经济原因。弘阳教徒以打醮为觅食之资，生活来源并不充裕。而念经诵忏又非易事，须专心苦学。可见充当弘阳道人并不是一种传之子孙的好职业。这正是弘阳教以及与弘阳教相类似的一炷香教大都异姓相传的根本原因。因为异姓相传，信众分散，较难形成稳定教团。但是因为分散，而教派活动又多以斋醮、祈祷为主要内容，弘阳道人大都生活在老百姓之中，成为民间生活的一种职业，更易于与百姓打成一片，构成民间文化即民间信仰风习的一部分。

从整个明中末叶到清代弘阳教的历史来看，这个宗教很少参与政治生活，更少有反抗当局的行动。故当局亦认为该教"打醮觅食，经卷虽

---

① 《军机处录副奏折》，嘉庆二十二年十二月二十一日直隶总督方受畴奏折。

多，尚无悖逆语句"①。但是在个别地区也有偶然现象。清代嘉庆十八年（1813年），在八卦教徒发动攻打紫禁城的"癸酉之变"中，部分弘阳教徒被卷入反对当局的大潮之中，被推进了历史的旋涡。

弘阳教在明代万历间即在京畿一带扎下根来。清档案记载，至少在乾隆初年，大兴县、通县都活跃着多支弘阳教分支。到嘉庆中叶，通县一支弘阳教派掌握在李老、刘兴礼、李潮佐诸人手中。李老，通县羊修店人，年八十。32岁时"从杜成金入了红阳教，传授真空家乡，无生父母八个字……"② 李老后传徒通县周易人刘兴礼，号刘三道。刘三道能量很大，不仅传授通县、大兴县多人入教，而且有太监杨进忠、赵密、陈太、张富贵拜其为师。

在弘阳教活动的地域，存在着一支实力更强、暗中与清当局对抗并意图取而代之的民间宗教——八卦教。嘉庆年间，八卦教在京畿地区的领袖人物是林清。林清为了实现自己的政治目的，不断扩大实力。他以"青阳、红阳、白阳三教"总该"归一"的理论为指导，力图兼并弘阳教。嘉庆十八年（1813年）六月，林清派弟子刘第五、祝现、陈爽等教内头目，到弘阳教首李老家中，强行邀其加入八卦教。声言如其不率门徒皈依，定行将其杀害。这样弘阳教部分成员，成为八卦教徒，归林清等人统辖。与此同时，信仰弘阳教的宫中太监也依次加入了八卦教。

太监与弘阳教的关系可以追溯到明代万历年间，前面已经备述。弘阳教正是由于太监的参与、信仰，才盛极一时。此后弘阳教与太监的关系一直应当是密切的和有传统的。故在清代中叶，仍有一批信徒是宫内太监。清代与明代不同，有清当局基于明代宦官为害之烈，一开始即以酷法对待干政及违法的太监，即便如此，太监仍有冒死信仰"邪教"者。据通州人、太监杨进忠供词记载：

我本姓赵……二十五岁时充当太监，在果房当差。嘉庆十四上因盟弟林四给我治好了病，林四本是龙华会中人（注：此处指弘阳教），引我拜你潮佐为师，习红阳教。我一家人……都入教的。我

---

① 《军机处录副奏折》，嘉庆二十四年六月二十四日山东按察使温承惠奏折。
② 《军机处录副奏折》，嘉庆十八年九月二十八日李老供词。

又引果房太监赵密、陈大、张幅贵与现已身故之张来喜一同习教。我每年四月初一到马驹桥张大家作会。……本年六月间,有潮佐的师父刘姓与林四到我家内……商量要起事。我在里头熟,到九月十五日要我带领教中人进西华门内起事,若闹成了就升我为总管,可以发财。①

杨进忠等人所入弘阳教,本与林清八卦教并无关系。但林清统一了大兴、通州弘阳教以后,使弘阳总教头李老归依门下。供词中所云刘姓即李老门徒刘兴礼,刘氏又是李潮佐师父,是太监杨进忠师爷。这样刘、李、赵等人受林清之命,策动教内太监,成为"癸酉之变"中攻打紫禁城的内应。

为什么有太监多人信仰弘阳教、八卦教,甚至在1813年八卦教攻打紫禁城时,在皇宫内充当向导和内应?其一,清代对太监的政策十分残酷,特别是乾隆一朝,待之尤严,"稍有不法,必加捶楚",甚至"立置磔刑"。因此"刑余之辈……乃至萌叛逆之心至此"②。其二,太监在政治上失势,又导致经济上的贫困,特别是底层太监,大多数来自直隶、山东一带农村,家境贫寒,或自幼受宫刑,或成年后当太监。入宫又处于等级极森严的环境中,备受侮辱与穷困,一旦有人接济,便易于以身投靠。据太监供称,入八卦教后"每月初一日我即到刘得财房中取财使用。刘得财给过顾进禄、余吉庆们钱我是知道的"③。而刘得财则告诉众人"这是他师父林清给的"④。其三,直隶、山东历来是民间宗教滋蔓繁衍地带,有深厚的历史传统。早在东汉末年黄巾起义时,重要头目马元义"数往京师,以中常侍封谞、徐奉为内应,约以三月五日内外俱起。……灵帝以周章下三公、司隶,使钩盾令周斌将三府掾属,

---

① 《军机处录副奏折》,嘉庆十八年九月二十三日太监杨进忠供词。
② (清)昭梿:《啸亭杂录·不用内监》,参见马西沙《清代八卦教》,中国人民大学出版社1989年版,第220页。
③ 《军机处录副奏折》,嘉庆十八年十月十日阎进喜供词,同时见同年、月、日太监余吉庆供词。
④ 《军机处录副奏折》,嘉庆十八年十月十日阎进喜供词,同时见同年、月、日太监余吉庆供词。

案验宫省卫及百姓有事角者,株杀千余人……"① 在距此事一千余年后的1813年"癸酉之变"中,太监与民间宗教的勾串,与黄巾之变时代,如出一辙,足见历史传统具有何等巨大的连续性和力量。

虽然在"癸酉之变"中有部分弘阳教徒被卷进了历史的旋涡,但统观明、清数百年来的弘阳教,仍然是一个与统治秩序基本谐调的教派,一个与下层社会组织、底层文化融为一体的教派,不构成对任何政权和社会体制的威胁。这从其经典教义与忏仪也可以得到证实。

第四节 弘阳教的经典与忏仪

一 经典与忏文目录

弘阳教的经典和忏文之多,居明清诸民间宗教之首。而经卷、忏文大都装饰精美,经皮卷套与皇宫经厂印制的正统佛经无异。

关于弘阳教经典、忏文目录,清代档案有所记载,录在嘉庆二十二年十二月十九日直隶总督方受畴奏折中。搜缴到如下经、忏:

《混元弘阳悟道明心经》一本
《太上全真清净礼斗科仪》一本
《太上三元赐福赦罪解厄消灾延生保命妙经》一本
《混阳弘阳苦功悟道经》上、下一本
《混元弘阳叹世真经》上、下一本
《高上玉皇经本行集经》上、中、下四本
《混阳弘阳显性结果经》一本
《混阳弘阳明心宝忏》上、中、下三本
《混元弘阳血湖宝忏》一本
《销释混元无上大道元妙真经》二本
《销释混元无上普化慈悲真经》二本
《销释混元无上拔罪救苦真经》二本

---

① 《后汉书·皇甫嵩传》。

《销释混元拔罪地狱宝忏》二本

《销释混元救苦升天宝忏》一本

《混元弘阳中华宝忏》一本

《销释混元大法祖明经》一本

《销释归依弘阳觉愿真经》一本

《九天应元雷声普化天尊玉枢宝经》一本

《太上玄灵北斗本命延生真经》一本

《观世音菩萨普门品经》一本

《元始天尊北方真武妙经》一本

《太阳真经报太看照之恩》一本

《太上说消禳火灾经》一本

《元始天尊说济渡血湖真经》一本

《关圣帝君济世忠义经》一本

《清微红范功课经》上、下二本

以上计搜出经、忏 26 种，共计 36 本。①

同年十二月二十一日，当局又在德州弘阳教徒家中搜出经 36 本。下列出与上述不同之经文：

《混元弘阳飘高老祖经》上、下五册解二本

《弘阳结果二品上经》抄本一本

《混元弘阳请祖母报恩觉愿》全部一本

《起香赞》抄本一本

《积善求儿红罗宝卷》上、下二本

《销释归依觉愿妙道真经》抄本一本

《佛说白衣菩萨送子宝卷》上、下二本

《普贤菩萨度华亭宝卷》上、下二本

《佛说土地正神宝卷》上、下二本②

以上数十部宝卷、忏仪文，共计 72 本。其中多数是弘阳教范畴的经、

---

① 《军机处录副奏折》，嘉庆二十二年十二月十九日直隶总督方受畴奏折，附录经卷字迹单。
② 《军机处录副奏折》，嘉庆二十二年十二月二十一日直隶总督方受畴奏折，附经卷字迹单一。

忏。但包括正统道经不少，至少有如下经忏：

《高上玉皇本行集经》，载《正统道藏》洞真部本文类（盈），又简称《玉皇经》，是道士斋醮和道门功课必诵之经。

《元始天尊溯北方真武妙经》，载《正统道藏》洞真部本文类（昃）。作于北宋后。述元始天尊敕命北方真武神"降魔拔魂"诸内容。

《元始天尊济度血湖真经》，载《正统道藏》洞真部本文类（宿），又名《灵宝异玄济渡血湖真经》。假托元始天尊为众仙说血湖地狱及救度众罪魂事。

《太上玄灵北斗本命延生真经》，即《北斗本命延寿灯仪》之变经。后者载《正统道藏》洞真部威仪类（为），此仪出于元代或明代。经则又在此之后。

《太上说消禳火灾经》，《正统道藏》则有《太上洞玄灵宝消禳火灾经》，载《道藏》洞玄部本文类（乃）。为道士念诵消禳火灾之经文。

《太上三元赐福赦罪解厄消灾延生保命妙经》，载《续道藏》隶部。记录三元"宝诰"及三元天尊显法救民事。

以上皆为正统道教之经典，亦为弘阳教徒常诵之经。其他如《销释混元拔罪地狱宝忏》《销释混元救苦升天宝忏》等，皆为正统道教《元始天尊说东岳化身济生度死拔罪解冤保命玄范诰咒妙经》等经咒的变种。

而《积善求儿红罗宝卷》则是元代最早宝卷《黄氏鬼绣红罗化仙哥宝卷》的翻版。①

而《销释归依觉愿妙道真经》《佛说白衣菩萨送子宝卷》《普贤菩萨华亭宝卷》《佛说土地正神宝卷》诸经，或为一般的劝善书，或是多种民间教派混用之经书，而非单纯弘阳教之经书。

此外日本学者泽田瑞穗在其著《增补宝卷的研究》尚记录了上述档案未录之经、忏：

《混元门元沌教弘阳法》

《弘阳秘妙显性结果经》

《混元弘阳心心宝忏》

---

① 参见马西沙《最早一部宝卷的研究》，载《世界宗教研究》1986年第1期。

《弘阳宝忏》

《弘阳后续燃灯天华宝卷》[①]

前述档案内记录弘阳经五册应是《混元弘阳飘临凡经》《弘阳苦功悟道经》《弘阳叹世经》《混元弘阳悟道明心经》《混元弘阳显性结果经》。这五部经从名目上明显受到罗祖教五部经的影响，是弘阳教创教立世的最重要经典。

二 教义思想

外佛内道的多神崇拜：

弘阳教的经卷出现了大量神祇，反映了华夏民族多神崇拜的民间信仰特点。粗略统计一下弘阳教经典的神祇就有：三千诸佛、九十八位老祖、三十八位如来、四十八位菩萨、七十七位观音。而《销释混元无上普化慈悲真经》中竟罗列了"南无二百五十菩萨、一千二百菩萨、万二千俱菩萨、十万八千菩萨、百万亿诸菩萨、过去未来现在菩萨、普光如来无数菩萨、无量恒河沙诸菩萨"。表面弘阳教崇尚佛教神祇，仔细分析经典，就会发现这是一种假象。在弘阳教中最崇拜的有三位尊神：混元老祖、无生老母、飘高祖师。

混元老祖，又称南无太上混元老祖、混元至真老祖、南无最上乘至真老祖、混元至上真空老祖等。在弘阳教中混元老祖是唯一至上神、世界的创造者。《混元弘阳飘高祖临凡经》第一品云：

> 招想无天无地虚空在前。先有不动虚空，后有一祖出世。什么祖？祖是混元祖，宗是老祖宗，佛是治世老天。混元老祖坐有阿罗国……想无天无地，一人治世，先有鸿濛化现，后有瀇瀇混沌。先有鸿濛，后有瀇瀇，长大结为元卵，又叫天地玄黄，进破才现世，治世天佛，宗祖出世。清气为天，浊气为地，一生二，二生三，三生万物。诸般都是老祖留下。……无天无地一虚空，混元老祖立

[①] ［日］泽田瑞穗：《增补宝卷的研究》，国书刊行会1975年版，第380—382页。

人根。①

上述内容固然出现了"佛是治世老天""治世天佛",但皆不过是假佛以说辞,本质不出道教的创世论,是道家先天地而存在又化生万物的一个套路的翻版,而混元老祖又是道教最高神之一太上老君的翻版,是"道"演化而成的人格神。"混元"一词前已分析,老子在宋代被封为"混元上德皇帝""太上混元上德皇帝"等。弘阳教取而用之,加上宗法社会所崇拜的祖宗观念,由是出现了"混元老祖"这样一位弘阳教尊神。混元老祖不仅是道的化身、天地的创造者、东土众生的祖根,而且是天宫众神、地狱阎罗的主宰者,与基督教的上帝类似。不仅如此,他还能派遣临凡东土、下世救度众生的使者。下世救度众生的飘高老祖既是他的使者,又是他在人间世的化身。

位于弘阳教中的第二尊神是无生老母。所有的东土众生,都是这位端坐天宫的无生老母的儿女。这位帝制时代晚期民间创造的女性神并不是弘阳教所独崇独创,她是在罗教创成以前早就出现了,到明代中叶后则为多种民间教派所崇拜,盛极一时。在弘阳教中,无生老母虽然崇高,但仍处于混元老祖之下,类似妻室服从的地位。在弘阳教中,教徒们通过"明心见性"的修持,"返本还源","认母归家",把回归天宫见到无生老母作为一种最高的追求。在《销释归依弘阳觉愿真经》中有这样一段经文:

> 普请诸佛临东土,度脱苦海小婴贤。原人早遇千佛会,相伴老母赴金莲。
> 大众贤良同参拜,各度虔心续真言,见性明心撑门户,开荒展教度婴贤。……拜谢无生母,婴儿早还乡,遇得千佛会,极乐认家乡。

在经卷中,把信教群众与无生老母的关系比喻成婴儿和慈母的关系,教徒如游子一般回归家乡,归根见母。而归根见母的过程,就是信

---

① [日]泽田瑞穗:《增补宝卷的研究》,国书刊行会1975年版,第384—385页。

教修持,达到明心见性、灵魂归真的过程。这种信仰在广阔的民间世界真是极具深厚的生命力。

弘阳教崇拜的第三尊神祇——飘高老祖。飘高老祖即韩太湖。在韩太湖学道传教成为教主之后,从凡人走向神坛,成为弘阳教崇礼的偶像。在弘阳教经典中,飘高老祖是混元老祖和无生老母派到尘世的使者。在教徒的眼中,末劫将至,大灾大难即将临头,他们企盼着救世主的降临,济普众生回归彼岸。而飘高祖师恰其时转生广平府曲周县。据《销释混元无上拔罪救苦真经》云:

老祖言曰:……今同诸众,议演迷津拔超离苦,还得书行先垂一宝,降此阎尘。韩居为性,离母根明,参寻正果,投访明宗,点传一性,乃见当人。……今一土中,托与圣光,飘祖降临。

这段经的意思是,飘高老祖受混元老祖与无生老母之命,托到尘世韩门,带着圣光,参寻能得正果的尘世之人,点传他们弘阳法,使他们脱离苦海,显现真性,乃见当人,回归家乡。

在有些经卷中,飘高老祖被描写成无生老母的小儿子,是孔子、老子、真武大帝的小弟弟。有些经卷又被赋予"混元玉皇飘高祖"的名号。可见弘阳教经是多么的逻辑混乱。其实从逻辑上讲没有宗教不是多重因素相迭构成的,没有一种宗教、神祇是一种逻辑过程之结果。特别是对于层次较低的下层教派,混乱正是它的特点。

三阳劫变观:

所谓劫变观的形成过程在本书第一章已经介绍。劫变观既是救世思想,也是救赎思想。是中世纪普遍流行于世界各民族下层社会最强有力的思想潮流。世界著名的大宗教如基督教、佛教、伊斯兰教、道教、摩尼教等等都充满着形形色色的救世思想。这些思想的形成,明显地带有下层民众渴望解救、向往光明的意识,在全人类的发展过程中带有普遍性。

在明清民间宗教劫变观念极为流行,它的教义是佛、道交融,并对民间宗教交互影响的结果。民间宗教在这种影响下,形成了独具一格的劫变内容。而弘阳教也有自己的特点。

在弘阳教经典中，东土众生，从帝王将相到僧尼道俗，一切尘世生灵都生活在苦难之中，难免四生六道之厄，于苦海中挣扎。而大劫难来临之际，则无一生灵可免大噩运。只有加入弘阳教，虔诚地念诵弘阳宝经，礼拜飘高祖师，启建弘阳大道场，才能明心见性，躲过劫难，得到彼岸的回归。《混元弘阳叹世经》第二品就说："叹世经中赞叹大地儿女不得还乡，一个个沉迷东土，倘然末劫至近，怎躲轮回之苦。思想受苦之人，不舍家乡，不得出苦，怎得还元。想当初圣做凡，如今要凡做圣。认定凡世风光，不知圣中盼望。"清代人黄育楩的《破邪详辩》引征经文，指出劫难之苦："说下元，甲子年，末劫来临。辛巳年，又不收，黎民饿死。癸未年，犯三辛，瘟疫流行。"① 又讲"四大天王不管世，天神放下四风轮，地火水风一起动，折磨大地苦众生"②。总之，在宗教家的眼中，尘世中人都要猛醒，依仗弘阳法力，达到"天堂挂号，地府除名"的功效。

弘阳教经典中三阳劫变或称三佛应世的思想也十分明确：过去是青阳之世，燃灯佛掌教；现在是弘阳之世或红阳之世，释迦牟尼佛掌教；未来是白阳之世，弥勒佛掌教。在《混元弘阳叹世真经》中讲：

> 弘阳法者，现在释迦佛掌教，以为弘阳教主。过去青阳，现在弘阳，未来才是白阳。

在弘阳教看来，现在是弘阳之世，因此弘阳教当兴，弘阳末劫即将到来。所谓"东土末劫至，天破有岔声，众生无投奔，杂法遍地兴，缺少玄妙理，怎得出沉沦。我今发慈悲，说忏度众生。怎能贪嗔罪，千年业障根。忏除诸恶业，早得达本宗。"③ 可见拔诸罪与苦、劫与难还得修弘阳忏法。

弘阳教的道场法会：

---

① （清）黄育楩：《破邪详辩》卷一，载《清史资料》第三辑，中华书局1982年版，第13—16页。
② （清）黄育楩：《破邪详辩》卷一，载《清史资料》第三辑，中华书局1982年版，第13—16页。
③ 《混元弘阳叹世真经》叹酒色才气品第十一。

在明清民间诸宗教中，弘阳教最注重道场法会，而且有一套仪式规范。当然弘阳教的道场法会来源于道家，则无疑义。上面曾介绍大量该教经忏，从经忏名目可知，多有与道教相合者。清代弘阳道士不仅诵弘阳经，也诵正统道经，诸类档案史料多有记载。

在弘阳教经卷中忏的比重最大，其主要内容来自《正统道藏》威仪类内容，同时掺杂了民间道场仪式规范的影响，内容丰富。在弘阳忏中多处皆为筑坛、设道场或启建弘阳道场的具体内容或宣扬道场法会之作用。《混元弘阳明心宝忏》云："世间若有善男信女，早晚虔心，启建弘阳圣会，或一日、二日、三日，命请弘阳道众，讲演五部尊经，礼拜明心宝忏，解释千愆，蠲除灾难，福降祸散，百祥来臻，寿命延长，免诸瘟疫，形神俱妙，与圣合真，精心礼忏，出离凡圣。今故焚香，归依礼拜；南无太上飘高老祖，南无太上新亭老祖……若帝王官僚，人民居土长者，有诸灾难，疾病缠身，建启弘阳道场，燃灯烧香，虔诚礼拜，归依弘阳，无量圣众，所有恒沙罪业，即时消除，皆得解脱。"《混元弘阳中华宝忏》亦云："缺少玄妙理，怎得出沉沦。我今发慈悲，说忏度众生。""忏除诸恶业，早得达本宗。"在清代档案中，可以找到大量例证，说明弘阳教的主要宗教活动就是作道场法会。弘阳教固定的宗教节日是在每年飘高的生辰（五月十六日）和忌日（十一月十六日），以及朔望之日，念经作会，焚香祭拜。在弘阳教徒聚居的村落，都有一批教徒专习弘阳教法事，念经作忏仪轨、运作成熟，或为贫民丧葬之时发送亡灵，念"师父经"，或为人设坛筑道场。每次作会念经当然要敛钱，买香烛果品，供献功德，而余钱则为弘阳道人分用。弘阳道人以此为生计以糊口。此类内容清代档案多有记载，如乾隆四十年（1775年）二月二十一日，直隶总督周元理奏折记载："京东一带，向有红阳教为人治病及民间丧葬念经发送。……李潮等十六人一同念经作会，一年三次。……三十六年，有胡广太患病，曾邀宋成相、李潮至家念经二次。嗣后，偶有丧葬之家，无力延请僧道，邀李潮等念经发送。即偕挑担之崔富、写疏之王芝林前往相帮，听便酌送钱米。其有力之家，仍另延僧道，是以邀往者寥寥。"① 又如嘉庆二十年（1815年）九月二十三日弘

---

① 《朱批奏折》，乾隆四十年二月二十一日直隶总督周元理奏折。

阳教徒邢连枝供称："从前伊与已故崔起瑞拜新城县内屈村苏敬、车子孝为师，名弘阳教，供奉浑（混）元老祖、飘高老祖。……伊每月初一、十五两次在家作会。……打坐念诵南无阿弥陀佛，请祖师爷慈悲，到吉勒城、到南洋城、到额勒城，小弟子万物不挂一丝毫等句。入会的各带钱三四十文及七八十文不等，预备吃斋。"从清代档案及现存弘阳教忏仪类经文分析，它的筑坛等道场法会包括如下内容：祈运，解厄消灾，祛病去邪，驱鬼赶妖，保命延生，拔罪救苦等。与道教的道场法会之作用大同小异，只不过没有道教法会的庄严、肃穆、严整。至于规模则无可比性，明清时代道教虽然衰落，但行罗天大醮之时，其影响往往倾动京城或一方。但弘阳教的作用也是正统道教不可替代的，它补充了正统道教势力不及处，贫苦百姓的宗教需求和信仰依托，成为下层民众的一种实际需要。

与道场法会或念经垒忏相配合的是，弘阳道人往往是乡村医生，治疗是和宗教融为一体的。如嘉庆二十一年（1816年）的一份案例就说明了这个问题。时有景州弘阳道人赵一鹏兼任乡村医生，为多人医痊疾病。他的办法是"教令人吃斋医病"，并送给弘阳教经，令人时常念诵，以达静心之效。"其治病之法，系令病人将茶叶放于碗内，设供烧香磕头后煎服，间有效验。并常与人念诵弘阳经，捏称可以消灾延年。"

第八章

八卦教

八卦教是清代影响最为深远、实力最为雄厚的民间宗教之一。主要活动地域在华北地区，波及东北地区、西北地区，江南和华南也有少量地域存在着该教的踪迹。八卦教是一个庞大的宗教体系，支派林立，信众极多，同教异名，层出不穷，诸如九宫教、清水教、五荤道、收元教、天理教、先天教、圣贤教、秘密还乡道等，由于八卦教内曾派分八支，故又有离卦教、震卦教、坎卦教等名称。八卦教在部分地区曾和其他教派融会合流，所以又出现义和团离卦教、一炷香离卦教诸名称。显而易见，变幻教名，不仅反映了这个宗教支派的庞杂，也是一种避免当局镇压的手段。八卦教历经整个清代，清亡后，曾一度公开活动，势力更呈上升趋势。

第一节 历史沿革

一 创立

八卦教创立于清代康熙初年，创教人刘佐臣，山东省单县人。大约生于明末崇祯年间，卒于康熙四十年（1701年）左右。

八卦教创立之始教名是五荤道，又叫收元教。据乾隆五十一年（1786年）闰七月二十四日王大臣永琅奏折记载：

> 山东单县人刘佐臣于康熙初年倡立五荤道、收元教，编造《五女传道》等邪书，分八卦收徒敛钱。刘佐臣物故后，伊子刘儒汉，

伊孙刘恪踵行此教。刘省过系刘恪之子，接充教首。①

这段奏折是关于八卦教创教及教首刘姓家族最重要的一段史料。不仅明确地记载了教名，指明了创教人刘佐臣及创教时间，而且交代刘姓教首四代的传承情况。

关于刘佐臣尚有数段档案史料加以介绍：

> 刘宗礼即刘省过之曾祖刘佐臣，曾于康熙五十七年被叛犯袁追供扳，系白莲教头目，奉文查拿刘佐臣早已病故。②

与此同时，另一奏折亦记载："刘佐臣曾于康熙五十七年间经叛犯袁进臣供为白莲教头目。"③ 上述奏折出现的袁追、袁进臣本属一人，即康熙五十六年（1717年）末发生在山东曹县、单县一带白莲教案中之袁进。袁进被捕后供出刘佐臣，是时刘佐臣已死多年。刘佐臣死于何时，史料无载，至少应在康熙四十五年（1706年）以前。康熙四十五年，刘佐臣之子，八卦教第二代教首刘儒汉被人首告邪教，那次案件只字未提刘佐臣，可见刘佐臣已经物故。

刘佐臣有子四人：刘如汉（刘儒汉）、刘如浩、刘如淮、刘如清。佐臣死后，长子刘儒汉充任教首，死于乾隆元年（1736年）。其他三子俱在他案中发遣乌鲁木齐。

关于刘佐臣籍贯，嘉庆二十二年（1817年）的一份供词认为"刘佐臣原籍河南，寄居单县，刘佐臣因邪教犯案，他的子孙充发乌鲁木齐"④。另一份奏折则称：

> 传教祖师（注：指刘佐臣），自顺治年间太监魏子义传于李乐天，到山东改名刘奉天，传于南方邴姓，又传于清丰县人秦姓，又

---

① 《军机处录副奏折》，乾隆五十一年闰七月二十四日永琅奏折。
② 《朱批奏折》，乾隆三十七年五月初十日山东按察使国泰奏折。
③ 《朱批奏折》，乾隆三十七年五月十二日山东巡抚徐绩奏折。
④ 《朱批奏折》，嘉庆二十二年八月初一日山东巡抚陈予奏折。

传于曹县王姓。①

这两份奏折提出新的看法,但因奏折晚出,不能作为定论,待考。从清前期披露出的大量史料完全可以证实:八卦教创始人是山东省单县人刘佐臣。

清代康熙初年,山东省特别是曹、单一带的抗清活动刚被镇压下去不久,刘佐臣就在这块苦难的土地上开始了他的创教事业。他一手拿着《五女传道》经书,传教布道;一手拿着《八卦图》,着手宗教的组织工作。草创之际,入教者寥寥,以至于他"分列乾坎等八卦,尚有数卦未曾得人"②。有记载可寻的是离卦、震卦、坎卦等。在刘佐臣时代执掌离卦教的是河南商丘人郜云龙。据郜云龙五世孙郜添佑在嘉庆年间供词记载:

> 高祖郜云龙从前原是山东单县人老刘爷的门下,那老刘爷原是弥勒佛转世,高祖从他得道,叫透天真人。老刘爷派高祖主掌离卦教。③

至于谁人执掌震卦教有两种说法。一说是刘佐臣曾命山东金乡人侯棠掌震卦教。据侯氏后代供称:"当年刘佐臣将震卦教传给我祖父侯棠,祖父故后传给四叔祖侯朴。四叔祖故后,传给我父亲侯绳武。"④ 另一侯氏后代则说刘佐臣将坎、震两卦都传于侯棠。⑤

侯氏家族从乾隆四十五年至嘉庆二十二年间(1780—1817年),曾代替被清政权发配新疆的"中天教首"刘廷献在华北地区执掌八卦教,是八卦教中最重要的世袭传教家族之一。

关于执掌震卦教的另一说法是:

---

① 《军机处录副奏折》,嘉庆十九年十一月十四日秦学曾供词。
② 参见马西沙《清代八卦教》,中国人民大学出版社1989年版,第58—59页。
③ 参见马西沙《清代八卦教》,中国人民大学出版社1989年版,第58—59页。
④ 参见马西沙《清代八卦教》,中国人民大学出版社1989年版,第58—59页。
⑤ 参见马西沙《清代八卦教》,中国人民大学出版社1989年版,第58—59页。

康熙初年，王容清为刘佐臣分掌震卦教，王容清故后，其教系长子王中接传。① 王容清行迹史料无载，但王中却是震卦教中极有影响的人物。

他死后，凡入震卦教者"均称为东方震宫王老爷门下。其王老爷，系首先传教之山东菏泽县人王中"②。

无论传给侯姓还是王姓，都说明刘佐臣创立八卦教之初已立了震卦教。除立离、震、坎三卦外，现在尚无可靠史料记录刘氏曾立其他支派。

刘佐臣的八卦教在创立之初受到黄天教、闻香教、一炷香教等先出现之教派影响很大。《纪妖寇王伦始末》的作者戚学标在当时就隐约地看出了八卦教与闻香教的关系：

先明末有蓟州人王森，得妖狐异香，创此教，自称闻香教主，愚民无不为其煽惑。天启二年，妖党徐鸿儒乱山东，为巡抚赵彦所平。国朝有单县人刘佐臣者，创立五荤道修元教（注：应为五荤道收元教），妄造《五女传道》逆书，分八卦，收徒党。③

还有大量事实可以证明八卦教与闻香教之间的某些联系，细节可参见《中国民间宗教史》有关章节。但是八卦教并非闻香教系统中的教派，八卦教教徒并不食素，但闻香教徒及后来的清茶门教徒却实行类似佛教的"五戒"。

黄天教对八卦教的倡立似有更直接的影响。黄天教"以每日三次朝日叩头，名曰三时香；又越五日将行道之事默祷天地，谓之五后愿。平时茹素念经，以为修行善事，愚民转相传习，由来已久"④。黄天教参拜太阳、默祷天地的做法染及八卦教，成为八卦教重要的祈祷仪式。从

---

① 《朱批奏折》，道光四年三月十八日署山东巡抚琦善奏折。
② 劳乃宣：《义和团教门源流考》，参见《清代八卦教》，中国人民大学出版社1989年版，第59页。
③ （清）戚学标：《纪妖寇王伦始末》，《鹤泉文钞》卷下。
④ 《军机处录副奏折》，乾隆八年四月九日置直隶总督史贻直奏折。

刘佐臣创教起就有这种仪式，到清中末叶依然保持此种风习。"八卦震字邪教……传授愚门弟子歌词，指太阳为圣帝，每日磕头三次，每年上供五次，谓能消灾祈福。"① 祈祷仪式与黄天教如出一辙。再如收元教之名，并非起自刘佐臣，当然也不是起自黄天教。但至少在明末乃至清代，黄天教也叫收元教。据清代档案记载："所有设教名色，或称收元，或称黄天道，其说皆本于普明。……普明一脉实为诸案邪教之总。"② 由此可知黄天教对八卦教创成之影响。当然影响还不止于此，在本章八卦教修持部分还要做继续说明。

对八卦教影响较大的还有一炷香教。一炷香教是由山东商河县人董四海创于清代顺治年间，较八卦教创成早二三十年。董四海创教之初"其徒分为八支"，而刘佐臣创教时"分八卦，收徒党"，亦派分八支。此其一。据手抄本《浩然纲鉴》传说，八卦教创始人"到了十二岁，得了董老师指教，存心向善，敬奉父母"。在清代民间宗教世界中，被称为董老师或董老师父者，仅一炷香创始人董四海。此其二。一炷香教第三支教名是一炷香五荤道。八卦教倡教之初，"叫收元教，又叫五荤道"③。这里似乎有教派传承关系。此其三。一炷香教与八卦教倡教时，在祈祷仪式和内容上也多有相似之处。一炷香教祈祷仪式是"向天地前上供、焚香、求祷"④。"每饭必两手上供，乃敬重无生老母之意"⑤。八卦教则"止是给天地烧香磕头，求来生荣华富贵"⑥。"八卦教原是刘家祖传，相传是行好，要敬天地，孝顺父母，和睦乡邻。吃饭要向上举手，先供天地。"⑦ 此其四。第五，两教的教义宗旨都得之于道教，可

---

① 《军机处录副奏折》，乾隆五十三年八月十六日直隶总督刘峨奏折。
② 《军机处录副奏折》，乾隆二十八年四月十六日兆惠奏折。
③ 参见马西沙、韩秉方《中国民间宗教史》第十六章，上海人民出版社1992年版，第940—941页。
④ 参见马西沙、韩秉方《中国民间宗教史》第十六章，上海人民出版社1992年版，第940—941页。
⑤ 参见马西沙、韩秉方《中国民间宗教史》第十六章，上海人民出版社1992年版，第940—941页。
⑥ 参见马西沙、韩秉方《中国民间宗教史》第十六章，上海人民出版社1992年版，第940—941页。
⑦ 参见马西沙、韩秉方《中国民间宗教史》第十六章，上海人民出版社1992年版，第940—941页。

以说是受道教影响很深的教派。

众多的历史事实告诉我们，八卦教并不是某一个教派的产物或流衍，而是在明末清初特殊的历史条件下众多教派共同影响的结果。

二 传承

（一） 刘氏家族的传承

明清时代，民间宗教与会党结社的领导核心成员构成不同，权力的继承方式也不同。民间宗教多以血缘关系为纽带的家族世袭制，而会党结社的权力则一般属于异姓相传。因为，前者的基本成员是世代聚族而居的农民，而后者的基本构成是手工业者、肩挑负贩之徒以及形形色色不依于土地的自由职业者和流民，导致他们的社会要求、生活方式、行动准则、信仰内容等都有巨大差异。

八卦教像多数民间教派一样，是由一些有影响的世代传教家族构成教门的领导阶层。其中居于总教首地位的是刘佐臣及其后裔。刘氏家族统治八卦教达150余年，传承六代。下面分四部分叙述这个家族的活动及其与八卦教的关系：

刘儒汉掌教时代

刘如汉又叫刘儒汉，是八卦教第二代教首，为刘佐臣长子。刘儒汉大约在康熙四十年（1701年）至四十五年间开始掌教。康熙四十五年他"曾被刘本元首告邪教"，问拿审讯，因证据不足而开释。刘儒汉死于乾隆元年（1736年），掌教三十余年。这时期八卦教有了较大发展，组织机构逐渐复杂：

> 刘儒汉传教时，所收之徒分八卦，每卦以一人为卦长，二人为左干右支，以下俱为散徒。每卦各自收徒，所收之徒，各出银钱送于卦长，卦长汇送于教主，多寡随便。当时因八卦教不能齐全，有以二人而兼两卦者。①

---

① 《朱批奏折》，乾隆十三年三月二十三日山东巡抚阿里衮奏折。

当时该教势力范围扩大到山东、山西、河南、直隶等省份。有些散徒还在陕、甘一带活动。而传教重点地区则是直、鲁、豫三省交界处十几个州县。

在刘氏开创了以血缘关系承袭教权的世袭制后，各卦纷起效尤。离卦自第一代教首郜云龙物故后，其子郜晋中、其孙郜从化相继踵行教业，充任教首。震、坎两卦自侯棠死后，教权由其弟侯朴继承。而其他各卦卦长也都依样画葫芦。经刘佐臣、刘儒汉两代惨淡经营，刘氏家族已获得巨大的现实利益。刘儒汉不再满足于充任"邪教"教首，在康熙四十五年后，"旋由捐纳选授山西荣河县知县"，走马上任去了。直到康熙五十八年（1719年）"犯案"，"参回原籍"，做了十几年清政权的地方官。其三弟刘如清也以捐纳成为候选教谕。①

刘恪、刘省过掌教时期

乾隆元年（1736年）四月刘儒汉病故，其子捐职州同刘恪向清政府"呈报丁忧文结"。从表面看，刘恪似乎不热心"邪教"活动，甚至曾拒斥山西教徒商议入教之事。清当局也以为刘恪并未习教。其实刘儒汉死后，八卦教内均奉刘恪为教主。河南商丘第三代离卦教首郜从化，在刘恪案发时，与门下向教内凑银一千两，欲送刘恪帮助盘费，"旋闻刘恪释回，未将银两送往"②。史料载，刘恪至少于乾隆二十二年（1757年）前已死。是时教内曾帮助其子刘省过仪葬费用。由此可知，从乾隆元年至乾隆二十二年间刘恪曾充任八卦教第三代总教首。

刘省过是刘恪之子，他是八卦教第四代教主，其掌教当在乾隆二十二年左右。乾隆三十七年（1772年）为当局斩决，掌教在15年左右。这一时期，五荤道、收元教之名已改为清水教。

在刘省过掌教期间，该教"辗转煽惑"，已"蔓延数省"，从其教者动辄千百人，发展成为一个庞大的地下秘密宗教王国。教内组织盘根错节，已成不可解之势。

刘省过掌教期间，"唯坤卦一卦未曾立教"③。其他各卦情况如下：

---

① 《朱批奏折》，乾隆十三年三月二十三日山东巡抚阿里衮奏折。
② 参见台湾学者庄吉发《清代乾隆年间的收元教及其支派》，载《大陆杂志》第63卷第4期。
③ 《朱批奏折》，乾隆三十七年五月十二日山东按察使国泰奏折。

离卦：势力范围分布在河南、山东、直隶。传教中心在河南商丘一带。离卦长为商丘郜大、郜二、郜三兄弟。

震卦：势力分布在山东、河南、直隶、苏北。传教中心在山东菏泽，王中充任卦长。震卦的另一支派是山东金乡县侯姓充任卦长。

坎卦：传教中心在直隶容城县，张柏系属卦长。山东坎卦头目孔万林、直隶大兴县坎卦头目屈得兴都是张柏亲传弟子。后来在嘉庆十八年（1813年）"癸酉之变"的主要发动者林清就是这支坎卦教的后继者。

艮卦：传教中心在山东省金乡县。

巽卦：传教中心在山东省单县。

乾卦：传教中心在河南虞城县。

兑卦：传教中心在直隶东明县。

从刘省过掌教时代，八卦教才真正形成"内安九宫，外立八卦"的组织形式。这时八卦教已立世百年，形成了一套较为完备的组织体系。

乾隆三十七年（1772年）是八卦教历史上关键的一年。是年二月，山东教徒李孟炳等到河南临颍县一带传教，为当局查获，搜出"邪书"。河南巡抚何煟将"邪书"上呈乾隆皇帝。乾隆命严办此案。三月初，震卦长王中被逮捕。而乾隆皇帝又于"邪书"中发现八卦教反清复明的重要内容。如"平胡不出周刘户，进在戊辰己巳年"，"也学太公渭水事，一钓周朝八百秋"，等等。王中在四月十五日被绞杀于菏泽。王中之死并不是此案的终结。是年五月初，当局发现在王中背后还有总教首刘姓。据奏折记载，李孟炳供词称：

> 据供，乾隆三十五年八月，小的与同教张勤说起兴教的人，张勤说王中还有老教首刘姓，住在山东曹州府单县东门城里。刘姓是个监生，祖上做过官的人，皆称为山上主儿。家中现在行教，又有先天、中天、后天称呼。王中是其分支行教的人。……又听得刘家门户甚体面，只有王中与他往来，……刘姓是个大教主。[①]

与此同时，山东巡抚接到河南巡抚咨文，迫使王中之徒王振等招

---

① 《朱批奏折》，乾隆三十七年五月三日何煟奏折。

供："王中系单县监生刘宗礼之徒，唯王中能入老教主之家，余人不能与老教主见面。"① 这样八卦教总教首刘省过即刘宗礼就暴露出来了，迅速被当局逮捕。山东按察使国泰亲赴单县，对刘家掘地三尺，搜出一万两千余两白银及其财物。发现刘省过"有田庄数处，地数十顷"，"家道殷实"。刘省过本人也以捐纳而为县丞。这巨大的财产"内中多有党徒资助，逐年积累所致"②。在教内，刘省过被神化成法力无边的救世主，教徒称他是"山上主儿""顾劫数主儿""会避灾难主儿"，把他目为能战胜人间水旱荒乱的超自然的神仙。他深居简出，只有大头目方能与他见面。教内设有先天、中天、后天牌位。据杨慎《丹铅总录》记载古代传说："伏羲之《易》小成，为先天；神农之《易》中成，为中天；黄帝之《易》大成，为后天。"由此可见，八卦教供奉这三个牌位，象征着该教初创、发展、成熟的三个阶段以及它们之间的承袭关系，表示八卦教道统一以贯之、万载流传的内容，也表示对刘姓教首的尊崇与敬畏。教内称刘佐臣为先天老爷，称刘省过为后天老爷。在震卦教中，凡有人教者"均称为东方震宫王老爷门下"或后天王老爷之徒。在离卦教中，凡有人教者，均称"投离卦透天真人鄢老爷会下"。在坎卦教中，"凡有在教者，均称为北方元上坎宫孔老爷门下"③。足见在八卦教中，教首已经对信教民众形成了一种至高无上的宗教权威，一种难以摆脱的精神禁锢。

乾隆三十七年（1772年），"邪教逆案"于八月九日结案。刘省过被处斩，其弟刘省愍秋后斩决。刘省过长子刘大洪即刘铨终生监禁。刘省过其他儿子除二子刘二洪逃亡在外，皆与刘省过妻妾一起判给北京满族贵族为奴。此前王中兄弟、郜氏三兄弟及坎卦大头目孔万林等早已处斩，其余人等或发配黑龙江与披甲人为奴，或发配新疆受苦役。八卦教上层领袖集团几乎被一网打尽。

刘大洪、刘二洪与段文经案

乾隆三十七年（1772年）是八卦教内世袭传教家族由盛至衰的转

---

① 《朱批奏折》，乾隆三十七年五月六日徐绩奏折。
② 《朱批奏折》，乾隆三十七年五月十六日山东巡抚徐绩奏折。
③ 参见马西沙、韩秉方《中国民间宗教史》，上海人民出版社1992年版，第958—959页。

折。由于上层领袖集团被当局一网打尽，曾经统一了一个世纪的八卦教走向分裂，群龙无首。然而有着顽强生命力和凝聚力的八卦教，经过数年的沉寂，又分别拥立了两位刘姓成员作为新的教首，这就是刘省过逃亡在外的二子刘二洪和被清当局流放到新疆的刘廷献。八卦教领导核心分裂为二。刘二洪一支，传教不到九年，由于受到乾隆五十一年（1786年）七月段文经攻打大名府道事件的牵连，被清当局斩尽杀绝。

乾隆三十七年刘二洪由于逃亡，免遭刑罚。五年后潜回老家单县，后得知母弟在北京为奴，遂前往北京。后受到直隶、山东部分教徒拥戴，成为八卦教第五代领袖。恰其时，有直隶广平府人段文经成立了八卦会，打着刘二洪旗号，四处招摇。段文经是大名府捕快头目，另一八卦会成员徐克展是元城县捕役。此二人野心勃勃，先拥立刘二洪不果，遂通过单县狱卒、八卦教徒刘兴帮向刘大洪送效忠信，希望依托刘大洪影响，扩大教势，有所图谋。有善相者对段文经讲，他是龟背，有些异象，即帝王之相。段文经闻之大喜，遂组织徒众于是年闰七月十四日夜突袭大名府道，杀死府道熊某及其家人，并劫狱，造成了震惊清廷的重大"逆案"。事件后，大部分八卦会成员或被凌迟或被斩决，主谋段文经却逃脱法网，不知所终。而与此案无任何关联的刘省过的几个儿子再次受到牵连。在单县监狱监禁了 14 年的刘大洪及在北京传教的刘二洪，在北京为奴的刘三洪、刘四洪及刘省过之妻全部罹难。

刘廷献、刘成林与嘉庆二十二年"邪教案"

刘廷献又名刘诗闻，是刘省过族兄弟，于乾隆三十八年受牵连，与其子刘成立、刘成器、刘成林被发配到乌鲁木齐，分拨到济木萨安插种地。刘廷献与震卦头目侯朴是表亲，因此在直隶金乡县掌教的侯尚安派教中骨干分子徐云卿、刘尚喜于乾隆四十五年（1780 年）到济木萨寻找刘廷献，奉献银两。"并说教首刘省过死后，无人掌管八卦教，现在侯尚安复兴此教，所以前来找寻，推为中天教首，总管八卦教中之事"，刘廷献同意充任，并委托侯尚安代管内地教中之事。为了防止教统中绝，刘廷献命其三子刘成林拜徐云卿为师学习教中道理、口诀及祈祷仪式。

嘉庆七年（1802 年）侯尚安物故，其侄侯绳武接续教权。为了取得合法权力，侯绳武再次派人前赴新疆送银四千两。是时刘廷献已死，教徒以刘成林亦系刘佐臣子孙，"与刘廷献在无异"，遂拜刘成林为"中天教首"。刘成林则送给侯绳武经卷四本，印章三方，作为掌教凭据。

嘉庆十四年（1809年）五月，侯绳武再次命教徒，万里迢迢赶赴新疆，送给刘成林三千两白银。刘成林命教徒带复信回到直隶，"仍烦侯绳武代管教中之事，众人俱各安静，不必记挂"①。

嘉庆二十二年（1817年）六月，侯绳武之子侯位南在齐河县传教被捕，立刻供出山东、直隶大批同道。在新疆的刘成林也在劫难逃，于是年十二月在新疆被当局杀害。

就现有的档案史料来看，刘成林是刘氏家族最后一位八卦教的掌教人。从刘佐臣到刘成林，刘姓掌教六代，计一个半世纪。到嘉庆二十二年（1817年）这个家族终于退出历史舞台。

（二）离卦、震卦、坎卦传承

震卦教与王姓家族

震卦教中有两位卦长，分别在不同地域传教。其中侯氏家族籍历山东金乡，在刘佐臣时代即充任震卦长，故侯位南供词记载："刘成林曾有教首清单一纸。……震卦就是我祖父侯棠。"② 侯家虽为最早之震卦长，但到了乾隆时代刘省过掌教时，却封王中为震卦长，王中成为其最可信之崇拜者。关于王氏家族，清档案记载：

> 康熙初年，王容清为刘佐臣分掌震卦教。王容清故后，其教系长子王中接传。乾隆三十七年王中破案拟绞，其子王子重于五十三年被获后发问新疆；五十七年，在配兴教，与胞弟王者静、堂弟王者弼并同教之步文彬一并正法。王子重之妻、子及侄王宿与步文斌之子步二斤俱缘坐，给功臣之家为奴。维时王者弼之子王富儿、王有，因王顺在江苏丰县种地，随逃往寄居，未经缘坐。五十九年，王宿、步二斤自京逃至曹县，一同居住。王富儿闻知前往，即拜王

---

① 《朱批奏折》，嘉庆二十二年九月二十五日庆祥奏折。
② 《朱批奏折》，嘉庆二十二年八月初一日山东巡抚陈予奏折。

宿为师入教。嘉庆十一年……将王顺接回……群推为震卦教主。①

此段奏折除王容清为刘佐臣分掌震卦教不实外，余皆为实录。它交代了从乾隆中叶到道光初年王氏家族的基本活动。

乾隆三十七年（1772年）王中遇难，王中之子王子重与母徙地他居，举家避祸。乾隆四十七年由于山东曹、单教徒活动，当局拿获教徒多人，其中包括充任震卦"真人"之职的布伟的三个儿子，分别发配两广"烟瘴之地"。乾隆五十三年河南震卦教信徒多人传教，"指太阳为圣帝，每日三次磕头，每年供神五次……又自认山东单县已正法之刘省过为教主，已犯案之王中为掌教"，"俱自称后天老爷之徒"②。王子重被教徒扳供，当局拿获王子重，于乾隆五十三年将其发配新疆为奴。

此后发配两广的布伟之子布文彬，通过走江湖卖戏法为生的刘照魁，前赴新疆，与王子重重新联系，意图重新复教。但在刘照魁准备第二次赴新疆面见王子重时，为当局发现逮捕。遂供出王子重、布文彬重新复教的计划。乾隆五十六年（1791年）末，王子重、布文彬、刘照魁等人分别从新疆、广东、陕西等地被押解北京，在刑部大狱严审，于五十七年初被斩杀于菜市口。王子重之母、妻及三个儿子"分赏功臣之家为奴"。

乾隆五十六年一案，使震卦教元气大丧。王、布等家族成员及未被逮捕之教内骨干星散逃亡。直至嘉庆初年，遂有部分教徒推举王容清后代王顺重新组教，充任卦长。然王顺非王中、王子重的嫡亲，不具备嫡传正宗的号召力。当时在山东传教的布文彬之子布大斤儿，遂到北京寻觅王子重之子，劝子重第三子王彦重新掌教。王彦八岁为奴，既不懂教内规矩，又无胆量叛主逃匿，布大斤儿只能回山东空应王彦名色重新兴教。嘉庆十八年，八卦教大起义，当局大肆搜捕教徒，王彦也受牵连，于是年被杀。③

有清当局最后一次发现震卦王氏的活动，是在道光四年（1824

---

① 《朱批奏折》，道光四年三月十八日署山东巡抚琦善奏折。
② 《军机处录副奏折》，乾隆五十三年六月十三日河南巡抚毕沅奏折。
③ 《军机处录副奏折》，嘉庆十八年十一月二十六日英和奏折。

年）。当局在山东菏泽与直隶东明拿获众多八卦教"教犯"，"究出震卦、离卦、乾卦、坎卦及九宫等教人犯姓名、住址，分别咨行缉拿，计山东、直隶、河南、江南、湖北等省，先后拿获一百一十四人。并于王顺、刘允兴、刘缮武、萧得山、郭大德等家起获传教家谱、《混海图》、《滚云裘》、《真空经》、《九宫图》及咒语、邪书等项。据该府等将人犯押带来省，……奴才亲提严审，缘王顺系老教首王容清之曾孙。"① 而与王顺共同兴教的有刘允兴。刘允兴之故父在日，"因八卦教屡经犯案，人皆畏惧，随变幻名目，改为九宫教"。刘公哲故后，刘允兴将父亲遗留的《滚云裘》等项经书收藏，接充九宫教主。② 从上述史料看，刘公哲、刘允兴父子似为八卦教首刘姓后裔，但因未记载二人籍贯、家谱，故难定论。但刘允兴与王顺关系密切，共同兴教，则有史可依。

道光四年王顺之死，结束了王氏家族四代近百年的传教史。至少到现在尚未发现在道光四年后这个家族还有传教活动。

离卦教与郜姓家族

在八卦教各派中，离卦教派系更为复杂，乾、嘉、道三朝教案不下数十起，变幻教名不下20个，分支盘根错节，难以数计。但皆奉河南商丘郜姓为祖师。

清康熙初年刘佐臣倡教之始即立离卦教，"他传教于南方郜姓"，即河南商丘郜云龙，云龙为离卦教开山祖。门徒奉其为透天真人。郜姓传教史可追溯到清末民国初年。

据郜云龙后裔郜添佑在嘉庆十八年供词称：其高祖郜云龙、曾祖高（郜）晋中、祖高（郜）从化即郜敬庵，大伯郜大即郜承福，二伯郜二即郜得福，三伯郜三即郜建福，四伯从幼夭亡，其父行五，名郜鸿福。其家世代习离卦教。"高祖郜云龙从前是山东单县人老刘爷的门下，那老刘爷原是弥勒佛转世，高祖从他得道，叫透天真人。到乾隆三十几年上刘家闹事，把大、二、三伯都正法。"③ 所谓乾隆三十几年之事，即指乾隆三十七年（1772年）刘省过清水教"逆案"，那次"逆案"中

---

① 《朱批奏折》，道光四年三月十八日署山东巡抚琦善奏折。
② 《朱批奏折》，道光四年三月十八日署山东巡抚琦善奏折。
③ 《军机处录副奏折》，嘉庆十八年九月三十日高继远即郜添佑供词。

郜姓领袖人物几乎都被杀害。此后不久，郜姓一支迁居到山东聊城县，改姓为高，郜添麟改名为高道远，继续传教。而在河南老家仍有郜姓传教，亦改郜为高姓。乾隆五十一年当局发现"离字总教头高二，住河南高家楼地方，传习拳棒"①。在山东聊城县一支始由高道远传教，他传了单县的刘陇士、莘县人从学珠和靳清和、靳中和四个徒弟。其中莘县人从学珠的后代，在捻军起义及黑旗军起义中曾发挥过不小的作用。嘉庆十六年（1811年）高道远即郜添麟死去。由其堂弟郜添佑即高继远充任教首。嘉庆十八年八卦教起义时郜添佑受牵连，为当局斩决。

郜姓在乾隆三十七年（1772年）后尚有第三支在传教。乾隆中叶，郜云龙另一支后代郜生文传习离卦教，直隶著名离卦教首刘功（又叫刘恭）是其亲传弟子。"郜生文系乾隆三十六年间因习教犯案正法。"此后在教内备受尊崇。而刘功则在乾、嘉时代在直隶清河一带发展成巨大的离卦教团，教势远播直、鲁、豫、苏四省。清嘉庆间郜生文后代郜与、郜坦照踵行教业，并与刘功等人密切往还。郜坦照后来于嘉庆十八年"犯案"，问发新疆为少数民族为奴。②

郜姓家族遭受多次镇压，但屡扑屡起。道光十三年郜添麟之妻又重新兴教，又遭当局镇压。

中国进入近代后，南有太平天国起义，北有捻军揭竿。捻军起义过程中，山东八卦教起而呼应。分张旗帜，以应方色：黄旗由张继善掌，红旗由郜洛文掌，白旗由从世钦掌，黑旗由宋景诗掌，绿旗由杨太掌。其中旗与卦之间皆有关系，与五行、干支、方位的关系，在古代中国有甚深的传统，其关系如下：

乾、兑两卦——白旗

坤、艮两卦——黄旗

震、巽两卦——绿旗

离卦——红旗

坎卦——黑旗

而八卦、五行、干支、方位、色彩诸关系，可以用下列表格表示：

---

① 《军机处录副奏折》，乾隆五十一年十二月二十四日河南巡抚毕沅奏折。
② 《朱批奏折》，嘉庆二十二年五月二十一日直隶总督方受畴奏折。

卦象	方位	干支	五行	色彩
震卦	东方	甲乙	木	青
离卦	南方	丙丁	火	红
坤卦	中央	戊己	土	黄
兑卦	西方	庚辛	金	白
坎卦	北方	壬癸	水	黑

用上述表格，我们就可以明了在捻军起义过程中，八卦教教军的内部建制了。抛开其他各旗不管，考察一下红旗郜洛文，其果为离卦。更证明郜洛文的确是河南商丘离卦教倡始人郜云龙的后代。对此，拙著《清代八卦教》第八章第一节《捻军起义与八卦教》有详细考订。

咸丰十一年（1861年），鲁西北八卦教军起义突然爆发，迅速攻击了鲁西北、南直隶十三州县。教军人马迅速扩张，教势大张。清政权急调胜保军镇压，僧格林沁亦派军前往。两军多次接仗，恶斗四个余月，黑旗军首领宋景诗被围叛变，继而总头领黄旗之张继善被杀，教军群龙无首。只有红旗离卦头领郜洛文顽强不屈，不受招降。与郜洛文率红旗军对抗清军的离卦教大家族，还有从家和靳家。从、靳两家在乾、嘉时代即追随郜添麟习教。后莘县人从学珠、靳清和等人又四处传教播火，在道光十五年（1835年）为当局所破。① 但家族后人踵行教业，终成传教大族。咸丰十一年春，从世明、从三老虎、从世钦、从尚选，与杨朋岭、张玉怀同起于一时，拥众数千，"建白旗，自号忠义团，地方官不能制"，后宋景诗再次举起反清旗帜，与从氏家族结合，于同治二年秋入从家所在地之延家营，共同抗清。清军兵临延家营，义军寨焚兵败，宋景诗逃亡，不知所终。从家则多死于战火或为清军事后杀戮。②

与山东西北教军几乎同时举事的是河南商丘金楼寨离卦总头目郜永

---

① 《朱批奏折》，道光十五年十一月十九日山东巡抚钟祥奏折。
② 参见马西沙《清代八卦教》第八章第一节，中国人民大学出版社1989年版。

清。郜永清"为离卦大宗"。离卦郜姓经乾隆三十七年（1772年）、乾隆五十二年（1787年）、嘉庆十八年（1813年）几次重大打击，表面一蹶不振，但继起有人。山东郜洛文、河南郜永清都拥有庞大的教势。郜永清在教内地位又高于郜洛文。郜氏弟子半天下，捻军大首领多有拜其门下者。咸丰间，"八卦旗捻首刘狗至金楼，谒永清，执礼甚恭，薪木无毁伤，愚夫愚妇益信为乐土"，以为入金寨者可以免劫。[①] 咸丰十一年（1861年），郜永清以是年八月初一日"日月合璧，五星联珠"为由，约捻军首领王明、李永年入其寨，准备起事。事泄，只得提前起兵。九月，清兵围剿该寨，捻军屡次迎拒，坚持半年之久。至同治元年（1862年）五月三十日寨破，1400人死于这场战役。离卦教此次受到严重挫折。但离卦郜姓生命力极强。在清末民国初年的九宫道中，郜姓家族仍然充当着离卦教首之位。那时的九宫道已成为与一贯道并峙的最大的教门，教势蔓延整个北部中国的乡村市镇。

坎卦教简述

比起震卦教、离卦教，有关坎卦教传承的史料更支离破碎。关于坎卦传承有如下几种说法。第一种说法是："刘佐臣所传八卦教，侯棠系坎、震两卦教首。侯棠物故，传给侯朴，侯朴故后传与侯绳武。嗣侯绳武将坎卦教传与刘元善之胞伯刘上达，震卦教传与张贯九，并其子张圣文。"[②] 第二种说法是：嘉庆二十二年清当局发现的"教首清单"上记载着："坎卦姓郭，霑化县人。"[③] 第三种说法是：直隶容城县人张柏系坎卦长。乾隆三十七年八卦教首刘省过供词记载：

河南商丘县郜大兄弟，并虞城县人陈圣仪、贾茂林、王继圣，山东历城县人崔柏瑞，章丘县人李大顺、潘筠，荣城县人张伯，及已正法之王中兄弟，并现获之孔万林、秦舒等，皆伊祖、父教中支派。[④]

[①] 《豫军纪略》卷二。参见马西沙《清代八卦教》，中国人民大学出版社1989年版，第339页。
[②] 《朱批奏折》，嘉庆二十二年十二月十八日山东巡抚陈予奏折。
[③] 《朱批奏折》，嘉庆二十二年八月一日山东巡抚陈予奏折。
[④] 《朱批奏折》，乾隆三十七年五月十日国泰奏折。

此中张伯即张柏。另一奏折记载："大兴县民人屈得兴系白阳教坎卦支派，……白河沟张二即张柏系属卦主。"① 又：孔万林乃坎卦教大头目，他亦供称："伊系坎卦支派，传自直隶容城县人张柏。"② 上述史料足可证明，至少在刘省过掌教时代，张柏是坎卦教教主。第四种说法是：坎卦教徒在嘉庆年间，"均称为北方元上坎宫孔老爷门下。其孔老爷系首先传教之山东宁阳人孔万林，亦已于王中案内正法。"③ 显而易见，孔万林生前并非坎卦教首，只是因其牺牲，为教友崇拜而抬为卦长。

上述四种说法，可以如此解释：即刘佐臣时代曾封侯棠为坎、震两卦卦长。到了刘省过时代，因刘省过与容城县张柏交厚，又封他为坎卦卦长。可知到了刘省过时代，至少在不同地域、不同教团中已有两个坎卦卦长。

张柏这支坎卦教影响巨大。张柏有两大弟子：孔万林、屈得兴。孔万林，曲阜人，死于乾隆三十七年刘省过案中。屈得兴，直隶大兴县人。屈得兴这一支在嘉庆年间传至林清。林清则以北京南部这支坎卦教为基本力量，在嘉庆十八年（1813年，癸酉）攻进紫禁城，造成了一场"千古未有之奇变"。孔万林这一支在其死后，一度由其子掌握，乾隆五十二年（1787年）为当局侦破，即行正法。

以上为八卦教诸大教派发展的基本脉络和沿革。④

三　清水教与王伦起事

清水教即八卦教的异名同教。清水教之名在八卦教名称出现之前已经出现。刘省过掌教时教名即为清水教。曾于乾隆三十七年会审过清水教案的山东濮州知州潘相在其著《邪教戒》中对清水教之名作了

---

① 《军机处录副奏折》，乾隆四十年五月二十四日舒赫德奏折。
② 《朱批奏折》，乾隆三十七年五月十六日国泰奏折。
③ 劳乃宣：《义和团教门源流考》，参见马西沙《清代八卦教》，中国人民大学出版社1989年版，第123页。
④ 八卦教诸派沿革之历史极复杂，由于篇幅所限，只能极为简单地加以概括。马西沙著《清代八卦教》第二、三两章作了详尽考证，可作本节之参照。

详尽说明：

> 国初，乃有单县人刘佐臣者，倡立五荤道收元教，妄造《五女传道》逆书，分八卦，收徒党。传诵"真空家乡，无生父母，现在如来，弥勒我主"四语，日供清水，以消灾诱民，诓民钱。传其子如汉、孙恪，曾孙省过，继为教主。乾隆三十七年濮州人李孟炳得其书于菏泽人王忠，携之赴河南临颍被获。……又王忠家获黄布牌位二尺许，上书中天、先天、后天等字。供清水三杯，名清水教。[①]

这是清水教名的来历。刘省过死后不过两年，在山东西部阳谷、寿张、堂邑及临清等地爆发了以王伦为首的清水教大规模起事，成为乾隆中叶的一大事变。

王伦，山东寿张县人，"尝为县役，因事责斥，无以为生，遂抄撮方书，为人治痈疡，颇验。择受病男妇之精悍者，不受值，均感其惠，愿为义儿义女以报德。又诡称遇异人，授符箓，能召鬼神诸邪法，以惑愚民。积十余年而奸党遍各邑"[②]。又有史料说，他以拳棒教授兖东诸邑，阴以白莲教诱人炼气，称炼气数十日不死，可以避劫难。此功以十日不食为小功，八十一日不食为大功。炼气的叫文弟子，练拳棒的叫武弟子。[③]

王伦在乾隆十六年（1751年）加入清水教，其师傅张继成是木匠，师爷袁公溥平日行医。因张继成、袁公溥都死于清水教起事之前，故王伦清水教更早的渊源已无法考证。可以说王伦清水教是刘省过清水教的一个旁支。

王伦虽于乾隆十六年（1751年）入教，但从乾隆三十六年（1771年）始收弟子。不过三年就率众起事，足见其人有一定的组织才能。与正宗清水教不同，王伦清水教的骨干成员，多为豪侠亡命、衙役书吏、盐贩赌徒、走马斗械者。正是这样一批人形成了一个宗教及气功拳棒

---

① （清）潘相：《育文书屋集略·邪教戒》，载《潘子全集》。
② （清）俞蛟：《临清寇略》，《昭代丛书》辛集别编。
③ （清）潘相：《育文书屋集略·邪教戒》，载《潘子全集》。

组织。

寿张人范伟又称梵伟，曾出家当和尚，为王伦的主要的谋士，号称军师，妄谈天文谶纬，王伦起事，多由其鼓动。

王经如又叫王圣如，堂邑县村民，在村内设拳场，多有徒众，与梵伟是王伦的左右手。

孟灿，兖州人，凶悍勇猛，因赌博，一掌打死同赌者，亡命江湖。素与梵伟友善，遂投王伦，同起造反。

清水教骨干成员寿张人刘焕、李旺、王士爵、冀盘佑等都是衙役或书吏。而阳谷衙内也多王伦信徒，所谓"胥役皆党羽，故陷之倍易"。

另外骨干分子还有不少"盐枭"、马贩。如颜六、国泰（又称归泰）等，皆交际很广的亡命之徒。

王伦手下尚有一批精于武艺的男女教徒，而女中豪杰更是突出。如乌三娘，曾与其夫在江湖上为走马斗械者以糊口。曾患病，遇王伦为之治痊，且不受值，三娘感其惠，成为王伦义女。而乌三娘又招同伴女子十余人同拜王伦为义父。

此外清水教骨干还有流僧俗道、商人、肩挑负贩者，乃至武生、武童之属。寿张南台寺曾为梵伟寄身处，内中和尚慧林、慧占、慧泉、广标、广仲等皆加入清水教起事。而清水教一般成员多为农民，出于对宗教的信仰，或崇教求来生福禄，或练功学拳以保身家，成为该教外围信仰者，其后被卷入一场突如其来的武装起事之中，后又惨遭镇压。

乾隆三十九年（1774年）八月，寿张县知县沈齐义和游击赶福探知王伦"邪教"活动，准备配合阳谷县严拿"邪教"。王伦通过衙役得知内情，遂先发制人，倡言八月份有四十五天大劫，是时黑风黑雨之灾临头，有屠戮劫数，凡从王伦入教者，都可以免此劫数。"此二日内适值风雨，所以人益信服，所过之处，胁附日多。"① 乾隆三十九年八月初，王伦定起事之期于八月十五日。但众人忙于过中秋节，于是终于定在八月二十八日于寿张县及堂邑县张四孤庄同时举事。

二十八日五更，梵伟等人率众70人，由县役刘焕等人接应，逾城垣，突袭游击衙门。游击赶福急呼兵丁拒敌，竟无一人响应，只得弃城

---

① 《军机处录副奏折》，乾隆三十九年十月十九日舒赫德奏折。

逃跑。梵伟等继攻县衙,知县沈齐义朝服出堂,见状斥责,教徒马成龙上前将其杀害。二十九日梵伟等迎接王伦入寿张城。是夜,堂邑张四孤庄众教徒在王圣如率领下前往寿张与王伦会合。九月二日王伦等放弃寿张,进攻阳谷。该县县役多清水教徒,"故陷之倍易"。教徒们杀死县令刘希焘、典吏吴训等,搜缴库银,又放弃阳谷,北进堂邑。九月四日攻陷堂邑县。县令陈枚,历来贪酷昏庸,教徒攻入县城后,其随从兵丁星散,陈枚被擒,拖到关外,打了一顿棍,于是夜为教徒杀害。①

从寿张至堂邑一路,造反队伍不断壮大,已达数千人,并劫获大车数百辆,置家属于其上,随军行进。"贼魁红朱首,次以青若蓝白。行曰集集,督战曰煞煞,夜以所掠牛车为屯卫,而己居中。"② 六日之内,教军连克三城,皆不守,北进至离临清20余里的柳林镇。山东当局闻讯大惊,巡抚徐绩与兖州总兵惟一于五日会剿清水教军。九月七日,清军与教军交手,教军在丛林间放火阻敌,清军向前剿杀。"贼即拒敌,并不畏惧枪炮,两腋蜂拥而来,将徐绩围住。"③ 巡抚几乎为教军所擒,而总兵弃巡抚,落荒而逃。王伦遂北进临清,临清守将叶信闻讯弃临清旧城,躲进新城。卫伦率众强渡运河,并颁布军纪:"不杀掠,一切食物易之以价。"④ 于是民心稍安,不思远避。

从七日至二十三日王伦部众围攻临清新城,当时目睹围城之役的俞蛟曾描写了当时的情状:

> 贼之攻城也,皆黑布缠头,衣履墨衣,望之若鬼魅,间有服优伶彩服者。器械多劫诸营讯,或以厨刀樵斧缚杆上,跳跃呼号,兼挟邪术。城上以劈山炮、佛郎机、过山乌齐发,……贼徒无一人中伤,益跳跃呼号,谓炮不过火。守城兵民咸皇迫,窃窃私语,谓此何妖术乃尔。⑤

---

① 《清高宗实录》卷九六八。
② (清)潘相:《育文书屋集略·邪教戒》,载《潘子全集》。
③ 《清高宗实录》卷九六六。
④ (清)俞蛟:《临清寇略》,载《昭代丛书》辛集别编。
⑤ (清)俞蛟:《临清寇略》,载《昭代丛书》辛集别编。

承平日久的绿营兵，骤见神奇怪诞的战争场面，不知所措，手持西方佛郎机等先进武器，亦无所施其技。

官僚潘相认为清水教并无"邪术""神法"，只因绿营兵多招自民间，深受宗教迷信意识影响，沉溺其间不能自拔，从精神上首先溃败，不敢接仗。他说：山东老百姓"尽为神仙鬼狐妖祟之言，盈千累万，若无地无时无人非怪言之者，津津传之者……骎骎入于其中而不觉。故一闻贼党有妖术，妇孺信之，卒伍信之，生师亦信之，风鹤草木，皆惴惴然，若妖怪之实逼处此"①。这段话十分精彩地分析了临清守军的心理状况。

清代档案亦有实录，乾隆皇帝还亲自过问。大学士舒赫德在奏折中写道："临清西南二门俱有关圣帝君神像，纵有邪术不能胜正。然起初施放枪炮，贼竟敢向前。叶信因想起俗言黑狗血可以破邪，又闻女人是阴人，亦可以破邪，是以用女人在垛口向他，复将黑狗血撒在城上。那日放枪即打着手执红旗的贼目。各兵踊跃放枪炮，打死贼匪甚多。"②其实并非先进武器无所施用，而是清绿营兵怕"妖邪浸身"，故意不打中目标。用黑狗血和裸体女人向着清水教徒，绿营兵认为"邪术"已破，心理得到解放，故多枪无虚发。

九月十二日，曾在柳林败绩的总兵惟一，会同德州守尉格图肯各带数百兵丁，进攻桑林镇清水教部队，再次败绩。九月十五日惟一再次引军一千余，抵临清城下，与清水教军决战，惟一再次败绩。惟一三次大败，引起乾隆皇帝震怒，下旨令舒赫德将惟一与格图肯于军前正法。而此前数日，已从京城抽调健锐、火器二营，计一千人，由舒赫德总领，又挑带天津、沧州、德州等地满汉官兵及东三省"健勇人"，上紧驰赶山东临清，镇压清水教。

九月二十三日辰时，清军精锐部队汇合于临清东、南、北三面，与王伦所部接仗，数百名清水教徒战死。九月二十四日，王伦派兵三千，攻击临清河西，扰劫清军营盘。双方激战一天整。显而易见，王伦等人想乘清军立足未稳之机，从临清西部突围他走，但计划失败，从此陷入

---

① （清）潘相：《育文书屋集略·邪教戒》，载《潘子全集》。
② 《朱批奏折》，乾隆三十九年十月七日大学士舒赫德奏折。

清军重围。从九月二十五日起，两军在临清旧城内进行巷战。教军多据屋死守，放枪或持刀拼杀。相持至九月二十七日，清军侍卫音济图等探知王伦住地，突杀进去，将王伦擒住。但房两厢清水教战士突然杀出，劫回王伦。此后从晨至暮，清军挨屋逐户严查，总无王伦踪迹。直至九月二十九日方探得王伦居住在当地原官宅汪氏宅之小楼上。是时，王伦、梵伟、孟灿、王伦之弟王朴及主要骨干多人皆在汪宅。清军喝令王伦投降，王伦置之不理，自从楼上抛掷石砖等物。当时在楼上的王圣如劝王伦投降，王伦说："我宁可烧死在楼上，断不肯投降。""随将堆积乱纸坏木令人放火，众人不肯，王伦即自己放了火……火势炎烈时，王伦衣服胡须已焦灼，而王伦仍坐东北角上。"① 王伦被烧死，而王圣如诸人皆为清军所擒。事后，清军对清水教徒及无辜百姓大肆杀戮。生擒1700余人，全部押解北京，磔死京师。这种集体屠杀，在北京社会长久地令人谈虎色变。

王伦起事前后整一个月，终于失败。这是一起带有浓厚宗教色彩的农民造反事件。在中世纪时农民或其他下层民众要想发动一次较大规模的造反行动，就往往要以宗教作为信仰及组织的纽带。民间宗教中的异端思想及民间宗教组织和会党结社是中世纪时代为下层民众提供的唯一现成的斗争武器。这种武器不止一次地为农民或其他下层民众重复使用。王伦清水教及以后的八卦教、先天教起义和1900年的义和团运动，都是高举着这个武器，沿着古老时代的覆辙，相继走上历史舞台，然后再退出历史舞台的。

四 八卦教与"癸酉之变"

乾隆三十七年（1772年）清水教上层宗教领袖几乎被清政权一网打尽。越两年，王伦起事又彻底失败。八卦教历经一个世纪的统一局面结束，处于群龙无首、各自发展阶段。从乾隆三十九年至嘉庆十八年（1774—1813年），近40年间，八卦教在新旧交替的时期，产生了新的宗教领袖。旧有的世袭传教家族，为新兴的教主所代替。而在同一过程

---

① 《军机处录副奏折》，乾隆三十九年九月三十日大学士舒赫德奏折。

中，清政权日趋腐败，社会危机加深，随着嘉庆年间经济、政治局势的进一步恶化，迫使深受其害的下层民众寻求生路，起而抗争。嘉庆元年川、陕、楚等五省爆发了混元教、收元教为骨干的大规模农民起义，这场近10年的造反战争，导致清政权由盛至衰，如江河日下，再无回转的机运。清政权对各类民间宗教的镇压，以及八卦教内部固有的凝聚力，导致八卦教重新统一的条件成熟。历史的责任落在了名不见经传的林清与李文成的头上。林清、李文成登上了历史的舞台。

（一）坎卦教与林清的崛起

坎卦，在后天八卦图中处于北方。相对于"中央宫"之单县，直隶容城县的确处于北方。乾隆时代，坎卦长是容城县人张柏。至少到了乾隆三十四年（1769年）坎卦教已传入北京南部的大兴县。据清代档案记载：乾隆三十四年有容城的张柏传与屈得兴，屈得兴又传给了大兴县人王士俊。屈得兴教授教徒"以闭目运气，念诵真空家乡、无生父母八字。并称白河沟张二即张柏系属卦主。凡入教者须出香钱数百文……"① 乾隆五十一年，王士俊被逮捕，为当局发遣。张柏是刘省过弟子。由此可见，大兴县这支坎卦教应算刘省过、张柏嫡传正宗。到了嘉庆初年，大兴县坎卦的领袖人物是青云店人顾文亮。顾文亮传徒杨十，杨十又传与宋家庄的宋进会、宋进跃。后来宋进跃"又传与林清做徒弟"②。由此可知，后来著名的八卦教领袖林清先入的大兴县坎卦教。其传承如下：

刘省过→张柏→屈得兴→……
顾文亮→杨十→宋进跃→林清

林清是何许人？

林清祖籍浙江绍兴，其父林先从绍兴移居大兴县黄村，在黄村巡检司衙门当书吏，又充任南路厅稿工。林清在十七八岁时在北京西单牌楼

---

① 《军机处录副奏折》，乾隆四十年五月二十四日大学士舒赫德奏折。
② 《军机处录副奏折》，嘉庆十九年三月十六日刘钚之奏折。

九如堂药铺当学徒，学了三年手艺。出师后到了三里河一家药铺当伙计。因他常在外嫖娼，身患梅毒，被药铺赶走，于是在顺城门打更为生。在其父死后，一度充任黄村衙门书吏。因私折夫价，被本官查出革退。此后开过茶馆、鸟雀铺，终因好吃懒做失去本业。后来前往苏州在四府粮道衙门当长随。又因混得不好而北上，一路为人当纤夫，回到通州。到黄村后，衣衫褴褛，形同乞丐。到嘉庆十一年（1806年）拜宋进跃为师加入了八卦教的坎卦教，那时又叫荣华会①。正是在走投无路的情况下，林清加入了民间教派，开始了以传教敛钱为职业的宗教家的生涯。史料云："清之初入教也，意图敛钱，无大志。"② 但比起以前的一些宗教领袖，不久他便显示出见识与才能，成为众望所归的组织者和领导者。他见多识广，为人宽宏、慷慨，而且具有大刀阔斧和勇于进取的作风，从而改变了以往教门的保守态势，使坎卦教不再囿于大兴县农村、集镇的一隅之地，走向了北京内城及直隶其他地区。教徒也从单一的农民发展到各个阶层，包括大批的小商人、小手工业者、包衣、衙役、官吏、太监、戏园老板，甚至清政权的四品武官。他依仗实力，雄心勃勃地统一了当地及其他县份的白阳教、弘阳教诸教派，并逐渐把这些信仰者拉上反抗清政权的轨道。他的门徒分布在大兴、通县、直隶固安、新城、雄县以及北京内城诸地。核心力量则在大兴县宋家庄和桑垡村。宋家庄是林清起家基地，有信徒一百多人，其中刘呈祥、支进财、董国太、董伯旺等为教内骨干。桑垡村在宋家庄左近，其中陈爽、陈文魁、祝林、祝现、刘弟五（祝三）、祝真四兄弟都是教内骨干。陈爽及祝氏四兄弟都是满洲世代包衣，桑垡村亦属正蓝旗豫亲王庄园。林清掌教后，教授诸人八字真言，说是最灵验的，日后可得好处。后来这些人都成为攻打紫禁城的主要领导者。林清徒弟中最有权势者是四品都司曹纶。曹家世代为官，但到曹纶这一代家道中落。曹纶虽为四品武官，但任独石口都司，仅靠俸禄，生活难以为继。甚至"衣衫褴褛不能出门当差"，且"积年欠账五六千金之多"，债主日夜追逼，以至无以存活。恰其时，林清与他结拜兄弟，并多次接济他。并告诉他，要摆脱贫困只

---

① 《军机处录副奏折》，嘉庆十八年十月十六日林清外甥董国太供词。
② （清）兰簃外史：《靖逆记》卷一。

有人教。曹纶不但自己入教,而且引其子曹幅昌拜师入教。曹纶认为"料得林清事成后,自然给我一二品,……并非真心信奉"。①

最使清廷震惊的是有多名太监加入"邪教",并有数名太监参与"谋逆"。太监加入"邪教"分两个系统,一是参加弘阳教,一是参加八卦教。加入弘阳教的太监的历史与现状,已在本书弘阳教一节加以叙述。在入八卦教的太监中刘得财是首谋分子。他是宛平县人,住在桑垡村。嘉庆十七年(1812年)同村人陈爽收他为徒,教他"真空家乡,无生父母"八字真言,并教其念诵忏条。他后来在太监中又收了刘金、王福禄、张太、高广幅四人为徒,还有阎进喜、顾进禄、余吉庆诸人亦先后入教。

林清以其组织才能和宽容大度的性格,赢得了各阶层教徒的信仰,使他在京畿、直隶一带八卦教内站稳了脚跟,并为进一步统一整个八卦教奠定了基础。②

(二)震卦教与李文成的崛起

与坎卦教在直隶、京畿一带如火如荼地发展的同时,河南北部一支震卦教组织以滑县、浚县为活动中心,迅速向直、鲁、豫三省交界处蔓延扩展,遍及十几个州县。从乾隆中叶至嘉庆年间,经历了40年的滋生、发展与选择,震卦教终于推举出了新一代领袖——李文成。到嘉庆十六年(1811年)林清又与李文成结合,成为八卦教重新统一的决定性步骤。其最终导致1813年八卦教具有历史意义的总爆发。

关于李文成行迹,《靖逆记》言之最详:李文成,河南滑县人,世居谢家庄,少孤,为人做木匠活,当地人称其为李四木匠。当时在山东、河南一带结社会党很多,其中最大的是八卦教。"文成欲入党,无所适从,夜梦魔神语之曰:'君乃十八子明道震宫九教主也,得东方生气,居河洛之中,协符大运。'文成惊异,益自负,乃收聚诸无赖,及有罪亡者,匿与居。闻河南有谣云:'若要红花开,须待盐霜来',遂

---

① 《军机处录副奏折》,嘉庆十八年九月刘得财供词。
② 关于林清的崛起,详见马西沙《清代八卦教》第六章第一节,中国人民大学出版社1989年版。

自号盐霜十八子，入震卦教。教中事有条理不当者，文成厘次剖析，众推服之无异词。"据云"文成兼掌九宫，众至数万"①。但这段史料并未谈及李文成的师承。

至少在乾隆中叶以前，河南北部已出现了震卦教。是王中大弟子侯景太传入的，侯景太死于乾隆三十七年（1772年）。此后震卦教在豫北传承脉络清楚，拙著《清代八卦教》第六章有详尽考证。到了嘉庆十一年（1806年）左右，豫北九宫教首梁健忠到滑县传教，其第一个弟子是其亲家刘宗林。据梁健忠供词记载：他的父亲梁登周在日曾拜安阳县刘端为师习九宫教，他亦跟其父习教。其父故后，他成为九宫教首，收刘宗林为徒，教刘宗林烧香念咒。"刘宗林亦收刘帼明、郭明儒为徒，刘帼明又收李文成为徒。"② 其实此段史料的"九宫道"即震卦教，而非八卦教之总称的九宫教。由此可知李文成师承关系是这样的：

刘端→梁登周→梁健忠→刘宗林→刘帼明→李文成

梁健忠掌教期间，设立号簿，刻印大小合同，仅知以传教敛钱为宗旨，一味肥私，因此教势不振，李文成等人在教中处于无权地位。李文成的崛起是林清到滑县支持的结果。

早在嘉庆十三年（1808年）五月林清就认识了滑县人牛亮臣。那年夏天宛平人陈茂功控告其兄为邪教，牵连到林清等人。林清等人被保定当局"传案讯供"。当时在滑县当司库的牛亮臣因盗窃库存赃衣，畏罪逃至保定，与林清同住在一个店内，因此相识。官司完毕，林清为人"具结保出"。牛亮臣遂随林清回到大兴宋家庄，牛亮臣拜林清为师，加入了坎卦教。嘉庆十五年牛亮臣回到滑县。林清收牛亮臣为徒意义重大，因为牛亮臣是冯克善的连襟，而冯克善不仅是李文成的表弟，而且是当地离卦教的头领。一年以后，林清到了滑县北边的道口，李文成与于克敬、冯学礼、牛亮臣与林清会道，因林清"理深"，"就都归了林

---

① （清）兰簃外史：《靖逆记》卷五。
② 《军机处录副奏折》，嘉庆十八年十二月二十四日梁健忠供词。

清"。"林清说他自己是天盘，李文成是人盘，冯克善是地盘。"① 坎卦、震卦、离卦开始了统一的行动。

进一步的事实是，林清到了滑县，九宫教首梁健忠拒不归顺。林清在李文成等人面前指称梁健忠"所传道不真"，这以后不久，"李文成曾同众人到梁健忠家讲论，争作教主"，梁健忠因势不敌，被迫交出经卷及教内底簿，这样李文成才夺得教权，掌握了豫北震卦教。②

在林清的坎卦与李文成的震卦逐步联合的过程中，豫北和山东部分地区也兴起了一支离卦教，头领是冯克善。冯克善武功很好，"数十人无敢近者"。他曾向滑县人唐恒乐学习梅花拳及枪法，向山东济宁人学习拳棒。他入离卦教的时间在嘉庆十六年（1811年）初，是郜氏家族的三传弟子，其师父是王祥。到癸酉之变前夕，冯克善手下共300余人，多掌握在其徒弟宋跃隆、高玉爪、赵步云手下。他弟子虽不多，但多习拳棒，是八卦教起事的骨干力量。

从嘉庆十六年至十八年（1811—1813年）林清六次赴滑县，李文成一次赴大兴，坎、震、离三卦重新统一起来。当时教内流传这样的说法："今刘姓教首生于坎方，合震、离两卦，即为三才。"③ 为比附此说林清又改姓为刘。而林清则指李文成是"震卦教主王老爷转世"。林清为天王、李文成为人王、冯克善为地王。一场改天换地的斗争已经酝酿成熟。

（三）紫禁城之变

嘉庆十八年（1813年）八月，林清最后一次赴滑县，与李文成等人谋划大计，决定于同年九月十五日攻打紫禁城，而李文成等人同时起事，率起事部队赴北京，进彰仪门接应林清。

九月十一、十二日，林清便命刘呈祥、陈爽、陈文魁等大头目"四处邀人"，准备行动。十三、十四日，直隶固安、新城、雄县、大兴、通州等处教徒已分头出发，汇聚于北京菜市口或八卦教徒刘姓所开的隆

---

① 《军机处录副奏折》，嘉庆十八年十二月二十六日牛亮臣供词。同年十二月二十四日直隶总督那彦成奏折。
② 《军机处录副奏折》，嘉庆十八年十二月二十六日牛亮臣供词。同年十二月二十四日直隶总督那彦成奏折。
③ 《军机处录副奏折》，嘉庆十八年九月十五日山东巡抚同兴奏折。

庆戏园等地。根据清档案记录，原订攻紫禁城者140余人。但一路弃刀逃匿者或根本未赴约者一半左右。结果随陈爽、陈文魁等人进攻者仅七十余人。

攻打东华门的有三十余人，由陈爽带队。据陈爽事后供词记载："九月十日，林清派我进京起事。约定十五日陆续进南西门、进前门到东华门南池子酒铺会齐。午刻进去，分两拨。我带龚恕、祝显、李龙、王升有三十多人进东华门。陈文魁带同刘进亭、贺八、计进玉等四十余人进西华门。……至晌午时，我同龚恕等数人携刀先后进东华门。有内监刘得财、刘金领我进去，奔苍震门。往北遇见两人，我砍了一刀就见一人躺下，有官人赶上将我打伤拿获。至我带进东华门的虽有三十余人，因官人查拿关门，我们只进去五六个。"① 据太监刘得财后来供称：十五日午时，他和刘金两人领路，进东华门，直奔苍震门，只有龚恕和刘进玉进入苍震门，是时司阍者并未在意。但龚恕、刘进玉进入太子所居之地时，随即被持棍太监包围。带路的刘得财见势不妙，逃至右内门躲避，后亦"假意持棍打贼"。龚恕、刘进玉持刀连伤数名太监，终因寡不敌众，被打倒拿获。此时，皇二子绵宁即后来的道光皇帝旻宁正在与皇三子于书房内读书，恰遇此变。九月十六日绵宁给其父嘉庆皇帝奏折中描写了当时情状："本月十五日午刻，子臣等在书房闻得各处太监叫喊关门。子臣等即由日精门探门。将至近光门，总管常永贵等绑获贼人二名到来。常永贵搜得二贼身边各刀一把、白布二块。匆忙之际，所拿贼之太监等有几人被伤……"② 绵宁、绵恺知事有变，迅速到紫禁城西部之储秀宫向皇后请安。③

在五名教徒杀入东华门时，西华门四十余教徒在陈文魁等人率领下，全数杀入紫禁城。由太监杨进忠、高广幅带领，先进尚衣监，将司衣者全数杀戮，"存者无几"。又杀入文颖馆，杀供事数人。然后丛集于隆宗门。由于当日值班护军统领杨澍增异常机警，在东华门出事时已令人关闭隆宗门，遂使八卦教徒无一人能进入三大殿。八卦教徒在隆宗

---

① 《军机处录副奏折》，嘉庆十八年九月十九日陈爽供词。
② 《朱批奏折》，嘉庆十八年九月十六日绵宁、绵恺奏折。
③ 《朱批奏折》，嘉庆十八年九月十六日绵宁、绵恺奏折。

门外，用杉木撞门不开，遂用隆宗门处排列之弓箭与清军对阵。一部分教徒又攀上隆宗门外较矮之御膳房，又从御膳房攀上西大墙。若顺墙北去，就可到达皇后居住的储秀宫。这对爱新觉罗王朝的确是一个危急而难堪的时刻，它迫使未来的道光皇帝亲自上阵，与一群衣衫褴褛的造反者决一死战。绵宁在奏折中说："子臣等速至储秀宫。是时闻有贼人越墙从内右门西边入者，子臣绵宁，实出无奈，大胆差人至所内取进撒袋、鸟枪、腰刀。……不料五六贼人在养心门对面南墙外膳房上，从西大墙欲向北窜。子臣……即在养心门外西边用枪将西大墙上一贼打坠。次又有两三贼仍在墙上，并有一贼手持白旗。子臣深恐贼人北去，复进养心殿院内，隔墙见执白旗之贼，似有指挥，子臣复将执白旗之贼打坠，余贼方不敢上墙。"① 与此同时，绵宁又命总管太监常永贵传令"着调各营步兵及火器营兵，各带枪枝、弓箭、腰刀"进宫，赴各处搜捕。贝勒绵志率官兵、侍卫、谙达等十余人第一批赶到隆宗门附近。少顷成亲王永瑆、仪亲王永璇、贝子奕绍及内务府大臣苏楞额等率官兵五六十人赶赴紫禁城，对八卦教徒剿捕赶杀。本来就缺乏严密组织的教徒，抵挡不住火器精良的清军的攻击，节节后退，从隆宗门撤往西华门。但教徒"均在西华门内舍命抵御"，"贼众被杀带伤者颇众，各处苏拉，兵丁被伤及死者，亦复不少"。少数教徒沿西华门马道登上城墙，手摇"奉天开道""大明天顺"的白色旗帜，向外高喊，希望河南李文成的部队前来接应。此时，李文成的部队被清军阻隔在河南滑县一带，当然不可能北上增援。②

九月十五日酉时，紫禁城内外布满清兵，护军统领各带兵分赴神武门、东华门、西华门、东西长安门分头把守防范。而九门城门亦派兵严加把守，"查拿贼匪"。紫禁城之变的消息，迅速传遍北京，上至王公大臣，下至平民百姓，"人心惶惧，讹言四起……居民仓皇无措者四日"③。十五日夜，紫禁城内梆声不断，月光下刀剑出鞘，寒光照影。诸王大臣，满朝文武皆巡查于皇宫内外，不敢稍寐。十五日被杀、被获

---

① 《朱批奏折》，嘉庆十八年九月十六日绵宁、绵恺奏折。
② 《朱批奏折》，嘉庆十八年九月十五日玉麟奏折。《军机处录副奏折》同年九月十六日穆克登额奏折。
③ （清）昭梿：《啸亭杂录·癸酉之变》。

的教徒"在各处者二三十人"。①

十六日凌晨，乌云自西北起，俄顷大雨如注。紫禁城内开始全面搜捕，直至十七日搜捕方结束，前后杀死教徒及生擒者共72名。其中应包括捕获入教之太监。攻打紫禁城的行动彻底失败。

由于攻打紫禁城的教徒与参与此变的太监多人被拿，教首林清的身份同时暴露。十六日酉时，清当局派差役等前往大兴宋家庄。十七日清晨迅速将林清拿获。林清被捕后"其悖逆情事与夫挺身居首，直认不辞。及诘其党伙尚有多少，现在何处，又复支离，不肯吐实"②。后经刑讯，林清将在教主要头目名单、籍贯一一吐供，留下供词三份。九月二十三日嘉庆皇帝亲自廷讯林清，事后被清政权凌迟而死。

九月十七日嘉庆皇帝颁布《遇变罪己诏》，认为此变是"汉唐宋明未有之事"。嘉庆皇帝是一个中材之主，平庸无能，掌权柄18年，毫无建树。但这篇《罪己诏》确是奇文。看起来是"罪己"，实则是罪官罪名。嘉庆皇帝本人最喜谀臣，心胸狭窄，不能容人，官场怠堕之风遂因之而成，害民虐民之事遂不绝于史，造成此变。他却认为百姓造反"实不可解"；官风败坏，都在于群臣"悠乎为政""因循怠玩""自甘卑鄙"。可见他从此事上未得任何教训。他所关心的是史册对他的评价，所以一念及"酿及汉唐宋明未有之事，较之明季梃击一案，何啻倍蓰"，即不忍再言，而"笔随泪洒"了。

林清策划的攻打紫禁城的行动失败后，直、鲁、豫三省八卦教的起事却如火如荼地展开了。

（四）直、鲁、豫起事

紫禁城事变尚未发生的九月初，八卦教起事的消息已为当局侦破。九月三日河南滑县当局逮捕了李文成、牛亮臣。九月七日冯克善、于克敬带领宋克俊、冯相林、寿光德等"八宫王"及3000名教徒进攻滑县，救出李文成、牛亮臣。县令强克捷被杀。与此同时，直隶长垣县知县赵纶，因风闻"邪教"，托词下乡调查，被八卦教徒杀害。数日间，

---

① 《军机处录副奏折》，嘉庆十八年九月十六日穆克登额奏折。
② 《朱批奏折》，嘉庆十八年九月十八日托津等奏折。

华北地区，特别是直、鲁、豫交界处十几个州县，教徒云集，反声四起。九月十日八卦教徒同时攻击了曹县、单县、金乡、城武、定陶、鱼台诸县，攻破了曹县、定陶县，金乡县危在旦夕。

当时，山东巡抚同兴本性懦弱，未曾经历战事。但山东运司刘清却久历戎行，早在嘉庆初年川陕楚等五省民间宗教大起义时，就名满四川，号称"青天"。对起义军剿抚并用，积累了丰富的经验。他向同兴建议，应乘农民军立脚未稳之机，攻其不备，必成一举成擒之势。同兴同意了刘清的建议。从九月二十七日至十月八日，山东省八卦教教军先后在髣山、韩家大庙、马家集、扈家集、安陵集、郝家集、刘家岗、荣家菜园、李家楼、宗家堂等地与清军五次接仗。由于远在河南的李文成并未接应，而山东教军亦无通盘计划，仗仗皆大败亏输。至十月八日，山东境内八卦教起事彻底失败。

山东起义军失败以后，清朝军队下一个目标是消灭直隶长垣、东明等地的八卦教武装，以扫清进攻河南的外围障碍。从九月六日至十月八日，直隶教军与清军屡次接仗，互有胜负。直至十月二十二日清军副都统苏尔慎等由山东带满汉官兵一千余名进军开州、长垣、东明一带。正当清军在损失惨重后，暂时获胜之机，忽然从河南滑县方面冲来两千余名教军，双方"大战良久，官军力竭乃奔溃，贼亦窜败"[1]。据《靖逆记》记载，直隶开州、长垣、东明教军一直坚持到十一月三日，嘉庆皇帝命令尚书托津统率吉林精锐马队，"会同马瑜、富兰大破开州之贼于汤二庄，杀贼数千，东明、长垣边界悉定"[2]。山东、直隶八卦教军彻底失败，使作为起事总部的河南滑县完全处于孤立无援之境。

在直、鲁、豫起事后不到二十天，嘉庆皇帝命陕甘总督那彦成为钦差大臣，总领"剿贼事"。十月八日那彦成抵河南卫辉，与直隶总督河南总督会合。那彦成抵河南后，首先制定了"务期一二仗即期扫荡"的战略，先不与李文成接仗，而是积极调动兵力，实行围剿。

当时李文成的主力数万人，分头把守滑县、道口、桃源等地。道口在滑县之北，教军总数在万余人。那彦成由于兵力未足，采取与教军不

---

[1] （清）兰簃外史：《靖逆记》卷三。
[2] （清）兰簃外史：《靖逆记》卷三。

即不离的原则，不使教军闻风他走。这本是正确的战略原则，但屡遭嘉庆皇帝的痛斥。那彦成不为所动，直至十月二十七日，他才决定进行道口之役。十月二十七日那彦成分兵七路进发道口。道口是豫名镇，商贾云集，街道狭长10余里，处处皆可作为突破口。清军依仗先进火炮，多处轰击，并带马队，四处剿杀。教军则拼死拒敌。清军进入街道，继用火攻，整个道口镇火光冲天，黑烟匝地。从辰至酉，六个时辰，教军被杀死六千余人，被烧死四五千人。十月二十八日道口已是一片废墟。只有宋克俊、冯相林、徐安国等四五百人冲出重围，回到滑县。

十月二十八日，清军开始包围滑县东、西、南三门。十一月一日，在滑县南湖村守卫的八卦教头领刘国明，以及宋克俊等，摸到城下，进入滑县，在二更时分，将李文成接出滑县，避走太行山。而宋克俊、牛亮臣、徐安国与李文成夫人共守滑县，为李文成退走太行山创造条件。

李文成等率众四千余人，日夜兼程，途经长垣、封丘、延津、武阳等县，进入卫辉县时已是十一月九日。十二日继而占领卫辉之司寨。司寨地形险要，"背山临川，濠深墙固"，李文成决定在此扎营。李文成避走太行的行动早在清军掌握之中。那彦成特派名将杨芳等率两千马步兵追蹑于后，寻找战机。十一月十九日，杨芳派兵四百人前往司寨诱敌，而在山坳两边埋伏一千余马步兵。未曾经历战事的李文成轻率地派出三千余军马出战，被全数带入埋伏圈。从辰至酉，两军激战一天整，结果仅有100余人逃回司寨。

十一月二十日黎明，清军精锐数千围攻司寨，寨内仅有兵四五百人，拼死拒守。至是日中午，清军从一处突击寨中。在寨内两军短兵相接，"贼势不支，纷纷避匿民房，悉力抵拒"。是时，李文成及众教头在石头筑就的楼内躲避。清军喝令李文成等人投降。李文成高喊"李文成在此，只管用枪来打，我断不出来"等语。兵丁闻声，"俱各持刀扑进，讵该逆首自己举火焚烧，贼众四五十人群相拥抱"，"尸骸枕藉"，慷慨悲壮而死。[①]

司寨之役以教军彻底失败告终。余下来仅有孤城滑县尚在教军手中。清军加乡勇共两万余人，将滑县团团包围。从十一月初至十二月九

[①]《朱批奏折》，嘉庆十八年十一月二十二日那彦成奏折。

日，八卦教教军多次企图突围，皆未成功。而这阶段，那彦成采用挖地道、安置地雷火药、轰毁城墙、攻破滑县的办法，决定于十二月十日进行全城性总攻击。是日晨，清军齐攻五门，双方展开激战。教军踞城，枪石齐下。那彦成一面下令引发地雷，一面催兵四面直进。"时西南角地雷轰发，南门裂开城墙二十余丈，砖石乱飞。轰毙贼匪无数，贼始惊慌。"清军乘势攻上，占住缺口。接着西门地雷亦发，"官兵云梯齐上城垛……贼复在垛口拼命抵敌，官兵无不勇气百倍，飞越城垛，将贼匪痛剿，共杀毙、跌毙三四千人。先将南门、大小西门攻破，东门、北门亦即立破。……大兵齐入城中，分投剿杀，贼众突围欲逃，向前直扑数次，俱被官兵枪箭攻打，又约毙四五千人，其余退回民房，闭门抗拒"①。

十二月十日从卯至酉，两军阵战已阅七个时辰。仅十月一日教军即战死九千余人。是日夜，宋元成、牛亮臣、徐安国诸人决意乘夜色突出重围。三更时分，数千名教军径直冲向西南墙角缺塌之处，"齐声呐喊，蜂拥而来"，"拼命突围，甚属凶悍。时正月黑，官兵施放枪箭，未能真切"，一庙突然失火，照出教军行踪。官军在火光中直杀前去，两路夹击，教军又损失一千余人。余者退回民房。此后，起义者再也没有突围的机会了。

十二月十一日辰时，天色大亮，教军尚占民房五六十处，直至十二日午时，清军才最终占领滑县。在巷战过程中，李文成之妻拒绝了牛亮臣等人的劝告，不愿化装成蒙难一般妇女出城，她说："城亡与亡，不死者非英雄！"于是挥刀巷战，击杀数人，"阖门自缢，幼女十二，亦自刎"。李文成一家悲壮而死。

十二月十二日那彦成向嘉庆皇帝报告：

> 奏为剿捕滑城贼众，尽数殄灭。生擒贼首牛亮臣、徐安帼、王道溁，歼毙宋元成即宋老占、刘宗顺、冯相林等，大局已定。（朱批：天恩深厚，除感泣之外，不能言谕。）……其余各处贼众骈首就诛，并无一名得脱。统共约计杀毙贼匪一万七八千人，烧毙七八

---

① 《朱批奏折》，嘉庆十八年十二月二十九日那彦成奏折。

千人，生擒二千余人。……牛亮臣为伪封丞相，旗上书写林门大弟子字样，徐安国伪封大将军，宋元成伪封大元帅，王道溁伪封艮宫伯，刘宗顺伪封震宫王，冯相林伪封巽宫王。该犯等尤为贼中巨憝。……将宋元成、刘宗顺、冯相林等剉尸，王道溁枭首剉尸。其牛亮臣、徐安国二犯装入木笼，即交广厚、庄祥等带领京营劲旅押解进京，恭候廷讯。①

清统治者再次成为胜利者。冯克善、牛亮臣、徐安国经过近一个月的审讯，于嘉庆十九年正月十二日受到嘉庆皇帝亲自审问，廷讯完毕，与九宫教首梁健忠、一品大宗师刘宗林，以及赵步云等十四名"情罪尤重犯"被凌迟处死。其中冯克善、牛亮臣、徐安国三人被"痛加脔割"。

八卦教起义失败了，这是一场宗教色彩极浓的农民战争。但与其他农民战争不同，八卦教起义的失败，并不是八卦教历史的终结。在此后的道光、咸丰年间，乃至清末民国初年，这场宗教运动如大河波涛，激荡着、浸润着华北平原这块古老的土地，和大平原上的底层群众融为一体了。②

第二节　组织与制度

一　内安九宫，外立八卦

刘佐臣创立八卦教之始，便建立了一套与其他民间教派不同的组织制度：分八卦，收徒党。当时因草创之际，人数不能齐全，有以一人而兼两卦者。到了其子刘儒汉时代，仍是"所收之徒分八卦，每卦以一人为卦长，二人为左干右支，余为散徒"③。到了刘省过掌教时代，仅坤

---

① 《朱批奏折》，嘉庆十八年十二月十二日那彦成、高杞、杨遇春奏折。
② 八卦教在道、咸乃至清末民初时代有更大发展。可参见马西沙《清代八卦教》第七、八两章，中国人民大学出版社1989年版。
③ 《朱批奏折》，乾隆三十七年五月十六日山东按察使国泰奏折。

卦一卦未曾立教，还是以八卦形式，招收门徒。

为什么刘佐臣要选择"分八卦，收徒党"的组织形式？八卦各支派与刘姓教首是一种什么样的关系？

八卦教经中有《乾元亨利贞春夏秋冬九经歌》，内中有这样几句韵文："引阴阳，各分班，一能生二，二生三。三气之所命乾天，八卦《易》成性刚坚。"① 在造经人的眼中，八卦教的八卦是天地阴阳互相交感的结果，"八卦分，天地开"。八卦是"天地自然之理"，是宇宙的总括。它不仅代表着宇宙的不同方位，而是各代表着天、地、风、雷、水、火、山、泽。

到了东汉时代，中国的道教还处在萌芽时代，会稽上虞人魏伯阳就综合了当时各种炼丹术，著《周易参同契》，以乾、坤、坎、离诸卦象为代名词，解释以鼎炉炼丹的变化与过程，以名"修仙之旨"。这是较早把八卦与道教结合起来的实例和理论。其后解释其说者多不胜计，大抵以乾坤为鼎炉，阴阳为提防，水火为化机，五行为辅助，真铅为祖药，互施八卦，驱役四时。

到了唐末、五代、北宋，外丹派衰落，内丹派，人们称之为气功的修炼之术大兴。内丹派以人的身体作为鼎炉，通过入静筑基、炼精化气、炼气化神、炼神还虚等过程，达到结"圣胎"即结金丹及默运出壳为目的，以此追求长生不老的境界，并把人体的某些部位比附八卦：以离卦代表心，坎卦代表肾，兑卦代表肺，震卦代表肝，坤卦代表脾等。道家所云"三花聚顶，五气朝元"中之五气即指心、肝、肺、肾、脾五气，形成精、气、神合一，就达到了修炼的最高境界。"五气朝元"即五气运上泥丸宫，也即炼神还虚。这种以卦象解释内丹修炼过程的做法，无疑影响到了民间宗教。

到了明代东大乘教经典《皇极金丹九莲正信归家还乡宝卷》已有"真精掌领坎卦，真神掌领离卦，真魂掌领震卦，真魄掌领兑卦，真阳掌领乾卦，真阴掌领坤卦，真明掌领艮卦，真行掌领巽卦"的记载。这些说法皆为道家内丹派理论的变种。全真道中的龙门派即以离卦代表原神、坎卦代表原精的说法。这种说法在道教中十分普遍。

---

① 《军机处录副奏折》，乾隆四十七年清水教徒供出《乾元亨利贞春夏秋冬九经歌》。

不仅如此，在明代有些教派似乎已用八卦说安排内部的组织结构："内九宫，外八卦，三宗五派。安五盘，立四贵，不差分毫。""分九宫，立八卦，船灯接续。立九杆，十八枝，将法开通。"① 故《破邪详辩》的作者黄育楩曾认为，八卦教"聚众之原，因分八卦，分卦之原，则仿照此卷所言"②。看来，刘佐臣"分八卦，收徒党"的组织机构并非自己的独创。

清代的民间宗教之一的混元教中流传着一部宝卷——《立天卷》，对八卦说有了新的发展："太极混元之图象内有红白二道，分出三才、四相、五行、六爻、七政、八卦、九宫、十干。天地阴阳合成八卦乾坤。乾为天，坤为地，天为父，地为母，坎为水，离为火，坎离交垢，水火均平，而能生万物。""自从先天一气，三皇治世，安八卦，立五行，造下金木水火土，分出五岳明山四大部洲，七十二国。"③ 这就是清初流传在民间宗教世界中的一种创世说。在这里阴阳八卦相交组合，不仅构成了民间宗教修炼内丹的理论，而且创造了自然万物，人类社会和国家。民间宗教创世说并不是一种无目的空论，而是为本教门的发展服务的。《立天卷》明确地告诫门徒："八卦九宫是方向，八方男女奔中央。"④ 把八卦说作为招徕门徒的手段。

明末清初，民间宗教世界流传的"内安九宫，外立八卦"的理论，无疑影响到了刘佐臣。刘佐臣的传教书本中就有一部《八卦图》，这可能是他"分八卦，收徒党"的宗教依据。在别一部经书《八卦教理条》则说："八卦六爻人人有，迷人不省东西走。有人参透内八卦，好过青松九个九。"显然，参透内八卦，成了该教修炼内丹的内容。这种理论也促成了八卦教组织机构的创立和巩固。"八卦分，天地开"。在《八卦教理条》中世界被乾、坤、震、巽、坎、离、艮、兑等后天八卦分成西北、西南、正东、东南、正北、正南、东北、正西八个方位。这八个

---

① 《皇极金丹九莲正信皈真还乡宝卷》十六品、二十品。
② （清）黄育楩：《续刻破邪详辩》。
③ 《军机处录副奏折》，乾隆十八年八月四日山西巡抚胡宝瑔奏折。附《立天卷》部分原件。
④ 《军机处录副奏折》，乾隆十八年八月四日山西巡抚胡宝瑔奏折。附《立天卷》部分原件。

方位都围绕着中央方位。"八卦即八宫,加以中央为九宫。"① 从刘佐臣创教起,历来的刘姓教首都不掌卦,而是居于中央宫的位置。《八卦教理条》说:"到中央,戊己土,真人进了神仙府。"五行以土为尊,八卦九宫以中央宫为尊,八卦教以刘姓教首为尊。"八方男女奔中央",这样其他八卦的掌教和徒众则如臣属之奉君主,处于被支配、被统属的地位。正是在"内安九宫,外立八卦"的教义指导下,八卦教发展成为一个有着固定教首、组织较其他民间教派严密的宗教教门。这种组织形式不仅为八卦教的发展奠定了基础,而且给该教内世袭传教家族的形成开辟了道路。

通过上述介绍,我们也明白了这样一个事实:八卦教又叫九宫教或九宫道。

二 教阶制度

八卦教是一种成熟的宗教,其标志之一是有一套完整的教阶制度。当然这种教阶制度是在漫长的历史过程中逐渐形成的,而且是在世袭家族承传过程中逐渐建立的。

在刘佐臣创教时,八卦教内组织并不健全,尚有数卦没人掌领,也有一人而兼两卦卦长的现象。到了其子刘儒汉掌教的时代,不仅各卦有了卦长,卦长之下分左干右支,余为散徒。到了刘佐臣曾孙刘省过掌教的时代,八卦教已创立了百年以上,教阶制已经形成。教内尊卑有秩,教职繁多,责守分明。少数世代传教的家族处于这个金字塔的顶端,成为教内的特权阶层。

以震卦教为例:它上奉刘省过为教主,王中为卦长。卦长之下设六爻。掌爻封号是指路真人。指路真人下面是开路真人、挡来真人、总流水、流水、点火、全仕、传仕、麦仕、秋仕。诸等教职分工不同,它代表着人们在教中的地位、权限和利益。"到全仕上就可传授徒弟,到流水上可以经营账目,到真人上可以动用银钱。"② 真人权力很大,可以

---

① (清)黄育楩:《破邪详辩》卷三。
② 《军机处录副奏折》,乾隆五十六年七月十三日刘照魁供词及乾隆五十六年福康安奏折。

裁处某一地区教内一切事物。赐封教职。被卦长赐以"爻数铜刃赤剑"者，即被卦长封为爻长者，"可以掌教内生杀之权"，"调动同教的权柄诸事，任由自主"①。被封为"点火"教职者，是"专管出钱人的姓名单子，用火烧了使阴司记账"。传仕专管送信。麦仁、秋仕是最低的教职，只有"来世"才有好处："秋仕托生秀才，麦仕托生举人"。没有教职的教徒即散徒在教内地位最低，只有纳钱或在教内积有功行，才能得到教职。

教内以"功行"的大小封赏教职，像当时其他的一些民间宗教一样，有所谓"科场选考"。"功行"的大小，主要看招的徒弟的多少。谁招徒弟多，"就赐与他大事职份，这大事职份最体面，管着许多人"。"管的人多，就如同做官一样"②。由于少数特权家族世代把持教权，事实上"大事职份"多由教首或卦长的亲戚所担任。例如，震卦掌爻布伟是卦长王中的内弟，被封为指路真人，管辖一方教徒。布伟死后，教职由其子布文彬、其孙布大劲儿担任。布家也成为世代掌教权的家族。这样的家族在八卦教内很多。

为什么这些家族宁可冒着杀头灭族的危险世代承袭特权？除了狂热的宗教信仰的原因之外，还有着经济方面的原因。乾隆中叶，八卦教内一些声势显赫的家族，已经通过传教富裕起来。教首刘姓成为一方豪富，家中藏银12000余两，有地数十顷，庄园数处。刘家三代捐纳为官。这些银钱都是教徒贡奉积累所致。离卦郜姓在乾隆年间就已有钱，故郜大一次就能送刘省过1900两银子。到清末，郜永清已成一大寨主，受四方贡献。这种例子在民间宗教世界不胜枚举。

八卦教的组织机构的功能既在于组织宗教徒进行宗教活动，也在于利用这个系统敛钱。收徒敛钱、作会敛钱、赐封教职敛钱、教主生日敛钱。一般教内一年作会五次，上供时将各人姓名籍贯用纸书写，然后按名索费，要教徒随心布施，越多越好，越虔诚。并以出钱多寡定来生福泽厚薄。而敛钱名目大同小异，如根基钱、扎根钱、跟账钱、种福钱、四季钱、香火钱、进身孝敬钱，不一而足。

---

① 《军机处录副奏折》，乾隆五十六年七月十三日刘照魁供词及乾隆五十六年福康安奏折。
② 《军机处录副奏折》，乾隆四十七年五月二十八日山东巡抚明兴奏折。

八卦教庞大的组织体系既是权力的分布网，又是金钱的运输网。每有教徒集中之处，都设有"流水"一职。充任流水者，既掌教权，又掌财权。在敛足一定数目之后，一般折成银两向上汇送，最后由卦长交到教首刘姓处。当然层层汇送，层层留用，教职越大，油水越多。

八卦教上层领袖集团清楚地意识到教权带来的巨大利益。为了世世代代保持这种利益，就要世世代代保持这种权力。显而易见，在封建时代宗法关系占统治地位的时代，通过血缘关系世袭教权是最简便易行的方式，也是传统社会认可的一种方式。它防止了权力和财产的转移。这就是八卦教教阶制度和世袭制度形成的重要原因之一。

第三节 经典与教义

一 经典与歌诀

八卦教的教义分两种：一种是经卷，一种是口头流传下来的理条、歌诀、咒文。现将存经及经目以及歌诀名目记录如下：

《五圣传道书》即《五女传道》或称《五女传道宝卷》，或称《五圣宗宝卷》

《禀圣如来》

《锦囊神仙论》

《八卦图》

《六甲天元》

《迩言翼》

《太皇宝卷》

《孔明问子其》

《儒流正宗》

《西皇经》

《浩然纲鉴》

《未来保命注解说明真经》

《金丹还元宝卷》

《乾坎艮震巽离坤兑八卦八书歌》
《乾元亨利贞春夏秋冬九经歌》
《灵山礼采茶歌》
《佛说大圣未劫真经》①

这些经卷多为历代当局办案搜缴存目，内容仅存档案记录寥寥数语。有些则为笔者多年搜集所致。

二 《五女传道》的丹道思想

八卦教不属于所谓白莲教，也不属于明末清初任何一支民间教派，不仅在于它与众不同的组织机构，还在于它与白莲教根本不同的教义与修持方法。其创教经书《五女传道》是八卦教最主要的传教经书，从清初到清末民国初年，流传了250年之久。我收藏的《五圣传道》为京都顺天顺义县榆林村存板。宣统三年（1911年）新正月无名氏捐大洋印行的。日本学者泽田瑞穗的《增补宝卷的研究》记录了《五老母点化真经》和《五圣宗宝卷》皆为民国6年印本。

《五圣传道》是一部什么样的经书？其全文不足5000字，比起同时代一批洋洋大观的宝卷，似乎不值一提，但其影响之巨，却是一般宝卷难以企及的。

泽田瑞穗在谈及《五圣宗宝卷》等时，认为它们是谈论超凡入圣玄理的书，或究求长生大道的经书。但并没有进一步说明"玄理"和"修真"的内容。

以笔者所见，《五圣传道》是一部修炼内丹、追求长生不死的传教书。

书中假记一对夫妇，男子名常修，女子名单氏。夫妇二人平日向善，好佛礼忏，家附近有庙，庙内供奉着观音、普贤、白衣、鱼篮、文殊五位菩萨，夫妻常去拜供。一日常修告别妻子"去访长生大道"。走至一荒山野僻之处，仅有一茅屋光明如昼，常修进去后，见到五位农家

---

① 在八卦教各类历史资料中，还记录了无名经卷，即所谓"无名邪书"，在此目录内未列出，特作说明。

妇女在纺纱织布，这五位妇女即观音等五位菩萨幻化而成。因常修心诚，欲在此地点化他。按说观音等菩萨是佛教崇拜神，亦应以佛法点化世人。但在刘佐臣所编《五圣传道》中，却通过五位菩萨之口，讲出了一番道教内丹派的玄妙道理来。其中一人对常修云："道也者，不可须臾离也，可离非道也。道不远人，人自远矣。盖大道现在目前，何须外求，只知率性而矣。"又作偈言一首：

　　　　大道分明在一身，迷人不知向外寻。
　　　　不遇圣师亲指点，枉费修行一片心。

　　这四句偈言，是在告诫信仰者，修行的道理既不在千经万典之中，也不在名山洞府之内，而在人之一身。道教内丹派历来反对外在修持，以及修庙建塔诸多外在形式。从内丹派集大成者、宋朝人张伯端起，这种思想，越发越明。张伯端在其著《悟真篇》中开宗明义："人人本有长生药，自是迷途枉自抛。""丹熟自然金屋满，何须寻草学烧茅。"又亟劝世人"不求大道出迷途，纵负贤才岂丈夫。百岁光阴火烁石，一生身世水泡浮。只贪利禄求荣显，不觉形容暗瘁枯。试问堆金等山岳，无常买得不来无？"正是对生超越的一种追求，才在东方文化中逐渐形成了以自家身体为宝，求他一条超生越死之路。所以内丹家历来认为世上愚人不知自身之贵重，妄求外物，向外追求，以至枉抛了一片修行之心。刘佐臣手编的《五圣传道》直接继承了这类思想，把修炼内丹作为八卦教修持的最根本追求。

　　怎样才能修炼内丹呢？刘佐臣在《五圣传道》中，借五位女子纺纱织布等劳作过程，来说明"修真"的具体内容。

　　首先，修炼要选择清净之地，以便使人入静。他写道：

　　　　修行如同去纺棉，莫把功夫当等闲。
　　　　未纺先寻清净地，要把六门紧闭关。
　　　　纺车放在方寸地，巍巍不动把脚盘。
　　　　知止而后方能定，定而后静而后安。

这就是道家所常云之筑基功夫。筑基功夫因人体质而异，修持时间长短不一。当修行人完全入静以后，静中有动，体内一股"气流"如同"拨动风车法轮转"一样，从人体的尾闾穴上升，经夹脊穴、玉枕穴，运至泥丸宫。然后再下降至鹊桥、重楼，纳入丹田。这就是《五圣传道》所云"靠尾闾，透三关，透出云门天外天"，或"当顶一线透三关"或"一把钥匙透三关"，达到"气流"在周身运转的功效。这种运转当然是一种自我的感受和体验。上述内容当然不是刘佐臣的发现，而是道教内丹派长期实践和经验的总结。

在修炼的过程中，内丹家十分讲究火候，即动静与抽添功夫。刘佐臣认为这也和纺纱添棉是一样的道理。纺纱要掌握纱的粗细、动作的快慢，使纱线均匀，"接接续续不减断"。修炼内丹也是同一过程，要使体内阴阳合和，水火既济，动静得宜，达到炼精化气、炼气化神的步骤，使精、气、神由三合二，由二合一，逐渐结成"丹芽"。这种结果也像纺纱"结出蟠龙穗"一样，都是半成品。纱要纺成线，织成布，而丹芽则需温养于丹田，元神默运，谨为护持。心火之急缓，运乎自然，以至阴精退尽，大药纯乾。如同线已纺成布，机停，而处无为之境，达到炼神还虚，"透出昆仑"。这就是《五圣传道》所云："尚等纺到心花现，功也圆来果也圆。"此景即道家所云："三花聚顶，五气朝元。"在信仰者看来，达到了这一步，也就打破了生与死、凡与圣的界限，超凡入圣，达于长生之境了。

刘佐臣还用织布的机子、弹花的弓子、轧花的天平架、拐磨的磨盘的运动来比喻人体"气流"的运动和变化，以及结丹的过程，认为"天动地静周流转，配合人身都一般"。修炼内丹是天造地设的大道，求得了大道也就求得了长生不老之方。

《五圣传道》之所以经久不衰，首先得之于道教传统的力量。但刘佐臣去除了内丹秘书许多晦涩难解之处，以五位农家妇女纺纱织布的劳作过程作比喻，说明修炼气功的道理，因此简洁而通俗，它符合鲁西南及豫北、直隶南部广大缺少文化素养的普通农村、集镇百姓的心理状态和信仰水准，因此为下层民众喜闻乐道，崇信不衰。在以后八卦教系统中成为经典，影响深巨。

刘佐臣死后，无论是刘姓教首，抑或各卦领袖及教徒都把修炼内丹作为教内核心教义,加以广泛传播。即使是非八卦教的嫡传正宗亦受很大影响,如王伦之清水教,亦复如此。

清水教首领王伦就将徒弟分成文武两场。文弟子炼气、武弟子习武。炼气者又分大功小功。清水教内还有咒语:

> 千手挡,万手遮,青龙白虎来护遮,只得圣中老爷得知,急急急,杀杀杀,五圣老母在此。①

文中青龙、白虎皆为内丹术语,代表元精、元神,二者合而道成,使人能产生一般人没有的内在功能。"圣中老爷"特指创教人刘佐臣。而五圣老母即指观音、普贤、白衣、鱼篮、文殊,而非无生老母。因为王伦清水教徒练功时,意念中有这五位神圣,念咒而入静使气,达到功效,因此云五圣老母在此。

而在八卦教中长期流传的《五更词》更与《五圣传道》一脉相承:"一更里,上蒲团,把六门紧闭关,低头就把五圣现,运周天,展黄芽,三花聚顶,五气朝元。"② 五更词作为杂曲形式,宋元时代即已出现。明代黄天教经书中的五更词已开始用来描绘夜间修行的内容。八卦教的五更词继承了黄天道的修炼宗旨,又添加了本教门特有的"五圣"崇拜的内容。

八卦教中还有一些"理条""歌词"都属于炼丹歌诀。如《乾坎艮震巽离坤兑八卦八书歌》:

> 八卦六爻人人有,迷人不省东西走,
> 有人参透内八卦,好过青松九个九。
> 到西北,乾三连,人人有个元妙元,
> 不打坐,不参禅,只用当人密密言。

在八卦教倡教人看来,人人皆有躲避生死轮回和抗疾防老之道,故

---

① 《军机处录副奏折》,乾隆三十九年十二月十九日崔大勇即许大勇供词。
② 《朱批奏折》,嘉庆二十三年一月十三日山东巡抚陈予奏折,附《五更词》歌诀。

云"八卦六爻人人有""人人有个元妙元"。因而参透内八卦即修炼内丹，即可比长生不老的青松还要健康长寿。但需要"当人"即懂道的师父相传，才可得道。一旦得到才有"真人出去昆仑山""默默无言会天机""真人进了神仙府""到家先看无生母"等说法。这都经历了"炼神还虚"过程的一种自我感觉。其实古往今来，只有精神不死，哪有肉身长存之理。但是为什么道教内丹术或八卦教的内丹术如此倾动民众？在一些人看来，人生一世可以用生老病死苦五个字概括，它与生俱来，无法克服。道家要与此抗争，故有"我命在我不在天"的豪情壮志。佛教解决生死问题完全靠精神的力量："释氏以空寂为宗，若顿悟圆通，则直超彼岸。"这种精神解脱的方法，更适合于知识界。而道教则不完全与佛教相同，"老氏以修炼为真，若得其枢要，则立跻圣位。"道教的内丹术，不仅限于精神解脱，它把改造人体功能的物质因素与精神因素结合起来，既解决心理功能的改善，又解决生理功能的改善，对解生老病死苦这个现实的人生问题，功效比佛教来得实际，因此也就赢得了底层群众的广泛信仰。从乾隆、嘉庆、道光时代的史料来看，民众对它的信仰真到了如醉如痴、风行景从的地步。如乾隆时代，八卦教通过修炼内丹，形成了一场声势浩大的造神运动，刘佐臣这位创教主被目为光被万物，普救生灵的太阳："八卦震字邪教……传授愚门弟子歌词，指太阳为圣帝，每日磕头三次，每年上供五次，谓能消灾祈福。"[1] 这些教徒每日对着太阳"两手抱胸，合眼趺坐"，口念"真空家乡、无生父母"八字真言八十一遍，名为"抱功"。

在离卦教中，每逢"传授心法歌诀"，则要求弟子"每日按早午晚，朝太阳吸三口气，把唾沫咽下"，功夫日久，可以给人治病下针。

嘉庆间八卦教领袖人物亦懂内功，他教人念诵八字真言，大功一口气念八十一遍，中功五十四遍，小功二十七遍，舌钩上腭，一口气念。他还会点玄关，曾为牛亮臣开关点窍。

不仅如此，八卦教有一批会武功者，亦将拳棒与气功相结合。乾隆中叶习清水教的教头们"学习八卦拳，并运气口诀"。这种风习，到道光时代亦有记载："张景文教以每日早午晚三时朝太阳叩头吸气，口念

---

[1] 《军机处录副奏折》，乾隆五十三年八月十六日直隶总督刘峨奏折。

真空家乡、无生父母，并耳为东方甲乙木等咒语，并令学习拳棒。"
"同教中有仅止念咒运气学习拳棒者；有兼用阴阳针为人治病祛邪、乘机诱人入教者。"①

应当指出的是，八卦教仅是多种修炼内丹的民间教派的一种。在明清时代，大江南北，长城内外，多数民间教派皆以修炼内丹为宗旨。诸如黄天教、三一教、大乘教、圆顿教、长生教、一炷香教、金丹教、真空教、一贯道、先天道等无不如此。甚至以做道场为正务的弘阳教，其本质也是以"以道为体，以法为用"，"内炼成丹，外用成法"为宗旨，把内丹道用于道场法令的斋醮仪式之中。这种宗教与气功，宗教与武术，气功与武术的结合，已在底层社会成为一种风习和信仰。承平时代或修炼以期长生，或习武以防盗贼；一旦时局动荡，或揭竿以抗暴政，或团结以御外侮。

这种信仰与风习深深地影响着中华民族的民族性，其内涵是异常复杂、丰富与深邃的。

三 无生老母信仰

从两汉到明代中末叶，流传在中国底层社会的"劫变"观念，终于演化成一种成体系的粗糙的宗教观念，即青阳、红阳、白阳三期三劫应世说。这种宗教观念和无生老母观念又融为一体，遂成为一种改天换地的政治观念。在清代的华北大平原上，成千上万的民众和教徒每日在默念着"真空家乡，无生父母，现在如来，弥勒我祖"的口号，企望无生老母派弥勒佛下生，以救生灵，出离苦海。

无生老母观念，至少在元代已出现。元版《佛说杨氏鬼绣红罗化仙哥宝卷》记载了下述内容：

> 无生老母，自从失散，不得见面，时时盼大地男女，早早归家，怕的是三灾临至，坠落灵光，八十一劫，永不见娘生面。②

---

① 《军机处录副奏折》，道光十八年七月六日山东巡抚经额布奏折。
② 元代至元庚寅刻本《佛说杨氏鬼绣红罗化仙哥宝卷》，藏于山西省博物馆。

但是这种观念的流行还是在明代中叶以后。有人说无生父母或无生老母观念是罗祖罗梦鸿创造出来的。这种说法全无凭据。据《苦功悟道卷》记载："师父教我，念四字佛，到临危超三界，彼国天台，见无生老母。一志心念了八年，寻思心中烦恼，到临危怎么上去，亦是顽空境界。"这段文字说明：一、罗祖之前，无生父母观念已颇流行。二、罗祖对无生父母观念是否定的，认为是"顽空境界"。足见罗祖创造说之不实。

八卦教信仰的"真空家乡、无生父母"观念和三劫应世说的具体内涵是什么？

"真空"和"无生"观念来自佛教。其意本指宇宙的一切，包括人类本身，都是因缘所生、虚幻不实的，而其变化生灭也无非是尘世众生的虚幻妄念。在佛教看来，既然人们依托的物质世界是虚假的，那么人生也就毫无真实价值可言。人生的真谛在于悟出宇宙乃至自身的本来面目，归于涅槃。

在无为教《巍巍不动泰山深根结果宝卷》中有如下说明："未曾初分天地……又无男女，又无僧俗，无佛无人……天地日月，森罗万象，五谷日用，春秋四季……都是虚空变化，本来面目就是真无极。"这里所谓真无极即"真空""无生"的同义语，它包含了佛教的空无观念，又受到了宋明理学的影响。宋代思想家周敦颐、程颢等人，以儒学为本，融会了道家无极而太极、阴阳交感、涵万物为一的内容，构筑了客观唯心主义本体论的思想体系，进而把理等同于太极。结果"天理"变成了横亘古今、贯通三界、造化万物的本源。罗教教义明显地受到这种思想的影响。在罗教经典中，天堂地狱乃至人们崇拜的诸佛诸祖无一不是从无极而太极中幻化出来的。而无极、太极又成为"心"的同义语，"心"成了构造万物的本源。上述内容是"真空""无生"观念在民间宗教中的本意。

到了清代，"真空家乡、无生父母"的观念变成了一种回归彼岸，归根、归母的净土宗内涵。在八字真言中，真空家乡即彼岸，无生老母或无生父母成为彼岸世界的最高主宰。八字真言信仰在清乾、嘉时代进入全盛时期。

"八字真言"信仰大致可分为三部分内容，即三个阶段。

第一阶段：世界和人类的形成。
第二阶段：人类流落尘世。
第三阶段：无生老母派使者下凡，收度人类。
下面对此分阶段介绍。
明末清初问世的《古佛天真考证龙华宝经》云：

> 无始以来，无天地、无日月、无人物……
> 古佛出现安天地，无生老母立先天……
> 无生母，产阴阳，婴儿姹女。取乳名，叫伏羲，女娲真身。①

在这里古佛和老母从虚空中幻化出天地和人根老祖——伏羲、女娲。从此人类繁衍，"又生出，九十六亿，皇胎儿、皇胎女，无数福星"。为了使"皇胎儿女"有所依托，又构筑了"黄金为地，金绳介道，楼台殿阁，件件不同"的富丽堂皇的彼岸世界。②

在虚构的理想世界里，人们既是一母同胞，人与人的关系是单一的，因而维护和调整这种关系的道德规范也就被极端地简单化了，即儿女对老母以孝，老母对儿女以慈。皇胎儿女之间则相待以诚以爱。

第二阶段：本来在天宫中乐乐洒洒的儿女们——人类，不知何故，生何罪愆，被老母打发下天宫，去住东土，"尽迷在，红尘景界"。一同经受了生老病死苦的人生历程。人类还不断经历劫灾的磨难：

> 地火水风一齐动，折磨大地苦众生。③
> 人间遭水火大灾，洪水处处长流，流如流滚。④
> 五六月间，恶蛇满地；八九月间，恶人死尽，尸堆满地。⑤

第三阶段：仁慈的老母看到人类命运多蹇，于心不忍，命令使者下

---

① （清）黄育楩：《破邪详辩》卷一。
② （清）黄育楩：《破邪详辩》卷一。
③ 参见马西沙《清代八卦教》，中国人民大学出版社1989年版，第161页。
④ 参见马西沙《清代八卦教》，中国人民大学出版社1989年版，第161页。
⑤ 参见马西沙《清代八卦教》，中国人民大学出版社1989年版，第161页。

凡，"发灵符，救度人民"①。

在八卦教的教义中，无生老母分别在青阳、红阳、白阳三个时期，派燃灯佛、释迦佛、弥勒佛下世。在青阳、红阳劫中分别各度人两亿。在红阳劫尽、白阳当兴的时代，人类遭受了空前的灾难，"法力无边"的弥勒佛，救人类于覆灭，收度"残灵"九十二亿，回归天宫，与天生老母同庆龙华三会，在无贵贱、无贫富、无生死的真空家乡，"相伴无生"，"永不下世"。

这就是"真空家乡、无生父母"包含的三部分内容。在这种宣教中，人类经历了天堂—尘世—天堂的过程。人类的命运也随之转折，经历了暂时的平等幸福—苦难—永恒的平等幸福三部曲。而要达到永恒幸福之路，关键在入教、纳钱、修炼。苦难的人群，毫无出路的人群，就这样跟随着宗教家的神圣光环和说教走向了圣坛。

四　反清换代思想

乾隆三十七年春，清政府从八卦教徒手中搜得两本"无名邪书"。这两本无名"邪书"酿成了一场著名的"邪教案"，导致教首刘省过等一大批宗教领袖惨遭杀戮。这两部书也引起乾隆皇帝的震怒，因为它以宗教的形式，直接预言了清政权灭亡的时间，并扬言取而代之。

在河南搜缴的书中载有"平胡不出周刘户，进在戊辰己巳年"和"也学太公渭水事，一钩周朝八百秋"等词句。另一部"邪书"中，内容更属"悖逆"。据山东按察使国泰奏折记载：

> 据署邹县刘希焘禀报，在于孔兴已家中搜查书籍，内《五女传道书》一本，又无名邪书一本，同寻常道教书本，……其无名邪书内，有走肖、木易、卯金刀，来争战等句，较之中王逆词周刘等字，尤为悖逆。此外尚有贼星八牛，火焚幽燕，及朝廷离幽燕，建康城里排筵宴等句，亦皆悖逆之极。②

---

① 参见马西沙《清代八卦教》，中国人民大学出版社1989年版，第161页。
② 《朱批奏折》，乾隆三十七年五月十九日山东按察使国泰奏折。

这两部书显然是刘姓教首所授，且已"破旧糟烂"，在教内流传当非一日。这说明八卦教教首不仅有浓厚的排满兴汉思想，而且具有登基野心。经书中有关姓氏皆用谜字方法拼就。走肖为赵字，木易为杨字，卯金刀合成刘字，八牛合为朱字。上述几姓被预言家预言皆有登基之分，而牛八即朱明王朝还要卷土重来，在建康城内建部设宴庆功。胡人即清政权被赶出北京。为什么造经人以上述几个姓氏造作谶言？国泰在奏折中指出："臣……反复阅看逆词语句，亦似将前朝宋、隋、汉、明等姓杂凑而成，希图蛊惑视听。"

当时办案者根据"平胡不出周刘户"之句，审出教首刘姓，又进一步根究周姓其人，并无周姓教主。四十五年后，嘉庆二十二年（1817年），当局再次查办刘姓传教之事，发现中天教首刘廷献所造之经书记有"周即是刘，刘即是周""周刘本是一气通"的内容。再次审问追查周姓之人，仍无结果。

事实是在民间宗教世界一直流传着"十字合同"的谶言，认为"十字合同"的出现，将预示着世界大变。什么是"十字合同"呢？就是一个"周"字。周代表周朝，特指华夏民族。八卦教宣称"平胡"的使命将落在周姓、刘姓身上。刘姓是两汉四百年天下的最高统治者，刘（劉）即卯金刀，代表汉民族。八卦教首刘姓是以汉室后裔自居的，俨然以推翻诸夷及胡人为己任。这就是八卦教内流传的谶文的真实意义。

这类拼字法当然不是刘姓教首的独创，在同一时代的其他民间宗教也有类似内容。乾隆年间在西北地区流传着一部《数珠经》，内多"悖逆"之言。据陕甘总督勒保奏折记载：

> 查《数珠经》内悖逆语句不一而足。如南方丙丁，木易要先起。又西北乾天，李、刘各引雄兵，直止（指）长安地。又曲江池边生下李家，又小心鼠尾木易，与小心牛头，卯金龙等句，俱属悖逆不法。①

---

① 《军机处录副奏折》，乾隆五十三年七月十八日陕甘总督勒保奏折。

《数珠经》从康熙时代即在西北流传,可见从清初直到清中叶,在民间宗教世界一直潜藏着反对现政权的暗流。

明清时代,以字谜预示政权更迭或时运变动,所在多有。尚有以如下姓氏者:弓长(张)、木子(李)、古月(胡)、十字合同(周),等等。其源于两汉时代的谶言或纬书。两汉之际,以姓氏为预言者,已载诸史册,以后各代又不断添加着新的内容。

据史料载,王莽建新以后,"以刘字为卯、金、刀也,诏正月刚卯、金、刀之利皆不得行,乃罢错刀、契刀及五铢钱,更作小钱"①。因为刘字包含了卯、金、刀三字,竟然使通天下的钱币遭禁。可见当时谶纬思想曾经怎样地左右着政治局势和统治者的思想和行动。此后,谶纬思想又在南北朝盛行。在李弘托诸老子下凡救世的思想中,十八子的谶言即已行世。隋代文帝、炀帝父子由于这类思想畅行,严加禁止。这种思想仍然流传。隋末,群雄并世,李姓当主天下的图谶流行全国。所谓"图谶之文,应归李氏,人皆知之"②。当王充、李密与李渊、李世民等争夺天下时,其臣下多有以图谶相告者。李密欲反唐,其友贾闰甫劝云,"国家姓名,彼我所共",终于降唐又反唐。十八子当主神器之说,显然来自李弘下世、当为世主之说,并是其发展。

关于八牛(朱)姓的记载,初起于五代。朱温篡唐建梁,李存勖以武力灭朱梁,即造"继朱梁之谶"。明取元而代,民间即造八牛灭胡之谶。至明末十八子(李)取代八牛(朱)而得天下的谶言又流布颇广。甚至李自成亦深受其影响。③

明末清初天下大乱,政权更迭变化之速,令人感到命运的不可捉摸,谶言再次大兴,内容也越加丰富。据《定劫宝卷》云,是时,天降五魔,踏碎世界,杀戮人民,以惩戒尘世罪孽。这五个魔王是:

东方甲乙木弓长,南方丙丁火木易,
西方庚辛金卯刀,北方壬癸木子水,

---

① 《资治通鉴》册三,第2174页;册十三,第5837页,中华书局1982年版。
② 《资治通鉴》册三,第2174页;册十三,第5837页,中华书局1982年版。
③ 沈定平:《明末"十八子主神器"源流考》,《明史研究论丛》第一辑,江苏人民出版社1982年版,第290—306页。

中央戊己陈名姓，五处妖魔下天堂，
杀掠人民烧房屋，开州劫府自称王。

《定劫宝卷》还用大量的宗教预言，预示这五姓"魔王"的命运：

十八孩儿来聚会，卯下金刀聚残源，
弓长木子换刘郎，同助当来到中天。
……
姓李为君唐天子，即为属秋四十年。
……
走肖来时坐八九，二帝一姓往北走，
弃了江山汉上来，都守汉地一窝狗。
……
八牛江山一旦倾，胡人涌猛闹京华。
……
走肖江山末劫收，木子先坐二十秋。
……
牛八木子一担柴，走肖二十买将来。
……

上载之预言混乱、矛盾，但其内容反映的是李自成、张献忠起义与朱明王朝、清政权交替更迭的历史内容，突出了木子、卯金刀、弓长、八牛等姓在大乱的世界注定了的历史命运，典型地说明了动乱时代下层百姓无所归依、命运不定的心理状态和宿命论思想。

历史在分与合、动乱与秩序之间交相变化。赵匡胤乃一介武夫，而终于称帝；朱元璋是皇觉寺的穷和尚，竟然位登九五；蒙古人、满族人相继入主中原；李自成亦在北京黄袍加身。"皇帝轮流做，将相本无种"。封建时代后期，皇权的神秘感日益浓重，但其神圣性却在部分预言家眼中一扫而尽。这正是谶纬思想畅行无忌、预言家大量涌现的重要社会原因。到了清统治者入主中原后，极为残酷的统治手段，激起了各族人民长时间的不断反抗，此时谶言流行，是鼓舞人民抗争的一种精神支柱。谶言思想也是八卦教首刘姓家族希望登基的理论基础。既然刘姓是汉天子后裔，而卯金刀之谶已流传了近两千年的历史，它具有何等深厚的社会基础，是不言而喻的。

从道光间起，刘姓几经打击，一种以李代刘的思想，在教内盛行。"刘李穿宫成九九"。刘姓、李姓皆可成八卦教、九宫教中央宫之首。果然在清末，李姓成为八卦教（九宫道）之首。李向善统治了一支庞大的九宫道，它成为北方足与一贯道相抗衡的两大教派之一。

第九章

三一教与刘门教

中国的历史上，还有另外一种民间宗教，它不同于本书前八章所述民间宗教之类型。这类教派的创教人都是有名的学问家，或出身于世代为官的大家世族，或出身于世代读书的知识分子家庭。这些教派的创始人，开始以设帐讲学为宗旨，但讲学内容多为儒、道、释三家之学术及修行之道，而起初参加者多为知识分子。其后逐渐为强大的宗教思潮所推动，从一种知识分子的学术团社渐渐发展成为宗教实体，信徒已不局限于知识界，还向市民乃至农民、小手工业者发展。若干年后，后者成为信仰者的主体。本书择其中两种有代表性的教派——三一教和刘门教加以介绍。读者通过这两个教派的历史，或可体味到中国民间宗教的复杂性、多样性，以及其强大的影响力。

第一节 三一教的历史沿革

三一教，顾名思义，是合儒、道、释三家为一的一种宗教。创教人林兆恩是明代正德至万历年间福建莆田的一个著名的知识分子，一个贯通三教的大学问家。三一教在明万历年间形成，延续四个世纪。其教势曾遍布闽中，并蔓延至江、浙、皖、楚、直乃至北京，后又传至台湾。东南亚各国其教势不小，而日本、欧美诸国亦有少量教堂。

一 创立

林兆恩生于明正德十二年（1517年），死于明万历二十六年（1598

年），享年82岁。林字茂勋，别号龙江，道号子谷子、心隐子，晚年又号混虚氏、无始氏。林兆恩是莆田人，闽中林姓为当地大族，"兆恩本名家子"①。其先世于西晋末八王之乱后迁入福建，至明代末，此族代有大官显宦。唐代林氏远族林披生九子，皆为刺史或司马。到明代林兆恩祖上登仕途者代有人出。其祖父林富，字守仁，号省吾。晚年为王阳明副手。王阳明在病重后向朝廷推荐林富代替自己，总制两广。②

林富有子三人：林万仞、林万潮、林万言。林万仞以林富之功，"荫恩"太学生。林万潮于嘉靖十七年（1538年）中进士，与王阳明私淑弟子罗洪先为至友。万仞为兆恩父。万仞有子三人，长子兆金为嘉靖二十九年（1550年）进士。族兄弟中中进士者亦不少，如林兆珂，万历二年（1574年）进士，曾任刑部主事、大司寇，后曾为林兆恩作传。而远近亲族之名臣如林润、林俊，都是"唐九牧"之后。

林兆恩耳濡目染，深受传统文化及读书干禄思想熏陶，于年轻时代走着一般读书人的进仕之路。失败后，才彻底改变了人生之途。

林兆恩一生大致可分三个阶段：

第一阶段：30岁以前。

林兆恩6岁读书。16岁撰博士家言，下笔有神，但从18岁至28岁，三次乡试都名落孙山。连续失败，对这个雄心勃勃、希望做天地间一等人物的青年打击极大，遂弃去举业。到36岁那年，督学爱其才，仍命其恢复举业。他于督学道前，"望门四拜以谢。遂焚青衿，野服而归，以明其志不可夺也"。③

第二阶段：

林兆恩开始对儒、道、释学问的深入研究和实践。这是一个曲折复杂的过程，即出入儒、道、释，改造儒、道、释，融会儒、道、释的过程。著名思想家黄宗羲曾评论林兆恩的这种努力，他说兆恩"从二氏游（即出入道、释），得其大旨，遂倡合一之说。挽二氏以归儒而婚娶之，率吾儒以宗孔而性命之。以坐禅之病释也，运气之病道也，支离之病儒

---

① （清）黄宗羲：《黄梨洲文集·传状类·林三教传》。
② 《明史·王守仁传》。
③ （明）张洪都：《林子行实》，载《林子全集》贞集第九册。此种《林子全集》藏于北京图书馆善本部，本章史料以此《林子全集》为本。

也，为非说之"。"兆恩之教，儒为立本，道为入门，释为极则。然观其所得，结丹出神，则于道教旁门为庶几焉"。黄宗羲认为，林兆恩是个行事不苟且的人，但他想在周敦颐和二程之后，立一门新的学说，必然导致非驴非马的结果。① 但如果我们不从学术史的角度看问题，而从宗教史的角度分析，林兆恩无疑获得巨大成功。他为了这个事业整整用了三十年。

在这个阶段，林兆恩干了三件事。

第一，逐渐建立并完善三教合一之说，形成了以林兆恩为首的学术团社。

第二，以艮背法——一种气功为人治病，以吸引各阶层人氏的广泛信仰。

第三，积极投身抗倭斗争，收尸葬骨，广行救济，使其学术团社兼成一种慈善机构。

这三件事使林兆恩成为独具一格的学问家、社会活动家、慈善家，又是宗教家。

下面对这三件事分别加以叙述。

第一，创立三教合一学派，是林兆恩活动的核心。

据《林子行实》记载：林兆恩放弃举业后，开始遍叩儒、道、释三门，耗时十余年，遍访有道者，达到如醉如痴的境界。他曾住在南山寺。"日诵贝叶之经，凡所谓着相着空之义，不生不灭之意，明心了性之大，颇能达其微旨，而究其奥。"② 林兆恩读经的目的是想"窃其清净之旨，为吾炼心之一助"③。但他从未见到过得道高僧。和佛教相比，林兆恩对道教更有研究。他遍访玄门之师，甚至向"仙者"学习辟谷，以减少体胖气浊的毛病，亦使其大失所望。认为所见者无懂大道者，皆为小术。唯一使林氏愿与之交往者是莆田道士卓晚春。据何乔远《名山藏》记载："卓晚春，自号天仙子，亦名上阳子，人呼卓小仙。自幼孤苦，人极聪慧，善算筹，言休咎。初不识字，十四能诗，十六善草书。

---

① 《黄梨洲文集·传状类·林三教传》。
② 《林子全集》元集第十一《六美条答》。
③ 《林子全集》利集第十一《旧稿卷之三·寄人榕诸友》。

有傲骨，当道召之与抗礼，有所得施人。"善内丹术，可夜宿霜石之上，或饥溪水数瓯，说是"漂我紫金丹也"①。两人相遇，遂成至友，而旁若无人，莆田人称其为"卓颠林狂"。故有人说，林兆恩的九序内丹功，得之于卓晚春之教。而至今的三一教堂内，卓晚春往往作为与林兆恩、张三丰一起受到崇拜的偶像。

林兆恩多年出入佛、道，但没有改变他对儒家的信仰。不过他对当世之儒的"荒唐枯槁，掊析支离"感到失望。认为当世之儒、释、道都无法改变世道浇漓的状况。在一段时间内他"忧愁愤闷，殆若穷人之无所归焉"。终于在不断的探求中，得到了"明师"的指点，"怜我而教我也，直指此心是圣，而所以与兆恩言者，一皆四书五经。曰，由孔孟以来，而此书乃为疏释所晦，而不明至于今矣。"②他从未明指其师为何人。他的明师指点的关键，是要他抛弃程、朱疏释，到圣人原典中寻求圣人之心。林兆恩认为这一指点对他是大解脱，从此他走上了否定程、朱，转向王阳明心学之路，再由王阳明心学转入了一种新型宗教。他的明师，还教给了他一种为人治病的方法——艮背法和九序功，让他用这种方法吸引信徒，再宣扬自己的主张。他那时也明了"世之所谓三教之异者，三教之支派也；……三教之同者，三教之原始也"。即道本相同，道一而教三。事实上三教都赋予林兆恩以丰富的思想资料，而不是师承于某个人。

大约在嘉靖三十年至三十二年间，他招收了数十名闽中知识分子为弟子，其中多数人是他的友人和本族弟子，相与探讨三教之同、俗学之病。或直接探讨四书五经，时而登高野游，以畅胸怀，颇似当年孔子情怀。学术团社建立了。为此他制定了这个团社的规矩、礼仪，建立了三教堂。经过七八年的努力，远近求拜者云集。他称其讲堂为"三纲五常掌"，中为"合一堂"。合一者，"合道释者流而三纲之，五常之、士之、农之、工之、商之。以与吾儒者为一也"③。这一阶段林兆恩的学术团社已经具备了宗教因素，指导这个团社的核心思想是三教合一思

---

① （明）何乔远：《名山藏·方外记·卓小仙》。
② 《林子全集》元集第十一册《遍叩三门》。
③ （明）张洪都：《林子行实》，《林子全集》贞集第九册。

想。但它还没有完全转化成宗教,它的外壳还在逐渐地构建之中。

第二,使林兆恩名声大振的是他的"艮背法"。所谓艮背法,其本质是一种气功疗法。林兆恩对此有段解释:

> 易曰:艮其背。背字从北,从肉。北方水也,而心属火。若能以南方之火而养于北方之水焉,《易》所谓"洗心退藏于密"者是也。其曰以念止念者,盖以内念之正而止外念之邪也。①

这段话表面很玄,其实亦不神秘。其基本是使人思念于背部而精神专一。南方之火指人之神,北方之水指人之精,精固则神旺,故云以南方之火,养于北方之水。以念止念,则是每日念"孔老释迦,三教先生"八字真言,用这种纯正的真言,制止外念——人的无穷的欲念。这样就能耳之所听、目之所视"自能中乎礼而不违矣"②。林兆恩用艮背行庭之法并不仅是为了治病而解人困疾,而是要信仰者遵从三教的礼仪规范,成为一个精神品格纯正的人。黄宗羲曾说:"兆恩以艮背法为人祛病,行之多验。"③ 谢肇淛也承认"以艮背法,教人疗病,因稍有验,其徒从者云集"④。

林兆恩曾多次到福建各地、浙江、江苏、安徽等地传教,"诸凡有贫且病,甚至不能行者,翼以杖而来。又甚至于孤独不能人者,则皆匍匐而至"⑤。林兆恩及其弟子都对这些人施以"心法",加以救治。这样,林兆恩的信仰者除了部分知识分子外,各阶层形形色色的人群也都有了大批的崇拜者和追随者,而后都成了三一教的忠实信徒。其实艮背法仅是林氏《九序功》的第一步,其余八步为:《周天》《通关》《安土敦仁,以结阴丹》《采取天地,以媾阳丹》《脱离生命,以身天地》《超出天地,以身太虚》《虚空粉碎,以证极则》。林兆恩晚年好内丹之术,但结局并不甚妙。

---

① 《林子全集》元集第四册《艮背行庭》。
② 《林子全集》元集第四册《艮背行庭》。
③ 《黄梨洲文集·传状类·林三教传》。
④ 《黄梨洲文集·传状类·林三教传》。
⑤ (明)谢肇淛:《五杂俎》卷八。

黄宗羲大概看了《林子全集》中张洪都所撰《林子行实》后，曾说："观其所得，结丹出神，则于道家之旁门为庶几焉。闽人谢肇淛谓其发狂而死，其弟子亦言晚年胸中有物隔碍，不措一词。……则金丹之为祸也。"①

第三，抗倭中的杰出表现。

倭寇是明代侵扰我国东南数省的海盗集团。嘉靖三十七年、三十八年（1558年、1559年）对闽中之莆田、仙游、福清一带为害最烈。嘉靖三十七年，倭寇侵入莆田，突至城下，当时两广兵换防，路过莆田。林兆恩"乃告诸缙绅，与广兵契约千金"，"以退虏"。倭寇被击退后，一些缙绅欲爽约，以至激怒广兵。林兆恩被执于校场，受殴打致伤。这件事使地方人为之大服，林兆恩威信更增。②

在抗倭战争中，林兆恩发动弟子，并捐银收尸礼葬。仅嘉靖四十年冬至四十二年，两年间共收尸计万余，林氏为之破产。他又募捐金钱，广行救济，对流离失所的难民施米与粥，与之草荐，救死扶伤，数年间"殆无虚日"。在抗倭斗争中，林兆恩的气节和救世精神赢得了抗倭名将戚继光的赞佩。此后两人友谊维持了20年之久。

在抗倭斗争中，林兆恩及其学术团社的成员屡屡参加救济工作，确实使学术团社面向了社会，为三一教赢得声誉，奠定了群众基础。

嘉靖四十一年至四十三年，著名学者何心隐（梁汝元）游福建，曾访林兆恩，在林宅讲学54日。他对林兆恩说："儒、道、释大事已为孔、老、释迦做了。此后只三教合一是一件大事，又被吾子做了。"③这种说法当然不符合实际，带有十分夸张的成分，但也说明当时的知识界的确认识到三教合一的趋势和林兆恩的历史作用。至于在下层社会，林兆恩已经带有神的色彩，往往受到万人空巷的瞻礼。在这一阶段，他还没有成为宗教家，还是一位学术领袖兼社会活动家。但是在三教合一思潮的推动下，他逐渐走向人、神之间的临界点，不可避免地被推向宗教教主的宝座。这时所缺少的主要是外在形式——神的外衣。

---

① （明）张洪都：《林子行实》，载《林子全集》贞集第九册。
② （明）张洪都：《林子行实》，载《林子全集》贞集第九册。
③ （明）张洪都：《林子行实》，载《林子全集》贞集第九册。

第三阶段：

林兆恩的晚年，三一教最终形成。其标志是各地三一教堂的建立，林兆恩从三教先生变成三一教主，三一教入教仪式的形成。

据《林子行实》记载：万历十二（1584年）林氏弟子黄芳倡建三教祠于马峰，第一座三一教堂出现了。乙酉（1585年）苏簧、林自明等建堂于涵江。戊子（1588年）林梦熊等建堂于瑶台。……癸巳（1593年）张洪都等建堂于玉溪。甲午（1594年），周启明等建堂于岐山。乙未（1595年）林鸣梧等建堂于林宅……从万历十二年至万历二十七年，林兆恩的家乡莆田、仙游一带建立了14座三一教教堂。

从万历四年（1576年）林兆恩就派弟子四处传教。弟子王兴，精于祛病，多在浙江新安倡教，拜者数千人，在新安建三一教堂；张洪都、游思忠倡教金陵；陈标倡教于榕城（今福州），建三一教堂及义塚，拜者数千；朱有开倡教建安，及门之弟子甚众；张子昇倡教临江府，其教大行。

又据弟子卢文辉等人编纂的《林子本行实录》记载："从万历十二年（1584年）至崇祯十年（1637年），50年间，福建莆田、仙游、福清、福州等地，浙江杭州、衢州、江山、新安等地，江苏南京、松江等地，安徽徽州下属各县，江西九江、庐山一带，共建数十座三一教堂。其余诸祠尚多，不能悉录。"[1]

林兆恩是怎样登上教主宝座的呢？据《林子行实》云：林氏弟子朱有开于万历十五年（1587年）在杭州倡教，遇一江湖术士扶鸾，"画三教合一图"。这江湖术士讲："近日诸神升天，朝玉皇天尊，见所事者乃三教合一像，即今之三教先生也。世间可传祀也。"[2] 这个编造的神话，为林兆恩认可。"至是门下始称三教先生为三一教主。"[3] 终于在71岁时，林兆恩从一个学术领袖转化成为宗教家。最初的三一教堂供奉四个偶像：孔子，儒仲尼氏，圣教宗师；老子，道清尼氏，玄教宗师；如来，释迦牟尼氏，禅教宗师；林兆恩，夏午尼氏，三一教主。所谓夏午

---

[1] （明）卢文辉等：《林子本行实录》，台湾玉湖书院本。
[2] （明）张洪都：《林子行实》，载《林子全集》贞集第九册。
[3] （明）张洪都：《林子行实》，载《林子全集》贞集第九册。

尼氏，即三一教，又称夏教。

夏者，大也，太极、阴阳、五行皆统于夏。故以三一教统领、包融整个宇宙之正道之正教。由上可知，林兆恩的确已是一个自认具大神通的宗教家了。

二　演变

万历二十六年（1598年），林兆恩去世。门徒各立宗支，各倡道一方。从明末至整个清代，大体分五支，其倡教范围包括福建、浙江、江西、安徽、江苏、湖北、直隶、台湾，以及东南亚各国。

1. 以陈标、王兴为首的三一教团

陈标、王兴是林氏亲传弟子。林氏死后，两人共倡教于福州，建教堂5所。其后陈标赴南京倡教，后到武夷山一带传播三一教，一直活到85岁。王兴则于其后到徽州倡教，建教堂多所。王兴，字真刚，他是三一教内最活跃的传教士，他以艮背法为人治病，多灵验。后又赴黄山一带建堂传教，84岁后回到福州。①

2. 以张洪都、真懒为首的三一教团

张洪都、林氏亲传弟子。兆恩死后，为林氏"心丧三年"，并于第二年著《林子行实》。后往江左、江右及南直隶倡教。万历三十八年（1610年）北上北京倡教，弟子拜者多不胜数，万历四十二年客死北京。张氏死时，他在南京真珠桥一带的教堂无人主持。万历四十四年，三一教徒真懒至金陵，遂发大心愿，振刷金陵三一教。真懒，俗姓朱，道号了玄，为林兆恩晚年佣工。曾因丧妻出家，且寻死数次，而不得解脱。40岁时重归三一教信仰。

真懒到金陵后，多方募化，终于在天启元年（1621年）建立了富丽堂皇的三一教堂——金陵中一堂。从此教门大开，求道问病者，纷然毕集。②

真懒在主持金陵中一堂时办了三件事。

---

① 《金陵中一堂行实》，《林子全集》贞集第九册。
② 《金陵中一堂行实》，《林子全集》贞集第九册。

第一件事是，向死无告贷者施舍棺木、义塚地。明末，人民苦不堪言，冻饿而死者多不胜计。据记载，真懒及其弟子从天启二年（1622年）始至天启五年，共计葬尸15000余具，"别男女之序"，使"死有棺""葬有地"，"清明有祭，中元有荐"①。认为所谓宇宙分内事，皆吾分内事。民吾同胞，皆天地之子，皆吾兄弟。胸怀是极博大宽广的，这是林兆恩创教精神的直接继承。这是"第一大功德"。这种广行善事，对社会毕竟是小补之术，但其精神是伟大的。

第二件事是，以艮背法为人疗疾去病。真懒主持中一堂时，"四方慕名登堂，盖不可缕指也"。十之八九因病而来。在三一教徒看来，世人之所以多病，皆因"甘于嗜欲，忙于名利"，所以授以"孔门心法"，便能使之心身俱旺，达到医药不能达到的效果。而病愈者，多举家归依三一教。②

第三件事是出版了《林子全集》。这部全集从崇祯二年（1629年）开始刻印，至四年秋"竣事"。共四〇册，一七〇余卷。这部全集是林兆恩亲笔遗稿，真懒为了这部稿，四十年来不辞劳苦，备受艰辛，终于全部付梓，成为今天研究三一教最宝贵的文献，也是最早的文献。

由于南京三一教的巨大影响，林兆恩成为民间传奇式人物，被文人当作主角写进评话演义小说之中。明天启七年（1627年）三月"有书铺廓卖书人阎九皋者，摇笔棍潘九华，历编《三教开迷演义》一部八册。……竟将三教先生名字号弁之于首，倚借名色，以为获利，……"③这部小说国内尚未发现。据日本学者泽田瑞穗的《三教思想和评话小说》一书介绍，日本天理图书馆藏有一部。以林兆恩为角色，虚构儒、释、道代表人物多名，编成百回长篇演义。④真懒及其弟子闻此事。"欲鸣诸有司"，以至出版者、作者畏惧，托请中间人说情，并将印板全部焚毁。⑤

---

① 《金陵中一堂行实》，《林子全集》贞集第九册。
② 《金陵中一堂行实》，《林子全集》贞集第九册。
③ 《金陵中一堂行实》，《林子全集》贞集第九册。
④ ［日］间野潜龙：《明代思想研究》第五章《儒释道三教的交涉》，转引自《中国民间宗教史》，第754页。
⑤ 《金陵中一堂行实》，《林子全集》贞集第九册。

3. 以卢文辉为首的三一教团

卢文辉也是林兆恩的亲传弟子，以他为首的教团主要活动在林氏家乡莆田、仙游、福清一带。卢文辉字廷黴，号性如，又叫子觉子。万历三十六年（1608年），他在涵江建立了规模宏大的三一教堂。第二年，他命弟子陈衷瑜纂《三教龙华醮祷》《兰盆科仪》。万历四十一年，他重修教堂，"塑教主宝像于其中"，并把自己塑像"从旁配之"。①卢文辉在涵江的三一教堂被命名为"大宗"，具有"祖堂"的权威。卢氏死于万历四十五年，享年54岁。他生前曾编纂了《三教正宗统论》，是另外一种《林子全集》。

卢氏死后，陈衷瑜接掌教权，"恪守大道廿余年"，"建嵩东祠，修东山、涵江、尚阳等祠，重订奉行三教经书"。《三教正宗统论》在他修订后，计三十六册，成为至今之三一教徒法定经书。②

陈衷瑜死后，由门人董史接续教权。

从卢文辉到董史，三代人共同完成了一部《林子本行实录》。这部实录比林兆珂的《林子年谱》、张洪都的《林子行实》神化色彩都浓，而且加上了当地各类民间宗教信仰内容。在书中林兆恩被说成"弥勒下生"，"在空中降下，以示弥勒现身"，借弥勒之口劝林兆恩行"龙华三会，普度人天"。上述内容说明，在林氏死后不过数十年，由于大批民众加入三一教，三一教已逐步向更具民间宗教的方向发展。

明末清初，莆田、仙游一带三一教发展迅速。规模宏大的三一教堂遍布各地，如荔根山下的瑶岛三教祠"庙貌巍峨，宫墙广大，……布龙眼百余棵，前后荔树夹道者十余种。……再传陈子，于是重辟门墙，广其庭而凿其池，筑其台而架其桥。则外作五彩长墙，以护其宫之广。至顺治己亥秋，余于荔根山之巅，建宫祀孔子、老子、释迦，以溯道脉之原，明三教合一之旨"③。董史还建造了通微、元山两座祠堂，祭祀"有功于师门"的张三丰和卓晚春。康熙二年（1663年）董史门徒在福州犀山建祠"特祀林子，以嫡传卢子、再传陈子分配于东西"，"以绍

---

① 《林子本行实录·附嫡传卢子本行》。
② 《林子本行实录·附再传陈子本行》。
③ （清）董史：《东山集草》卷一《瑶岛三教祠祀》。

孔圣绝学"。①

清顺治、康熙初年，满族入关不久，正忙于镇压农民起义、平定三藩之乱，对民间宗教尚无暇顾及。但在康熙时代实行了海禁，沿海60里范围内之教堂多遭破坏。海禁的推行"海岛迁民，杂处其内，风鹤一起，而祠宇变为寒灰矣"②。

到了康熙中叶以后，特别是雍正、乾隆时代，清政权已经稳定，各地民间宗教问题突出出来。乾隆十三岁（1748年）清代第一次以民间宗教为组织形式的暴动发生在闽北，当局在清查罗教、老官斋教的同时，对各地诸类民间宗教都进行了一次大清查，"一切斋堂、经像，悉皆拆毁"③。三一教当然在劫难逃。据《林子本行实录》书后记录云："自雍、乾以后，吾道式微，继起无人，书多佚失。"《东山集草·序》也说："惜夏林教，泽不五世而就衰，著作虽可等身，而继起无人，竟至束诸高阁。"但是宗教并不因政治压力而消亡，三一教亦如是。过了一个多世纪，同治、光绪时代，三一教又复苏了。同治间莆田人陈达智恢复三一教，著《三教初学指南》，并造林子明性真言四十八字。陈达智之后是梁普跃，于光绪十四年著《林子本体经释略》及《夏午经序》。但这一时代的三教教义与林兆恩、卢文辉时代已多不同了。佛教和道教的色彩异常浓重，行法会、斋醮仪式的内容突出出来。这是适应民间社会对宗教的需求，故宗教的实践活动不能不加上地方固有传统。此一变化，使三一教更地方化、通俗化、民间化了，也就更能为广大民众所接受了。

抗日战争时期，广大三一教徒本林兆恩抗倭精神，积极参与抗日斗争。

4. 湖北朱方旦为首的三一教团

在林兆恩生前，三一教就传到了湖北一带。清初湖北三一教已经蜕变。据黄宗羲记载："近日，程云章倡教吴彰之间，以一四篇言佛，二三篇言道，参两篇言儒。朱方旦则好言祸福。皆修兆恩之余术，而抹杀

---

① （清）董史：《东山集草》卷一《犀山堂记》。
② （清）董史：《东山集草》卷一《重兴尚阳祠序》。
③ 《史料旬刊》第二十九期，喀尔吉善等奏折。

兆恩，自出头地。"① 关于程云章，史料阙如。但关于朱方旦却不乏记载。蒋良骐《东华录》云：朱方旦，自号二眉山人，"阳托修炼之名，阴挟欺世之术。广招党羽，私刻秘书。其书有曰：'古号为圣贤者，安知中道。中道在我山根之上，两眉之间。'其徒互相标榜。有顾齐宏者曰：'古之尼山，今之眉山也。'陆光旭则曰：'孔子后两千二百余年而有吾师眉山夫子。朱、程精理而不精数，大儒之小用；老、庄言道而不言功，神仙之术虚。'"② 可见，像林兆恩一样，门徒是把朱方旦视为再生孔子的。朱方旦的信仰者中不仅有知识分子，还有清朝贵族、达官显宦。清顺承郡王勒尔锦赠朱方旦"至人里""圣人堂"匾额。湖北巡抚张朝珍赠朱"圣教帝师"匾额。评价之高，无以复加。朱方旦的活动引起了康熙皇帝的重视，曾有上谕，云："朱方旦系狂妄小人，军机大事万不可听其蛊惑。"③ 再据《清史稿·王鸿绪传》记载："时湖广有朱方旦者，自号二眉山人。造中说补，聚徒横议，常至数千人。自诩前知，与人决休咎。巡抚董国兴劾其左道惑众，逮至京，得旨宽释。及吴三桂反，顺承郡王勒尔锦驻师荆州，方旦以占验出入军营，巡抚张朝珍亦称为异人。上密戒勒尔锦勿为所惑。方旦乃避走江、浙。会鸿绪得其所刊《中质秘书》，遂以奏进，列其诬罔君上、悖逆圣道、摇惑人心三大罪。方旦坐诛。"

上述史料说明，朱方旦虽得林兆恩之余绪，以圣人、圣道自居，但所倡已远离林氏宗旨。他还违背了林氏不与时政的训示，以方术干政，结局自然不妙。

5. 三一教在东南亚的流传

三一教不但在中国流传，而且传播到海外，由闽中一些信仰者漂洋过海，带到了东南亚各国。当代德国学者傅吾康曾数次考察马来西亚、新加坡的三一教。在其撰文《关于三一教的一些看法和它在马来西亚、新加坡的传播》中指出，在上述两国还存有多所三一教堂，诸如宗圣堂、崇圣堂、三圣堂、三教洞、宗贤堂、宗圣书院、珠兴祠、普仙书

---

① 《黄梨洲文集·传状类·林三教传》。
② （清）蒋良骐：《东华录》卷一二。
③ （清）蒋良骐：《东华录》卷一二。

院、兴安会馆、珠光书院等。内中供奉林兆恩塑像,有的教堂在林兆恩塑像两侧,设卓晚春、张三丰像,"陪侍教主"。有的教堂把林氏称为夏午宗师,把卓晚春称作上阳真人,把张三丰称为圆通教主。而在普仙书院,林兆恩塑像两侧,却是"玄天大帝"和"九皇大帝"。各类教堂建筑风格一如闽中莆田、仙游一带,可见是由三一教发源地传播出去的。据傅吾康调查,三一教不仅由华侨带到"南洋各地",到如今"渐次遍及海外欧美等地",成为维系华侨团社的一种信仰。其作用在海外已经不仅仅限于对三教合一这样一种宗教哲学的信仰或阐发,而且具有使华人团社筑固的一种凝聚力了。

第二节　三一教的经典与教义

一　经典

三一教的经典很多,本章仅择教主林兆恩的著述加以介绍。

林兆恩51岁时,将其诸书总名为《圣学统宗》。

68岁时,将《圣学统宗》扩而大之,计八十七集,分六函。四函以元、亨、利、贞标号,又两函以乾坤标号。乾坤二函皆系摘言。这一阶段还出版过《林子编摘》《倡言大道》《教外别传》等书。

72岁时,命弟子把自己著述分门类编成《林子分内集》《三教分摘便览》《三教解经》《三教原编》。合计三十三册,分四函。

76岁时,命张洪都等编《林子四书正义》共二十册。

现存国内外林兆恩的著作,择其要者介绍如下:

《三教正宗》,明嘉靖年间刻本,林大朝等校梓,分上下两册,藏于原北京柏林寺图书馆。

《三教正宗统论》,明万历庚子(1600年)涵江夏心堂重梓版,六册二十卷。藏原北京柏林寺图书馆。

《三教会编要略》,明嘉靖癸亥(1563年)刻本,计九卷八册。为林氏最早出版物之一。第一册扉页有今人容肇祖写于民国37年(1948年)小识一篇。藏于北京大学图书馆。

《林子分内集分摘便览》，明万历戊子（1588年）刻本。据《林子行实》记载，此书应为六十二卷共十册。北京大学图书馆藏三十六卷五册。日本间野潜龙收藏有九册。

其他散见经书可参见林国平著《林兆恩与三一教》一书的《国内现存三一教著作一览表》。

林兆恩有三种不同版本全集存世：

（一）万历刻本《林子全集》，林兆恩族弟林兆珂编纂。该全集分藏于日本各图书馆，日人间野潜龙《林兆恩及其著作》一文中，将日本几处藏书互相参照，列出篇名，计七十九篇。

（二）《林子三教正宗统论》，简称《三教正宗统论》，计三十六册。北京图书馆、北京大学图书馆及莆田、仙游地区三一教徒手中都有收藏。北京图书馆、北大图书馆都作为万历刻本，实则为明崇祯十七年（1644年）版。此种全集原为六十余册，完于林兆恩79岁时，明廷礼部征集文人著述，林氏以此，仓促应命。林氏死后由弟子卢文辉、再传弟子陈衷瑜删减成三十六册，于"甲申复月之吉"付梓。

（三）崇祯四年版《林子全集》。北京图书馆善本部收藏为四十一册本，浙江图书馆善本部收藏为四十册本。这部著作尚附《林子行实》《金陵中一堂行实》，原著稿为林氏生前遗留。关于这种版本的《林子全集》，马西沙、韩秉方合著的《中国民间宗教史》第十三章《附录：林兆恩著述简介》中有翔实介绍，此不赘述。

二　教义

（一）三教合一思想

在林兆恩看来，儒、道、释三教之源本同，三教之道本一："盖我之道，未有儒、未有道、未有释之先之道也。"① 这"道"又像山间泉水，各奔异途，分成三支，本源却是一个。在林兆恩看来，孔、老、释迦生前，并未分立宗门，而是后代传人杜撰成儒、道、释三门的。林氏

---

① 崇祯版《林子全集》利集第五册《先衍》。

认为人"性本不殊",故"道惟一致"。其目的都在于"设科教人也"①。不能分什么是正,什么是邪。在林氏看来,这个道无形无体,无为无名,又无所不为。他称之为常道,又称之为一。

"道"的功能是巨大的:"故天得此一以常而清,地得此一以常而宁,日月得此一以常而明,四时得此一以常而序,孔子得此一以常而圣,老子得此一以常而玄,释迦得此一以常而禅。"②道是一种神秘的精神,似乎与朱熹的天理相同,然却又不是天理。这道即"圣人之心"即我之心:"圣人之心,包罗乎天地者也。惟其包罗乎天地,故其气能充塞乎天地。惟其气能充塞乎天地,故凡天地间之形形色色,……生生化化,而无尽者,则皆我之形也。……则是天地之间只我一心尔。心一则气一,气一则形一,不谓之宇宙分内事,皆吾分内事邪!"③由此可见,所谓常道,即林兆恩之"圣心",在宇宙形成之前即已存在。在林兆恩肉身存在之前即早已永恒地存在了。

林兆恩主张三教同源于道,不分邪正,但并不是主张三教在地位上平分秋色。他有明显的倾向性。他是崇儒尊孔的。他明确指出:孔子用以教人的是尧舜禹汤文武周公治天下的道理,最切合日用之常,不可一日没有。孔氏之教是包容一切的。对释、道二教,他认为是精微之至的,是专门为贤者、智者设计的道理。孔学为入世之道,道家为出世入世之道,释家为出世之道。三者缺一不可,但要以孔学为根基。所以他的学说,是率道、释二教以归儒尊孔的。这是他教义的基石。

对当世之儒、释、道的现状,林兆恩极不满意。他认为无论儒、道、释都流弊甚大,这种流弊已非一日之事,其由来已久。他说:老子之道大矣,后世之学者众,"而未闻得其宗者"。孔子之学,传到了孟子,以后其道也无真传了。释迦牟尼之道统,在印度传了二十八代,到中国传了六代,至唐代慧能,释氏之道也无真传了。

由于有上述看法,林兆恩开始对三教都进行了批判,即对三教之弊"为非说之"。

---

① 崇祯版《林子全集》元集第二册《道一教三》。
② 崇祯版《林子全集》元集第四册《常道》。
③ 崇祯版《林子全集》元集第二册《度世》。

林兆恩非儒是从荀子之非说起的。认为荀况"以桀纣为性也，尧舜伪也"。核心是批判荀况的性恶说。认为性恶说不仅与"天命之谓性"相左，而且与孟子"性善之旨"相违背。

对于汉儒，如郑玄、马融等人遍注六经，拘泥于文字训诂诠释，几乎使孔孟心学荡然无存，林兆恩更是深恶痛绝。认为秦始皇焚书坑儒之罪较之汉儒注经、阉割孔学，也只是小巫见大巫。当然对于汉儒，林氏也不是一概否定，对扬雄的《太玄》，能发明中一之道，认为颇符合圣学之旨。而对两汉鼎盛一时的谶纬经学，他则斥"谬也滋甚矣"，"斯亦惑矣"。

对隋、唐时代诸儒，他对隋代大儒王通特别赞誉，认为他是"绍仲尼之业者"，"盖有志于复三代之治矣"。对唐代韩愈的"性三品"说，他认为是韩氏不知人之性善本然，所以导致极为荒谬的地步。但对韩氏的儒家道统论，林氏却深有同感，极为赞赏。

周敦颐是宋代新儒学的开山祖，林兆恩特别崇尚周子寂然不动之诚，认为此乃本体，"得于天之自然"。认为周子之学极为阔大精微，不是二程所能探其精微者。

对理学家二程，林兆恩明显地褒程颢贬程颐，认为其学说廓然大公，充满和粹之气，是真正的明道之学，使人内外两忘。而认为程颐的格物之说偏于多学而识，似不明孔子一贯之旨，但亦承认后者操守很严，学说具有很大力量。

对南宋的朱熹与陆九渊，林兆恩皆有赞誉之辞，但是对历史上著名的朱陆鹅湖寺之争，林兆恩则贬朱而扬陆。对朱子一贯坚持的遍格穷物以达致知明理的主张，持否定态度，认为他的过失，在于过分偏重注训，而导致支离之病。并指出其晚年答陆象山书时已悔悟支离之病。暗示朱在那时已倾向了陆九渊的观点。林兆恩明显地受到王阳明《朱子晚年定论》观点的影响。这种影响反映了明代中末叶社会思潮与学术思潮的总的倾向，即陆王心学已占了理学的统治地位。

林兆恩是怎样非道教的呢？

在林兆恩看来，后世学道者众，皆无得老子真传者，故老学几成绝学。他认为老子著《道德经》五千言为天下式，无非教帝王"南面之术"，以便使国家达到无为而治的境界。与尧舜所倡"允执厥中"之道无异。可是后世的方术之士，缺少老子悲天悯人的情怀，只知修炼自图，避世幽居；或专以俗事为累，修道以成神仙。其实老子之教乃究天道而尽人事。此其一。第二，老子并不反对君臣之义、父子之仁、夫妇之别。黄老二人，一个贵为天子，一个乃柱下史，而二人皆婚娶有后，绝不"断弃伦属"，追求所谓高洁，而失其宗的。

至于世传之道书中屡见不鲜的"长生久视""白日飞升"或"辟谷尸解"等事，林兆恩一概斥为虚妄，认为是惑人惑己之事。但林氏对道教中某些人物，某些教派亦有扬喻。如作《参同契》之魏伯阳，晋代之许逊，唐代之司马承祯、吕洞宾及其后之白玉蟾、张三丰，他认为都是多少得道教真意者。林兆恩对净明道情有独钟。认为此派从早期的弘康传语蘭期，到晋之许逊从谌母得授孝道明王之法，从而创净明道，一直传至元代刘玉真而净明道显于世。林兆恩崇尚净明道，主要赞承此道讲入世之忠孝之道。由是可知，对一套道教史的批评与扬喻，是贯穿着纳释道归儒尊孔这个根本观点的。

林兆恩对佛教的批评是最激烈的。

其一是佛徒不婚不娶，断绝人伦。林氏认为这是违背释迦牟尼遗教的。佛祖本人结婚生子罗睺罗，"夫妇之伦备矣"。对唐太宗下诏命令僧道之徒致拜父母，林氏认为此是"万古不败之常道也"。佛徒认为断弃君臣、父子、夫妇关系，才能悟道成佛，是"惑之甚矣"。

其二，佛徒不从事常业，是那些好逸恶劳的游闲之士，曲解佛教经典的结果。认为能从事士、农、工、商四业，周旋于人伦日用之常的人才能得道。佛徒绝婚娶、弃四业，人道尚未得，而况佛道、仙道呢。

其三，念经之非。林兆恩认为佛教真传在禅宗一脉，从菩提达摩从印度东来中土，教化众生的基点是不立文字，不以念佛经为要，而是直指心性，"若不明心见性，不知念佛念心"，即使朝诵《金刚经》，暮诵《圆觉经》，再勤于念经，也难得佛果。认为佛家妙义，实在乎一心，若假外求，"则报应之说斯兴也"。

其四，坐禅之非。林兆恩认为禅宗是佛法正脉，但对那些不知本来面目、一味参禅枯坐的人大加批评。认为他们不懂"心念不起名为坐"的道理，结果走上顽空之境。其实为达心念不起的境界，行卧之间也是坐，并非要死坐在蒲团之上。

其五，对佛徒斋戒忌荤酒，林兆恩也大加批评。认为断荤酒有害健康。真正的要义在于斋心不斋口。心若不干净，再斋亦无益。他举例指出六祖慧能亦食肉边菜，因六祖心地干净，故不忌菜边的油荤。

林兆恩在对儒、道、释三教都加以批评或赞誉后，指出三教合一的关键在"道统中一"上。而道统中一，则非持心法不能明白：

儒氏之执中，其与道之守中有不同乎？道氏之守中，其与释氏之空中有不同乎？而所以持心法以入门，以造于执中、守中、空中之极则者，不可不知也。儒氏之一贯，其与道氏之得一有不同乎？道氏之得一，其与释氏之归一有不同乎？而所以持心法以入门，以造一贯、得一、归一极则者，不可不知也。①

在林氏看来，三教的"中""一"之道本同，要认识中、一之道本同，必从心法上下功夫才能识得。故林氏又讲"圣人之所以旷百世而相感者，此真心也，而圣人之道统于世矣。故曰道统。尧舜得此真心，而命之曰中，以开道统之原。孔子得此真心，而命之曰一，以绍此道统之传也"②。"一也，以一天下万世而同之者，心性也。"③ 由是看来，心性是认识道统中一即三教之原道的关键。林兆恩正是依靠道统中一作为本体，把儒、道、释，加以整合，统一起来，合三教为一的。

林兆恩统合三教的思路即道一教三，道本不殊，这是孔子、老子、释迦创教之本。教虽三名，但教化之职不二。而后世三教之徒多背离本源，妄自将三教人为划开，形成对立，且支离之，使道本身蒙垢。林兆恩通过对三教的批判，重新使后人识得道一教三的本质和教化功能，使三教在道统中一的奠基石上统一起来。这是林氏合三教为一理论的"正、反、合"的三个阶段。但在林氏那里三教又有不同位置，他讲：

---

① 参见马西沙、韩秉方《中国民间宗教史》第十三章，上海人民出版社1992年版，第783—784页。
② 马西沙、韩秉方：《中国民间宗教史》第十三章，上海人民出版社1992年版，第783页。
③ 参见马西沙、韩秉方《中国民间宗教史》第十三章，上海人民出版社1992年版，第783—784页。

> 余设科也，有曰立本者，是乃儒氏之所以为教也。有曰入门者，是乃道氏之所以为教也。有曰极则者，是乃释氏之所以为教也。而其教之序也，先立本，次入门，次极则也。

所谓立本者，即立教之根本。换句话说，林氏立三一教，是以儒教的原则为原则。道为入门，即以道教的九序功内丹术吸引信徒，教徒一旦入门，则需遵守儒门的一切道德规范。至于释为极则，则是十分空泛之谈。迄今为止，释为极则仍是无法落实的空论。三一教的本质是儒、道合一，即把儒家的道德伦理与道教内丹术融而为一。儒、道合流，同归一途。

（二）关于九序功

九序功是林兆恩总结的一种内丹术。黄宗羲认为它是道家之旁门，总之源于道教之内丹术是无疑义的。清代莆田人郑王臣亦指出：

"其言金丹之诀有九序，实与《参同契》相发明。"其实明代尹真人弟子所著《性命圭旨》中已有九段功，或曰九节功。林氏更直接继承的似应是《性命圭旨》的思想。而与林氏同时代的北方民间宗教中则流传着十步功法。这些内丹术大同小异。有此步骤仅是练功人的一种想象或感觉，至多是一种体味，一种心灵的感应。如第七序功"脱离生死，以身天地"，追求的精神不死，与天地同存，故"人之心"与"天地之心"同体，至于肉体之形骸完全被练功人摒弃于想象之外了。可以说是一种精神境界。至于第八序"超出天地，以身太虚"，更是林兆恩主观意识的一种产物。第七序，心与天地相合，那么天地尚有灭时，心岂不与天地同归于尽，心如何长生不灭呢？只有进入第八序，即"我天地之心超出天地而为太虚之心"。何谓太虚之心？依然是林兆恩的"心"。在林兆恩看来，他的精神先天地而生，由是而造就了天地万物，日月星辰，乃至自己的肉体。因此天地虽有毁灭之时，但精神依然存在，此即太虚之心。三一教后人对此曾有解释，认为元神升入太虚，而太虚自合于元神，神虚相感，乃结灵珠。这种解释亦过于牵强。至于第九序"虚空粉碎，以证极则"，即林兆恩认为自己的虚空精神亦不复存在，达到空得彻底、无得干净，即精神与物质世界皆达于空、无之境。

其弟子认为极则是释教无上正等正觉的状态。无声无臭，如如不动。其实这种境界是无法言说的，因此有的弟子也明白"到此地位，非惟一法不立，且无法可说，而说亦不得矣"①。林兆恩自己也解释不清，只能用无、无、无、无、无、无……无数个无字加以说明。

九序功后几序只是一种精神境界，其受到佛教空、无观念的影响是毫无疑义的。但九序功前几序则是道教内丹的基本步骤。

一序：艮背。

在本章前面已解释的艮背之法，即以念止念之心法，合于道教筑基功夫。念念只在于背部，使人精神专一、邪念、欲望顿消。行此法百日之内不行房事，而体魄自壮，如修房首先要打好基础。只有保精才能固丹，丹法以身体为基，筑基即补足身体。筑基分两种，对童贞及少年之体，先天条件很好，即无必要行此步。对壮年和老年练功者，体质已亏，必须加强此步的功夫。筑基，有两方面内容：一是保其后天之精，以便使后天之精转化成先天之气；二是排除杂念，培护阳神，使精、气、神长旺不衰。此步功夫，本质是调动人体生命的潜能，以正念控制人后天欲望，使疾病潜消，达到益寿延年的功效。林兆恩"念念皆归于背"，不过是使人精神专一的一种办法。道教止念之法很多，或使精神专注于上下丹田处。专注之点不同，但功效却是相同的。

二序：周天。

林兆恩九序功第二功为周天，又称之为行庭。道教内丹功法重要之点即行周天之术，又称河车。周天功夫分大、小周天。小周天指元气通任、督两脉上下运转功夫。由尾闾穴上升，经夹脊、玉枕，直至泥丸宫，然后下降至鹊桥、重楼、黄庭，纳入丹田。内丹术称这一循环为河车路。此类元气循环时间因人筑基功夫不同而异。一般需百日左右，此谓之小周天。小周天之后，黄芽温养于下丹田。而后行寂照不动功夫，抽坎添离，还精补脑，大药纯乾，此即大周天，亦称大河车，又称卯酉周天。

三序：通关。

林兆恩的周天功夫与第三序"通关"似应属于道教小周天功夫。林

---

① 林国平：《林兆恩与三一教》，福建人民出版社1992年版，第94页。

氏所云周天，似是从理论上论述天人合一观点，而非功法的具体运作。道家认为宇宙为大天地，人身为小天地，宇宙的变化与人身之变化理同。天以北辰为太极，天为乾，地为坤，犹人体这个鼎炉，以首为乾，以腹为坤；天地以春夏秋冬为循环，人体以五脏行五行之气，上升下降为小周天，左旋右转为大周天。林氏亦云："心为太极，而乾旋坤转周乎其外者，所谓四时行焉，而吾心一小天地也。"（《九序摘言》）所谓小周天，在三一教中与道教无所不同。林氏后学林至敬解释说："人身之关有三：尾闾者下也，夹脊者中也，泥丸者上也。然非积气盛满，则不能冲透。其升也，起于子至午位，则阳极阴生则退矣；其降也，基于午至子位，则阴极而阳复生矣。循环无端，升降弗停。"（林至敬：《卓午实义》）所谓子位即尾闾穴，午位即上丹田亦泥丸宫。子为水，指肾中元气；午指火，心中元神。以元神运元气，而循环往复，由量变而达于质变，然后功效自见。

四序：安土敦仁，以结阴丹。

土，为五行之尊，或称戊己土，居于八卦九宫的中央宫的位置。在炼丹术中又称中宫即中丹田。《周易参同契》云："青赤白黑，各居一方，皆秉中宫，戊己之功。"青、赤、白、黑皆秉于黄；木、火、金、水，皆秉于土；东、南、西、北，皆秉于中。而中宫是天地、人身之正中，所谓藏元始祖气之窍，又叫"祖气穴""中黄""真土""性海"诸名目。"安土敦仁"中的仁与儒家之仁有同有异。林兆恩的仁是生命的种子，仁即丹，丹即仁。关于"安土敦仁"本意，三一教后继者陈智达的见解最为贴合。他说："将此一点虚明之神，安于中宫以敦养之，水火既济，乃结阴丹，即教主所谓坎离交以胎阴也。"（《三教初学指南》）所谓水火既济，指心肾相交，水升火降曰既济。换言之，即坎离交媾，水火升降于中宫，阴阳混合于丹鼎，则气结神凝。张伯端讲："龙虎一交相眷恋，坎离交媾便成胎。"胎者阴丹也。或云阴丹者，还精之术，暗指男女双修，还精补脑之术。三一教有无此术，未经调查，不能妄言。

五序：采取天地，以收药物。

前四序功夫，达到结阴丹的结果。阴丹又谓之丹芽。丹芽亦称黄芽，内丹家认为炼丹之初，阴阳相感，水火既济，内生真一之体，种于丹田之中，加以温养，则丹芽日渐长成，结成大丹之纯阳之体。《悟真篇》云："内药还同外药，内通外亦通，丹头和合类相同，温养两般工夫。"意思是，如要结成大丹，不仅要采取人体内之药物，即精、气、神，使之凝结成丹，还要合于天地之阴阳。《九序摘言》云："亥子之间，天地一阳来复，而吾身之天地亦然。巳午之间，天地一阴来姤，而吾身之天地亦然。"亥子之间，天地的阳气由下转上，阴极阳生，人体与天地相合，亦处于一阳复来时。至巳午之间，阳极阴生，人体内阴气亦取代阳气占主要地位，即一阴来垢。若能在亥子之间、巳午之间保养精、气、神，行内丹之法，最为可取。此即"采取天地，以收药物"。

六序：凝神气穴，以姤阳丹。

气穴，在林兆恩九序心法中指的是下丹田，相对于中丹田之气海而言。在三一教中经历"安土敦仁，以结阴丹"之后，又依天地四时之序，采取体内药物，对此之时，致虚守静，至于虚静之极，一物若黍米之珠落于中黄，明明朗朗，莹白清洁。凝之少顷，取之上升至于心宫；凝之少顷，又采而下复降至于脐部。如是采而降，取而升，至第八转，只降于心脐之间，共九转为一遍。此谓之九还丹。至热则下移至下丹田处，即气穴。而神凝气穴，犹天气下降于地，元气与真神浑合，以姤真阳之体，丹道已成。这就是三一教所谓凝神气穴，以姤阳丹。

七序：脱离生死，以身天地。

即道家"炼神还虚"阶段。所谓脱离生死，并非肉体永存，而是使精神——凝结成圣胎，成为一种脱离肉体，来去纵横如意的自在之物。这种精神将与天地比寿，与日月同存，入于虚空，皆成圆明，归本还源，得大解脱。这当然是修炼者意识和感觉中的理想境界。

至于第八序、第九序前面已分析，此不赘言。

第三节　刘门教的历史沿革

刘门教亦称刘门道、刘门。由清中叶蜀之双流人刘沅所创。因刘沅在双流、成都庭院皆有古槐，刘沅遂号其宅曰槐轩，教亦以槐轩名之。

刘沅，四川双流县人，字止唐，一字讷如，道号清阳居士、碧霞居士。生于 1768 年（清乾隆三十三年，戊子），卒于 1855 年（咸丰五年，乙卯），享年 88 岁。刘沅祖籍湖北麻城。远祖刘朝弼，因明季不纲，徙蜀以避乱。高祖刘坤由眉州迁居温江，终于在双流县定居。刘氏家族世代清贫，耕读自养，甘于淡泊。刘沅祖、父两代皆性耽典籍，尤喜易理。其祖父刘鼎汉曾著《易蕴发明》一书。他认为"乾坤坎离，是一是二，乾坤在天地之初，阳健而阴顺，即是太极之体；乾坤在坎离之后，阳施阴育，即是太极之用。先天后天，止一太极。理气象数，释之万端，括之浑然"①。其父刘汝钦亦精于易学，洞彻性理。认为"圣人则天，实天启圣人以明道化，不仅在数术"，皆为发明大学止至善、中庸至中和之学②。《清国史刘沅本传》讲，刘沅"更求存养之功，内外交修"，知"圣人穷理尽性，造化神通"，皆是"仰承庭训"的结果③。说明刘沅自有家学渊源。

刘沅少年时，随父兄读书，虽于乾隆五十七年（1792年）乡试中试，但此后三次会试皆不售，遂归家养母。至 60 岁"列贤书之荐"，不愿外任，改国子监典簿，不久归蜀，设帐讲学。受教者数千，成进士登贤书者百余人，声名远播，时人称"沅为川西夫子云"。刘沅讲学传道，笔耕不辍。数十年间，著述一八〇卷。生前刊行有《槐轩杂录》四卷。逝世五十年后才有《槐轩全书》问世。

今人研究刘沅并非因其为学问家，主要因为他创立了刘门教，是个宗教家。

刘沅少时，家道贫寒，本人亦多病，"自孩提至弱冠，频死数矣"。至 25 岁，三试不售，可谓困矣。这种情况并未因其兄中进士、任京官而改变。加之母老愤病，刘沅本人"疲惫殊甚，如七八十者，恐不及终母之养，药饵罔效"④。恰其时，他遇到两位奇人，一个是静一道人，一个是野云老人。这两个人的出现，改变了他一生的道路。

乾隆五十八年（1793年），刘沅随其兄赴京，在湖北当阳紫柏山遇到静一道人，"谈修养之道，讶其与吾儒同。道人惠《道德经》注，系

---

① （清）刘沅：《刘氏族谱·君谟传》。
② 《国史馆刘沅本传》，载《槐轩全书》卷首。
③ 《国史馆刘沅本传》，载《槐轩全书》卷首。
④ （清）刘沅：《槐轩杂录》卷四《自叙示子》，豫成堂藏板咸丰二年版。

纯阳子作，益疑方外假托多多"①。这是刘沅最初接触道家养生的经历。

从北京回四川后，刘沅旧疾难愈，亟求养生之道。一日在大街上忽遇一卖药老人，"形容殊异，心敬爱之，求示延年之方"。此即野云老人。野云老人告诉他"人身自有长生药"，"先天虚无一气，天之所以为天，即人之所以为人。存神养气，即存心养性，歧而视之，是以仁者寿大德必寿之理不明，而却老独在神仙尔。返内求诸身心可也"②。刘沅从此拜野云老人为师，学习了八年。野云老人于嘉庆九年（1804年，甲子）告辞而去。当时刘沅36岁。此后"乃益励修"，身体日壮。从59岁至80岁连生八子。刘沅50多岁时对道家丹道著作更加深研究，特别留意《性命圭旨》，研读此书往往至清夜。刘沅设帐讲学的内容当然仍是儒家经典。但讲学之外的更重要内容乃是秘授弟子，讲授气功及实践道教的斋醮法会。刘沅关于儒家著述一百七八十卷，此外尚有《法言会纂》十册一〇〇卷，不收入全集之中。在刘沅的晚年，刘门教形成了。其标志是教团的形成，宗教修炼及仪式的完备，刘沅从学问家转化成宗教家。此后刘氏后裔又将刘门教更完整地固定下来，使之日臻成熟。

刘沅死后，刘门由长子刘松文接掌。刘松文又叫刘菘云，字子桥。生于道光七年（1827年，丁亥），卒年不详。刘松文掌教数年，其后由刘沅第六子刘梖文掌教，成为该教第三代掌门人。刘梖文，又名通微，字子维，生于道光二十三年（1843年，癸卯）九月十四日，卒于民国4年（1915年，甲寅），享年62岁。据刘子维墓志铭记载，他"弱冠入庠，以优等补增生，授训导，改中书科中书"③。他执掌刘门20余年，"传授性学"，"口传指画"，"门人日益进"。他平居之时，经常静坐在斗室之中，体悟幽明生死之境。到晚年时多阐明三教一源的道理，"下笔辄数千百言"。他平生不言方技，而精通医道，盖以气功作为疗病之

---

① （清）刘沅：《槐轩杂录》卷四《自叙示子》，豫成堂藏板咸丰二年版。
② （清）刘沅：《槐轩杂录》卷四《自叙示子》，豫成堂藏板咸丰二年版。
③ 江维斗撰：《清中书科中书刘子维夫子墓志铭》，此份资料是原双流县政协胡跃琼抄录提供。

法。他身长八尺，相貌魁梧，"目光炯炯如电"[1]。年55岁得子刘咸忻。咸忻不喜其父教业，专心著述，成就杰出，融文史哲为一炉，著作等身，总名其著《推十全书》。全书凡二三一种，千余篇，四百余卷，三五〇册。当代哲人梁漱溟，史家陈寅恪、蒙文通对他推崇备至。蒙文通谓其"为一代之雄，数百年来一人而已"（《四川方志序》）。刘咸忻（鉴泉）死于1932年，年仅36岁。刘鉴泉不喜内丹术，故在其父丧后不曾掌教。刘门第四代教主是刘咸焌，字仲韬，时在民国时代。

刘沅教业的真正继承人是刘梖文，在刘梖文掌教的二十余年间，刘门教从创教的理论缔造阶段，发展到扩充教门，以实践活动为主的阶段。这一阶段及其后刘仲韬掌教的时代，宗教活动主要有三种：一是以讲学形式传授气功。二是大规模地实行类似道教的斋醮活动。三是发展慈善事业。

第一，传授气功是教内核心机密，非入门弟子不传。丹法不著文字，口授心传。收择弟子有入门仪式。每半月或一个月招收门徒一次，要有介绍人推荐。凡入门者要开具曾祖父、祖父、父亲三代姓名、行迹，家庭清白而个人无污点者始行入门仪式。仪式前，要送束修或金钱以为执之礼。仪式之始，老师代弟子向孔子牌位叩头，然后弟子再向老师叩头四次。然后发誓赌咒，决不叛教，否则必遭刀兵水火之厄。添上一个字据，证明入教诚心，再将字据焚烧，以达天听。教内有五条十五戒。五条是孝善为首，尊师重道，谨言慎行，坚恒勤笃，勿许哄泄。十五戒是戒杀生、戒妄语等道德规范。凡能实行五条十五戒者，始按步教授丹法。丹法分九步。

第二，大规模地进行道场法会。刘沅创教的时代就曾亲自主坛做法会。大概在他60岁以后口述《法言会纂》十册一百卷，由弟子刘芬记录整理而成。刘芬，号芝圃，虽姓刘而非刘沅本家，是刘沅第一个外姓大弟子。笔者仅见《法言会纂》第二册，第一四卷至第二三卷。内容有《启师科仪》《申三元科仪》《谢火仪》《文昌科仪》《申斗府科仪》《步罡转斗科仪》《礼斗科仪》《解除目疾科仪》《生人移度科仪》《移

---

[1] 江维斗撰：《清中书科中书刘子维夫子墓志铭》，此份资料是原双流县政协胡跃琼抄录提供。

炼除魔科仪》《靖怪科仪》。从上述一册册内容即可知刘门教斋醮仪式之复杂。但是《法言会纂》绝非刘沅所独创，而是得之于道家。道教徒从汉末三国时代起即开始了初级的宗教科仪活动，一千余年间，积累了浩繁的科仪类经典，以为斋醮法会之用。这类经典多集于《道藏》威仪类。而斋醮之渊源则远溯殷商时代巫祝之降神仪式，特盛于春秋战国时代楚文化中。汉末五斗米道之三官手书，设坛以祭，家出五斗米，教设义舍，则是道教斋醮仪式的雏形。南北朝时期，道教斋醮仪式经文人高道大规模改造润色，仪式规范日臻成熟，规模日渐宏伟，上下层社会皆有广泛信仰者。而大型成体系的道经经过几代道士之手，亦随之问世。特别是《灵宝经》的问世，道教徒由个人清修阶段，逐渐发展成大规模集体宗教活动。唐、宋时代崇道之风弥漫整个社会，科仪经典，代有新出。五代著名道士杜光庭遂整理出八十余卷的《道门科范大全》。明代则有《大明玄教立教立成斋醮仪范》多种。这些正是刘沅《法言会纂》的来源。《法言会纂》由刘沅口授、刘芬整理而成，说明：(1) 刘沅本人已积累了大量斋醮法会的实践经验，行斋醮法会之事烂熟于心，指挥若定。(2) 刘沅后人不将《法言会纂》编入《槐轩全书》似有难言之隐。刘沅被人称为"川西夫子"，是以其名儒身份被称颂的。外人并不知其深通道教内丹术及斋醮之道。就像其著述并不细言丹道思想一样，是惧怕知识界、官僚阶层的非议。本质上刘沅已是个外儒内道，或儒、道兼通的宗教家。

刘沅行斋醮法会地点在成都其所居纯化间之延庆寺。刘沅《重修延庆寺碑记》一文记载：延庆寺创自明代，经兵燹而无恙，但至清中叶仅余地百弓。刘沅募资修葺，这座佛、道、儒三教合一的寺庙又重现光辉："前为灵官楼，其后为如来殿，而文武夫子则居其中。观音卫房、吕祖、达摩则列于佛殿之左右。"[①] 在刘门教兴盛之后，此寺变成刘氏家庙及刘门教宗教仪式的活动中心之一，寺庙建制也随之扩大，又塑了文昌帝君像。文昌帝君像是依刘沅面目塑成，以暗示刘沅为文昌帝君转世。刘氏的另一所家庙是圣寿寺，又叫观音殿。清末刘门集资重修，建筑规模宏大，大殿可同时容纳二三百人跪拜顶礼。殿内供"道"的化

[①] （清）刘沅：《槐轩全书·槐轩杂著》卷三《重修延庆寺碑记》。

身斗姥，其次是太上老君，再次是如来佛，以下为观音立像。八仙及五岳诸神则塑于仙山之上。

法会兴盛是在刘梩文掌教时代。每年在圣寿寺搞五次大的斋醮法会，四次小会。五次大的法会是：

上元会。正月十三日至十六日举办，二千信徒依次到大殿内叩头礼拜。

佛祖会。四月五日至八日举行。此会由刘门弟子凑钱，刘门各地教首、骨干齐来赴会。

中元会。七月十三日至十六日举行。

九皇会。九月六日至九月九日举行。吃斋、护法、祈祷。

下元会。十月十三日至十六日举行。①

五次大的斋醮仪式都极为隆重，一场一场地做，从早到晚，每次科仪不同，祈祷的内容也不一样。刘门各代祖师在四大法会中几次带头上香。开坛的第一天第一坛教首必到，供太上老君、文昌帝君时必到。《步罡转斗》这一场斋醮仪式必到。法会上还供灵官及南北斗之首叩斗口。灵官是道教护法，道通过他才能上达天听。斗口是众星宿之首，带有极大的权威性。《步罡转斗》这个道场是祈祷世运转机的，故教首亦必亲临。圣寿寺行法会的有五套班子，新津县一套、双流县一套、成都两套、新都县一套。每套都有一坛主，主持法会仪式。一个班子至少二三十人，高功不等，余为道友。刘家人不充任坛主，或以其事过烦之故。但那套班子主持法会，或下一次法会，均由各坛主在神前抓阄。抓阄后最后决定权仍在刘门教首，须其点头同意。刘沅后代教首要在《供沅》这场道场中出现，站在坛主之后，上百弟子分列两旁，高功衣着红袍，一般道友着黄袍。道友则多为非专业人员，来自社会各阶层的信仰者，务农者居多。斋醮仪式有道场音乐相伴进行，分大乐、细乐两种。大乐有锣鼓、喇叭等乐器和奏。细乐则是以笛子、箫、三星、木鱼、鼓为主，奏而和之，令人神气清静。最热闹的是九皇会，要搭设三个高台

---

① 关于刘门教所行斋醮法会内容，皆为刘沅后裔刘伯谷、朱炳先等口头提供，经作者整理。迄今尚未见他人之文字材料，而我们整理后又未经刘、朱二位核对。如有错误笔者当负其责。

搞供斋，买很多供品，花费极大。要摆香、花、灯、水果、茶、食品、宝、珠、道衣之类物品。其他四次大斋醮法会供品不如九皇会丰富。每次法会做到最后一天最后一堂的法事叫"施戒"，内容是烧戒单让鬼魂超生。这堂法会道友要全部聚集。据云，刘沅生前就做过施戒会，他的大弟子法言堂开创者樊真人是第一代主坛者。

除了五次大法会外，每年还有四次小型法会，分别在二月、五月、八月、十一月的初一、初二、初三日举行。主要内容是"济阴救阳"，给鬼魂做超度，为活人施救济。除了延庆寺、圣寿寺外，成都及川西诸县都有刘门教子庙，如火神庙、惜字宫等，也办小型法会。

第三，刘门教的慈善活动。

在刘根文掌教的时代，刘门教开始办大规模的慈善事业。这说明刘门教教势已盛，经济实力雄厚。刘门搞慈善事业，基于其宗教道德信条，即天之贵生曰德。人性本善，善即是性。全德即至善，全人即圣人。凡此又皆依儒家"天地之性人为贵"的思想为本。从《礼运篇》的大同之世，到张载《西铭》中的民胞物与思想，都表达了个体之人与家庭、社会、国家一体的思想。国家是一个大家庭，家庭是一个小社会，人人皆为天地之体、天地之性。由于民吾同胞，尊高年，慈孤幼，凡是天下困苦、残疾、孤独、鳏、寡、流离失所的人都是我们的兄弟，都要给予救助。否则天地必出现不祥之气，使太和之气不能流布，将导致世运衰颓，国运不兴，政权不稳。对颠连无告者，不仅国家要实行救济，各地绅衿、豪富为了稳定地方亦广设义仓、义冢、义田。大宗族内则设有公田、公仓以救济同族或地方无告贷者。清末四川不靖，政权腐败，土匪丛生。大批流民出现，贫无告贷者接踵于途。在这种情况下，刘门首先在成都两所家庙建立了"乐善公所"和"崇善局"，进行"济幽救阳"的慈善活动。所谓救阳即救济贫穷无告贷者；所谓济幽，即超拔亡魂，施舍棺木、葬地。总其活动，分下面几个方面：

（1）每年年终为贫无告贷者发放米票，少者三升、一斗，多者一石。只能到乐善公所和崇善局去领。刘门家庙设有义米仓，皆为刘氏门人共同捐助的。其他有钱人如愿捐助可去乐善公所等处购买米票，再施放给穷人。

（2）一年四季施衣施药，分单日双日。一般是刘门教中的医生到延庆寺、圣寿寺尽义务。那里有固定药房，无钱看病的穷人可以去那里看病。

（3）施棺，施冢地即义地。刘门教每年制棺木千副，类似四方的火匣子。四季发放给死无告葬者之家属，并有特定地点进行埋葬。所谓"生者保其生，死者安其魂"。

（4）放生息灾衍。每年佛祖会时大放其生。刘门有一二百亩放生池，内有放生的鱼。教内禁食牛肉、狗肉，以其对人类有贡献。

除了祖堂家庙建立慈善机构外，各县凡有刘门教者，大多也相继成立了类似机构。这类机构的捐资者皆为刘门中绅、商和热心慈善事业的各界人氏。一般机构严密、制度严格，分总理事，下设常务、财务、采买、事务、外务、文书等协理，多非固定职务。每年账目张榜公布。帮助对象和内容涉及养老、育婴、扶节、恤贫、恤孤、施医施药、施棺木、施义冢、发米、放生、惜字纸等。与刘门祖堂家庙所行善事大同小异。

刘门教在清末民国时代成为四川一大教门。刘氏家族也骤然豪富，刘氏纯化间居址极大，设有家祠家庙。刘氏家族与刘门弟子朱姓家族、李姓家族、张姓家族，成为成都大族，而其间刘氏家族首屈一指。至民国年间刘门更加显赫，四川军阀刘湘、刘文辉、邓锡侯等皆拜第四代教首刘仲韬为师，投入刘门。各地豪势、富户拜刘门者不胜枚举。刘门经济来源多靠弟子门人捐助。[①] 在这种情况下，刘氏家族及各地弟子拿出部分资财，兴办慈善事业，赈乏济贫。其为小补之术，亦已明显。当然比起为富不仁者，刘门的慈善事业尚有稳定地方的功能。

第四节　刘门教的经典与教义

一　经典

刘门教的经典即刘沅的著述。刘沅讲学传道，笔耕不辍，数十年

---

① 上述资料由刘沅后裔刘伯谷、朱炳先提供。

间，著述不下一百七八十卷。光绪三十一年（1905年）四川总督奏恳朝廷为刘沅立传，并呈刘氏所著《易》《书》《诗》《三礼》《春秋》恒解，暨《四书恒解》《孝经直解》《古本大学质言》《史存》等书，共十一部计一四三卷。同期清国史馆刘沅本传除列举了上述著作外，又列举了《槐轩文集》《诗集》《约言》《拾余四种》《蒙训》《豫成堂家训》《保身立命要言》《下学梯航》《又问》《俗言》等篇。

今日笔者所见所闻有光绪三十一年（1905年）刊行的《槐轩全书》共一七八卷。共计二三种著述，一〇七册，分为十函、十四函两种①。另外尚有两种版本的《槐轩全书》，一种是民国3年至33年（1914—1944年）刻本，共二三种，一〇七册。另一种是民国20年（1931年）的西羌鲜氏特园本，共二三种，一〇六册②。与光绪版册数相当，但卷数不一。

刘沅最早刊行的著作是《槐轩杂著》，于作者生前的咸丰二年（1852年）付梓行世。

刘沅著作比重最大部分是对十三经的"恒解"，恒者遍也，恒解即诠释。他恒解十三经，"穷极精奥"，以证儒流正源；另一方面，著《正伪》，排击程朱，弘扬陆王，"发先儒所未发"，成一家之私言。同时又著《子问》《又问》，阐明自己对丹道思想及汇同儒道两家道德、修炼的性命之学，从而另辟蹊径，使刘沅不但是一个学问家，而且成为一个宗教家。

刘沅60岁以后口授，由大弟子刘芬整理了一百卷十册的《法言会纂》，为刘门教的宗教活动和斋醮法会提供了文字依据。

二　教义

刘沅著述极丰，但涉及教理者不多，主要集于《子问》《又问》，计三卷之中。另外从他对《性命圭旨》大量眉批，亦可以看出他对丹道学的理解。

---

① 见北京科学院图书馆藏目录。
② 参见李兴刚：《刘沅》，载《四川思想家》，四川人民出版社1987年版。

刘沅认为自羲皇至孔、孟圣贤"发明尽人合天之学尽矣"。但是人们并不重视穷理尽性以至于命的奥义微言,以致天下苍生不知人身之贵重。正因如此,"隐德之士为内外《黄庭》,略言人身之贵。魏伯阳又撰《参同契》,言了命了性之功,皆有益世教之文。惜以伪传伪,目为异端,不可不辨也"①。内外《黄庭经》是道教早期重要经典,其传承与儒家圣人圣典无涉。但刘沅在《又问》篇中暗喻此经与《参同契》是羲皇乃至孔孟儒家"奥义"之遗流远脉,是明显的牵强附会。但刘沅贵人身之重的确指出了修行的要道,不同于一般知识分子轻视道教养生术的偏见。

唐末五代、北宋是中国道教史上一大转折,道教内丹术已形成体系。汉钟离、吕纯阳承前代仙法,著书立说,阐发其详。其后张伯端的《悟真篇》、石杏林的《还源篇》、薛道光的《复命篇》、陈泥丸的《翠虚篇》、全真七子的大量著述其中包括邱处机的语录及《证道篇》、张三丰的《玄谭全集》,乃至明中叶出现的无名氏著《性命圭旨》等,在数百年间造成了中国丹道思想的鼎盛时期。

内丹道认为天地真宝不在千经万典之中,亦不在神仙洞府之内,人不知自身体内有宝,妄自外求,以致枉抛了一番修行之心。故张伯端告诫:"人人本有长生药,自是迷途妄自抛。"刘沅则认为"知吾身之理则知天地,知天地合一之实,乃能尽人合天之学","天地一人也,乾性坤命,分之为两仪,合之为太极"。只有尽性致命,才能知天窍圆以藏性,地窍方而藏命。人之性命孕于乾坤之窍,"天地无日不合,性命无时不合"。"人身未生以前,性命统一于一元,一元藏于中土,浑然一个太极"。由此他得出修心养性合乎天道,合于孔孟"穷理尽性以至于命"的宗旨。

怎样才能存心养性?即存心以养浩然之气。刘沅认为:"性,理也。理寓于气,气即是理。"只有存虚无不动之神,才能养自然清净之气。这里的神即心之谓,而养气之意又在于全性。故刘沅又讲:"若不养先天乾元之气,则不能全先天乾元之理,何以尽性为致

---

① (清)刘沅:《槐轩全书·又问》。

第九章 三一教与刘门教

命？"① 道家内丹道的本质是修炼精、气、神。刘沅讲养先天乾元之气，即炼后天之精为先天之精，由元精而化元气，使元神与之气交而结圣胎。因此不能不言及道教修身要义。刘沅在《又问》篇中有单谈道家内炼的方法：

> 道家言虚无清净，即静养之时神凝气聚，一念不生，得受中之本然耳。此寂然不动之神即天命之性。易所谓乾元一气。养气者聚神气于中土，一念不生，万缘屏绝，是为止至善。果然到定静安境界，神气凝结，有绪已了，是为立命，道家谓之了命。再加涵养之功，日用伦常毫发不苟，久久充实矣。以一元之神运一元之气，道流云"取将坎位中心实，点化离宫腹内阴"，名取坎填离。坎离变为乾坤，复还先天乾坤本然。神，火也，气，药也，以神养气，喻为以火炼药。性藏于乾窍，称为乾鼎，命藏于坤窍，称为坤炉。夫子《易系》曰时行时止，动静不失其时。……人身性命之功与天地同。②

上述内容是刘沅对丹道思想的根本性解释，也是他的丹道思想的精华所在。在上段文字中他没有一句提及内丹、金丹、圣胎字眼，但全篇都在叙述修炼内丹的过程。在他看来，人受生之始，性命浑于太极，神气聚于中黄即丹田。受生之后即进入后天，乾坤错位，坎离为用，离中之阴即元神与坎中之阳即元气分离，人始受物欲之累，性命渐渐耗尽，直至生命终结。要达长生境界，只有回归太极，达于受生前本来面目，达到人身性命与天地同的目的。其关键是存虚无不动之神，养自然清净之气，使神气聚于中土之丹田处，达到神气凝结，形成道家了命的境界。这个过程像是以火炼药的过程。人的神就像火，而气则如药，以火寂照于药，即以神养气。久久存养，大药纯乾。这个过程也像张伯端《悟真篇》所云："取将坎位中心实，点化离宫腹内阴。"最后坎离变成乾坤，复还先天乾坤本来面目。是时性命皆复归本位，藏于先天乾窍与

---

① （清）刘沅：《槐轩全书·子问》卷二。
② （清）刘沅：《槐轩全书·又问》。

坤窍，而浑然一个太极。在刘沅看来，存心养性的过程与天地万物归一太极的过程相合，此即孔孟"尽人合天之理"。刘沅自认为不同于道家，道家过多地注重单修，不合所谓儒家古圣贤性命双修之理，不注重日用伦常的约束，不注重道德的修养，很难达于至善之地。刘沅很喜欢提及"仁者寿，大德必寿"这句名言，认为修炼而不养性，则不能达于仁寿之地。只有崇高的道德修养，合于为人之道，修炼才能达到目的。这样他就把儒家提倡的道德伦理与道教的丹道思想高度地融合在一起了。但是刘沅把内丹道修持发明的奥义归于儒家古圣贤身上，仿佛是刘沅在发古圣贤被埋没了的思想，这对道教是很不公正的。因为即使儒家古圣贤经典中倡涉了某些炼养思想的萌芽，也绝没有形成体系。内丹体系基本出于先秦道家的炼养思想，经过两千余年的实践与理论探讨过程，终于在唐、宋之际，形成蔚为大观且奥义精微的丹道思想。刘沅所取之"道"，本质来源于此。

刘沅除了在其著《子问》《又问》篇中谈及其宗教思想外，他还对《性命圭旨》这部丹道思想的巨著作了大量的眉批，这些眉批也表述了他的存心养性思想的来源。

《性命圭旨·利卷》页二九有址塘诗云：

尽泄乾坤秘，璇玑本自然。
几人窥造化，翰运法周天。

《利卷》页三三眉批：

金液还大丹，铅尽汞乾，结成一颗牟泥，妙诀亘古难遇，得之者可不重欤？

《利卷》页三九纳如子眉批：

文火武火，三者备矣。第间抽添运用，寒暖迟速，非真人不识。

《性命圭旨，贞卷》页十二碧霞居士眉批诗云：

　　苦海从来溺众生，乾坤再造宝珠莹。
　　七情痴爱谁能断，四大风云总是轻。
　　历尽波涛方了性，完全忠孝定忘情。
　　而今而后吾知免，三教源流仔细评。

又：

　　万物皆备是吾身，真空性海绝波垠。
　　莫教撇却寻常事，寂守冥鸿涵道真。

《贞卷》页二一，清阳居士书：

　　三千八百何由之，本性圆明在一心。
　　扰扰尘心韁锁固，蓬莱归路几人寻。

《贞卷》页二五，清阳居士眉批诗文云：

　　不须驰想望飞翔，道法精微在一腔。
　　脱却牢笼盼了性，真如了了任行藏。
　　毘卢德海号圆明，自在昆仑顶上行。
　　惆怅此身难了处，四观三有未忘情。

又：

　　正法由来际遇难，业经了悟责□宽。①
　　梯云粉粹恒沙界，更把牟尼仔细看。

---

① 蒙刘沅后人刘伯谷等借阅此经原本，复印后部分内容不清，故引文个别地方可能有误，字亦脱落，读者识之。

除上述引证外，刘沅及其后人对此经眉批、横批尚多。据《贞卷》后注，刘沅仔细阅读此书在嘉庆二十年（乙亥，1815年），时年51岁。那时他对丹道思想的追求已入如醉如痴之境，阅此书多至清夜。

刘沅在眉批中毫不隐晦对修炼内丹的追求，及对神仙境界的向往。他认为金液还丹之术亘古难求，乃天地奥秘，几人能窥此造化？只有"翰运法周天"即修行周天之术，才能结成一颗牟尼宝，即结成金丹。《贞卷》眉批之"乾坤再造宝珠莹"之宝珠亦隐喻金丹。他认为一旦金丹炼就，即可达到"真如了了任行藏"的境界，成就"自在昆仑顶上行"，达到道家所谓炼神还虚的功效，从此即可脱离牢笼，归路蓬莱，遗世而成仙了。但他感叹蓬莱仙路实难寻觅，因为求道的正法"由来难际遇"，凡得之者则应重之。

关于修炼内丹的具体步骤，刘沅认为是天地玄机，不可轻示于人，故在著述中从未明言。笔者赴巴蜀调查，刘沅曾孙刘伯谷及朱炳先曾言及刘沅内功之法[①]。下面根据调查笔记整理如下：

> 刘沅发明了一种气功，可以强健身体，叫九段功，又叫九还丹，单传口授，传以后不能向外人说。被传授的人要在早、午、晚静坐，和现在的气功大同小异。又叫刘门、刘沅道、槐轩道。初步功，要求打盘脚静坐，衣服要宽松，心中要静，意守丹田，拇指掐到四指根部，两手放在髋下，两眼微闭，舌顶天堂，轻轻叩齿三十六下，然后引津、吞津，用意念和眼睛引导到喉，然后到胸腔，然后到胃，然后到脐，然后到脐下丹田。有口诀是：缓缓引，不要快，轻轻的，不要重，端端的，不要偏。打盘脚的目的是让气团作一堆，如婴儿在母腹，返回先天。有诗说：到此何分先后天，浑然太极未生前，个中咫尺都忘却，似醉似痴眠未眠。这种境界体会极为舒服，只晓得一个丹田，人是最舒服的时候。时间越长，功夫越

[①] 笔者和同仁韩秉方、曹中建赴成都进行社会调查。刘伯谷等言及刘沅丹法，下面仅为调查记录，而非丹道气功教法，读者勿以此为修炼之本。且调查内容中多非内丹术语，读者识之。

厚，最后炉火纯青，丹田发热，只要闭眼就丹田发热，就可以换功炼第二步。第二步，气从丹田引到肛门（注：尾间穴），从背后到脑后回来。

因为被调查者仅炼到二步功，以后诸功难以相告，但他说二步功后都有口诀。据云，刘门弟子最多炼到五步功。笔者调查范围有限，对九步功难窥其实。刘沅生前曾细阅《性命圭旨》，无独有偶，此经亦有九节功，今录如下，作为探讨刘门功法之参考：

第一节口诀：涵养本源，救护命宝。
第二节口诀：安神祖窍，翕聚先天。
第三节口诀：蛰藏气穴，众妙归根。
第四节口诀：天人合发，采药归壶。
第五节口诀：乾坤交媾，去矿留金。
第六节口诀：灵丹入鼎，长养圣胎。
第七节口诀：婴儿现形，出离苦海。
第八节口诀：移神内院，端拱真心。
第九节口诀：本体虚空，超出三界。

内丹道，今人谓之气功，在古代总是与宗教甚至迷信相契合，以致精华与糟粕并存，科学与虚妄相伴。气功是中华民族积几千年探求摸索的瑰宝，底蕴精神，值得后人发扬弘励。刘沅将内丹术与儒家伦理结合，提倡人的道德修养与养生的一致性。他的这套做法适应了当时的社会风尚，调节着激烈的社会矛盾，对各阶层信仰者强身健体，足具功效，故门人弟子，趋之若鹜。但不能不指出，他倡导的忠孝节义的伦理思想在腐败的封建时代，特别是腐败的清政权行将就木的时代，违背人民反抗封建专制统治的时代潮流，自有其消极的一面，甚至导致后世刘门成为部分军阀政客拜谒之地，陈腐落伍者集聚之所。这恰恰是一生清白的刘沅始料不及的。

每一个时代，人们都力图把握和理解自己生存时代的特点，把握那个时代生活的真谛。刘沅及其所倡的刘门教是封建社会行将就木时特定环境的产物。但并不能就此得出它应与封建制度同归于尽的结论。因为文化与政治制度毕竟是两回事。人类最具生命力的是其文化的创造与继承。这是人类的慧命之所存。刘沅集毕生精力探求的目标是现实世界与神秘主义世界的交汇点，他在追求自己心目中的至善境界、至纯境界、天人合一境界。然而以今天人们某些观点来看，他的思想和教理毕竟仍然有陈腐、保守的一面，并非他那个时代精华思想之所在。今人对刘沅的研究尚在开始阶段，当人们走过了一个历史阶段以后，或许可以证明它的独具一格的力量。

附 一

历史上的弥勒教与摩尼教的融合

一 关于弥勒救世思想

佛教分小乘佛教与大乘佛教。两者都传入中土，但终因大乘佛教更具有适应力和吸引力，与修身、齐家、治国、平天下的儒家伦理，即儒家整合社会的观点有某些相通之处，随后逐渐成为中土佛教的主流。大乘佛教的净土观念分两种，一种是弥勒净土观念，一种是弥陀净土观念。弥勒净土观念在魏晋南北朝时期，影响远大于弥陀净土观念。这从那一时代有关弥勒佛造像远盛于弥陀佛造像即可得出这个结论。日本学者佐滕永智在其《北朝造像铭考》中，列举了云冈、龙门、巩县诸石窟和所知传世金、铜佛像，从而得出结论，北魏等朝代弥勒佛造像150具，弥陀造像仅33具。

弥勒净土思想在魏晋南北朝之所以有强大的吸引力，首先在于它所倡导的救世思想及其宣传的彼岸净土——兜率天的美好密切关联。它与苦难和大乱不止的社会现实恰成鲜明对照，进而启迪了某些不甘现实苦难的民众，为在地上建立"人心均平""皆同一意""人身无有百八之患""谷食丰贱"的"佛国净土"起而抗争。由弥勒上生经、弥勒成佛经、弥勒下生经等又引发出大量"伪经"，成为这些反抗者的思想武器。

弥勒净土信仰分两个层次的内容：一是弥勒由凡人而修行成菩萨果，上至兜率天。二是弥勒菩萨从兜率天下生阎浮提世，于龙华树下得成佛果，三行法会，救度世人。其中最主要部分是弥勒下生尘世间人之居所，于龙华树下成佛，救度世人。弥勒菩萨下生之处名"翅头末，长十二由旬,广七旬……福德之人交满其中……丰乐安稳……时世安乐,无有怨贼劫窃之患,城邑聚落无闭门者,亦无衰恼,水火刀兵及诸饥馑毒害,人常慈心,恭敬和顺……"① "土地丰熟,人民炽盛……四时顺节,人身之中,无有百八之患……人心均平,皆同一意,相见欢悦,善言相向,言辞一类,无有差别"②。这块土地虽然物产丰美,人心均平,但不是佛国净土,人们享受着"五乐欲"。弥勒观此五乐欲"致患甚多,众生沉没,在大生死",仍不免"三恶道苦"。弥勒观此,决心修道成佛,救度世人出离生死苦海。弥勒修度成佛后,向尘世人指出五欲之害,在龙华树下向众生宣讲释迦四谛十二因缘,以解脱"众苦之本"。共行三次法会:

初会说法,九十六亿人得阿罗汉;第二次大会说法,九十四亿人得阿罗汉;第三次说法九十二亿人得阿罗汉。

尔时弥勒佛诸弟子普皆端正,威仪具足,厌生老病死,多闻广学,守护法藏,行于禅定,得离诸欲,如鸟出壳。……弥勒住世六万岁,怜悯众生,令得法眼,灭度之后,法住世亦六万岁。③

这就是后世广为流传的"龙华三会"的基本内容。弥勒救世思想始流行于动乱的两晋南北朝时期,迎合了中土各阶层人氏惧怕"生老病死苦"的心理和生命永驻的理想,于是大行于中土。在南北朝时期,弥勒信仰加快了世俗化与民间化,并与底层民众社会运动发生联系。在这一过程中,关于弥勒信仰的大量"伪经"出现。这些伪经本依印度传经的某一思想,敷衍成篇;或另有意图,"诈云佛说"。如《弥勒成佛伏魔经》这类伪经即依《弥勒下生经》中一段伏魔故事,衍成全经。这类伪经的出现与乱世人心大有关系。世乱则厄运丛生,群魔乱舞,人民希望有弥勒这样的救世主,伏魔以安定世事。此后,沙门中有许多人自称弥勒,蛊惑人民,造反起义,如北魏法庆及隋唐时代多类造反事件,

---

① 《佛说弥勒下生成佛经义疏》,鸠摩罗什译,唐佚名撰疏。
② 《佛说弥勒下生成佛经义疏》,鸠摩罗什译,唐佚名撰疏。
③ 《佛说弥勒下生成佛经义疏》,鸠摩罗什译,唐佚名撰疏。

都是如此。

由印度传经到"伪经",再由最初的"伪经"发展成后世民间宗教"三佛应劫"救世思想,经历了漫长的历史过程。所谓"三佛应劫"救世思想,即把人类历史分成三个阶段。青阳劫时代,由燃灯佛掌教;红阳劫(或称红羊劫)时代,由释迦佛掌教;两劫各救度两亿人。白阳劫,乃世界最大灾难来临之时,由弥勒佛下世掌教,救度"残灵"九十二亿,回归天宫。

"三佛应劫"救世思想,在北魏时代弥勒大乘教出现时已见端倪。法庆提出"新佛出世,除去旧魔"。有新佛即有旧佛,旧佛大概即指释迦佛。到了唐玄宗开元初年,弥勒教王怀古已明确提出"释迦牟尼末,更有新佛出"。而北宋王则更明确地提出"释迦佛衰谢,弥勒佛当持世"的思想。三佛应劫说似已成形,但尚缺一燃灯佛。燃灯佛亦称定光佛。佛经《大智度论》卷九载:"如燃灯佛生时,一切身边如灯,故名燃灯太子,作佛亦名燃灯,旧名锭光佛。"据《太子瑞应本起经》解释:燃灯佛曾点化释迦菩萨得成佛果,故燃灯佛又称过去佛,释迦则称为现在佛,而弥勒为释迦佛弟子,故又称未来佛。此三世佛皆载于印度佛典。关于燃灯佛即定光佛至少在唐末五代时已成为民间一救世主。据朱辨《曲洧旧闻》卷一记载:

> 五代割据,干戈相侵,不胜其苦。有一僧,虽狂佯而言多奇中。尝谓人曰,汝等切望太平甚切,若要太平,须得定光佛出世始得。

同书卷八记载:"吾尝梦梵僧告予曰:世且乱,定光佛再出世。子有难,能日诵千声,可以免矣。吾是以受持尸……定光佛初出世,今再出世,流虹之瑞,皆在丁亥年,此又一异也。君其识之。"燃灯佛即定光佛在民间的日益神化,为封建社会晚期三佛应劫救世思想的成体系化奠定了最后的基础。

但是在民间,将人类历史分成青阳、红阳、白阳三期,又是佛、道相交并对民间宗教影响的结果。

《云笈七籖》记载:"三天者,清微天、禹余天、大赤天是也。……

清微天也，其气始青；……禹余天也，其气始黄；……大赤天其气玄白。"① "过去元始天尊……见在太上玉皇天尊……未来金阙玉晨天尊……"故朱熹讲道教三清"盖仿释氏三身而为之尔"是有道理的。《云笈七籤》又记载有"日中青帝""日中赤帝""日中白帝"之说。这显然是青阳期、红阳期、白阳期来源较早的记录。

二　摩尼教传入及其思想

关于摩尼教何时传入中土，众说纷纭。

何乔远《闽书》卷七记载："慕阇当唐高宗时行教中国。"清末学者蒋斧则认为隋代开皇四年建立的怀远坊东南隅大云经寺，亦名光明寺是摩尼寺。是时摩尼教已经传入中土。同时代学者罗振玉亦断言摩尼教在"隋文时已入中土，绝非唐代乃入也"②。持唐以前摩尼教入中国的学者尚有张星烺、日本学者重松俊章。

20世纪70年代，澳大利亚华裔学者柳存仁宣讲其论文《唐前火祆教和摩尼教在中国之遗痕》，此文由林悟殊翻译发表在1981年的《世界宗教研究》上。柳存仁以史籍与《道藏》资料证明："在五世纪下半叶摩尼教经也已传入中国。"③可谓别开生面，有相当的说服力。其后中国学者林悟殊，著有关摩尼教论文多篇，分析旧有史料，提出新观点，指出"中国内地可能在四世纪初便已感受到摩尼教的信息"④。

柳存仁的贡献不仅在于把摩尼教传入中土时间提早，还在于提出摩尼教与佛教弥勒信仰有早期之融合。这对我们研究弥勒教、摩尼教及宋元之香会，与元末烧香之党的关系都有启迪之功。

传统的摩尼教传入中土的看法是由法国汉学家沙畹、伯希和及我国著名史学家陈垣提出的。陈垣所持资料为：

《佛祖统纪》卷三九：延载元年，波斯国人拂多诞（原注：西

---

① 《云笈七籤》卷三，《道教原始部》。
② 罗振玉：《雪堂校刊群书叙录》，卷下，第43—45页。
③ 柳存仁：《唐前火祆教和摩尼教在中国之遗痕》，载《世界宗教研究》1981年第3期。
④ 林悟殊：《摩尼教及其东渐》，中华书局1987年版，第60页。

海大秦国人）持二宗经伪教来朝。①

延载元年，即公元694年，陈垣指出："拂多诞者非人名，乃教中师僧之一种职名，位在慕阇之次者也。"②持此说者，今人尚多，皆以陈垣考据指实了具体年代之故。但反对此说者亦代有新出，台湾年轻学者王见川近著《从摩尼教到明教》，即倾向柳存仁、林悟殊的观点。

摩尼教创始人摩尼曾亲创七部经典：《密迹经》《大力士经》《净命宝藏经》《证明过去经》《福音》《撒布拉干》《指引与规约》。③

据史料记载，最早传入中土内地的摩尼教经典是《二宗经》：

> 延载元年，波斯人拂多诞持《二宗经》伪教来朝。④

唐代尚有所谓"化胡经"（非晋代王浮所著本），载有"老子"乘自然光明道气，入于苏邻国中，降诞王室，出为太子，舍家入道，号末摩尼，传播"三际及二宗门，教化天人"等内容。

宋代史料关于摩尼教经的内容杂芜，名目繁多：

> 一明教之人，所念经文及绘画佛像，号曰讫恩经、证明经、太子下生经、父母经、图经、文缘经、七时经、月光经、平文策、赞策、证明赞、广大忏、妙水佛帧、先意佛帧、夷数佛帧、太子帧、四天王帧……⑤

志磐《佛祖统纪》卷三九尚引宗鉴《释门正统》记载的摩尼教"不根经文"：《佛佛吐恋师》《佛说涕泪》《大小明王出世经》《开天括

---

① 陈垣：《摩尼教入中国考》，载1922年6月《国学季刊》，后小有改定，见《陈垣史学论著选》，上海人民出版社1981年版，第135页。
② 陈垣：《摩尼教入中国考》，载1922年6月《国学季刊》，后小有改定，见《陈垣史学论著选》，上海人民出版社1981年版，第135页。
③ 孙培良：《摩尼和摩尼教》，载《西南师范学院学报》1982年第2期。
④ （宋）志磐：《佛祖统纪》，卷三十九。
⑤ 《宋会要辑稿·刑法二》。

地变文》《齐天论》《五来子曲》。

摩尼教的基本教义的核心是二宗三际说。现在北京图书馆尚存有一部摩尼教残经。另一部是《摩尼光佛教法仪略》，分藏于伦敦图书馆和巴黎图书馆。

所谓二宗三际说之二宗指明与暗，代表善与恶。三际是时间概念：初际、中际、后际。

据《佛祖统纪》卷四八载：

  其经名二宗三际。二宗者，明与暗也。三际者，过去、未来、现在也。①

摩尼教原典之三际是初际、中际、后际，但传入中土后，混同于佛教之三世，成为过去、现在、未来三际。

据摩尼教经，光明与黑暗是两个彼此相邻的国度。"未有天地"之时，光明王国占据着东、西、北三个方位，最高神是明父，或称大明尊。此国充满光明，至善至美。黑暗王国占据南方，最高统治者是黑暗魔王，国内居有五类魔。在初际——未有天地之时，光明、黑暗各守其界，虽互相对峙，但相安无事。但此种局面未能持续下去，由于黑暗王国的无穷贪欲，爆发了黑暗王国对光明王国的入侵。光明王国大明尊召唤出善母，善母又召唤出初人，初人再召唤出五明子——气、风、明、水、火，迎战黑暗王国入侵。初人首战失败，五明子为暗魔吞噬。善母向大明尊求救。大明尊派出明友等，救出初人。但五明子仍为恶魔吞噬。大明尊为了收回五明子，不得不创造出今天的世界：日、月、星辰、十天、八地、山岳等。构成这个世界的物质是众暗魔的身体，而管理这个世界的则是光明王国的净风五子：持世明使、十天大王、降魔胜使、催光明使、地藏明使。

在创造天地之后，大明尊又进行了第三次召唤，召出第三使者和惠明使。这两位明使把净风浮获的众魔锁住，加以甄别，把恶的部分扔入海内，变成妖物，由降魔胜使将其杀死；那些分不开的，扔在陆

---

① 马西沙、韩秉方：《中国民间宗教史》，上海人民出版社1992年版，第89页。

地上，变成树木、植物。而雌魔皆纷纷流产，流产物化为五类动物。①

黑暗王国之魔王则按明使形象，造出人类元祖——亚当、夏娃，肉体由黑暗物质组成，但里面仍藏有许多光明分子，组成人类的灵魂。摩尼认为人类的身体是小世界，是宇宙、光明、黑暗的缩影。《摩尼教残经》云："如是毒恶贪欲肉身，虽复微小，一一皆放天地世界。"②

由于人类是暗魔的子孙，摩尼教吸收了基督教教义，继承人类生而有罪的原罪观。因此拯救人类灵魂成为摩尼教的一种使命。摩尼教教义再杂芜，但最终落脚点还在于拯救人类。人类之所以可以拯救，是因为在人类灵魂中毕竟有光明分子——即善的内涵。

摩尼本人宣称他是大明尊者派到人间的最后使者，其使命是救度上至明界、下至地狱的一切众生，即要人类劳身救性，修行自己，拯救灵魂。为此，该教制定出严格戒律：

四不：不吃荤、不喝酒、不结婚、不积聚财物。

忏悔十条：虚伪、妄誓、为恶人作证、迫害善人、播弄是非、行邪术、杀生、欺诈、不能信托及做使日月不喜欢之事。

遵守十诫：不崇拜偶像、不谎语、不贪、不杀、不淫、不盗、不行邪道巫术、不二见（怀疑）、不惰、每日四时（或七时）祈祷。③

以上这些规矩传到中土后，部分地得到实行。南宋有些史料记载，摩尼教持戒甚严。而两浙摩尼教"不食肉""甘淡薄""务节俭""有古淳朴之风"④。陆游《老学庵笔记》记载："男女无别者为魔，男女授受不亲者为明教。明教遇妇人所作食则不食。"流行闽、浙的摩尼教徒则反对厚葬，主张裸葬。

摩尼教原典认为，教徒只要严守戒律，灵魂就能得救，即经月宫，

---

① 参见林悟殊《摩尼教及其东渐》，第17、19页。
② 林悟殊：《摩尼教及其东渐》，第17页。
③ 林悟殊：《摩尼教及其东渐》，第19页。
④ 参见《陈垣史学论著集》，第135页。

再浮生到日宫,最后回归到一个全新乐园。不知改悔者则在世界末日与黑暗物质同时被埋葬于地狱之中。那时,支撑世界之神将卸任而去,天地随之崩坍,大火爆发,直燃烧至1468年。

按照摩尼教的说法,中际是一个漫长的过程。从"暗既侵明"开始,到形成天地,创造人类,一直到世界彻底毁灭为止。然后进入"明既归于大明,暗亦归于积暗"的后际。后际本质是向初际原始状态的复归。只不过到那时黑暗将受到永久的禁锢,光明世界将永恒存在。

摩尼教对中国底层社会的影响,还在于其崇拜光明、崇拜日月及明王出世等救世思想。据《闽书》记载:"摩尼佛名末摩尼光佛……其教曰明,衣尚白,朝拜日,夕拜月。"① "故不事神佛,但拜日月以为真佛。"② 崇尚"是法平等,无有高下",因此"凡初入教而甚贫者","众率出财以助,积微以至于小康"③。在元末则形成了"明王出世,弥勒下生"这个改天换地、影响了一个时代的思想观念,把摩尼教在中土的宗教影响力和政治影响力推展到了极致。

三　弥勒观念与摩尼教的融合

弥勒观念与摩尼教的融合出现的时代很早。对这种早期融合进行研究的是澳洲华裔教授柳存仁先生,其后则是写过摩尼教专著的林悟殊先生。笔者在写《中国民间宗教史》时对这种早期融合失于关注。1993年笔者在写《民间宗教志》时对两者融合的早期历史做了重要补充和修正④,重新研究了南北朝、隋、唐时代融合的历史。这种研究的结果,是把两教早期融合的历史与宋元时代两教的融合而成的香会,及其后的"烧香之党",融会贯通。一种在中国底层社会流行了一千余年的民间宗教救世思想,合乎逻辑地展现在世人面前,一个历史的谜团也就此真相大白。

---

① 《闽书》卷七,《方域志》。
② (宋)庄季裕:《鸡肋编》,卷上,转引自《陈垣史学论著集》,第170页。
③ (宋)庄季裕:《鸡肋编》,卷上,转引自《陈垣史学论著集》,第170页。
④ 参见马西沙《民间宗教志》,上海人民出版社1998年版,第24、54—58页。

附一 历史上的弥勒教与摩尼教的融合

据柳存仁考证，在南北朝时期摩尼教与弥勒教就有融合或相混合的记录，甚至在摩尼教原始教义中也卷入了弥勒佛的信仰。据林悟殊《摩尼教及其东渐》一书引道：

> 第三，这些起义（指南北朝时期的起义）所打的弥勒旗号与摩尼教有关。柳存仁教授以摩尼教文献残片 M42 的内容来证明弥勒佛被卷入到原始摩尼教义中，这块残片记载了一位明使对另一尊神的讲话："由于你从佛陀得到本领和智慧，女神曾妒忌你，当佛陀涅槃时，他曾命令你：'在这里等待弥勒佛。'"而残片 M801 亦是这样，把弥勒佛和摩尼等同，说他"打开了乐园的大门"。在早期译成的汉文的弥勒经中，我们亦发现了不少和摩尼教经典类似的内容。

以上这些材料说明了弥勒的教义和摩尼的教义是有一定的联系的。这种联系很可能是两教在中亚糅合掺杂的结果。①

林悟殊对柳存仁的观点有进一步阐述：

> 在早期译成汉文的弥勒经中，我们亦发现了不少和摩尼教经典类似的内容。……弥勒经又把弥勒佛描绘成摩尼教的神那样，充满光明和威力："自紫金色三十二相……光明照耀无所障碍，日月火珠都不复现。"②
>
> 《摩尼光佛教法仪略》的《形相仪》一章所述摩尼的形象，与弥勒佛相差无几……③

如果我们沿着上述思路进一步分析南北朝、隋、唐史料，这一线索将会更加明晰：学界公认的事实是摩尼教崇尚白色。林悟殊考据："尚

---

① 参见林悟殊：《摩尼教及其东渐》，第56页。
② 参见林悟殊《摩尼教及其东渐》，第56页（对早期摩尼教教义与弥勒佛观念的融合有丰富考证论述，读者可细阅）。
③ 参见林悟殊《摩尼教及其东渐》，第56页（对早期摩尼教教义与弥勒佛观念的融合有丰富考证论述，读者可细阅）。

白是摩尼教徒的一个特征。"《摩尼光佛教法仪略》言摩尼"串以素帔","其居白座",规定摩尼信徒的前四个等级"并素冠服",即要穿白衣戴白帽①;在高昌发现的摩尼教壁画所绘的摩尼教僧侣亦正是着白色冠服②。用这个观点分析,早在公元6世纪初摩尼教就有大规模的造反运动。北魏孝文帝正光五年(524年),汾州等地少数民族冯宜都、贺悦回成等人"以妖妄惑众,假称帝号,服素服,持白卒白幡,率诸逆众,于云台郊抗拒王师。……大破之,于陈斩回成,复诱导诸胡,会斩送宜都首"③。

弥勒教与摩尼教融合的事实在隋代代有新出。隋大业六年(610年)"有盗数十人,皆素冠练衣,焚香持花,自称弥勒佛。入建国门,监门者皆稽首。继而夺卫士仗,将为乱,齐王遇而斩之"④。

而大业九年(613年),扶风人向海明"带兵作乱","自称弥勒佛出世",建元"白乌",亦可证当时的弥勒信仰者崇尚白色。⑤

从以上弥勒教的一系列活动中,不难发现摩尼教的影响和两教融合的迹象。由于这种信仰造成的一次次社会震荡,在有唐一朝就两次遭禁,特别是在唐玄宗开元三年(715年),玄宗亲下诏书:

(严禁)比者白衣长发,假托弥勒下生,因为妖讹,广集徒侣,称解禅观,妄说灾祥,别作小经,诈云佛说,或诈云弟子,号为和尚,多不婚娶,眩惑闾阎,触类实繁,蠹政为甚。⑥

开元二十年(732年)又禁断摩尼教:

末摩尼本是邪见,妄称佛教,诳惑黎元,宜严加禁断。以其西

---

① 参见林悟殊:《摩尼教及其东渐》,第56页(对早期摩尼教教义与弥勒佛观念的融合有丰富考证论述,读者可细阅)。
② 参见林悟殊:《摩尼教及其东渐》,第56页(对早期摩尼教教义与弥勒佛观念的融合有丰富考证论述,读者可细阅)。
③ 《魏书·裴良传》。
④ 《隋书》卷三,《炀帝纪》。
⑤ 参见《隋书》卷二十三,《五行》下。
⑥ 《册府元龟》,卷一百五十九,《帝王部·草莽》。

附一 历史上的弥勒教与摩尼教的融合

胡等既是乡法，当身自行，不须科罪者。①

这两条史料，可再次证明摩尼教混于佛教的弥勒信仰。第一条史料中的白衣长发，分明指陈了不同汉俗的少数民族形象，"诈云弟子，号为和尚"，"别作小经，诈云佛说"，正是摩尼教"妄称佛教"的具体内容。而"诳惑黎元""宜加禁断"，说明汉地百姓亦受了摩尼教的影响，和前段史料中"眩惑闾阎"内容一致。因摩尼教是"西胡"即回纥等西部少数民族的信仰，故在此等民族中不加禁断，"当身自行"，并非完全禁绝了摩尼教，与唐末不同。

唐亡不过十余载，摩尼教徒于梁贞明六年（920年）在陈州举事，"陈、颍、蔡三州，大被其毒。群贼乃立母乙为天子"②。在陈州活动的摩尼教徒的特点依然是混合于佛教，所谓"依浮屠市之教，自立一宗，号曰上乘"③。与唐代"诈云佛说""号为和尚""妄称佛教"仍属同一流脉，仍可证摩尼教与弥勒信仰相融合之史实。

两宋是摩尼教全面走向民间社会并极为兴盛的时代。而摩尼教与弥勒教相混合之史实仍不绝于史书。

宋代庆历七年（1047年）在贝州发生了与唐代王怀古相类似的王则造反事件。史料记载：

> 则，涿州人，初以岁饥，流至贝州，自卖为人牧羊，后隶宣毅军小校。贝、冀俗尚妖幻，相与习为《五龙》《滴泪》等经及诸图谶书，言"释迦佛衰谢，弥勒佛当持世"。则与母诀也，尝刺福字于背以为记。妖人因妄传则字隐起，争信事之。州吏张峦卜吉主其谋，党与连德、齐诸州，约以明年正旦，断澶州浮梁，作乱。……则僭称东平王，国曰安阳，年号曰德胜。旗帜号令皆以佛为号。④

王则暴动后，宋王朝命文彦博为河北宣抚使，击败王则军，擒拿王

---

① 《通典》卷四十注。
② 《旧五代史》卷十。
③ 《旧五代史》卷十。
④ 《宋史纪事本末》卷三十二，《贝州卒乱》。

则，斩于京师。

我们在分析王则事件时，可以肯定其为弥勒教无疑。至于其是否受到摩尼教影响，还需要分析。此中史料记载的《滴泪》应是《佛祖统纪》记载的《佛说滴泪》。《佛祖统纪》卷三九记载：

> 准国朝法令，诸以《二宗经》及非藏经所载不根经文传习惑众者，以左道改罪。……不根经文者谓《佛佛吐恋师》《佛说滴泪》《大小明王出世经》《开天括地变文》《齐天论》《五来子曲》之类。其法不茹荤饮酒，昼寝夜兴，以香为信，阴阳交结，称为善友。一旦郡邑有小隙，则凭狠作乱，如方腊、吕昂辈是也。如此魔教，愚民皆乐为之。①

统观全文，无论所数经文、所行教法，皆指摩尼教。《佛说滴泪》是摩尼教之经典无疑。与王则事件史料相对照，可知崇信弥勒佛的王则教派亦受到摩尼教之影响。从王则事件中，我们再次看到弥勒教与摩尼教之融合。从宗教史的角度来看，弥勒教、摩尼教实为南北朝、隋唐及北宋时代两大民间教派，且相互交汇融合，形成民间救世思想的主流。

四 从香会到烧香之党

宋代，北方信阳地区已经出现了"集经社"和"香会"的名目。以笔者所见，集经社和香会都是摩尼教与弥勒信仰混合的宗教集会团体。据《宋会要辑稿·刑法二》记载，大观二年（1108年）信阳军（有的史料作信阳君）言：

> 契勘夜聚晓散，传习妖教及集经社、香会之人，若与男女杂处，自合依条断遣外，若偶有妇女杂处者，即未有专法。乞委监司，每季一行州县，觉察禁止，仍下有司立法施行。

---

① 《佛祖统纪》卷三十九。

此处集经社或香会即宋时广为流传的摩尼教之异名同教。其理由如下：

第一，陈州（今河南淮阳）为五代、宋代摩尼教活动中心，五代贞明六年（920年）陈州母乙率摩尼教徒造反，陈州、颖州、蔡州"大被其毒"，是见声势宏大，影响深巨。

信阳毗邻陈州，相去不过二百里。"陈州里俗之人，喜习左道，依浮屠之教，自立一宗"，与唐代"妄称佛教"的摩尼教仍是一脉相传。而"糅杂淫秽"即《宋会要辑稿》所云"男女杂处"。陈州喜习左道之俗，在信阳，亦如是。

至于摩尼教活动的重要地区蔡州、颖州则与信阳相毗邻。从唐、五代、北宋史来看，这一地区除了混于弥勒信仰的摩尼教外，则无他教活动的记录。这一特点一直延续至元末刘福通传教举事。

第二，五代、宋代之摩尼教皆有习诵经文习俗。部分摩尼教徒的活动具有"夜聚晓散""男女杂处"的特点。而集会之时必烧香、燃灯。

> 一明教之人，所念经文及绘画佛像，号曰讫恩经、证明经、太子下生经、父母经、图经、七时偈、日光偈、月光偈、平文策、证明赞、广大忏妙水佛帧、先意佛帧、夷数佛帧、善恶帧、太子帧、四天王帧。已上等经佛号，即于道、释经藏，并无明文记载，皆是妄诞妖怪之言。①

> 比年以来，有所谓白衣道者，聋瞽愚俗，看经念佛，杂混男女，夜聚晓散……②

关于摩尼教诵经习俗，史料尚有多处，不一一列载。

第三，烧香结会为摩尼教另一特点，而结社之名又多变：

> 宣和间温台村民多学妖法，号吃菜事魔。……日近又有奸猾，改易名称，结集社会，或名白衣礼佛会及假天兵号迎神会，千百成

---

① 《宋会要辑稿·刑法二》。
② 《宋会要辑稿·刑法二》。

群，夜聚晓散，传习妖教。①

（淳熙）八年正月二十一日臣僚言："愚民吃菜事魔，夜聚晓散，非僧道而辄置庵寮，非亲戚而男女杂处。所在庙宇之盛，辄以社会为名，百十成群……"②

此处"结集社会"，"辄以社会为名"，依然继承了北宋时代的"集经社""香会"。另一史料把这种组织特点做了集中的说明：

浙右所谓道民，实吃菜事魔之流，而窃自托于佛老，以掩物议。……平居暇日，公为结集，曰烧香，曰燃灯，曰设斋，曰诵经，千百成群，倏聚忽散。……自称道民，结集党徒。③

"结社""诵经""烧香""设斋"，是宋代摩尼教的几个特点。而弥勒教与摩尼教的融合趋势，继隋唐时代，无本质之变。吴晗认为隋唐之弥勒教"白衣长发"或"白冠练衣"，"与明教徒之白衣冠同，亦焚香，亦说灾祥，亦有小经，亦集徒侣，与后起之明教盖无不相类"。诚哉斯言。

而香会之"香"除上述史料指证的"烧香""燃灯"之意，合于摩尼教追求光明的传统教义。尚有"以香为信"的内容。《佛祖统纪》卷三十九云："其法不茹荤饮酒，昼寝夜兴，以香为信，阴阳交结，称为善友。"④ 可知香会之香尚有第二个内容。需要指出的是，香会之名，出现在北宋，那时的白莲教尚未问世。

元代，弥勒教与摩尼教相融会之"香会"继续发展。元初耶律楚材再次指斥"香会"，以为佛教之"邪"：

夫杨朱、墨翟、田骈、许行之术，孔氏之邪也；西域九十六种，此方毗卢、糠、瓢、白莲、香会之徒，释氏之邪也；全真、大

---

① 《宋会要辑稿·刑法二》。
② 《宋会要辑稿·刑法二》。
③ 《宋会要辑稿·刑法二》。
④ 《佛祖统纪》卷三十九。

道、混元、太一、三张左道之术,老氏之邪也。①

耶律楚材将白莲教与香会并列为释教之邪。但是在元代初中叶,多数白莲教团依忏堂而存在,念经垒忏,安分守法,与元末情况不同,与香会亦不同。

元末,农民军兴,香会成为组织纽带,香会之称亦变为香军,宗教组织转化为军事组织,烧香结会,礼弥勒佛,继而韩山童父子被奉为出世之明王,下生之弥勒佛。不甘现世苦难的民众聚拢在这面旗帜之下,揭竿造反,而南方的"妖僧"彭莹玉则倡弥勒下生之说,其徒众终附于徐寿辉,共拥寿辉为"世主",倡议举事。轰轰烈烈的反元农民大起义由是而成。

"明王出世,弥勒下生",反映了元末农民起义军的主要信仰。它极大地鼓舞了起义者的斗志,成为元末农民起义的信仰旗帜。

元顺帝至正十一年(1351年),元政权因"灾异叠见,黄河变迁","遣工部尚书贾鲁,役民夫一十五万、军二万,决河故道,民不聊生"。是年五月,"颍州妖人刘福通为乱,以红巾为号,陷颍州"②。元末农民起义爆发了。

刘福通是韩山童的弟子。关于韩山童,元末或明代史料记载颇多:

> 初,韩山童祖父,以白莲会烧香惑众,谪徙广平永年县。至山童,倡言"天下大乱,弥勒佛下生",河南及江、淮愚民翕然信之。福通与杜遵道、罗文素、盛文郁、王显忠、韩咬儿复鼓妖言,谓山童实宋徽宗八世孙,当为中国主。福通等杀白马、黑牛,誓告天地,欲同起兵为乱,事觉,县官捕之急,福通遂反。山童就擒,其妻杨氏,其子林儿,逃之武安。③

明人何乔运著《名山藏》载:

---

① (元)耶律楚材:《湛然居士集》卷八。
② 《元史》,卷四十二,《顺帝纪》五。
③ 《元史》,卷四十二,《顺帝纪》五。

> 小明王韩林儿者，徐人，群盗韩山童子。自其祖父为白莲会惑众，众多从之。元末山童倡言：天下乱，弥勒下生，明王出。①

另外一些史料并未提及韩山童组织"白莲会"，而是提及"烧香结会"：

> 河南韩山童首事作乱，以弥勒佛出世为名，诱集无赖恶少，烧香结会，渐致滋蔓，陷淮西诸郡。继而湖广、江西、荆襄等处，皆沦贼境。②

> 五月，颍川、颍上红军起，号为香军，盖以烧香礼弥勒佛得此名也。其始出赵州滦城韩学究家，已而河、淮、襄、陕之民翕然从之，故荆、汉、许、汝、山东、丰、沛以及两淮红军皆起应之。颍上者推杜遵道为首，陷朱皋，据仓粟，从者数十万，陷汝宁、光、息、信阳。③

由于烧香礼弥勒佛，故号"香军"，其初则为香会无疑，由香会改名香军，是揭竿起事后所为。事实是韩山童家族从来不是白莲教徒。白莲教有几个特点：（1）白莲教继承了弥陀净土宗信仰，崇拜阿弥陀佛、观世音等；（2）茅子元以及后继者以《无量寿经》为宗旨，口称念佛，并继承了天台宗四土信仰，及智𫖮、慈云遵式的忏法；（3）白莲教徒都有道号，依普、觉、妙、道四字为号。元末有一批白莲教徒参加起义，皆冠以"普"字。这一点中、日学者都有专文论述。用这三个特点，反观韩山童、韩林儿、刘福通等领袖人物：（1）他们都不信仰弥陀净土宗，而是"烧香崇弥勒佛"；（2）不知所念何种经典；（3）没有白莲教徒必有的道号。由此可知，所谓"白莲教"在韩山童那里是根本不

---

① （明）何乔远：《名山藏》，卷四十三。
② 《南村辍耕录》，卷二十九，转引杨纳等编《元代农民史料汇编》，中编第一分册。
③ （明）权衡：《庚申外史》，卷上。

存在的。①

综合诸类史料，虽存有分歧，但在"烧香结会""烧香惑众"这一点上，则无疑义。历史的原貌是：韩山童、刘福通因烧香结会，故为香会，其起事时"号为香军"，是宗教组织向军事组织合乎历史逻辑的发展。香会，一言以蔽之，是弥勒观念与摩尼教的混合物。吴晗先生在《明教与大明帝国》一文中讲：

> 以"弥勒降生"与"明王出事"并举，明其即以弥勒当明王。山童唱明王出世之说，事败死，其子继称小明王，则山童生时之必以明王或大明王自称可决也。此为韩氏父子及其徒众胥属明教徒，或至少羼入明教成分之确证。韩氏父子自号大小明王出世，另一系统据蜀之明玉珍初不姓明，以该姓为明以实之。朱元璋承大小明王之后，因亦建国曰大明。至明人修元史以韩氏父子为白莲教世家，而不及其"明王出世"之说。是证以元末明初人之记载，如徐勉《保越录》、权衡《庚申外史》、叶子奇《草木子》、刘辰国《初事迹》诸书，记韩氏父子及其教徒事（包括明太祖在内）均称为红军，为红中，为红冠，为香军。言其特征，则烧香、诵偈、奉弥勒。无一言其为白莲教者。则知元史所记，盖明初史官之饰词，欲为明太祖讳，为明之国号讳，盖彰彰明甚矣。②

吴晗先生60余年前已知韩氏父子及朱元璋非白莲教徒而是明教徒，"明其即以弥勒当明王"的历史本质。元史以白莲教之名加于韩氏父子，是"饰词"，"欲为太祖讳"，"为明之国号讳，盖彰彰明甚矣"。③

历史的事实是，早于韩山童、刘福通起事之先，"烧香惑众"的香会就在信阳地区发动了棒胡造反之事。时在至元三年（1337年），距宋

---

① 参见马西沙、韩秉方《中国民间宗教史》，上海人民出版社1992年版，第50、51页；马西沙《民间宗教志》第三章，上海人民出版社1998年版，第51页。
② 吴晗：《明教与大明帝国》，见吴晗《读史札记》，生活·读书·新知三联书店1979年版，第261页。
③ 吴晗：《明教与大明帝国》，见吴晗《读史札记》，生活·读书·新知三联书店1979年版，第261页。

大观二年（1108年），当局初次在信阳发现"香会"已三百余年。而"棒胡本陈州人"：

> 棒胡反于汝宁信阳。棒胡本陈州人，名闰儿，以烧香惑众，妄造妖言作乱，破归德府鹿邑，焚陈州，屯营于杏冈。命河南行省左丞庆童领兵讨之。
> 二月……乙丑，汝宁献所获棒胡弥勒佛、小旗、伪宣敕并紫金印、量天尺。①

棒胡崇信的是弥勒佛，"妄造妖言"大概也是"弥勒下生"一类，其特点仍是"烧香惑众"，仍是香会。

与棒胡几乎同时举事的是江西行省袁州（今江西宜春）著名的"妖僧"彭莹玉：

> 袁州妖僧彭莹玉，徒弟周子旺，以寅年寅月寅时反。反者背心皆书"佛"字，以为有佛字者刀兵不能伤，人皆惑之，从者五千人。郡兵讨平之，杀其子天生地生、妻佛母，莹玉遂逃匿于淮西民家。……民闻其风，以故争庇之，虽有司严捕，卒不能获。②

彭莹玉当然不是"白莲道人"，仍然崇信弥勒佛。故《草木子》载：

> 先是浏阳有彭和尚，能为偈颂，劝人念弥勒佛号，遇夜燃火炬名香，念偈礼拜，愚民信之，其徒遂众。③

这位元末农民起义发其端者，倡导的还是"香会"，其教"夜燃火炬名香"，以礼弥勒佛故。

---

① 《元史》卷三十九，《顺帝纪》二。
② （明）权衡：《庚申外史》卷上。
③ （明）叶子奇：《草木子》卷三。

凡此皆可证明，元末农民起义在酝酿和开始阶段与白莲教会关联不大，而是倡导弥勒下生的南北两方"香会"发动的。只是到了起义如火如荼的发展阶段，在江南，白莲教会大批成员才蜂拥而入，特别是加入了徐寿辉的天完红巾军。而天完红巾军并未因白莲教徒加入而改变信仰弥勒佛的初衷：

> 先是浏阳有彭和尚，劝人念弥勒佛号，遇夜燃香灯，偈颂拜礼，其徒从者日众，未有所附。一日，寿辉浴盐塘水中，身上毫光起，观者惊诧。而邹普胜复倡妖言，谓弥勒佛下生，当为世主，以寿辉宜应之，乃与众共拥寿辉为主，举兵，以红巾为号。①

邹普胜应是白莲教信徒，从其道号可知。但他并未倡导弥陀信仰，而是倡导弥勒下生观念。可见即使后来大批白莲教徒加入红巾军，他们也只能喊"弥勒下生"的口号。其原因很简单，近两千年来，底层社会造反运动几乎很少有倡导弥陀信仰者，既没听说"弥陀出世"，也没听说"弥陀下生"这类口号，因为弥陀佛住持西方，如何下生尘世？与其教义根本不符。而带有摩尼教信仰色彩的"明王出世"则与"弥勒下生"同属救世思想，具有同样强大的吸引力。

目睹当时情状的朱元璋对此十分清楚。在讨张士诚的檄文中，他一针见血地指出：造反的百姓是误中妖术，"酷信弥勒之真有，冀其治世，以苏困苦，聚为烧香之党"②。足见在元末，真正吸引民众的宗教力量是弥勒佛信仰，它具有极大的凝聚力和历史传统的力量。而"烧香之党"即"香会"则始终是联络散漫人群的组织机构，南北两方皆如此。

本文从摩尼教原始教义即融入弥勒佛观念开始考证，继之隋、唐、五代两教融合之史实，再继之钩沉北宋、元代之香会，而至元末之"香军""烧香之党"。凡此皆为论证，当今学界主流看法元末农民起义为白莲教起义是对历史的误判。

---

① 明万历《湖广总志》卷九十八，见《元代农民战争史料汇编》中编第一分册，第111页。
② 《讨张士诚令》龙凤十二年八月，此檄文原载《国初群雄事略·平吴录》，又见刘海年、杨一凡主编：《中国珍稀法律典籍集成》乙编第三册。

附录一

《讨张士诚令》龙凤十二年八月（节选）

近者有元之末，主居深宫，臣操威福，官以贿成，罪以情免，台宪举亲而复仇，有司差贫而卖富。庙堂不以为患，又添冗官，又改钞法，役四十万人，烟塞黄河，死者枕藉于道，哀苦省闻于天。致使愚民误中妖术，不解偈言妄诞，酷信弥勒之真有，冀其治世，以苏其苦，聚为烧香之党，根据汝、颍，蔓延河、洛。妖言即行，凶谋逆遏，焚荡城郭，杀戮士夫，荼毒生灵，无端万状。元以天下兵马、钱粮而讨之，略无功效，愈见猖獗，然终不能济世安民。是以有志之士，旁观熟虑，或假元氏为名，或托乡军之号，或以孤兵独立，皆欲自为，由是天下土崩瓦解。予本濠梁之民，初列行伍，渐至提兵。灼见妖言终不能成事，又度胡运难与成功，遂领兵渡江，赖天地祖宗之灵，及将帅之力，一鼓而有江左，再鼓而定浙东。（节选）

资料来源：《国初群雄事略·平吴录》，见刘海年、杨一凡主编《中国珍稀法律典籍集成》乙编第三册。

附录二

造言好乱第十二

呜呼！民有厌居太平好乱者，考之于汉、隋、唐、宋，此等愚民，累代有之。呜呼惜哉！此等愚民，累为造祸之源，一一身死，姓氏俱灭者多矣。愚者终不自知，或数十年、数百年，仍蹈前非。且如元政不纲，天将更其运祚，而愚民好作乱者兴焉。初本数人，其余愚者闻此风而思为之合，共谋倡乱。是等之家，吾亲目睹。当元承平时，田园宅舍，桑枣榆槐，六畜俱备，衣粮不乏。老者，孝子顺孙尊奉于堂，壮者继父交子往之道，睦四邻而和亲亲，余无忧也。虽至贫者，尽其家之所有，贫有贫乐。纵然所供不足，或遇雨水愆期，虫蝗并作，并淫雨涝而不收，饥馑并臻，间有缺食而死者，终非兵刃之死。设使被兵所逼，仓惶投崖，趋火赴渊而毙，观其窘于衣食而死者，岂不优游自尽者乎！视此等富豪、中户、下等贫难，闽作乱翕然而蜂起，其乱雄异其教，造言以倡之。乱已倡行，众已群聚，而乃伪立名色，曰君，曰帅，诸司宫并皆放置。凡以在外者，虽是乱雄，用人之际，武必询勇者，谋必询智，贤必遵德，数等既拔，其余泛常，非军即民，须听命而役之。呜呼！当此之际，其为军也，其为民也，何异于居承平时，名色亦然，差役愈甚。且昔朕亲见豪民若干，中民若干，窭民若干，当是时，恬于从乱。一从兵后，弃撇田园宅舍，失覬桑枣榆槐，挈家就军，老幼尽行随军营于野外，少壮不分多少，人各持刃趋凶，父子皆听命矣。与官军拒，朝出则父子兄弟同行，暮归则四丧其三二者有之。所存眷属众多，遇寒，朔风凛凛，密雪霏霏，饮食不节，老幼悲啼，思归故里，不可得而归。不半年，不周岁，男子俱亡者有之，幼儿父母亦丧者有之，如此身家灭者甚多矣。如此好乱者，遭如此苦殃，历代昭然，孰曾警省？秦之陈胜、吴广，汉之黄巾，隋之杨玄感、僧向海明，唐之王仟芝，宋之王则等辈，皆系造言倡乱首者。比天福民，斯等之辈，若烟消火灭矣。何故？盖天之道好还，凡为首倡乱者，致干戈横作，物命损伤者既多，比其事成也，天不与首乱者，殃归首乱，福在殿兴。今江西有等愚民，妻不谏夫，夫不戒前人所失，夫妇愚于家，反教子孙一概念诵"南无弥勒尊佛"，以为六字，又欲造祸以殃乡里。呜呼！设若鼓倡计行，其良民被胁从而被诖误者，甚不少矣。前者元朝驴儿，差僧一名，诡名彭玉琳，又曰无用。其新淦等县愚民杨文德等相从为之，比及缉捕尽绝，同恶之徒被生擒者数百名，所在杀死者又若干，眷属流移他处中途死者又若干。呼！诡名彭玉琳、无用，乃元细作。其新淦等县人民杨文德等轻同恶而相济，累及良民，难于分豁者多矣，至于死地。以此观之，岂不全家诛戮者也。今后良民，凡在六字者，即时烧毁，毋存毋奉，永保己安，良民戒之哉。

资料来源：《御制大诰》三编，见刘海年、杨一凡主编《中国珍稀法律典籍集成》乙编第一册。

原载中国人民大学《宗教研究》2003年号

附二

中国民间宗教研究的四十年

1964年世界宗教研究所成立，迄今已四十年。那时的宗教研究如涓涓之水，历史曲折。四十年后，宗教所研究的势头虽然尚未如大河波涛，汪洋恣肆，但也是人才辈出，成果斐然。与世界宗教研究所同时进步的是中国的宗教研究领域，大家共同支撑起一片蔚蓝的天空，前程山高水长。

四十年前世界宗教研究所初建时，没有人研究道教与民间宗教。民间宗教研究尚属禁区。只有在研究农民战争时，对民间宗教问题有所涉及。研究民间宗教的一些著作文章大多完成于1949年以前，在此我们应当郑重提出。

在我国学者中最早研究民间宗教教派的是陈垣先生，1922年6月他在《国学季刊》发表了《摩尼教入中国考》。此文后经两次校勘，终成于1934年4月。即为现在学界常用之校订本。摩尼教虽然是世界大宗教，但入中国后，唐末、五代、宋、元、明都隐入民间，发生转型，故在民间宗教研究范畴。陈垣先生《火祆教入中国考》虽比上文早发表三个月，但影响不若上文重大。值得提及的是陈垣先生在研究中的现代意识。他较早（如果不是最早）提出"秘密宗教"的概念，特设"摩尼教与秘密教派"一节，并指出"南宋人士既以摩尼与方腊混。南宋释子又以摩尼教、白云、白莲诸教相提，目为邪党。自是而后，政府严加禁止，典籍罕见末尼之名。摩尼只得秘密传教"。陈垣先生另一部重要著作也与民间宗教关系极大。抗日战争期间陈垣生活在沦陷区北平。感国家兴亡，激于民族大义作《南宋初河北新道教考》。其意在"用夏变夷，远而必复"。考据全真、真大道、太一教三者皆在金人入主华夏，认为民间道教信仰之力，承载中华文明。完成了历来为正统之儒、释、道构建的秩序，使少数民族统治，渐纳入华夏文明。

在陈垣先生之后则有郑振铎和吴晗的研究。1938年郑氏《中国俗文学史》问世，笔者在此之所以把一部文学著作列入民间宗教研究范畴，是因为郑氏首先系统提及"宝卷"，及其与变文的关系，认为"变文"在北宋初被禁令消灭时，于是在瓦子里便有人模拟着和尚们的讲唱文学，而有所谓"诸宫调""小说""讲史"等讲唱的东西出现。而"变文"则变相为"说详经""说参请"等形式。郑氏认为相传最早的宝卷是宋代普明禅师所作的《香山宝卷》。笔者很钦佩郑振铎的眼光，在变文与宝卷之间，他没有挖一道几百年的壕沟，说宝卷是明代末叶才产生的。郑氏在《中国俗文学史》问世之前十年，即在小说月刊上推介了《目连救母出离地狱升天宝卷》等20部宝卷名目。郑氏为现代藏书大家，他说那时他已得宝卷约在百本以上，其后则有元代金碧抄本的《目连宝卷》。笔者和韩秉方在十几年前在北图善本部见此经本时，在卷后发现金粉写就的"元脱脱"字样。

另一位研究者是吴晗。作为明史专家的吴晗，1940年12月发表的《明教与大明帝国》，进一步研究了摩尼教。吴晗一反《元史》，指认韩山童父子及刘福通为白莲教的说法，翻了一段公案。深入研究、考证宋元明教发展历程及该教在此段历史中的作用，指出元史作者出于为朱元璋隐讳历史的目的，篡改历史。吴晗在该文中指出："以'弥勒降生'与'明王出世'并举，明其即以弥勒当明王。山童唱明王出世之说，事败死，其子继称小明王，则山童生时之必以明王或大明王自称可决也。此为韩氏父子及其徒众胥属明教徒，或至少屡入明教成分之确证。朱元璋承大小明王之后，因亦建国号曰大明。"吴晗考证大量史料均无指称韩氏父子为白莲教者，"均指称为红军、为红巾、为红冠、为香军。言其特征，则烧香；则诵唱；奉弥勒。无一言其为白莲教者。则知元史所记，盖明初史官之饰词，欲为明太祖讳，为明之国号讳，盖彰彰明甚矣。"吴晗考证明教与大明帝国关系，否定了白莲教说，成为研究民间宗教之经典文章。可惜的是，直至今天学界仍盛行白莲教起义推翻了元蒙政权，几乎成为定说和教科书内容。

1947年夏天李世瑜到河北万全县进行了一次社会调查，发现了一种活的秘密宗教——黄天道。李氏在万全县进行了一个半月的社会调查，对黄天道在万全县的流衍范围，普明佛的传说，黄天道的经典、礼仪、教义及明代黄天道进行了研究。此后李世瑜氏又将一贯道、皈一道、一心天道龙华圣教会从源流考证、教义、仪规、教徒的生活、修持法则诸方面，用不同于陈垣、吴晗的历史学的人类学的方法论进行了细微的探讨。李世瑜的贡献有两条，第一，第一次给学术界揭示了一个活的秘密宗教世界，让现代人耳目一新地见到了一个除了儒、释、道正统宗教之外的中下层社会的信仰群体。李氏在1948年底集结此著作，承袭了陈垣先生对这类宗教诸如白莲教、白云宗等起的称谓，将它们放在宗教研究的领域，其著作是《现代华北秘密宗教》。第二，李氏为中国民间宗教研究领域导入了人类学研究方法——面向现状的社会调查。李世瑜的研究的缺陷也是明显的，他对黄天道的调查时间过短，今天博士生作这样的论文，调查时间一般要在一年至两年，才敢下笔写作，因此他的研究之粗糙便不可避免，如黄天道的主要传承人就是不十分准确的。主要经书《普明如来无为了义宝卷》《普静如来钥匙宝卷》《太阴生光普照了义宝卷》等创教、传教重要的近10部宝卷，李氏一部也未收集到，所谓对教义的探讨自然十分皮毛。人类学的调查很重要，问题是要深入、细致、长时间的调查，一个半月走马观花的调查，研究结果能达到这样的水平也是难能可贵了。李世瑜从事的另一领域是对宝卷的收集及目录的整理。20世纪20年代，郑振铎等人就开始了收集宝卷及研究。1928年郑氏作《佛曲叙录》。十年后《中国俗文学史》问世。其宝卷收于《西谛藏书》，最重要者有《目连宝卷》（元版）及明版五部六册中的《正信除疑无修证自在宝卷》《巍巍不动太山深根结果宝卷》《药师如来本愿宝卷》等皆极为珍贵。1947年恽楚材著《宝卷续志》收集目录一百数十种。1951年傅惜华编的《宝卷总录》出版。这部总录收录了破邪详辨、郑振铎、吴晓铃、北图、北大、日本及傅本人藏书集及宝卷总目录。共246种版本，349种。1957年胡士莹编的《弹词宝卷书目》出版，录宝卷277种，版本328种。

李世瑜综合了《破邪详辨》《涌幢小品》等历史著作所载经文目录及从郑振铎到胡士莹等人藏书及藏目、书目、总录加上李氏自身收集的宝卷，结集成《宝卷综录》的目录，于1961年10月由中华书局出版，成为一部从事民间文学研究及民间宗教研究的工具书。此书的优点在于，一是目录丰富，综合了诸家版本；二是分类简洁，便于使用。1998年扬州师范学院车锡伦编著、在台湾出版的《中国宝卷总目》，收集宝卷目录远较李氏《综录》丰富。车氏将国内外公私96家收藏的宝卷1579种、版本5000余种整理编目，可谓洋洋大观，是迄今为止最全面、丰富的宝卷总目。该书大陆版2000年由北京燕山出版社出版。

1949年以后到改革开放的近三十年间，由于政治原因，民间宗教研究成为禁区，基本停顿。对宝卷的研究也大多限于文学、戏曲研究范畴。但仍有几篇文章需要提及。李世瑜在1957年《文学遗产增刊》第四辑发表了《宝卷新研》的文章，其宗旨是批评郑振铎所判定的宝卷产生年代，自己提出明正德间始产生宝卷的观点。笔者发表在《世界宗教研究》1986年第一期的《最早一部宝卷的研究》，对郑、李观点提出新的看法。李世瑜在《宝卷新研》一文中批评郑振铎关于最早宝卷产生的判断，认为郑的说法是不可信的。他认为"宝卷是秘密宗教的经典，所以也是起于明末的"。具体说，最早宝卷是明正德间刻本，他举出了罗教《苦功悟道卷》等五部六册宝卷。笔者在《最早一部宝卷的研究》中指出，在五部六册宝卷中就出现了"圆觉宝卷作证""香山宝卷作证""弥陀宝卷作证"等字样，共出现了10部宝卷名目。仅此就可以证明李氏所谓明末五部六册是最早宝卷的错误。笔者有理由怀疑李氏当时是否见过五部六册，或是否认真读过五部六册。笔者认为迄今最早的宝卷是《佛说杨氏鬼绣红罗化仙哥宝卷》（金崇庆元年，1212年），其后则有郑藏本元代《目连宝卷》。车锡伦则认为《目连宝卷》为最早的宝卷。作为民间宗教教义的宝卷较早的是《佛说皇极结果宝卷》（明宣德五年，1430年），其次才谈得上明正德间的罗教五部六册宝卷。

值得提起的另外一篇文章是熊德基发表于1964年《历史论丛》第一辑的《中国农民战争与宗教及其相关问题》他用马克思主义观点分析在农民战争中宗教的两重性作用。这篇文章对一部分学者产生过长期影响。

改革开放，特别是1980年以后，民间宗教研究步入了正常轨道。研究成果从数量、质量及人才方面，同外国相比都呈现出后来居上的态势。曾经是禁区的民间宗教研究与道德、佛教、基督教、伊斯兰教研究一样成为国家二级学科。《中国民间宗教研究》《宝卷提要及其研究》《民间宗教史料集成》《历代王朝对民间宗教的政策措施》等都成为国家社科基金重点或年度项目。中国社会科学院世界宗教研究所设立了道教与民间宗教研究室。已经有了几个招收民间宗教专业的博士点，可谓"青山遮不住，毕竟东流去"。科学无禁区，研究要求实，成为20世纪80年代初至今25年来的研究主体方向。凡此皆赖一批学者的共同努力。

改革开放后对民间宗教研究开风气之先的人物是喻松青。喻氏1981年在《清史研究集》第一辑发表了《明清时期的民间宗教信仰和秘密结社》，"文章对明清时期白莲教系统的民间秘密宗教各大教派（主要是有较大社会影响的教派），从它们的产生、渊源、宗旨、信仰、群众基础、组织情况、活动方式等各个方面，结合时代背景，做历史的介绍和分析"。与此同时或其后，喻氏发表数篇关于民间宗教的论文，诸如《明代黄天道新探》《清茶门教考析》《天理教探研》，对个案教派进行研究。其中《清茶门教考析》由于使用了第一历史档案馆的官方档案，故较其他文章厚重，与同期日本学者浅井纪的相关文章有异曲同工之妙。此外喻氏还对几部宝卷做了个案研究。其中弥足珍贵的是对《无为正宗了义宝卷》上卷的研究。这部宝卷未见著录，作者用此探索了罗教创始人与二代弟子秦洞山之间的信仰以及与儒、释、道三家在思想上的联系。1987年喻松青将12篇文章集结成《明清白莲教研究》，在四川人民出版社出版。1994年在台湾出版了《民间秘密宗教经卷研究》。喻氏研究特点是始终把民间教派放在宗教范畴研究，对底层人民的信仰给予充分理解。喻氏研究局限有两点：一是较少用第一手资料，特别是大量的清代档案，所用教派宝卷也很有限。这使得她的研究往往不能贯通历史。二是对道教内核的丹道思想、佛教的修持及道场法会等道、释核心内容缺乏深入了解，因此影响了对民间宗教教义的深层次探索。

中国社会科学院世界宗教所研究民间宗教始于20世纪80年代初。马西沙于1979—1982年在中国人民大学清史研究所攻读硕士学位，于1982年3月完成了4万字的硕士论文《清前期八卦教初探》。此文基本以清档案军机处录副奏折、朱批奏折及相关的清政府编撰之官书方志为基本史料，以刘佐臣等几个家族创教、传教为线索，深入研究这支民间教派的组织构成、教义、仪式、修持、教规及教权传承形式，支撑其发展的经济运作及信仰群落。同时探讨了传教家族的兴衰与华北平原农民运动的关系。此文发表于1983年出版的中国人民大学1982届硕士论文选。研究生毕业以后，马西沙进入世界宗教研究所。从1982年开始，马西沙利用档案与宝卷研究罗教体系的斋教、青帮及民间道教体系的黄天道与弘阳教。1984年马西沙与程歗在《南开史学》第一期发表了《从罗教到青帮》，系统地考证了罗祖教的几大支流分布及形态。对青帮从宗教到水手行帮会社再到帮会的几个历史发展阶段作了考证钩沉及科学的分析。此文被日本《琦玉大学纪要（人文科学篇）》全文翻译发表。1984年马西沙在《世界宗教研究》第一期发表了《略论明清时代民间宗教的两种发展趋势》，从总体把握民间宗教的家族统治及农民运动的两种不同形态及其之间的相互关系，不赞成过分抬高民间宗教家族封建统治及宗法依附关系的历史地位。日本学者加治敏之对青帮一文及此文都有具体评论。1984年马西沙与韩秉方在《世界宗教研究》第三期发表《林兆恩三教合一思想与三一教》。这篇文章是中国人研究三一教的第一篇文章，亦是马西沙、韩秉方共赴三一教创教传教中心福建莆田、仙游调查后的研究成果。1984年后马西沙又陆续发表《最早一部宝卷的研究》《黄天教源流考略》，用第一手资料进一步扩展研究成果。其后发表在《清史研究集》的《江南斋教研究》则是对罗祖教在江南的发展与摩尼教融会合流的深层次探讨。这段时间韩秉方除与马西沙合作完成《中国封建社会的民间宗教》（载于《百科知识》1983年第九期）及三一教的研究外，1985年还在《世界宗教研究》第四期发表了《弘阳教考》。这是第一次用清档案研究弘阳教的文章。此后韩秉方还于1986年在《世界宗教研究》第四期发表了《罗教五部六册宝卷思想研究》。马西沙、韩秉方在民间收集宝卷的几年中，完整地见到了不同版本的罗教经典《五部六册宝卷》。这篇文章是在第一手资料基础上做出的有深度的研究。

1989年马西沙在中国人民大学出版社出版了专著《清代八卦教》。此后香港中文大学王煜在台湾《汉学研究》第9卷第一期发表《评介马西沙〈清代八卦教〉》一文，称"此书澄清疑团，考据稳重精详，在民间宗教史立下大功"。徐梵澄先生在1992年第八期《读书》以《专史，新研·集成》为题，评价此书，认为著者"在极难措手的专题理出了一个头绪，使人明确见到史实的真姿，这是深可赞扬的事"。1986年马西沙与韩秉方开始国家"七五"时期重点研究项目《中国民间宗教史》课题的写作。1991年4月此书完稿。1992年12月由上海人民出版社出版。全书共计23章106万字，涉及从汉代至清代民间道教、民间佛教、摩尼教、罗教、黄天教、弘阳教、闻香教、江南斋教之大乘、龙华教、金幢教、青莲、先天灯花、金丹道、八卦教、九宫道、龙天教、一炷香教、收元教、混元教、刘门教、黄崖教、三一教等数十种宗教，凡皆一一缜密钩沉考证。本书特点是史料多为第一手的明清档案及作者历经大江南北收集的宝卷、劝善书及家谱、本行纪略及罕见之善本、孤本经书等，加之以官书、方志、笔记杂录，凡使用史料数千条。此书出版后，评论较多，但观点不一。有的专家认为此书"在国内外同类著作中，无论从广度还是深度上看都首屈一指，填补了中国宗教史学建设空白，堪称这一领域的开拓性著作。"（郑天星：《中国民间宗教史研究的开拓之作》，《世界宗教研究》1993年第四期）金陵神学院的子昂先生评论："这是笔者所见同类著作中最好的一本。可谓体大思精。……史料丰富，识见深刻是此书的两大特点，浏览一过，很有入宝山目不暇接之感。"（《金陵神学志》1994年第一期）1993年12月25日《文汇读书周报》刘清评论此书"为近年来史学界、宗教学界难得的力作"。1994年台湾《历史月刊》第四期载深度书评《读马西沙、韩秉方著〈中国民间宗教史〉》："真正够水平且具一贯看法的中国民间宗教史，当推马西沙、韩秉方凝聚十年功力合著的《中国民间宗教史》。……堪称皇皇巨著。"（江灿腾、王见川：《评马西沙、韩秉方〈中国民间宗教史〉》）江灿腾曾评论此书，认为作者"充分利用军机处档案资料，再配合长期的田野调查资料，于是写成划时代的巨著"（江灿腾：《台湾当代佛教史》第207页，南天书局出版有限公司，1997年版）。与这些评论不同的是李世瑜的评论。2000年他在《台湾宗教研究通讯》第二期发表《民间宗教研究方法论琐议——以马西沙先生研究为例》中说："令人惊奇的是马西沙先生竟然把两者混同起来（注：指帮会与民间宗教），把青帮当成民间宗教，写进他的大作《中国民间宗教史》第六章。"李世瑜对马西沙等人对三一教的调查表示怀疑，认为马西沙不懂福建话，无法调查。因此看不出"他有进行宗教现状调查的迹象"。此文近万言，批评之处尚多。对《中国民间宗教史》进行批评的还有《中国史研究》2002年第三期上发表的南开大学研究生张传勇的《白莲教的名实之辨——读〈中国民间宗教史〉》，他认为"《宗教史》也并非完美之作"，认为马西沙写白莲教一章是为了叙及他对白莲教与元末农民战争关系的根本性结论而下笔。在此要指出，在完成民间宗教史后，笔者又写了《白莲教辨证》（《世界宗教研究》1993年第四期）、《民间宗教救世思想的演变》（《中国社会科学院研究生院学报》1995年第四期）、《民间宗教志》（上海人民出版社，1998年版）及《历史上弥勒教与摩尼教的融合》（中国人民大学《宗教研究》2003年号）。凡此都论证了"元政权是被白莲教起义推翻的"这个学界的主流看法是一种误判，而证明香会或"烧香之党"才是推翻元蒙政权的根本力量。

与马西沙、韩秉方同时研究民间宗教的还有专门研究摩尼教的林悟殊。林悟殊从20世纪80年代初开始即专攻摩尼教，是继陈垣、吴晗及海外学者柳存仁之后，对摩尼教研究很有贡献的学者。他先后在《世界宗教研究》等杂志发表了《摩尼二宗三际论及其起源初探》《摩尼教入华年代质疑》《唐代摩尼教与中亚摩尼教团》《老子化胡经与摩尼教》《从考古发现看摩尼教在高昌回纥的封建化》等十余篇文章，翻译了柳存仁发表在70年代末的《唐前火祆教和摩尼教在中国之遗痕》（《世界宗教研究》1981年第三期）。林悟殊在摩尼教起源、摩尼教原始教义中融入了弥勒佛观念等问题上与柳存仁观点一致。柳存仁根据西文及道藏资料证明"在5世纪下半叶摩尼教经也已传入中国"。林悟殊指出"中国内地可能在4世纪初便已感受到摩尼教的信息"。柳存仁、林悟殊的研究是对陈垣先生《摩尼教入中国考》的一个巨大的发展。林悟殊之后有台湾年轻学者王见川著《从摩尼教到明教》（新文丰出版公司，1992年版）。王见川还在诸如方腊起义与明教、祆教与摩尼教、摩尼教与明教的异同诸问题上皆有考证和发明，可以和柳存仁、林悟殊有关论文著作并读。1987年林悟殊将过去成果集结整理成专著《摩尼教及其东渐》在中华书局出版。

80年代初在研究白莲教方面也有较大突破。日本学者早在20世纪三四十年代对白莲宗及白莲教、白云宗就有了较丰富的成果。中国则是汤用彤先生对莲宗有着至今仍是结论性的成果。学界对白莲教的研究基本上是大而化之的论述，没有对其宗教方面进行深入探索。80年代初，杨讷对白莲教研究取得重要成果。他的代表作《元代白莲教》发表于1983年《元史论丛》第二辑。较早的则有《天完红巾军与白莲教的关系一证》（《文史哲》1978年第四期）、《天完大汉红巾军述论》（《元史论丛》第一辑）。杨讷与陈高华共同编辑了《元代农民战争史料汇编》，杨讷独编《元代白莲教资料汇编》，对研究者提供了支持。杨讷在元末农民起义与宗教之关系上与吴晗观点相左，是白莲教起义的主要支持者。笔者则在《中国民间宗教史》《白莲教辨证》《民间宗教志》及《历史上弥勒教与摩尼教的融合》等专著和文章中提出了"香会"演化成"烧香之党"即摩尼教与弥勒教混名教派，才是元末农民起义的主导者和组织形式的观点。与吴晗相近。笔者在《中国民间宗教史》的《白莲教》一章中对白莲教、白莲宗与天台宗在教义上的融合等问题亦作了深入的探讨。从80年代初至今对民间宗教个案作集中研究的还有李尚英。李尚英主要从事对天理教的研究，1981年以后发表了《天理教新探》及《论天理教起义》《论天理教起义的性质和目的》等十八篇文章。

天津学者濮文起自80年代中期专注研究民间宗教，1991年发表《中国民间秘密宗教》一书，介绍了十几种民间教派，对其组织、经卷、教义、仪式、修持进行了研究，带有秘密宗教简史性质。此后濮文起完成了《民间宗教词典》。濮文起与宋军等人经过长期艰巨的努力出版了40册的《宝卷》，收集了一部分相当珍贵的文献。这是自民间宗教史研究开展以来第一次公开出版如此众多的宝卷经书，它给国内外研究者以重要的帮助。其后台湾王见川、林万传合编的《民间宗教经卷文献》与这部《宝卷》可相互参照。濮文起见功力的是其对现实民间宗教的研究。他发表在台湾《民间宗教》的《天地门教调查与研究》，以历史学和人类学研究的方法论相结合，对历史资料进行考证，对现状活动进行考察。在近4万字的论文中，为学界呈现了一个人们未知的世界。

路遥与程歗是改革开放以来研究义和团运动的权威，他们把档案史料引入义和团运动的研究，研究民间宗教与义和团的关系，特别是对义和团运动起源做出过独特的贡献。他们两人合著的《义和团运动史研究》于1988年出版。其后两人关注点发生变化。程歗开始注重民间宗教与乡土意识的关系，1990年出版了《晚清乡土意识》一书。作者眼光敏锐，视角独特。在书中探讨了乡土意识在晚清思想文化中的地位，乡土社会的政治意识、日常意识、宗教意识等，是一部开辟了思想文化研究领域的不可多得的著作。与程不同，路遥走了一条更为艰苦的道路。1989年起路遥与他的弟子脚踏实地在山东大地上开始民间秘密教门全方位的缜密的调查。这种调查达十年之久。路遥的调查涉及很宽，其中包括义和团、一炷香教、八卦教、圣贤道、九宫道、皈一教、一贯道、一心天道龙华圣教会及红枪会，调查所及达70个县。路遥1989年已年近花甲，完成调查时已达古稀之年，是以生命来进行科学研究，完成45万字的《山东民间秘密教门》（当代中国出版社，2000年版）。这部著作以历史资料与现状资料相参证，丰富的资料加上缜密的考证，很多发前人所未发的结论，使这部书成为又一部令人赞佩的力作。

继林悟殊《摩尼教及其东渐》、马西沙《清代八卦教》后，福建师大的林国平在1992年出版了就某一民间宗教进行研究的专著《林兆恩与三一教》。林国平在出版此书前发表了《论三一教的形成和演变》《论林兆恩的三教合一思想》《三一教与道教的关系》等6篇关于三一教的文章。与《林兆恩与三一教》同时出版的《中国民间宗教史》第十三章《林兆恩与三一教》有140页篇幅，与林著各有特点。马、韩的成果更专注于对三一教历史及三教合一思想的宗教哲学体系的描述和论证，林著则于三一教社会现状部分及三一教气功功法部分见长。连立昌则是对福建地区民间宗教及会党结社有统观研究的学者，他的《福建秘密社会》与林国平著作互为补充，前者涉及面广阔，后者则专精于某一宗教。

近年仍有一些学者的新著作，值得重视。如徐小跃著《罗教五部六册揭秘》，对罗教经典作了系统的研究。此外王熙远著有《桂西民间秘密宗教》，李富华、冯佐哲在台湾亦出版《中国民间宗教史》。论文部分亦有可观者。如80年代初沈定平的《明末十八子主神器考》，李济贤的《徐鸿儒起义新探》《明末京畿地区白莲教初探》，近年孟思维与陆仲伟的《晚清时代九宫道研究》，陆仲伟的《归根道调查研究》，孔思孟的《论八卦教历史神话——李廷玉故事》，林国平的《福建三一教现状调查》，连立昌的《九莲经考》，周绍良的《略论明万历间九莲菩萨编造的两部经》，李世瑜的《天津弘阳教调查研究》《天津天理教调查研究》，于一的《四川梁平"儒教"之考察》。

值得注意的是，历来以研究帮会见长的周育民、秦宝琦也有关于民间宗教研究的文章问世。如周育民的《一贯道前期历史初探：兼谈一贯道与义和团的关系》，秦宝琦的《清代青莲教源流考》等。

近几年，国内研究民间宗教及会党的博士研究生出版或完成了几部颇见功力的著作。宋军于2002年2月在社会科学文献出版社出版的《清代弘阳教研究》是又一部就专一民间教派研究的专著。从1995年以来，宋军也发表了《红阳教经卷考》《论红阳教教祖"飘高"》等4篇文章。他不仅在国内，而且赴日本研修，收集资料。该书在总结前人研究的基础上，收集了丰厚资料，加之缜密钩沉，集结成一部凝聚心血的作品。这部著作代表着至今红阳教研究的最高水平。作者现投身基督教会事工，如果可能，是否在诸如元代以来道教一教派混元道与明代混元弘阳教的关系、弘阳教教义中的内丹道和斋醮仪式与道教的关系方面再下些功夫呢？笔者认为这应是弘阳教研究的进一步方向和核心内容。2002年又一部相关著作是商务印书馆出版的刘平的《文化与叛乱》。刘平的这部著作与以往的研究从角度到内涵大多不同，眼光和方法论亦有独特新颖之处，作者的基本理路是从构成民间宗教（他称之为教门）的民间信仰、民间文化的诸多土壤，诸如巫术巫风及其后的道教异端等等，以及会党帮派的文化因素构成的歃血为盟的忠义思想、祖师崇拜的诸神祝文及诸种迷信等入手，分析导致此种文化与社会叛乱的关系。从他的思路来说，是有其内在的逻辑的。叛乱与文化关系很大，但仅是其中一个因素，且绝不是根本因素，也与造反有理还是无理没有必然联系。具体的造反具体分析，陈胜吴广的"篝火狐鸣"与王伦造反的"劫变"不可同日而语。此其一。其二，笔者想劝作者再写一部民间文化与社会秩序构成的著作。笔者在这里讲一句，没有草根文化就没有轴心文化，没有民间文化就没有儒、释、道。笔者不赞成扫除一切所谓

"垃圾"的"纯净"思想。即使这样,笔者还是称赞刘平的视角和努力。他的一些观点笔者不欣赏,但他不平庸。另一位研究者是梁景之。梁景之是笔者与日本学者浅井纪共同指导的博士生,1997—2002年梁苦读五年,终于完成名为《清代民间宗教研究——关于信仰、群体、修持及其与乡土社会的关系》的论文。该论文不同于以往对清代民间宗教研究的历史学、宗教学方法论,不是具体研究某一派或几派的宗教史,而是把历史学与人类学的方法论结合起来,从众多具体、细小的史料所具有共性与差异达到系统性的联系,诸如对群体的分析,对信仰者修持的方法、神秘体验,都仔细地进行了个案分析,从微观而达到整体把握,达到了宏观视角应达到的目的。从宗教研究的角度看,这篇论文达到了一定的层次,是值得称赞的。2004年5月,该论文经修改加工后,以《清代民间宗教与乡土社会》之名由社会科学文献出版社出版。但作者理论功底尚浅,要想成就有体有用、浑圆博大的传世之作,任重道远。2003年春钟敬文、董晓萍的博士生尹虎彬完成其论文《河北民间后土信仰与口头叙事传统》,这篇论文独到之处是其基本使用民俗学的方法论,对河北某一地区的乡土社会进行了两年的专题调查。他对那一地区后土信仰分布状况、核心庙宇的信仰变迁、后土信仰与道教、民间宗教的关系、《后土宝卷》内涵及现实信仰的异同,皆有独到意识和眼光。这篇论文是典型的小中见大,即看起来小,但是把握住这一课题的诸方面问题,反映了一种信仰及其文本的历史的、文化上的内在联系。这样,论文的普遍性意义也就显现出来了。作者尚未对民间宗教——后土教进行深入研究,对宝卷整体上的文化意义也欠深入了解。如果能对后土信仰、宝卷、宗教形成、信仰变化再进行一以贯之的调查,将可构筑厚重的著作。

以上4位的博士论文和在博士论文基础上发表的关于民间宗教的专著,内容不同,方法、视角有异,结论也大相径庭。但有一点是共同的,即都是通过专业化训练,达到了相当高的研究水平。他们代表了中国民间宗教研究的未来和希望。

20世纪50年代以来,台湾学界对民间宗教的研究基本没有停步,因此取得很大成就。其中较著者是戴玄之、庄吉发、郑志明、林万传、宋光宇、王见川、李世伟等。

戴玄之从20世纪60年代继承肖一山先生秘密社会史研究，"遂自辟学术领域与近代秘密社会史，毕生从事，开拓甚广，贡献其巨"。"但举大范围有四：白莲教系统之青莲、红莲、白阳、青阳、红阳等教派。著作宏富，以为大宗。又有八卦教系统之各支教派，复有罗祖教系统之各支派，更有红枪会及不同名称支派。惟红枪会及其支派独步学林之重大贡献，戴氏以外，别无方家。其二，在近代秘密会党研究。此方学域重点有三：首要在于天地会洪门七支及其支派，次要于青帮系统，再次于哥老会组织。大抵近代重要会党，无不网罗其研治领域。其三，则为近代史家专业地位"（王尔敏：《戴玄之教授传》，载王见川、蒋竹山编《明清以来民间宗教的探索——纪念戴玄之教授论文集》）戴氏著作有：《义和团研究》《红枪会》《中国秘密宗教与秘密会社》（上、下，为1216页之巨著）。戴玄之先生于1990年2月因病辞世。1995年王见川、蒋竹山与戴玄之弟子王尔敏、王贤德诸君鼎力编纂《纪念戴玄之教授论文集》，中、日两国学者供稿，日本学者酒井忠夫作序，台湾学者王尔敏作传。大陆学者马西沙提供论文两篇：《罗教的演变与青帮的形成》《明清时代的收元教与混元教源流》。路遥提供论文两篇：《关于八卦教内部的一个传说》《义和拳教钩沉》。韩秉方提供论文一篇：《从儒学到宗教——太古学派与黄崖教》。台湾学者王见川提供《黄天道早期史新探——兼论其支派》，台湾学者蒋竹山提供《1930年代天津独流镇商人的宗教与社会活动——以在理教为例》。日本著名学者浅井纪、野口铁郎、武内房司也分别提供重要论文。

　　庄吉发主要研究方向在会党、义和团，但也发表过数篇有价值的民间宗教研究论文，如：《清代民间宗教的宝卷及无生老母信仰》（《大陆杂志》第七十四卷第四、五期）、《清代乾隆年间收元教及其支派》（《大陆杂志》第六十三卷第四期）、《清代青莲教的发展》（《大陆杂志》1985年第五期）、《清代嘉庆年间的白莲教及其支派》（《历史学报》第八期）、《清代三阳教的起源及其思想信仰》（《大陆杂志》第六十三卷第五期）、《清代道光年间的秘密宗教》《（大陆杂志》第六十五卷第二期）。2002年庄氏出版专著《真空家乡——清代民间秘密宗教史研究》。以上这些文章及专著的共同特点是以第一手的清档案史料为写作的基础。庄氏是台湾较早、最多应用档案史料的学者。因此文章在资料上占有某种优势。庄氏的弱点有两点：一是较少用档案以外的宝卷、官书、方志、笔记杂录，很难构成资料的多层参照。二是他对史料的使用过多罗列，而缺少对历史整体的把握及贯通历史的眼光。这是十分可惜的。

郑志明是一位涉猎甚广、著作等身的研究者。其代表著作有：《无生老母信仰溯源》（台湾，文史哲出版社，1985年版）、《中国善书与宗教》（台湾，学生书局，1988年版）、《明代三一教主研究》（台湾，学生书局，1988年版）、《台湾的鸾书》（台湾，正一善书出版社1989年版）、《台湾新兴宗教现象——传统信仰篇》（台湾，南华管理学院，1999年版）。此外尚有《中国社会与宗教》《台湾民间宗教论文集》等20余部专著和论文集。

林万传是一位有信仰的研究专家，他的代表作是《先天教研究》（1985年版）。这部著作是先天教教内经典加上作者多年考据整理的关于先天教、一贯道、同善社的历史及经典、教义、仪规的一部先天教等的百科全书式的著作。笔者在写《中国民间宗教史》一贯道源流的变迁一章时用清代档案与《先天教研究》相对照考证，互相发明，即用教外史料与教内传说、纪录、经典，从而构成了一部较真实的从罗祖教到大乘教、青莲教、灯花教、金丹道、一贯道的200余年的一贯道前史及历史。林万传又与王见川一起编纂了《明清民间宗教经卷文献》，收集150余种民间宗教经典，共12册，其中不乏珍贵宝卷。王见川、林万传对学术研究的资料贡献是巨大的。

宋光宇是研究、调查台湾一贯道现状的著名的学者。作者多年来进行了大量现状调查，其代表作是《天道钩沉》（1983年自印发行）及若干论文，如《从一贯道谈当前台湾的一些宗教文化》（《九州学刊》第二卷第一期）、1988年《中国秘密宗教研究情形的介绍（一）》（《汉学研究通讯》第七卷第一期），还有专著《天道传灯——一贯道与现代社会》（台北三阳印刷公司）等。宋光宇是学问家兼社会活动家，故学问一路带有极大的实践性。

王见川是台湾研究民间宗教的新锐。于20世纪80年代末开始研究摩尼教，上面已提及。他研究范围广阔，如明清时代黄天教，他利用新发现的史料，对初期黄天道传教弟子及教团分布诸问题都有研究。他对

《中国民间宗教史》闻香教一章《附录一：福建、台湾金幢教》写了《金幢教三论》给予批评。马西沙则在金幢教创教人、传教经书、教派传承诸根本问题上回应了王见川，发表了《台湾斋教：金幢教史实辨证》。韩秉方发表《罗教的教派发展及其演变——兼答王见川先生的质疑》（两文皆见于江灿腾、王见川主编的《台湾斋教的历史观察与展望——首届台湾斋教学术研讨会论文集》）。此后王见川对台湾斋教进行细致及大量的调查，对历史的考据与现状的研究，发表论文《台湾"鸾堂"的起源及其开展——兼论"儒宗神教"的形成》。其后，王见川完成他第二部专著《台湾的斋教与鸾堂》（共30余万字，台湾，南天书局1996年版）。全书对马西沙、韩秉方《中国民间宗教史》引证达百余条，或证或驳。日本窪德忠先生《读后感——代序》中说"将二书比较对照阅读，则深具趣味。两书作者的视野、立场、观点鲜明，对读者诚有助益。"王见川近日在总结一贯道从历史到今天的整体研究史，完成《台湾一贯道研究的回顾与展望》（见张珣、江灿腾合编《台湾本土宗教研究的新视野和新思维》，南天书局2003年版）。王见川与范纯武、柯若朴主编《民间宗教》杂志已达三辑，特于民间宗教现状（大陆、台湾、东南亚）文章发表有大助力，其中有些篇幅内容新颖、丰富，视角开阔，令人耳目一新。王见川其他工作亦很有意义，如合编纪念戴玄之论文集，合编宝卷经文的出版，都说明他的贡献。近年台湾年轻学人研究民间宗教的尚有李世伟。李世伟专于考察研究。作品有《香港孔教学院考察侧记》《澳门同善社之今昔》《"中国儒教会"与"大易教"》《苗栗客家地区的鸾堂调查》（见《台湾宗教研究通讯》及《民间宗教》）。

　　因近日与台湾学界联系不多，上述评介可能挂一漏万。

　　香港学界研究民间宗教者有游子安。游子安对宝卷、善书有专书——《劝化金箴——清代善书研究》（天津人民出版社，1999年版）出版。1996年香港中文大学崇基学院与香港青松观道教学院联合召开了道教与民间宗教研讨会。会址在香港中文大学。与会者有香港本地学者黎志添、廖迪生、谢剑。大陆学者马西沙、韩秉方、侯杰、范丽珠，台湾学者李丰林，加拿大学者欧大年（Overmyer Daniel），法国学者劳格文（Lagerwey John）。会后由黎志添主编成《道教与民间宗教研究论集》

（学峰文化事业公司，1999年版，共集论文9篇）。

对东南亚华人社会民间宗教研究，也有两部著作需要介绍。一部是前辈学者罗香林先生的《流行于赣闽粤及马来西亚之真空教》（中国学社，1962年版），罗氏这部著作研究了创立于中国江西寻邬县的真空教。此书对其教的创立、创教人廖帝聘生平、创教经书四部经、气功功法以及在东南亚流行的现状、人员构成、教堂、传统与现代社会之关系进行了深入研究。这是一部研究民间宗教的重要著作。另一部是关于在马来西亚、新加坡华人社会中传播的德教的著作《马新德教会之发展及其分布研究》，作者陈志明。陈志明此著原为英文，译者苏庆华。1980—1983年陈氏在马来西亚、新加坡对德教进行实地考察。全书对德教基本特征、在中国的发展、德教四大系统（紫系、济系、赞化系、振系）的发展及教会的分布作了细致的研究。这是笔者所见到的关于德教研究的唯一学术专著。2002年春，笔者参加世界宗教研究所赴东南亚宗教考察团，对泰国、马来西亚、新加坡的德教进行参观考察。事后世界宗教研究所研究人员分别写出数篇论文及访问记，刊于《世界宗教研究》《世界宗教文化》，或在有的研讨会上发表。

四十年来，中国民间宗教研究由小到大，至今已成为令世人瞩目的社会科学领域，这是大陆、香港、台湾地区及海外华人学者，当然也包括外国学者共同努力的结果。本文限于题目，没有介绍外国学者的成果，这种遗憾待日后再弥补吧。

原载2004年《中国社会科学院世界宗教研究所成立四十周年纪念文集》

参考文献

中文：

汤用彤：《汉魏两晋南北朝佛教史》，中华书局1983年版。
汤用彤：《汤用彤学术论文集》，中华书局1983年版。
陈垣：《南宋初河北新道教考》，中华书局1962年版。
陈垣：《陈垣史学论著选》，上海人民出版社1981年版。
陈垣：《明季滇黔佛教考》，中华书局1989年版。
孟森：《明清史论著集刊》（上、下），中华书局1984年版。
王明：《太平经合校》，中华书局1985年版。
王明：《道家和道教思想研究》，中国社会科学出版社1984年版。
陈国符：《道藏源流考》（上、下），中华书局1963年版。
吴晗：《读史札记》，生活·读书·新知三联书店1979年版。
罗香林：《流行于赣闽粤之真空教》，中国学社1962年版。
李世瑜：《现在华北秘密宗教》，四川大学史学系1948年。
李世瑜：《宝卷综录》，中华书局1961年版。
马西沙：《清代八卦教》，中国人民大学出版社1989年版。
马西沙、韩秉方：《中国民间宗教史》，上海人民出版社1992年版。
林万传：《先天教研究》，靝巨书局1985年版。
郑志明：《无生老母信仰溯源》，文史哲出版社1985年版。
戴玄之：《中国秘密宗教与秘密社会》，台湾商务印书馆1990年版。
任继愈主编：《中国道教史》，上海人民出版社1990年版。
任继愈主编、钟肇鹏副主编：《道藏提要》，中国社会科学出版社1991年版。
吕大吉主编：《宗教学通论》，中国社会科学出版社1989年版。

林悟殊：《摩尼教及其东渐》，中华书局1987年版。
喻松青：《明清白莲教研究》，四川人民出版社1987年版。
周育民、邵雍：《中国帮会史》，上海人民出版社1993年版。
路遥、程歗：《义和团运动史研究》，齐鲁书社1988年版。
林国平：《林兆恩与三一教》，福建人民出版社1992年版。
王见川：《从摩尼教到明教》，新文丰出版公司1992年版。
江灿腾、王见川主编：《台湾斋教的历史观察与展望——首届台湾斋教学术研讨会论文集》，新文丰出版公司1994年版。
连立昌：《福建秘密社会》，福建人民出版社1988年版。
张泽咸编：《唐五代农民战争史料汇编》（上、下），中华书局1979年版。
何竹淇编：《两宋农民战争史料汇编》（一、二、三、四），中华书局1976年版，内部发行。
杨讷编：《元代白莲教资料汇编》，中华书局1989年版。
谢国桢：《明代农民起义史料选编》，福建人民出版社1980年版。
中国社会科学院历史研究所明史研究室编：《明史研究论丛》（一）、（二），江苏人民出版社1982、1983年版。
包遵彭主编、陶希圣等著：《明史论丛·明代宗教》，台湾学生书局1968年版。
故宫博物院明清档案部编：《清代档案史料丛编》第三辑，中华书局1979年版。
中国社会科学院历史研究所清史研究室编：《清史资料》第三辑，中华书局1982年版。
中国人民大学清史研究所等编：《康雍乾时期城乡人民反抗斗争资料》（上、下），中华书局1979年版。
中国第一历史档案馆等编选：《辛亥革命前十年间民变档案史料》（上、下），中华书局1985年版。

日文：
泽田瑞穗：《增补宝卷的研究》，国书刊行会1975年版。
泽田瑞穗：《校注破邪详辩》，道教刊行会1972年版。
铃木中正编：《千年王国的民众运动的研究》，东京大学出版社1982

年版。

酒井忠夫:《中国善书的研究》,弘文堂1960年版。

野口铁郎:《明代白莲教史的研究》,雄山阁出版1986年版。

浅井纪:《明清时代民间宗教结社的研究》,研文出版1990年版。

间野潜龙:《明代文化史研究》,东京出版1979年版。

俄文:

娥·斯·司徒洛娃:《普明宝卷》译注,苏联科学院东方学研究所编《东方古代文献丛书》第五十六种。1977年版。

英文:

Judith A. Berling, *The Syncrefic Religion of Lin Chaoen*, Columbia University Press/New York, 1980.

Susan Naquin, *Millenarian Rebellion in China: The Eight Tri-grams Uprising of 1813*, New Haven and London, Yale University Press, 1976.

Daniel Overmyer, *Folk Buddhist Religion-Dissenting Sects in Late Traditional China*, Harvard University Press, 1976.

后　记

《中国民间宗教简史》即完成于1994年，出版于1998年的《民间宗教志》。此志虽然出版七年，但得阅者几稀，所以上海人民出版社虞信棠先生希望再版此书时，我欣然允诺。

1992年我和韩秉方先生合著的《中国民间宗教史》问世。这部简史与前者优劣何在呢？前者包罗万象，近120万字，非相关专业人士几难卒读。虽然，那部著作受到海内外读者好评，但作者亦有自知之明。其不足与缺憾，在这部简史中部分地得到了校正。主要有二：

第一，简史对摩尼教进入中原的时代采用了柳存仁、林悟殊两位先生的研究成果。因此早期摩尼教与弥勒教融合的问题得到重视。再向下贯通，历史的本貌在隋、唐、五代、宋、元呈现出来。两教融会合流至于宋元时代的香会，至元末演化成的香军，即朱元璋所说的"烧香之党"，都合乎逻辑地在一千余年的历史长流中贯通一气。这些考证又证明了吴晗先生是一位目光如炬的史学家。他于60多年前所作的《明教与大明帝国》一文的观点不能轻易被人所撼动。所谓白莲起义推翻了元朝统治者的说法，是对历史的误判。顺理成章，人们也就理解了明清时代民间宗教世界并没有一个"白莲教系统"。《中国民间宗教史》的百万字考证早就证明了这一点。为了更好地说明我的观点，在这部简史后面又附录了2003年我发表在中国人民大学《宗教研究》上的《历史上的弥勒教与摩尼教的融合》一文。当然吴晗先生和我的文章也有不尽如人意者，即没有对拜火教的影响进行分析。这个问题留待日后有时间再作补充。

第二，《中国民间宗教史》诸章节虽然在分析教义时涉及了多种宝卷。但并未对从变文到宝卷的源流关系进行统观。简史对此进行了补充说明。顺其自然，我也对著名的罗教五部六册宝卷教义作了我的理解：即由净入禅，再由禅入净，形成禅、净结合。心性即安身立命之净土，心性即本体。吐经人由于领悟上的豁然贯通，思想的自由，意识的放达，都无拘无束地打成一通。这种心的解放再传达给无量众生，也就展示了度人救世的普济情怀。这就形成了所谓的大乘教。

  由上述研究，使我不由自主地联想到一些现实的片段。大概是20世纪90年代初，我与友人共赴福建莆田做社会调查。在罗教后裔分支龙华教的一个庵堂，偶遇一老斋婆，满面慈祥，院内数名女孩，小者七八岁，大者二十岁，与婆婆共同生活于庵堂之中。斋婆说，她们都是放在庵堂门旁的弃婴，是她用米汤喂大的。何为慈悲为怀，此斋婆即活佛耶?! 我顿觉如坐光风霁月之中。尘世中人喜说平等、博爱、人权、公理，什么普世伦理，多数人仅是说说而已，以为啖饭之道具也。我从事民间宗教研究四分之一世纪，接触了各色信仰者，他们大都心地善良，以慈悲为怀，并非有人所云如洪水猛兽。历史上的民间宗教的确曾多次与当局对抗，但我们看看那是些什么时代，东汉末之桓、灵，元末之顺帝，都是两千年帝制最为黑暗、腐败的时代，如果一个时代宗教出了大问题，那人们就要反观产生问题的社会到底怎么样了。其实宗教既无本质也无王国，它的状况说到底还是现实社会的综合反映。

  在一个文明昌盛、民主和谐、法制齐备的社会，我想民间宗教、正统宗教的概念将会消失，将代之以新兴宗教和传统宗教的概念。我对这样时代的来临充满信心。

马西沙写于2005年4月北京西四一四合院

编 后 记

　　民间宗教是流行于中国古代社会中下层的多种宗教的统称，是千千万万底层群众的信仰，是中国传统文化的独特组成部分。民间宗教影响着底层民众的思维方式和生活方式，凝结了中国社会底层的文化生活智慧，对中华民族性格的形成具有不可忽视的作用，对民间宗教的研究具有重要的理论价值和现实意义。

　　著名学者、中国社会科学院荣誉学部委员马西沙先生以毕生精力研究中国民间宗教的历史，出版了《清代八卦教》《中国道教史》《中国民间宗教史》（上、下卷，与韩秉方合著）《古代中国民众的精神世界及社会运动》等一系列著作，其学术成就享誉海内外。这本《中国民间宗教简史》，作为萧克将军主编的《中华文化通志》中的一种，以《民间宗教志》之名于1998年由上海人民出版社出版，后又列入"专题史系列丛书"由上海人民出版社出版，并多次重印。时隔二十多年，仍不断有读者表示欲购此书而不得，充分说明了其在学界的广泛影响和声誉。

　　我社曾出版马西沙、韩秉方合著的《中国民间宗教史》（上、下卷），这是一部里程碑式的巨著，受到读者的普遍欢迎，多次再版重印。也有读者反映该书鸿篇巨制（约120万字），难以卒读，希望有一简写本。蒙马西沙先生惠允，授权我社出版《中国民间宗教简史》。

　　《简史》不是《中国民间宗教史》的简单缩写，而是作者继续深入研究的一个成果，在思想观点和史料的运用上做了大量补充和发展，增加了很多新的内容。如关于香会、白莲教与大明帝国关系的问题，宝卷源流的梳理等。本书的出版，相信会给读者带来更多的收获。

黄燕生

2020年10月

马西沙先生 30 年来主要著述

中文著作

1. 《清代八卦教》,独著,中国人民大学出版社 1989 年版。
2. 《民间宗教志》,独著,上海人民出版社 1998 年版。
3. 《中国民间宗教简史》,独著,上海人民出版社 2005 年版。
4. 《中国道教史》,合著,上海人民出版社 1991 年版。
5. 《中国民间宗教史》,二人合著,上海人民出版社 1992 年版。
6. 《中国民间宗教史》第二版,二人合著,中国社会科学出版社 2004 年版。
7. 《民间宗教卷》,主编,民族出版社 2008 年版。
8. 《古代中国民众的精神世界及社会运动》,独著,中国社会科学出版社 2013 年版。

英文著作

1. *Popular Religions Movoment and Heterodox Secs in Chinese History*,二人合著,pp. 1 - 548,Bill,2003。
2. *Popular Religion and Shamanism*,二人主编,pp. 1 - 499,Brill. 2011。

主要论文

1. 《清前期八卦教初探》,《中国人民大学八二届硕士论文选》,中国人民大学出版社 1982 年版。
2. 《略论民间宗教的两种发展趋势》,《世界宗教研究》1984 年第 1 期。
3. 《从罗教到青帮》,二人合撰,《南开史学》1984 年第 1 期。
4. 《林兆恩三教合一思想与三一教》,二人合撰,《世界宗教研究》

1984年第3期。

5. 《黄天教源流考略》,《世界宗教研究》1985年第2期。

6. 《最早一部宝卷的研究》,《世界宗教研究》1986年第2期。